国家出版基金项目
NATIONAL PUBLICATION FOUNDATION

胡華文集

萧克

第六卷

中国人民大学出版社
·北京·

目 录

第一编 书信

第二编　散篇

第三编　诗选（66首）

第四编　自述

附　胡华生平年表

第一编

书信

关于“胡华书信”的说明

胡华生前往来信件很多。他在繁忙的教学和科研工作中、在国内外学术交流以及各种社会活动中的大量信件，从不同角度体现了他的学术思想、治学精神、道德情操等，是很有保存价值的。胡华好友高放教授曾对胡华后人说：“胡华大量的书信很重要，你们应该抓紧搜集整理，时间拖久了就难办了，损失太大……”在高放教授的建议下，十余年来，胡华家人精心整理所存信件并陆续征集了部分胡华来往信函。

为扩大收集的广度，在中共中央党史研究室原资料征集办公室陈夕主任的大力支持下，2008 年在《百年潮》杂志第 4 期、第 5 期刊登了“胡华书信资料及回忆文章征集启事”。继而，在中共中央党史研究室原副主任陈威的提议下，该征集启事又在《中共党史研究》杂志第 4 期刊登。启事称：“胡华教授一生除了丰硕的著述以外，还留有大量的往来书信。这些书信涉及党史研究的范围很广，对全国高校和党史工作者的党史研究与教学具有一定的指导性，是记录反映中共党史学史的宝贵资料。”自此，学界给予了很大关注，许多收到过胡华书信的人士获悉启事，翻箱倒柜，将收藏了二三十年甚至更长时间的信件寄来（有的还附了详细的说明），有的则直接送交。中国人民大学档案馆也设法征集和收藏了胡华生前的部分书信。现有 158 封选入《胡华文集》。

遗憾的是，目前能够收集到的胡华致函只是一小部分。胡华的日记等处记载着他发出给某人或某单位的许多信函（如仅 1953 年 6 月

1 日这一天，答复各地读者来信及其他致函就有 16 封），由于收信人作古或难以寻找等原因，已无法收集。另外，据了解，胡华生前仅在主编大型丛书《中共党史人物传》时，致作者、致传主知情人、致传主亲属、致审稿者、致出版者、致有关方面人士的函件就有数百封之多。如曾担任《中共党史人物传》责编的郭洛夫同志，在将他自己妥善保存的数十封胡华亲笔信件邮寄给胡华后人时，致函说："有些信件已随各人物传传记书稿归档，这仅仅是一部分。"

几点说明：

（1）书信按寄出的时间顺序编排。

（2）信中提供的电话、地址略去。

（3）信中简化书写的年份均补齐，如 82 年补为 1982 年。

（4）有些胡华致函来源于胡华本人自存的底稿。

（5）为了进行胡华学术思想和学术成果研究的方便，书信部分附上已知寄出但尚未收集到的部分致函的存目以及现存国内外人士致胡华的函件目录。

（6）有些胡华致函因内容原因，编入了《胡华文集》其他卷，本卷（书信部分）仅示存目，如 1987 年 6 月 21 日就访美情况致袁宝华校长函（内容见本文集第四卷"对国外研究中国革命史的评述"）。

（7）谨向提供和帮助收集胡华书信的单位和个人致以深深的谢意！

《胡华文集》"书信"编辑组

2012 年 7 月

胡华致函

1 1953年4月25日致浙江省湖州市读者张宜清

兹简复张宜清同志的意见如下：

一、关于《《中国新民主主义革命史（初稿）》》每章后面应增添研究题或讨论题的问题，这个意见很好，将来可以设法增添。

二、关于增添历史地理插图和历史照片问题，一般说，是需要的，但目前限于条件，将来可以考虑增添。

三、关于美国支持曹锟贿选为总统问题，拙书在同节（见修订本第37页）是指出了直系是依靠英美帝国主义的势力的。关于美帝国主义参加“五卅”惨杀，拙书也是指出来了的（见修订本第62页）。不过本书因为是供高中学生用的简明教科书，所以有的史实不能详细来说明。我们应该加强美帝侵华史实的宣传是对的，不过这方面大家还可以读像刘大年同志的《美国侵华史》这类书。

四、关于“五卅”后，北伐战争开始时，各派军阀割据的基本形势与帝国主义国家对革命的基本态度，在拙书修订本第66、67页均已说到。同样的，只是简略了一些。

五、关于第一次国内革命战争失败原因的分析，拙书同样地只是作简明的说明，为的是给中学的同学以明确的认识，不使说得太多反而抓不住中心。像六大决议中的这些分析，一般说可供进一步研究者研究。

六、九一八事变后，美帝国主义对这一事变的态度，拙书确应作适当的补充。

七、抗战开始后，美帝国主义供给日寇军需、军火的事实，拙书确应作适当的补充。不过基本事实，拙书是已经指出来了的（见修订本第 201、202 页）。

八、蒋介石集团转向抗战的原因，首先是由于人民对他的压力，使他不能不起来抗战，这在拙书修订本第 174 页中是指出了的。在 178 页中未再加指出，是因为那里主要讲的是蒋介石的抗战目的和抗战路线。为了完整，今后是应适当添加说明。

九、关于几个史实问题。

1. 中国共产党成立时中国产业工人人数，在本年 3 月出的拙书第 9 版中改为 200 万，是根据于毛主席《中国社会各阶级的分析》一文（见《毛泽东选集》，第 1 卷，7 页）。

2. 确应改为《劳动周刊》。

3. 第 9 版中已改正。

4. 此问题待改。

5. 确应改为 1 月 4 日。

6. 8 个师应改为 7 个师，已在本书第 7 版中改正。后一问题尚待改。

7. 已在本书第 9 版改正。

8. 已在本书第 7 版改正。

本书仅是一个粗略的初稿，本来就是希望藉此能够多听到各方面同志的意见。像张宜清同志这样的意见，对我们有很多帮助，我们是非常欢迎的，谨向他表示谢意。我的简复是否有当，仍望多加指正。

胡华

1953 年 4 月 25 日

附：张宜清 2012 年 2 月 28 日致中国人民大学校长办公室函

校长办公室主任同志：

您好！我是浙江湖州市湖州日报社退休干部，今年 78 岁。

大约在 1953 年（也许是 1952 年或 1954 年），我对胡华教授《中国新民主主义革命史（初稿）》一书，写了几点建议和意见。当时，我刚初中毕业不久，在一所初级中学里当职员。由于学历低、知识少，我的意见必然是错误多、正确少。可是胡教授看了我的材料，十分重视，写了一份“简复”（共2页，800多字）给我。我看了胡教授的“简复”后，感到胡教授是一位品德高尚的人。我细读他的“简复”，才知道他的著作已印刷9版，并在不断修改，治学十分严谨；我感到他对待普通读者的意见非常重视，细心阅看，认真答复，诚恳待人；他对待不同意见，虚心听取，虚怀若谷；他的“简复”写在两张普通的白纸上，不用公家的信纸或稿纸，充分说明他很清廉，又十分节约。总之，我对胡华教授为人、治学十分崇敬，因此把这份“简复”珍藏，已50多年了。

最近几年，我从报刊看到，有人在收藏名人手札、名人手稿，也有人价让这些手札、手稿。胡华教授在上世纪50年代就是著名史学家、中共党史专家，是名人。他的这份“简复”应属于手稿范畴。由于种种原因，今年我决定不留原件，并已与藏书报社有关同志联系，打算通过他们价让给收藏家或有关单位。后来，我忽然想到，胡华教授长期在人大工作，这两页纸不知人大是否需要收藏备用。故特写此信。我没有上过大学，大学里的情况我一无所知。胡教授的“简复”是涉及他个人著作方面的事，也许这类材料贵校已有很多，也就是说不需要。那我就说声“打扰”。当然，可不回信，也不必将复印件退回，以省时间。但如果你们需要，最好给我写信联系。（略）

致

礼！

张宜清

2012年2月28日

2 1953年9月22日致陆更夫[①]烈士之弟陆承志

陆承志同志：

收到您的来信。您愿意借您哥哥陆更夫烈士遗留的《革命生活》日刊给我们用，您的关心我们工作的热情，我们十分感谢。我们现在

① 陆更夫（1906—1932），原名陆承楠，四川叙永人。1925年加入中国共产党，参加过广州起义，曾任中共两广省委书记。1932年壮烈牺牲于广州。

正在编写新的中国现代革命史的讲义，它对我们将是很有用的。请您包装好挂号寄我。如果您同意，我们或者多用几个月，到明春负责寄还您。又，您哥哥的事迹，有便亦请示知一二。来信请寄“北京西郊中国人民大学中国革命史教研室”交我可也（附挂号邮资）。

专此

敬礼！

胡华

1953年9月22日

3 1953年10月3日致陆承志

承志同志：

承您寄来的《革命生活》日刊已收到了。它对我们的工作是有帮助的。明春当遵示寄还您。

承示尊兄陆更夫烈士生前简历，读了他的生气蓬勃的文章，更令人感到敬仰和感动，我们大家都要向这些英勇的烈士学习，希望您也能以他为榜样，继承他的遗志！

谢谢您的盛意！

敬礼！

胡华

1953年10月3日

4 1954年4月26日致陆承志

承志同志：

来信收到了。我很赞成您的意见。我本想近时写信给您的。这份《革命生活》日刊目前是很珍贵的史料，您愿意捐赠给我党中央，这对我们党的收集党史资料工作将有很大帮助。我愿意代表我个人及我们党史工作者及千百万读者，感谢你们保存令兄陆更夫烈士的遗物的功绩及捐赠给我党中央的厚意。这份东西，我当建议中央组织部干部处存放在中央革命博物馆（在北京故宫武英殿）。令兄陆更夫同志是1927年12月广州起义的领导者之一，我们近也更多地看到了一些关于他的事迹。希望你们能多收集和记述关于他的事迹。

我送您一本拙作《中国新民主主义革命史》及一期《历史教学》，还望指正。

敬礼！

胡华

1954 年 4 月 26 日

5 1956 年 3 月 20 日致日本国历史学家阿部真琴

阿部先生：

1954 年 12 月，接到中国红十字会访日代表团带来的您的手示及日中友好协会的"平和"纪念章，深谢你们的深厚友谊。拙作《中国新民主主义革命史》，只是一部简略的史稿，承日中友好协会的青睐和承您的过奖，实不敢当。您着重研究的中国抗日战争和中国民族统一战线的历史，希望能读到您在这方面的论著。孙中山先生曾有很多时间住在神户，谋划中国的革命事业，你们在调查他的遗迹和事迹，这对研究中国革命史和促进中日友好事业都有很大的意义，希望将来也能看到你们的调查报告。

我和翦伯赞先生、邵循正先生合写了一本《中国历史概要》，现已出版。谨寄上一本请您指正。

欢迎您有机会到中国来。

祝先生工作胜利！

胡华

1956 年 3 月 20 日

6 1956 年 3 月 20 日致日本国岩村三千夫①

岩村先生：

去年 9 月间，由竹内实先生带来的手示及尊著《毛泽东思想诸问题》早经拜读。尊著所阐明的很多高见，使我获得教益甚多。其中关于国家论的部分，正如来信所言，这个问题尚值得继续研究。我想，人民民主专政是中国过渡时期的政权形式，它的实质和职能，也是被

① 岩村三千夫，日中友好协会（正统）中央总部副理事长、中国研究所常务理事。

中国过渡时期的革命任务、革命性质所规定的。我想，从马克思列宁主义的原理上来看过渡时期的政权实质问题，我俩的观点会是一致的。只是这种政权在各个不同的国家，会有各自不同的巧妙的表现形式。先生在这方面阐发高见，确是对毛泽东著作中关于国家学说的一个很好的探讨。今后希望继续给我指教。

大山先生的逝世，实是和平事业的重大损失，容我谨遥致哀悼！

先生为和平事业、为中日友好、为研讨中国革命理论所做的不懈努力和卓越贡献，容我谨致以崇高的敬意！并望有机会能再来中国。

现奉上我和翦伯赞先生、邵循正先生合写的一本小册子《中国历史概要》，请您指教。另送一本给野原四郎先生，望为转交，并望代为向他致意。

祝先生工作胜利！

胡华

1956 年 3 月 20 日

7 1956 年 10 月 11 日致苏联历史学家潘克拉托娃院士

敬爱的潘克拉托娃同志：

您给我的信，已经由杜宾斯基同志带给了我。收到您的信，是我的光荣。我很愿意为马克思列宁主义的历史科学的权威刊物——《历史问题》尽一点微薄的力量。只是目前我的健康状况不太好，待我恢复健康后，当努力完成您交付给我的任务。在历史科学的战线上，我还是一个小学生，您的辛勤工作和科学成就，将永远是我学习的榜样！

敬祝健康！

中国人民大学中国革命史教研室主任

胡华

1956 年 10 月 11 日

8 1957 年 5 月致日本国阿部真琴

阿部真琴先生：

年初手札，业已拜读，并收到有关几种日本收集孙文资料消息的剪报。收到神户大学刊行的《研究》杂志两期，并拜读了您在《研究》上发表的关于历史科学和社会调查的有价值的科学论文，对先生从事科学研究的成绩，深为钦佩。

现代史分期问题，中国和日本一样，都还是在研究讨论之中。对分期的标准，我很同意您的观点。我认为俄国十月革命开始了世界的现代史；在各国，又根据各国无产阶级运动的发展情况，而确定其开始期。“现代”的意思似应是指该国无产阶级成为独立的政治力量，其解放运动成为世界无产阶级社会主义革命的一部分。正像“近代”的历史主要是以资产阶级革命为其标志。

诚如所言，对中国来讲，1949 年确是一个大的划期，它开始了现代中国的社会主义建设的新时期——也就是从资本主义到社会主义的过渡时期。不过，从无产阶级领导的革命运动的历史来看，它仍是属于从 1919 年五四运动开始的中国现代史的范围，是中国现代史的一部分。当然，我们也可以单独编写一部《中华人民共和国史》。不过目前，因为 1949 年距离现在，还太近，还未能形成这样一部单独的历史。我相信，在若干年以后，1949 年的划期，就会成为一部新历史的开始。

岩波书店出版的《昭和史》，我还没有看到，因此，还不能提出什么意见。

关于北京大学的集邮工作组，我曾打听过，那是由学生们组织的，规模较小。目前，他们还没有力量和国外交换。如果将来北京有较大规模的集邮团体，我当尽力介绍。您打算送我些表示日本风土文化的日本邮票，我是非常欢迎的。

先生，由于您的介绍，使我很荣幸地认识了中村市日中友好协会理事长——坂本清马先生。他曾给了我一封很长的信，深感他知遇之深情。我前些时曾有复函给他。他入狱 25 年，老当益壮，至今热心为中日友好和人类和平事业努力。他老先生的精神是很令人钦佩的。

此致

敬礼！

中国人民大学

胡华

1957 年 5 月

9 1957年5月致日本国中村市日中友好协会理事长坂本清马

坂本清马先生：

承赐手札，细述先生之革命生平及思想，深感知遇之情，真所谓“海内存知己，天涯若比邻”（王勃）。为打听刘光汉君等及其遗族的下落奉告先生，此书，迟复为歉。

来示指出：“现阶段中国政治是过渡时代，它终将过渡到无法律制度自由共产社会。”（5页）又指出：“毛泽东主席和共产党指导下，以社会主义为目标逐步实行之政治，是最正确之政治。”（7页）对先生上述高见，极为服膺。中国共产党和中国人民目前正为建设“人人为我，我为人人”之社会主义社会而努力。奋斗之最终目标，乃是“各尽所能，各取所需”、无国家、无法律之共产主义社会。正如先生所言，我们希望一两百年后，中国、日本、全亚洲以至全世界融为一家，过着自由安乐之共产主义生活。先生所抱之崇高理想，正是我们之共同理想，虽然各国所走之具体革命道路，各人对革命方法之观点或有不同。我们希望在人类自由解放之共同目标下，携手共进！

读幸德秋水先生之遗著遗诗，气魄磅礴，深感秋水先生人格与抱负之伟大。“古今意气同谁说，造化文章任我看”之句，真乃英雄志士之千古绝唱也。

先生继承秋水先生之革命传统，入狱25年，受尽磨难，而革命意志，老当益壮。先生之高风亮节，实所倾慕。先生以七三高龄，犹如青年，热心努力于中日友好及人类解放事业，愿先生长寿，以为人民造福。我甚盼先生有机会来中国访问，一瞻先生之风采，并亲聆先生之教益。

先生之旧同志，刘光汉（曾与章太炎、马叙伦办《国粹学报》）、马振宇等君，多已故去，其遗族地址正在设法打听中，有下落时，当奉告。

先生精于古代汉文汉诗，此乃交流中日文化思想之良好条件。至于中国之现代语及汉字之简化，确给予日本及各国汉学家以新的困难。中国目前之汉字简化工作，乃为适应人民之迫切要求而进行。中国之文字改革工作者，亦注意研究着日本之日文字中，汉字之简化工作。唯因两国外交关系尚未建立，文化之交流亦因而未能通畅。诚如先生所言，共同研究汉字，乃是促进中日友好所必须者。

我国之世界语研究者，尚无组织，目前，在北京之胡愈之、楼适夷等先生，均为世界语之研究者。

秋水饼已收到。甚为感谢！

谨祝健康！

中国人民大学

胡华

1957年5月

10 1958年4月2日复日本国坂本清马

坂本清马先生：

去岁11月16日手示与今年2月10日手示，均经诵悉。所赐高知县土产美味糖果，亦已于新年时，由安郝席子女经天津红十字会寄到，隔海万里相赠，深感盛意。承嘱转交人民教育出版社之礼物与函件，均已遵示及时转去。同函附赐之《秋水祭》传单及写真、秋水真迹写真、中江兆民略历及尊著《日中友协第七回全国大会报告》，亦均接阅。从写真中，睹先生风采精神矍铄庄严，实令人可敬可佩。我因以事曾赴青岛，回京后又投身于全国社会主义“大跃进”群众运动之中，工作十分繁忙紧张，以至复函迟迟未发，深以为歉，敬乞谅鉴。

先生前函所询马宗豫（马振宇）先生是否即马叙伦先生，我曾函询马叙伦先生。因先生手书中叙及昔年与马宗豫先生过从相处中许多事迹，而马叙伦先生为章太炎先生之高足弟子。我意以：即或马叙伦先生非即马宗豫先生，叙伦先生或能从先生手书所述事迹中忆起马宗豫其人，故我曾将先生手书转奉马叙伦先生阅读。后得马先生复函，谓他并不知马宗豫（振宇）先生其人。因先生欲一睹马叙伦先生墨迹，谨将他的手书奉上。马叙伦先生为浙江杭县人，字夷初，为中国著名的教育家，早年从章太炎先生研究文字学并从事革命活动。历任浙江省立第一师范校长、浙江省教育厅长、教育部次长、代理总长，北京大学文学系教授等职。著有《老子覈诂》、《列子伪书考》、《庄子义证》、《说文解字研究法》、《石屋余沈》等书。抗战结束后，他努力于和平民主运动，1947年曾代表上海人民前赴南京呼吁和平，在下关车站被国民党特务殴打受伤。新中国成立后，为中国民主促进会领导者、人民政协全国委员会常委、中央人民政府教育部部长，1953年后，因体弱辞教育部长职改任全国人民代表大会常务委员，年已70余岁。

关于马宗豫先生，我还曾写信托廖承志同志代为打听，亦未见下落。当容后再继续注意查访。

先生昔年曾为中国留学生演说《桀纣放伐论》。中国人民推翻了蒋介石集团之暴虐统治，可谓实现了先生早年热爱中国之理想。先生如能参加访华代表团前来参观新中国社会主义建设高潮之现状，我们是万分欢迎的。

诚如先生所言，杜甫在艰难困苦之生活经历中，产生了热爱人民、热爱祖国的伟大诗篇。我们地隔万里，但共读杜诗，有着共同的内心感受。杜甫之"安得广厦千万间，大庇天下寒士俱欢颜"（《茅屋为秋风所破歌》）这一伟大理想，在新中国是已经实现了。这是中国共产党和毛泽东主席领导中国无产阶级和勤劳大众，经过艰苦的流血斗争推翻了大地主大资本家反动统治的结果。中国曾经是个贫穷多难的国家，多国帝国主义的侵略，反使中国人民更加团结起来，民族精神更加发扬，"多难兴邦"此之谓乎。

日本是个有高度民族自尊心的国家，我们看到日本人民反对美国帝国主义者间接统治的斗争，正在如火如荼地发展。它正像中国人民过去经历过的斗争一样。我们是抱着深切的同情。斗争的道路是曲折的、艰巨的，诚如先生所言，日本民族还需要受千难万苦的革命训练，需要"时日曷丧，予及汝皆亡"的革命精神，需要团结在无产阶级政党的领导之下。先生这一观点是十分正确的。我认为这和去年莫斯科十二国宣言①的基本精神相一致。我深信日本人民必将走上这样一条正确的革命道路，一切社会主义力量必将更紧密地团结起来，为日本的民族解放和社会解放而奋斗，并取得胜利。幸德秋水先生是日本社会主义思想的最早的传播者，日本社会主义力量的奠基者，我们现在很欣喜地看到，他和他的同志以鲜血所播下的革命种子，已在日

① 即1957年的《社会主义国家共产党和工人党代表会议宣言》。

本发荣滋长，成为一股强大的力量。这是日本人民可以告慰秋水先生的英灵的。您作为秋水先生的继承者，也是应向您祝贺的。

诚如先生第二封手书所言，日本人民亦必将有一个如中国 1949 年革命胜利的国庆节。中国和日本的人民都深信日本人民会有自己的真正的纪元节。毛泽东主席曾说目前的国际形势是“东风压倒西风”。我和先生一样，深信社会主义必将在日本胜利，大地主大资本家的反动统治和建立在这一基础上的政治制度必将灭亡。因为，真理的发展是任何力量不能阻挡的！正义一定胜利。中日人民在将来一定会视为家人，共同生活在世界共产主义的大家庭中。

先生，作为久经磨难的革命家和老当益壮的学者，作为一位永远年轻的伟大的理想主义者和精神生活者，我对您是很崇敬的。您不要过于谦逊。我对您为中日友好事业和人类解放事业不辞劳苦奔走呼号所作出的贡献，也表示崇高的敬意，祝您更加健康、长寿和幸福。

中国已成立“中国世界语协会”，在北京王府井大街，您可以和他们通信联系。

《沈芥集》法帖和《贺知章集》还未买到。买到后当寄奉。

翦伯赞、邵循正二先生与我拙编的《中国历史概要》，承您青阅。还请多加指正。至于翻译成日文，我们当然是很赞成的。

遵示把杜诗《春夜喜雨》用墨笔写出，因我不常用墨笔写正楷，写得不好，只好献丑。

书不尽意，即此祝

健康！

胡华

1958 年 4 月 2 日

11 1960 年 8 月 30 日致中国人民大学党委办公室刘哲主任并崔书记等

刘哲主任并崔书记、刘书记、云光部长：

你们好！今年暑期，我因患肝病来到庐山养病。我能到这个祖国名山养病，完全是依靠了党的力量和党的胜利，也是由于我校党委的关怀和帮助。我谨在此向党委和你们致敬！

苏联列宁格勒大学东方学系有一位别列兹内教授，是研究中国革命史的专家。他去年在我校马列主义基础教研室留苏教员杨光远同志回国时，给我带了封信，要我对他的有关中国革命的著作提意见。去年国庆节后，他参加中苏友好代表团来中国。经对外文委邀请，我到北京饭店接待了他一下。他在谈话中，对我国人民公社和“大跃进”的成就有很热情的赞扬。今年 3 月底，他寄来两篇论文，要我提意见。我当时正因肝病发作，在北京医院住院。我即请杨光远同志向党委宣传部请示，请我校编译室译成中文。我住医院二月余后，该稿译出，因我来庐山疗养，即带来此间。近日身体状况略好转，考虑了一下，写了一封复信。我看他的论文，是按照毛主席著作的观点写的，因此是正确的。我的复信是否妥当，请审阅，如认为可以，望代为发出。

顺问我校诸位领导同志好！

敬礼！

胡华

1960 年 8 月 30 日

12 1960 年 9 月 5 日致苏联列宁格勒大学东方学系别列兹内教授

亲爱的别列兹内同志：

您好！您今年 3 月 20 日寄给我的信件和您的两篇学术论文，我都收到了。谢谢您！阅读您的科学论文，使我得到向您学习的机会，我非常高兴。您要我对您的论文提出意见，我是很不敢当。您的虚心精神，也是值得我学习的。这两篇论文经我校编译室同志帮助我翻译成了中文，后来因我身体不好，来到江西庐山休养，以至耽误了给您复信，非常抱歉，请您原谅。

您为庆祝中华人民共和国成立 10 周年而作的这两篇介绍中国革命经验的论文，我认为都写得很好。论文中的观点，我认为都很正确，我都是同意的。

像您所知道，中国革命的经验在国际共产主义运动中有着重大的意义，对世界上未解放的各国人民，尤其是对亚洲、非洲、拉丁美洲各国人民，更有着直接的重大意义。您的这两篇介绍中国人民民主政权建设经验和中国工人运动经验的论文，显然是有重要价值的。我衷心地祝愿您在这一重要工作中，继续获得进展，为中苏两国人民的进一步友好合作和互相了解，为国际共产主义运动事业，作出更多的贡献。

您的《论人民民主专政国家在中国形成和发展的主要阶段》这篇论文，对中国人民民主专政政权的主要发展阶段的研究，我是同意的。这一点，我们去年冬天在北京见面时，已经交换过了意见。像您在论文中所指出，在中华人民共和国成立以前，中国的人民民主专政是以革命根据地——解放区的形式而存在，政权的性质是无产阶级领导的新民主主义的，其中存在着社会主义的因素，武装斗争和军队是民主革命阶段的主要的斗争形式和组织形式。您又指出："中华人民共和国从它开始存在的最初时期起，就在作为社会主义的国家，无产阶级专政的国家而不断发展。""中华人民共和国的人民民主专政国家尽管有其若干特点，但是完全证明了列宁预见的正确性：从资本主义过渡到共产主义，当然不能不产生多种多样的政治形式，但本质上必然是一个，就是无产阶级专政。"

您在论文中又强调指出了：1958 年开始的"大跃进"标志着中国的社会主义建设进入了新的阶段，这个阶段的特点是：更加迅速地发展生产力，大规模开展技术和文化革命，建立起新的社会组织形式——人民公社。人民民主专政的国家目前正在着手解决更加宏伟的新任务，即完成社会主义建设并且为今后逐步过渡到共产主义创造前提。

您的这篇论文，以高度的概括力，从马列主义理论的观点介绍了中国人民民主专政的发展经验和道路。这些经验和道路，显然是有着国际意义的。

您的《1926 年夏天上海罢工运动的高涨》一文，同样是一篇具有重要意义的科学论文。论文通过中国工人运动的实践，指出了在工人运动暂时低落的情况下，继续坚持斗争的重要性，指出了工人阶级的经济斗争必须与革命的政治斗争结合起来，并使经济斗争具有政治斗争的性质，从而把工人运动引向新的高潮。您的这篇论文，是对中国一段时间的工人运动经验的概括，对目前世界工人阶级的解放斗争，显然是有帮助的。

以上这点意见，供您参考和指正并望以后能不断地得到您的教益。顺问您的夫人和小孩好！顺问叶菲莫夫同志好！

此致

敬礼！

胡华

1960年9月5日

于江西庐山

13 1962年11月20日致中国人民大学校长办公室负责同志

校长办公室负责同志：

日本中村市日中友好协会理事长坂本清马先生，在今年春天寄一信和一些有关“大逆事件”报刊给我。国庆节又寄一祝贺信给我，上封信因他要郭老给他写张字，我已转给郭老。这封信附上，请看（见译文附件）。现我复他一信，请审阅，如可以，请代为封口寄出，谢谢。坂本清马已76岁，他早年因参加革命运动，被日本政府以阴谋暗杀天皇之“大逆事件”罪名，被判无期徒刑，坐狱25年，日本投降后才得出狱。他积极于日中友好运动，政治上是进步的。他在翻译我和翦伯赞等所著的《中国历史概要》，故有通信关系。

他的来信审看过后，仍望退还给我。

谢谢费神。即致

敬礼！

胡华

1962年11月20日

铁一号红三楼

附：坂本清马致胡华函

胡华先生：

值此贵国建国13周年国庆佳节之际，我谨以满腔的热忱表示祝贺，同时也对您的健康和幸福表示由衷的祝贺。

击落U2型飞机事件，真是大快人心。这个魔鬼空中强盗曾侵犯过贵国领空，进行过侦察活动。这件事说明，美帝国主义用自己的行动暴露了它对贵国的侵略阴谋，不管它平时如何花言巧语。

我们日中两国人民应该更加紧密地团结起来，加强相互间的友谊，同心同德，为粉碎我们两国人民不共戴天的敌人美帝国主义的侵略性的战略战术，为解放台湾，为收复冲绳小笠原的主权，为废除所有军事基地，为实行独立自主的内外政策、争取真正的独立，为奠定远东持久和平的基础而奋斗。我由衷地希望作为贵国社会主义建设核心的人民公社，通过动员 67 000 万人民的智慧与全部力量，通过“我为人人，人人为我”这一社会义务的实践，通过对社会正义事业的不断实践，克服连续三年的灾害，实现农业生产的大增产。希望农业收成，今年比去年好，明年比今年更好，后年比明年更好。我由衷地希望贵国繁荣富强，欣欣向荣，并通过日中两国人民的伟大团结，使贵国成为亚洲和世界和平不可摧毁的堡垒。

中华人民共和国建国 13 周年万岁！

日中友好和战斗友谊万岁！

祝您健康长寿！

再启：

您的《中国历史概要》的日译文尚未完稿，深感惭愧惶恐。理应向您报告详细原因，只因我这一两年从事日中友好协会的工作和“大逆事件”工作，还经常为家务事或其他事情忙得不可开交，国庆节的贺信也未能及时寄给您。所以想在下次详谈，敬希见谅！

我从下月 1 日起，将要进行下列工作：

1. 《追究大逆事件原因》（暂称）的修订和完稿（1960 年八九月开始写，直到现在还未完稿）。

2. 完成《中国历史概要》的翻译工作。

3. 广泛深入地学习贵国情况。

4. 努力完成日本自由联合人民共和国宪法草案的草拟工作。

5. 整理狱中日记以及出狱后的随笔论文集，免得年老死亡时来不及搞完。

6. 温习汉籍诗词。

因此，每天设法使时间发挥其最大的效用。

今年春天我曾寄去有关“大逆事件”的资料，不知收到与否。

我最近收到《人民中国》编辑部康先生的信，信里边说“前些日子，我接到胡华先生的来信，他说他接到您的来信，信里谈到您对《中国伟大诗人杜甫》一文的感想和对日译文提出意见”云云。

他不但没有对我的拙见提出任何意见，相反来信言辞相当客气。深感惶恐。我想再抽空温习一下汉籍诗词。我最近痛切地感到“学，然后知不足”。

我曾读过《人民中国》第九期《郭沫若先生对毛主席诗词的解释》一文，启发很大。您在正月的时候寄给我的诗词，我常常拿出来吟诵，有很多疑难处，我想以后去信向您请教。

您曾给我寄来毛主席的“东风压倒西风”，非常感激不尽。

我已把您的（墨宝）《春夜喜雨》装入框内挂在墙上，借以洗涤万言心垢。把他们认为人格修养的导师，朝夕瞻仰，加强修养，巩固信念。

敬礼！

坂本清马

14 1962年11月20日致日本国坂本清马

坂本清马老先生：

接读10月1日大札，很感谢您对我国国庆的热烈祝贺和对我个人的祝贺！您今年春天给我的来信，及寄来有关“大逆事件”你们向日本反动政府斗争的资料的许多报纸杂志，也早都收到了。关于您希望我致意郭沫若先生，请他为您写一张他的诗之事，我已转告郭沫若先生，但是他因为很忙，一直没有时间来写，现在他到南方去了，他答应由南方回来后再找时间给您写。特此奉告。所以我迟迟一直到现在才给您回信，这是很抱歉的，请您原谅。

诚如来信所说，美帝国主义是中日两国人民共同的不共戴天的敌人。现在美帝国主义横蛮地侵略古巴，明目张胆地支持印度侵略者侵略中国边界，引起了全世界正义人民的愤怒。我们坚决相信，在中日两国人民和全世界革命人民的坚决斗争下，美帝国主义的侵略政策和战争颠覆是一定要失败的。

诚如来信所说，由于中国人民公社的巨大优越性，我们战胜了连续三年的自然灾害，经济情况在一天天地好起来。现在我国人民正在中国共产党和毛泽东主席领导下，高举总路线、“大跃进”、人民公社三面红旗，满怀信心地继续前进。我很感谢您对我国繁荣富强的祝贺，和您为日中友好运动所作的不懈的努力。

读了您寄来的有关“大逆事件”的报纸杂志后，我很钦佩您为要求“大逆事件”的再审运动所作的广泛的努力和坚决的斗争。“大逆事件”的被害者，如果地下有知，亦当感谢您为昭雪他们的无辜被害而向反动派所作的坚决的斗争。作为“大逆事件”的仅存者，您也尽到了您最大的努力。我相信你们的斗争一定会取得胜利。我也希望您的自传和狱中日记能够早日脱稿和出版，这对鼓舞日本年青一代的革命意志是很有意义的。

我近来教学工作比较忙，身体也还好。多谢关注！

随函奉上《毛主席诗词》书法篆刻（北戴河的）一袋，郭沫若先生《颂北京》题词墨迹拓片一张，以供欣赏。

敬祝日本人民的斗争胜利！

中日友好和战斗友谊万古长青！

并祝您斗争胜利，健康长寿！

中国人民大学教授
中共党史教研室主任
胡华　谨上
1962 年 11 月 20 日

15　1965 年 2 月 24 日致中国人民大学郭影秋副校长

郭校长：

我离校下乡[①]四个月，闻您工作很忙，领导我校革命化很有成绩，身体谅好吧！时常念及。此次下乡，我抱着重新受教育的心情，到基层、到工农群众中锻炼改造。在定襄集训一个月，与本系三年级同学彻底实行三同，感得益很多，在精神上使我感到似乎回复到了抗战初期过战争集体生活的年代，心情年轻了很多。

---

① 1964 年 10 月 13 日，胡华随人民大学师生离京到山西五台山阳白公社田家岗参加“四清”运动，以普通工作队员身份与当地村民同吃、同住、同劳动，至 1965 年 6 月 5 日返京。

11 月 17 日进村，这次到五台山田家岗这样一个生活比较艰苦、阶级斗争比较严重和尖锐的地方，我很感满意。进村后，我们和贫下中农实行了彻底的三同。从缺少粮食、吃水困难等方面来说，比我在抗战时期在晋察冀敌后七年的平时状况下的艰苦生活还要艰苦些。祖国一穷二白的面貌，五台山区人民生活的艰难困苦，可以引起自己猛醒，可以警惕自己永不忘记工农，永不忘记艰苦朴素作风，永不变质；可以增强自己为改变祖国穷困落后的面貌而奋斗的决心。

严重尖锐的阶级斗争的教育，对我来说也是极其生动的一课。使我深刻体会到革命任务实在是任重道远，要把党的政策、毛泽东思想深入贯彻到每一个穷乡僻壤还需经过艰巨的努力。

这次我作为一个普通的工作队员，在一个小队里工作，天天直接和贫下中农在一道，也是我生来最深入工农群众的一次。过去虽然也做过些民运、工运、土改等工作，但那时主要还是和一些工农干部和少数积极分子打交道。我体会，和工农群众同喜怒、共哀乐，为他们服务，得到他们的信任，实在是人生最大的快乐。这些，对坚定和增强自己的全心全意为人民服务的世界观方面也感到大有深刻意义。

田家岗工作队有我们历史系干部十来人，三四年级同学二十来人，地方干部十来人，共四十来人（李焕昌同志领导）。前一段工作，我感到根本方向、根本政策是对头的、正确的。工作比较稳，比较细致深入。发动群众，培养积极分子的工作做得比较充分。尤其是思想政治工作，用毛泽东思想教育群众的工作做得较深入。清 1964 年工分的工作做得比较彻底，对群众教育比较大。在作风方面，同志们都能发扬艰苦朴素的作风；在艰苦生活面前，大家都抱着自我牺牲的精神。三同可以说是过硬的。我们这种作风，在群众中是有口皆碑的。在地方领导同志中，我们校誉也极好。

根据“二十三条”的精神来看我们上段的工作，我感到主要是扎根串联的时间搞得过长了些，其他各方面的工作开始得迟了些。我们做农村工作的经验也比较缺乏，工作是探索着前进，以致工作进度显得慢了些。目前正在急起直追，查账查证，开三干会，争取 3 月搞完全面“四清”，然后转入对敌斗争和组织建设。

学习了“二十三条”①，就管见所及，我感到目前农村工作中，似有以下几个问题，需要具体解决，写出报告给您。

1. 对农民的教育问题，是个长期的严重的问题。有些旧的农民干部，由于自私自利而逐步走上了资本主义道路。现在把他们换了下来，但新上台的贫下中农干部，又出现新的自私自利。意识形态上的这种情况，又往往同目前农村生产力水平比较低下的状况有关，所以对农民进行长期的系统的经常性的社会主义教育，实在是个巨大的任务。

2. 健全农村各种制度问题，特别是监督制度问题，也是个大问题。农民很多不识字，中央很多好的政策（如“六十条”②），往往不能全部贯彻。制度不健全，少数坏干部则一手遮天，上下其手，把上面布置的许多好事办成了坏事（如1960年冬1961年春，中央拨了巨款给农民退赔平调物资。这本来是件大好事，但少数坏干部从中贪黑中饱、徇私舞弊，却变成了他们发财的机会。把这桩好事办成了坏事了）。

3. 如何具体贯彻执行“二十三条”中规定的四大民主，充分保证农民的民主权利问题。

4. 干部问题。目前，一般社员有不愿当干部的情绪，干部人选存在困难。

最后，关于身体，对我这样一个患有多种慢性病的人来说，算是经住了一次考验，虽然掉了些体重（七公斤），总算坚持下来了，望勿念。

很早就想给您写信，以自己反省改造的任务艰巨，没有什么显著的成绩可以向您报告，故迟迟未及动笔。这封信就算我向党、向您作的一个下乡后的简单报告。不知当否，请您批评。

此致

敬礼！

凌静③同志均此不另。

胡华

1965年2月24日

---

① 1956年1月，中共中央制定了《农村社会主义教育运动中目前提出的一些问题》，共二十三条，故又称“二十三条”。

② 1961年3月，中共中央工作会议讨论并通过了《农村人民公社工作条例（草案）》，共六十条，故又称“农业六十条”或“六十条”。

③ 凌静为郭影秋夫人。

16 1966年12月19日写给中国人民大学历史系“文革会”等单位函

历史系“文革会”×××同志并请转治保会、公安机关：

今晚6时许，我在历史灶打晚饭时，四年级×××同志告诉我，说信箱有我一封信。我去拿了来。见封面写寄信人是“福州第一中学历史教研组×××缄”，信是12月16日发自福州（见邮戳）。拆开一看，是两张反动传单，叫什么“×雷”（第一个字我看不清）创刊号，署名是“中国革命党中央委员会编”，并附毛笔字写小白纸条一张，上写“请——传阅、张贴、保存、翻印、转寄”。传单内容是敌人极端反动荒谬的造谣污蔑。现我立即将此传单并原信封呈交“文革”组织，并请转呈校治保会和公安机关，以便破此反革命组织，并请注意我校有无别人收到此种反动传单。

我16岁参加革命，在伟大的毛泽东思想哺育下长大，经历过多年敌后革命战争考验的共产党员。我对党对毛主席对人民有着无限深厚的热爱和忠诚。这次“文化大革命”运动中，虽有贴我的大字报，我认为共产党员经受革命群众运动的严格锻炼考验，以灭资兴无，是完全应该的。我一直抱着欢迎群众批评和坚持真理、修正错误，有则改之、无则加勉的态度。敌人寄此传单来，我估计敌人或许可能知道有贴我的大字报，故施此卑污的想钻空子、挑拨离间、暗放毒箭的手段。这种伎俩是拙劣和可笑的，也是极端恶毒的。对敌人这种活动，必须提高警惕，密切注意，坚决破获消灭之。特此呈报。

此致

敬礼！

胡华

（1966年）12月19日晚6时半

17 1970年1月17日示长女胡宁

胡宁：

信悉。关于你的历史回忆，是你在很幼小的时候，经历过革命战争的风雨。你生于1946年9月21日。由于国民党军猖狂进攻张家口，我们执行毛主席的“不以保守一城一地为目的，而以消灭敌人有生力量为目的”的伟大战略方针，在9月20日撤离张家口市（该市于10月10日最后弃守）。行军一天之后，你于21日生于张家口市以南的怀安县的一个小山村里。只休息了几天，又继续行军，到察哈尔省南部的蔚县，后又行军经灵丘到河北的阜平——抗日根据地中心。所以，你在月子里是在革命战争的行军生活中度过的。满月以后，党分配我们到冀中根据地工作。我们又启程，从唐县通过平汉铁路敌人封锁线，是在黑夜里，由地方游击队派大车护送我们过铁路封锁线的。后经安国而到冀中根据地的束鹿县。路上夜行军，你得了百日咳。因父母要工作，把你寄养在一户贫农家里了。贫农夫妇每天要下地劳动，就把你反锁在房里，用四个大枕头围住，给你放点窝头。养母在劳动休息时才能回来给你喂奶，因生活失调，你曾发高烧。1947年秋，石家庄敌罗历戎部要进攻冀中，你曾转移到深县。

1948年石家庄解放，我们带你到了正定，进了华北大学的保育院。1948年秋，傅作义部进攻石家庄，你曾由我们带着行军到了邢台县。1949年春，我军解放北平，你也随我们坐卡车到了北平（京）。

总之，你是在革命战争的暴风雨里诞生的。在你婴儿时期至一两岁时，不断处在行军和动荡之中，头上有国民党飞机轰炸，经常要夜行军，尤其你刚诞生后，行军都要靠根据地贫下中农赶了大车护送。所以，你的生命同党、同毛主席领导的伟大革命事业是分不开的，同贫下中农的无微不至的帮助和支援是分不开的。所以，你永远不能忘记党和毛主席的无微不至的关怀、贫下中农的无微不至的照料和支援。

整党整团中斗私批修①，着眼点在讲自己怎样在毛主席、党和贫下中农哺育下长大，不忘毛主席、党和贫下中农的恩情，注意不要使人对你有炫耀自己光荣历史的印象。至于我，从小家境贫寒，只是一个初中毕业生，16岁参加革命，在前方10年，我能够为党做些工作，也完全是靠了党和毛主席的多年的培养……今后要走五七道路，同工农兵相结合。

爸爸

1970年1月17日

---

① 胡宁于1967年上山下乡在黑龙江农场。

18 1972年2月14日从江西干校回家乡探母过春节示诸儿

宁、安、静、刚、芳诸儿：

你们都好吧！

我于9日自江西动身，由于春节火车不断误点及购票困难，在杭州、宁波各住一宿，至12日中午始抵家……奶奶大病之后，虽显龙钟衰老，但精神还好，还能在厨下烧火、洗碗，日夜忙个不停。家里里里外外都靠姑妈奔跑操劳照应。我年过半百，劫后余生，离别故乡34年后，第一次在故乡过春节，感触良深。展望党和国家，在毛主席、党中央领导下蒸蒸日上，前途越来越美好。林贼败亡，极左思潮、歪风邪气正受打击，正气上升。党的干部政策和知识分子政策正在落实，心情是兴奋的，革命意志是旺盛的。且幸身体日益强健，老当益壮，尚可为党工作一些年，党的干部政策和知识分子政策深信总有落实在身上之日。

你们五人在外各在自己的工作岗位上英勇奋战，艰苦卓绝，捷报频传，也使我们老辈人高兴，你们互相鼓励，百尺竿头，更进一步，珍惜每一天，珍惜每一步，争取日有可进。王铁人“北风当电扇，大雪是炒面”之句，以艰苦为光荣、以艰苦为幸福、克己奉公的精神，值得好好学习；做一个高尚正直的人，虽苦犹乐。青年时期经历艰苦的锻炼，是毛主席对后一代有意的培养，你们要好好体会党和主席的苦心，不要辜负党的期望。我在青年时期出门革命，十年不归，战火纷乱，出生入死；十年之中，以杂粮为主食，萝卜、白菜汤为副食，一年不过吃到一两次大米；黑夜行军，顶风冒雪，野地露营。比较起来，你们今天生活毕竟安定得多、条件好得多，深望积极努力，条件越艰苦，越能锻炼考验人。与日俱进，有厚望焉。爰作一绝句以志念：

示黑、鄂、吉、京诸儿

一家革命各西东，天涯思念月明中。
征程五七须勤奋，珍惜眼前无限春。

1972年春节

…………

我将于21日离家回赣。真是鲁迅所云“返家未久又离家”，他的诗“我有一言应记取，文章得失不由天”，亦可借赠你们。

专此，即祝

春节快乐、进步！

爸爸

1972年2月14日

于奉化

19 1974年10月16日致北京师范大学党委外事组

党史系总支请转北京师范大学党委外事组：

在我借调在中国历史博物馆帮助工作期间，曾参加过一次接待新西兰外宾的外事工作。就是1973年10月间，根据国务院文物事业管理局外事处和外交部旅游局的指示和安排，由中国历史博物馆副馆长董谦同志和我两个人，在北京友谊宾馆接见了新西兰医生、科学家代表团成员道夫·宾。道夫·宾是新西兰汉密尔顿大学讲师，是威尔科克斯同志领导的新中友好协会汉密尔顿分会主席，原籍是荷兰人，他着重研究在1921—1923年到中国的共产国际代表马林（荷兰人）和早期中国共产党的历史，在伦敦《中国季刊》上发表过一些这方面的研究论文。根据上述外事部门的安排，董谦同志以中国历史学会副会长、我以历史学会理事名义接见他们。由外交部旅游局两位同志任翻译。今年6月，道夫·宾赠送中国历史博物馆《马林纪念册》一本，历史照片五张。给中国历史博物馆和给我的信各一封，交给我国驻新西兰大使馆，转到我国外交部美大司，由美大司交给国家文物事业管理局外事处，转到中国历史博物馆党委。道夫·宾在信中提出，他请求今年8月到年底，到中国来进行研究工作和进修中文，明年上半年则赴荷兰研究马林的档案，要求我们答复。历史博物馆党委会经开会研究（我参加），认为我们对道夫·宾的政治情况不太了解，对于是否同意和邀请道夫·宾来华问题无法表态。此事仍请外交部门斟酌决定。历史博物馆党委把道夫·宾的全部来信转回了外事部门。此后，我不知道外事部门是如何处理这件事的。

现在由师大党委转来道夫·宾由新西兰给我的来电云：

北京　中国历史学会

胡华教授：

请答复我 1974 年 6 月 4 日的信，将作新的安排，将出去旅行，首先到荷兰。

新西兰维克多·汉密尔顿大学高等讲师道夫·宾

此事，我仍无法表态。是否请师大党委外事组将此来电及我的这一报告，转外交部美大司或旅游局研究处理。如果道夫·宾是友好人士，则在外事礼貌上如何处理为好，请参酌。

此致

敬礼！

胡华

1974 年 10 月 16 日

附：致道夫·宾电/函

（1974 年 10 月 23 日胡华遵照北京市委外事组和北师大外事组的指示，拟复道夫·宾电文，并由北师大外事组转北京市委外事组发出。）

新西兰

维克多·汉密尔顿大学高等讲师

Dov Bing（道夫·宾）先生：

来电敬悉。关于您申请来华再次访问和进行研究工作的计划，请您同中国驻新西兰大使馆和北京中国外交部联系。顺致问候。

北京　胡华

（1974 年 11 月 5 日胡华据北京市委外事组意见改为书信，拟稿。）

新西兰

维克多·汉密尔顿大学高等讲师

Dov Bing（道夫·宾）先生：

您好！您 1974 年 6 月 4 日的来信和 10 月 15 日的来电，都已收到。迟复为歉。

关于您准备再一次来华访问和进行研究工作的计划，记得在 1973 年 10 月董谦先生和我两人同您在北京会面的时候，董先生和我曾经向您表示，希望您到时候同中国驻新西兰大使馆联系商洽。现在仍然是请您同中国外交部门联系商洽为荷！

知您将先到荷兰，祝您旅途愉快，并祝您在科学研究工作上获得新的成就。

专此简复。

敬祝安好！

北京　胡华

1974 年 11 月 6 日

20 1976 年 12 月 21 日致中央宣传口负责人耿飙

耿飙同志：

首先，在拥护党中央、粉碎“四人帮”的胜利斗争中，祝您健康！

现在，我将我写的一篇《周总理的青少年时代》送请您审阅和指正。望您在百忙中能抽些宝贵的时间过目和指示。

广大群众对周总理的身世和青少年时代了解得很少，迫切地希望了解，而国内外对总理这一段历史的讹传（如日本的国木隆三所写的《周恩来》，在我国群众中被广泛传抄）以至歪曲，则较为严重。因此，在党的宣传口您所指示的“多宣传周总理”的号召下，我突击先赶写了这一篇。目的是：一方面，提供一个较为准确的材料，以便广大群众，尤其是青少年学习和缅怀周总理青少年时代的光辉榜样；另一方面，也可藉此澄清国内外的一些讹传。我所写的内容，都有较为可靠的根据（附另纸说明）。

1 月 8 日总理逝世一周年快到了。人民深切地悼念着敬爱的总理，恳切地要求多学习和了解总理的生平。此文可否在 1 月初的《人民日报》或《解放军报》或《北京日报》发表或连载；或在《红旗》或《历史研究》刊载。望您斟酌处理。我也送了叶副主席一份，希望他老人家能过过目。也送了《人民日报》一份。我的水平低，未知能否适合和达到党的宣传要求。

我是 1938 年到陕北公学参加革命和入党的。1940 年以后在晋察冀边区华北联合大学当中国革命史教员。全国解放后在中国人民大学党史系工作。当过吴老（玉章）多年的学术助手。人民大学被取消后，现在在北京师大党史系工作。

如有何指示，也可请沙丁同志转告。

敬礼！

住址、电话（略）。

胡华

1976年12月21日

21 1977年11月29日致何干之夫人刘炼

刘炼同志：

您好！

有件事早想告诉您，因我近十天一直在参加市人代会，还需数天，故先写此信给您。

由于中国青年出版社约我为青少年编写一本《周恩来同志青年时期的故事》，我送请邓颖超副委员长审阅。11月15日、24日，邓大姐两次派程秘书[①]来转达她的修改意见。第二次程秘书来的时候说：邓大姐还问起了人民大学的情况，问起何干之同志，问何干之同志是怎样逝世的。她说她认识何干之同志，请程秘书托我转达她对何干之同志家属刘炼同志的问候。谨此，先写此信奉闻。详情面谈。

此致

敬礼！

胡华

1977年11月29日

22 1978年6月9日致人民大学党史系何东

何东同志：

关于成老（仿吾）叫写人民大学阶段的简史任务，原叫杨先材同志去，您说杨先材较忙，有困难。但今早校长办公室高承宗同志来通

---

① 即程振声，胡华20世纪60年代的研究生，中办工作人员。

知，星期三上午成老就要召集这几个写作人员去谈。此任务主要是近一两月内暑假完成。我看看我系名单，似感也没有更合适一点的人。杨先材笔头还可以，又写过吴老（玉章）和人大简史，较熟，是否还是他去？把他的工作往后推推，安排一下。（如有更合适的人，也可请您安排。）总之，得在星期三以前，决定并通知到本人。星期三上午8时一刻要上车到成老处去。

专此

敬礼！

胡华

1978年6月9日上午

23 1978年6月26日致人民大学成仿吾校长、郭影秋副校长

成校长、郭副校长：

兹将我们出席全国历史学规划会议的情况，简要汇报如下：

此次会议由中国社会科学院召开。由于光远、刘导生、黎澍等同志主持。在天津召开。出席的有全国各地大、专院校，省、市哲学社会科学研究所，各地历史博物馆等单位历史学工作者代表180人。我校由清史研究所戴逸、李华和党史系的我，共3人为代表参加。

会议分两个阶段，第一阶段自6月13日至15日，3天，主要内容是在历史学领域深入揭批“四人帮”流毒。先由于光远同志作报告，主要讲肃清“四人帮”流毒，解决“心有余悸”问题；关于讨论历史学规划，是为8月全国社会科学三年、八年规划会议作一个预备，并促成各地迅速成立哲学社会科学和各门史学的研究所，促成成立各门史学的学会。

接着由《人民日报》理论部汪子嵩同志介绍了当前理论界围绕《光明日报》特约通讯员写的《实践是检验真理的唯一标准》的文章展开的争论。

吉林省委宣传部长宋振庭同志作了《“四人帮”的出现及其灭亡》的报告。

在这3天的报告和揭批发言中，我校由戴逸同志作了《实事求

是、勇于创新》的发言，反应良好，稿子被《历史研究》要去。

会议的第二阶段，自 16 日至 20 日，是讨论《全国历史学三年、八年规划纲要》(初稿)。先由刘导生同志作报告，指出，自 1949 年至 1977 年，国外及港、台出版关于中国历史和中国学的著作，共 1 864 册。我国国内出版历史著作 365 种，资料 198 种，共 667 种。要求大家对《全国历史学三年、八年规划纲要》提出修改补充意见，报告本单位能承担哪些项目。提出迅速整顿、恢复各地研究机构，专业人员迅速归队。

会议分五组讨论：古代史组、近代史组、现代史组、世界史组、民族史组。戴逸参加近代史组，李华参加古代史组，我参加现代史组（并担任召集人之一），参加现代史组的约 30 人，以各地党史教研室负责人为多。古代史组人数较多，世界史、民族史两组人数略少。

19 日下午，大会总结发言。先由各组召集人作各组讨论汇报发言。我代表现代史（党史组）向大会作了汇报发言。后由刘导生同志作总结发言，指出，会议收到了预期的效果，落实研究项目（包括编纂资料）500 多项。酝酿成立研究会 13 个。戴逸参加了关于成立太平天国研究会、马列主义史学研究会的酝酿。我参加了关于筹备成立现代史（党史）研究会的酝酿。

这是个规划、交流、座谈性会议，距离项目落实还有个很大的努力过程。

20 日，代表们去遵化清东陵参观了乾隆裕陵地下宫殿及慈禧陵和她的罪行展览，参观了蓟县辽代独乐寺古建筑。21 日参观了南开中学周总理读书原址及总理青少年时代展览。

专此简要汇报如上。

此致

敬礼!

党史系

胡华　上

1978 年 6 月 26 日

24 1979年4月20日示刘涓迅①、胡宁

涓迅、胡宁：

上次涓迅取去的我的手稿②，如要付排，还得请你俩费神用稿纸抄写一份，把原稿保存下来。因这件原稿是我保存了30多年的手稿（与胡宁同岁），拿去付排，就排脏了。

…………

安好！

华

1979年4月20日

又：

黄源、樊廷荫，1946年10月张家口失陷后变节。原稿上名字不必去掉，可加注。电灯公司这两个老工人一直是好的。如要印，可把《群众》上那篇《怎样领导工人斗争的经验》一文附在后面。如付排，清样我得看一遍。

25 1979年6月5日致郑州大学陈志凌、周文顺

陈志凌、周文顺同志：

你们好！收到来信。我因在山东开会，至5月31日才回京，谅你们已知。未能见面接待，甚歉！

关于党史人物研究会，我是积极支持的。既然何长工同志愿任总顾问，李维汉同志也支持，这就很好。你们大家要我担任会长，我是愧不敢当。这事需要大家酝酿成熟、意见一致。如有更合适人选更好，总之，不管什么名义，我总是竭力支持这一工作的。

关于会址，既然郑州大学发起，省委也支持，最好设在河南。北京因人大校址紧张，人们来京困难，开会找地方不易，人大经费也短缺，困难较多。如陕西人民出版社积极，则与该社挂钩，设在陕西亦可。经费问题，最好是地方上，哪个省或哪个省的人民出版社，或社

---

① 刘涓迅，胡华长婿，时为中共张家口市委宣传部干部。

② 指1946年胡华写于张家口的《中国工人斗争史页——京绥路张家口工人斗争史迹纪实》一文之手稿，两万余字。

科院有积极性，就在哪个省解决，无非是开会时解决住宿费及打印稿件的经费，以分散到地方上解决为好。北京这里，社科院科研组织局及革命博物馆、军博、中央党校，我均可联系一下。但民间性的研究团体，恐怕要科研组织局出钱，也有困难。名誉会长，不知李老（维汉）是否肯担任，你们与他联系过，最好你们先同他商量。也是响应他五四谈话的号召。总之，我的意见，先采取协作形式开展这个研究会的活动，由你们约请各院校写出书稿来，有了书稿，就好办了。冬季广州的会①既已定下，可在广州开。他们会欢迎的。以上意见，请你们考虑。敬礼！

胡华

1979 年 6 月 5 日

26 1979 年 7 月 16 日致陈志凌

志凌同志：

信悉。你们写信给耀邦同志并得到他和中宣部的支持，我很高兴。你们又找了郑州大学副校长，得他支持出内部通讯刊物。我想常设机构还是设在郑大好，你们推举出二位副会长，建立一个办公室或秘书组，向郑大党委正式呈报一下，请郑大支持拨给一些联络经费，其他有关承担编写的院校，也可推出副会长，副会长不妨多几位。

既蒙大家热情推举②，我实际只能挂个名帮助出点主意，书稿由陕西人民出版社出版很好。因为每个党史人物具体情况，我们也不清楚，只能由协作单位认真调查核实，文责自负，陕西人民出版社只能做文字编辑工作。

今冬如蒙广东高教局支持在广州开会③，讨论些共同性问题，这样很好。这就需要广东高教局批一笔经费，安排住处，落实下来，则我争取也来参加。讨论些共同性问题。

胡华

1979 年 7 月 16 日

---

① 指全国中共党史人物研究会第一次学术讨论会。

② 指请胡华担任全国党史人物研究会负责人。

③ 指全国中共党史人物研究会第一次学术讨论会。

27 1979年8月致中央办公厅负责人曾三、中共中央党校副校长冯文彬

曾三、文彬同志：

中国人民大学中共党史系担负着培养全国高等院校师资和科研人才的任务。全系现有教学、科研人员80余人。但建校30年来，我们一直未能取得利用党史档案资料的方便，敬爱的周总理曾三次以我编写的革命史小册子关于“刺廖案”史实失实为例，指示党史工作者要研究档案；档案工作要为党史研究工作服务。

现在档案工作恢复，曾三同志已批给我们一部分影印党刊。我们非常感谢！

最近，全国档案工作会议上，(姚)依林、(冯)文彬、曾三同志的讲话，给我们以极大的鼓舞。我们殷切地希望能首次批准党史系正副系主任5人、教研室正副主任2人、系资料室主任1人及档案系党的组织史教研室负责人(曹润芳)1人，共9人准予阅看中央文件汇编。

敬望审批支持为感！

胡华

1979年8月

28 1979年9月11日致郑州大学党史人物研究会办公室郑发全、陈志凌

党史人物研究会办公室郑发全、陈志凌同志：

收到《内部通讯》第一期，读了耀邦同志、李维汉同志、何长工同志的指教和热情支持的谈话，非常感动。

陕西人民出版社的同志也来过了，他们说，纸张和印刷能力没有问题。(书)定名为《中共党史人物丛书》，他们同意，我也没有意见。如果是月初能发稿一两本书，今冬能出版，那是很好的。

我们都在高等院校当教员，所以开会①时间最好定在学期终了后，可利用寒假，大家可以加班。教育部门都穷，为了节省，也考虑广东省接待工作的困难，人数必须控制，我初步设想，参加单位各出

① 指全国中共党史人物研究会第一次学术讨论会。

一人，共一百多人样子。这件事要同广东省高教局商量。我即写信给广东省高教局李又华①局长，省社会科学研究所林仲同志和李加人同志，请他们考虑一下，由广东省高教局或文教办或社联、社科所同党史人物研究会联合召开。请广东同志安排住处，拨一点印刷和活动经费，也作为广东省的一个党史方面的学术性的活动。也可以请一些人作党史人物问题方面的学术报告。何长工老如能光临，那就更为隆重了。各省出席会议的同志，差旅费由各单位自己报销，会期不要超过一星期。内容我想主要是一个规划性的会议，大家研究如何分工协作，各地如何就地取材，以及推动更广泛的社会力量来写，同时也可以谈一些写作的原则，指导思想，如何解放思想，贯彻历史唯物主义精神。各地来参加会议的代表，要提出自己承担的题目和完成的时间等项目来，以便落实。我们是群众性的学术活动，还需争取中宣部、中国社会科学院科研组织局和中央档案局的领导与帮助。而这次会，则要争取广东省委有关方面的支持和领导，才能开成。教育部政治教育司对党史学术活动很关心，也要争取他们的帮助。

你们已得郑州大学校领导的支持和帮助，拨给一部分经费，编印通讯，进行通信联络工作，我们大家都很感谢郑大领导上的关怀，也感谢你们几位的辛苦。

我国革命中，多少革命先烈抛头颅、洒热血，千千万万的同志连名字都没有留下，事迹也逐渐湮没无闻，我们活着的人，想起这些，心里是不能平静的。尽管困难不少，千里之行始于足下，我们大家来起步吧！作为传记，在力求准确的原则下，长短繁简，可以不拘一格，文体也可以活泼些，百花齐放。目的还是通过人物成长过程了解社会，取得经验，树立榜样，激励后人。

以上意见供参考。

敬礼！

胡华

1979年9月11日

---

① 胡华陕北公学、华北联合大学、华北大学战友。

29 1979年9月致哈尔滨工业大学夏庄合

庄合[1]同志：

您好！

寄上8月13日在哈尔滨的合影，留念。

波鸣[2]同志是我生平最要好的亲密战友，他积劳成疾、过早逝世，忽已20年，真是令人神伤。此次得临墓前一哭，也是告慰老友于九泉之下。见您在困难中已把孩子们拉扯大，真是辛苦您了。老太太尚健，亦甚慰。

我8月22日飞京后，见小侯（慧贞），知您已来京，但我接着又出差承德，故未能去看您。再来京时，望请来舍下。

此次承您全家热情接待，非常感动，并谢谢张文同志和那天做菜的两位老师。

专此

敬礼！

胡华

1979年9月

30 1979年10月31日致陈志凌

志凌同志：

你好！

寄来的第二期通讯收到。我昨日（30日）上午到革博同李维汉同志座谈党史，向他汇报了党史人物研究会的工作近况，说明已有150个单位参加，约有150个人物的写作计划，已有20本初稿，10本基本定稿。我请李维汉同志：（1）呼吁解决看烈士档案问题；（2）请中宣部、中国社科院加强领导问题。李老说：这事我很关心，郑州大学的同志来过后，我对社会科学院温济泽同志谈了，他也很热心，领导问题，你们找他好了；看档案这类问题，也可请他帮助逐步

① 夏庄合，哈尔滨工业大学离休干部，王波鸣的夫人。

② 王波鸣（1916—1957），胡华好友，1937年赴延安，1938年加入中国共产党，1948年至1953年在华北联合大学、华北大学和中国人民大学工作。曾任哈尔滨工业大学马列主义教研室主任、校党委副书记。

解决。他说，主要还是写烈士传，不仅要写有全国影响的上层领导的烈士，也要写中层、下层工作的烈士。领袖有全国性的，如毛（泽东）、周（恩来）、朱德等；也有一条战线的领袖，也有一个地方、一个工厂、一个农村的革命领袖，他们对当地都有影响、有教育意义；我们革命胜利，主要是靠他们在艰苦的年月牺牲流血得来的。他说，你们推动组织这个工作很好，对我们许多烈士，活着的老一代人一死，事迹都无人知道了，你们是抢救材料的工作，我也是被抢救的对象之一，我 80 多岁了，所以也愿讲一讲，虽然我知道也不太多。党史只有弄清了事实，才能编出好的党史来，其中，人物传记很重要。

李老的指教，对我们这一工作很重要。我即写一信给温济泽同志，希望他 12 月参加广州会议①，我想你是否以研究会名义，专门给他写一信，邀请他一定去。我的意思，最好由他来当会长，我们有些人当当理事也就行了。这样工作进行起来会顺利很多。

我今日到中央档案馆，看重要档案陈列，也同档案馆负责同志谈了此事。看档案问题，看来需逐渐解决，能看履历表及自传，就很好。

专此

敬礼！

胡华

1979 年 10 月 31 日

附：对几本烈士传，请清庆瑞同志看了，提些意见。附上。

31 1979 年 12 月 21 日致全国中共党史人物研究会彭明、陈志凌

彭明、志凌同志：

今日来西郊②上班，中国社科院党组成员温济泽同志主动打电话来问此会③情况，我在电话中作了汇报。他说接到请柬，本拟来参加，临时因忙未成行，有信给会议（我未看到）。他答应在党组会上提出重视此事。我已去信杨世兰，叫给他、梅益和李维汉同志各寄一份简报去。

---

① 指全国中共党史人物研究会第一次学术讨论会。

② 指中国人民大学。

③ 指全国中共党史人物研究会第一次学术讨论会。

你们审稿后①，如果觉得这些稿件均已达到出版水平，质量较好，则可全部出版。如果有的质量不理想，一时又改不好，需重新加工，则宁缺毋滥，可以少出几篇，不一定是10篇，成熟几篇编出几篇。

我想，第一卷一定要"首战必胜"，打响第一炮，使社会上有一个良好的印象。这一点，望你俩和各位编委一定把住关。个别情节有出入，是难免的。总的文稿质量，要维护一个较高水平。会章、正副会长、正副秘书长、理事会名单可在书后印上，以推动此会发展。如果你们觉得质量不错，则把编委会名单在后面印上亦可（不必写各人单位），请你们酌定。

又，今日中午我已向彭明夫人说，彭明同志向您献花两株，他公毕回家，请放心。她很高兴。老彭放心可也。

专此

安好！

（1980年元旦，教育部要请一些工作成绩显著的教师开茶话会，我已推荐了老彭，你最好元旦前赶回。）

胡华

1979年12月21日

32 1979年12月30日致全国中共党史人物研究会陈志凌

志凌同志：

彭明同志回来，知你们胜利地完成了审稿工作，第一卷即可付排，甚慰。你们辛苦了。

关于"前言"，我作了些修改，昨晚也送给李新同志看了一下。我感到领导人的支持，以笼统提一下单位为好。据我多年来接触领导人的经验，许多负实际责任的领导人都避讳一些事情。提他们的名字，尤其一些初创的工作，如提了他们，他们看到会误以为我们是在打着他们的旗号招摇，如果这些工作发生一些差误，他们就更不高兴了，因为他们都很谨慎。所以我想"前言"中不必提胡耀邦同志如何指导，及习仲勋、杨尚昆同志名字为好。（当然，《内部通讯》如实写

---

① 彭、陈二人此时正在广州审稿。

是可以的。）第一卷出来后，听听反映，如果我们扎扎实实，每卷都保证了相当质量，社会上、领导上自然会日益支持。因此我想，“前言”中今后计划部分，也暂不宣扬为好，主要是我们切实发动各地同志来实干，写出有分量的传记来，那时我们再多宣传，这也是胡耀邦同志信中的精神。我删改的几处，请你看一下，如同意，就请寄南岗同志他们发排。清样必须寄作者本人看过，最好寄我一份，看一看。当然，对清样，要尊重出版社时间，只能校正个别错处，不能作大的改动。至于出书时间，务求快速，决不能搞拖延。如果陕西人民出版社信用好，出书快，印刷发行也好，那么就请他们出下去也可以。如他们困难，我回来后，知识出版社（他们每年都印 1 000 万字）、人大出版社、江苏人民出版社都想印党史人物传，其中知识出版社最积极，我想，这以后再说，主要看实践。第二卷请你多费心弄好，李育安同志文字甚好，我想可否也请他参加编委，同你一起，协助你看稿，多有些同志过过目。第二卷望能寄我和彭明看一下。李新同志说，他抓一个民国史，一个革命史长篇，已够忙了，此事他无法再具体抓；我也说，主要请何老（长工）和他挂名，起个号召作用，不具体麻烦他和何老。他说学术团体，懒散些没有关系，主要出些成果。

专此

敬礼！

严校长代问好！

胡华

1979 年 12 月 30 日

33 1980 年 1 月 25 日致陈志凌

志凌同志：

接到来信，甚慰。我怕你是否累病了。是否继续由陕西人民出版社出书的问题，我也未向他们表态。现在，知识出版社和中国人民大学出版社，都曾来联系，希望第 2 卷开始由他们出。这两个出版社在党史、政治方面的编辑力量、文字加工力量和印刷力量都是很强的，而且，我也考虑，像《中共党史人物传》这样性质的书，最好是在北京由带有全国意义的出版社来出。当然，地方出版社力量强的也可以。最近我接到河南人民出版社的《忆彭雪枫同志》一书，印刷、装帧、封面，我都很满意。现在你和研究会秘书处在河南，就近在河南出，也未尝不可。你现在在解决经费、办公室、办事人员，及通信、资料、聘书等问题，这很好。毅涛和育安两同志都是热心人，我想你可拉上他们两位，助你一臂之力，你校领导上，还要请严校长催催。

南岗同志来信，说稿件他们拟再加加工再付排，我请他寄一份清样给我，尚未见复信。关于“前言”，本来拟增加一些内容，我原拟把胡耀邦同志名字改得笼统些，改为“中宣部有关领导同志”，其余保留。因与彭明同志研究，彭明同志反映，对于提到一些负责人名字，陕西人民出版社有些顾虑，所以他们不太愿增加这两段（与一些负责同志接触情况）。经我与彭明同志研究，觉得你添这两段，添不添？同你比较好说话，我们内部容易说通，对陕西人民出版社，就牵连同一个外单位的关系，所以我们考虑，还是照顾了陕西人民出版社的意见，同时征得你的同意。想你能谅解。

今日中国社科院科研规划局给我电话，梅益同志说，党史人物研究会经费归口等问题，近时院务会议准备讨论一下，待我下次去参加中国历史学会筹备会议时，再同我面谈（我是中国历史学会筹备人之一）。上次会议的意思是归口到中国历史学会。

我同意你的看法，我们编党史人物传，是给后人留下有永久教育意义的材料，同时也是推动全国这方面的工作。因此，我也有决心把此工作坚持下去，克服一切困难。你的努力和决心，也是推动了我。我在广州时，原考虑要彭明同志和你二人担任副主编，但彭明同志一再推辞，以至未定下来。他不肯担，我想你最好不要推辞，还要担起来，今年夏秋审第二、三卷。我力争参加，那时在编委会上再定一下，我希望如可能你再物色一位年富力强、能够胜任副主编的同志。各编委分工负责，我是赞成的，但我仍感只我一个主编，照顾不了全面。顶好有你和另一位同志，一起全面来把把关，就可较为放心。这是从工作需要出发的考虑，是为了实事求是解决问题。何老（长工）仍在广州留园十楼休息。因归口等问题及规划情况，均未定下来，我也没有再给他写信。

专此

敬礼！

胡华

1980年1月25日

34 1980年1月17日致江西青年教师王阿寿

阿寿[①]同志：

收到来信，你对党史研究有许多好的见解。吉安是老根据地，望你在可能条件下，收集和访问材料，进行研究。

敬礼！

胡华

1980年1月17日

35 1980年3月18日致陈志凌

志凌同志：

你好！来信及书稿早收到。因3月3日人大开学后，我十分繁忙，会议很多，加上传达学习五中全会、校干部考评，以至把阅看你书稿的工作耽搁到昨晚才看出，请谅。

你写的马日事变这部分稿样，整理得很好。我也同李维汉、易礼容同志座谈过两次马日事变情况，并看过你所引证的这些资料。总的说，你对这一事变，整理得比较完整。基本上讲明了事实真相，起了正视听的作用。

提纲部分，总的我认为可以。替你改了几处，主要是把我党放在主动地位帮助孙中山建党建军。结语部分，我没有什么意见。

前言部分，我别的没有意见，还是在广州时同你提过的，主要可以正面讲自己的看法。批判别人方面，以批判林彪、“四人帮”的篡改为好，打击面不要大了。对同行采取磋商态度为好。总之，按你现在提纲，规模较大，恐要较长时间才能完成。不必太急。

---

① 王阿寿系江西吉安井头中学青年教师耿艳鹏笔名。后成为吉安市中共党史学会副会长。

《人物传》第一卷，我也同意不要等照片了。看杨永奎同志来信，他们还是很仔细地做了文字加工。付排后，希望印刷过程能快些。

我昨日听近代史研究所革命史研究室的同志说，河南人民出版社也在出党史人物传，也准备出几卷，已把近代史（研究）所的一篇“蔡和森”传要去了。当然大家都可以出，但也须解决重复的问题。

我希望你能集中精力抓抓人物传工作，战线逐渐缩短为好。

敬礼！

胡华

1980年3月18日

36 1980年6月11日致人民大学党史系于震洲、王昌国

老于、王昌国同志：

复印的波多野①等材料，可能是王淇、杨云若他们让复印的，我记不得了。

又，请给香港波文书局寄一份《中国革命史讲义》去，封套包装结实一点。（地址给小常了。）

又，请给荷兰的班国瑞及约翰·托马②各寄一份《中国革命史讲义》。地址请老朱或杨云若同志写一下好了（封套结实一点）（附上他两人地址，约翰·托马寄来的外文党史书，现在王淇、杨云若处）。

敬礼！

（原信用过后请退还我。）

胡华

1980年6月11日

37 1980年8月20日致陈志凌

志凌同志：

你好！我和彭明同志顺利返京。昨日来西郊人大。寄上车票。对你和育安、富恒和小王这次多方照顾很是感谢。

---

① 波多野，日本历史学家。

② 班国瑞、约翰·托马均为荷兰历史学家。

知识出版社来找过我，说愿出人物传……社科出版社尚未联系。

专此

敬礼！

胡华

1980 年 8 月 20 日

38 1980 年 9 月 15 日致中国人民大学党史系清庆瑞

清庆瑞同志：

王守信同志送来 1980 年 4 月二版样本①两本。我留下一本，给您一本，请您翻一翻，我们订正的个别地方，是否改正。并作以后再订正本。

敬礼！

胡华

1980 年 9 月 15 日

39 1980 年 11 月 22 日致重庆中共党史人物研究会郑洪泉

郑洪泉同志：

来信收到。因为要想和廖盖隆、马齐彬、李新同志碰一下头，再给你回信，故此迟复为歉。19 日，与廖盖隆、马齐彬、萧效钦等同志碰了个头，李新同志因事未到。他们答应 4 月来重庆参加党史人物研究会年会并作报告，何长工同志和李新同志早就答应了。也可以请李正文同志来，我和彭明当然要来。中央党校并军科院必要时也可以请一些人来作报告。不过 4 月的会可能开 12 天，如果开党的十二大，重庆会议②则顺延一下，因开十二大，则何长工等有些同志可能来不了。总之，请六七个人作学术报告是没有问题的，但题目目前不能定，因为要等“历史决议”通过后我们大家可能结合“历史决议”讲一些问题。所以具体选题无法事先定，要看我们研究的情况，临时定题目。

你给何长工同志的信，写得不错，只是长了些。以他八十高龄的老人家的口气只能写一个简短的信，我当参照你的信稿，代他改写一个短信，寄他过目后，我再取回寄郑州。

① 指《中国革命史讲义》。

② 指全国中共党史人物研究会第二次学术会议。重庆师范大学郑洪泉参与筹备。

请代问王厚博同志好！你们能出四五千元经费，这个会经费就解决了。人数可控制在全国共200人，加重庆、四川，共250人为好。
敬礼！

胡华

1980年11月22日

40 1981年11月23日致《中共党史人物传》责编郭洛夫

郭洛夫同志：

奉上我的飞机票，是否你们交由陕西社科院报销，你们联系办理可也，谢谢。

我和彭明同志18日去济南，22日回京。见到吉林省军区司令员王乃征同志（王尽美烈士的大儿子），他欢迎我们夏秋去长春审稿，他可提供住处和市内交通，不收费。也见到青岛烈士馆周庆本同志。他俩都反映第一卷《人物传》买不到。周庆本说，青岛有400多个图书资料单位，一个单位买1本，即400多本，但《人物传》第一卷青岛1本也没有到，他到济南也未买到。故发行、发征购单问题，望你们采取措施为望。

林理明、胡海、南岗、老杨和齐心，各位同志热情送别，十分感谢。望代致问候。
敬礼！

胡华

1981年11月23日

41 1981年12月12日致浙江奉化中学校友张林冬

林冬[①]同志：

收到来信，因忙，迟复为歉。海燕同志[②]很有才华，重病如此，令人惋惜。

子渝[③]的稿写得不错，我们已收入《人物传》第五卷作第一篇。

---

① 张林冬，浙江奉化人。长江航运管理局离休干部。1938年5月由中学校友胡华介绍赴延安，二人在四十余年后才重新取得联系。

② 指田海燕（1913—1989），四川泸州人。1938年参加革命，延安《解放日报》特派记者。长江航运管理局离休干部。张林冬之夫。

③ 指张林冬之子田子渝，与李良明、任武雄合写的“恽代英”传，编入《中共党史人物传》。

望鼓励他继续刻苦努力，是个好的接班人。

汪雅仙①同志我也听说她在京。她和张岱②的继母同宗，似也遭受过一些挫折，只是不知近况。我从前就知道你是顾招弟、招花（顾明）③ 的亲戚，你们竟然分手后也没有见过。以后你还是到京、沪、奉化跑跑吧！

你的姐姐④我没有见过，老廖（廖盖隆）也说起，请你代问她好，也代问丁华⑤好。我们党史人物研究会总部原设在郑州大学（近要迁京），胡立教⑥同志给了很大支持，如你给顾明同志去信，望代我向她和立教同志致意。赛英有信来，她希望恢复党籍。邬汝蛟在进军大别山时被俘，丢了党籍，住在乡下，我也多年不见了。

历史在前进，希望你晚年也写一点东西。

专此

敬礼！

胡华

1981年12月12日

42 1982年1月23日示刘涓迅、胡宁

涓迅、胡宁：

胡宁给中技学生教党史课，材料好找。我的意见：重大历史事件，年月日、人名、地名、事情经过交代清楚，不要枝节啰唆；理论观点一、二、三、四，列清几条，便于学生记住；加一些烈士和老一辈革命家的动人故事，就可以了。这些，图书馆和报刊都有的。从前我给张志新那个班讲课，讲“四一二”、讲向警予壮烈牺牲的故事，很带阶级感情。张志新的几个同学说，当时我讲时的感情、气氛，至

① 汪雅仙，浙江奉化人。1938年参加革命，中央某幼儿园离休干部。张林冬之姨妈。

② 张岱，浙江奉化人。1938年10月与胡华同赴延安，1978年后任《哲学研究》杂志主编。

③ 顾招弟（顾平），浙江奉化人。张林冬姨表姐，全国政协离休干部。顾招花（顾明），浙江奉化人。张林冬姨表姐，胡立教之妻。

④ 指张林苏，浙江奉化人。1936年9月参加革命。中共武汉市委离休干部，其夫刘惠农，原中共湖北省顾问委员会副主任，武汉市市委书记、市长。

⑤ 丁华，邓恳（原湖北省副省长、邓小平之弟）之妻，原武汉市外办主任。

⑥ 胡立教，原上海市委书记，上海人大常委会主任，中共河南省委书记。顾明之夫。

今她们都还记得，可见是有感染力的。所以，张志新对革命有坚定的信念，她写的东西中也讲到，听教员讲向警予牺牲的英勇事迹，她很受感动。当然，不是我一个人教出了张志新这样的英雄，我是说，讲党史，简明，加上生动的情节，就行。至于涓迅，挖掘地方党史，那就需要多查当年报刊及访问活材料了。

此祝

新年愉快!

华

阴历腊月二十九

43 1982年3月1日致北京化工学院姜华宣

华宣同志：

你好!

信悉。对你回来，我是一向欢迎的，而且也同你说过几次，你那时说要等房子等等，似不太想回来。这几年你在研究上成绩显著，想不到房子还没有给你解决。今早，我问了吴芳俊同志，他说，老姜早不回来，现在人大超编，你系也超编，要看看精减后的情况，另外，房子一下也不好解决。

情况如此，你如决心回来，则我们以后再与人事处联系。

敬礼!

胡华

1982年3月1日

44 1982年3月22日致中国社会科学院近代史研究所曾景忠

曾景忠同志：

你好！来信及《暨南学报》上大作读过了。

我对你的观点是同意的，我认为符合“决议”的精神。邓力群同志的报告，基本上也是这个意思。

从大的历史阶段说，笼统地说，中华人民共和国成立后，可说是社会主义时期，是社会主义革命的开始。具体说，头三年主要是完成民主革命任务；1953年开始进入“一化三改”，1956年基本完成，进入社会主义社会。1956年前应是新民主主义社会。“决议”讲得笼统些，所以有些不同的解释。

你的文章，我以为是对的。这个问题，已成历史，即使有争论，可作学术问题探讨。

我感到，现在我们处于社会主义什么阶段，对现行开放政策、经济搞活政策及新条件下的阶级斗争，到底怎样看，倒是个大问题。你如研究，望有以教我。

敬礼！

胡华

1982年3月22日

45 1982年6月3日致石油学院余世诚

余世诚①同志：

信及杨明斋②稿收到。可否请你继续努力，写一个“杨明斋”传，以经过考订比较可靠的资料为依据，写成传记体。对他的下落，再努力查考一下，如查不到，也可以从略，可以写“约于某某年回苏联，后病死”，就可以了。写好后，可请山东党史人物（研究）会编审小组李肇年等同志看看，转来党史人物研究会，可以编入《中共党史人物传》中。

专此

敬礼！

胡华

1982年6月3日

46 1982年6月9日致张林冬

林冬同志：

6月2日来信收到了。此次到沪，同（傅）赛英等同志见面，还去看了顾明、顾招弟，并见到了她们的妈妈。

---

① 余世诚，1964年中国人民大学研究生毕业，中国石油大学人文学院教授。

② 杨明斋（1882—1938），山东平度人，共产国际最早派往中国帮助建党的工作组成员，中共创立时期著名革命活动家。

你说你同姓邬的和姓胡、姓范的三人到安吴堡，以后你去延安，这是对的。姓邬的，叫邬汝蛟（现名邬昂夫，已退休在宁波），是我的同年级同学。另外，胡、范两位，是邬汝蛟的同村人，小学时同学，他们都是宁海人。你们是1938年5月5日在奉化民教馆（运动场）集合，一起在奉化汽车站上车的。这次行动，日期的安排、人员的联系是我负责的，而不是你记成的“民教馆介绍”的。当时因我与党的奉化县委书记竺良牧（现名竺扬，这次在上海一同见了面）有联系，他叫我联络一批同学去陕北，由他开介绍信。我联络了邬汝蛟等三人，还有我们同年级同学方宗惠和一个姓王的，又联络了尚在奉中读书的你和傅赛英。我在你们初中放晚学时，在奉中大门口，至少同你见过两次面。一次是约定出发的时间（5月5日早），一次是我告诉你没有找到竺良牧，介绍信没有开到手。当时你和邬汝蛟等三人，共四个人，没有阻力，一起走了。我和傅赛英等人都遇到家庭阻力（我后来是1938年10月动身到陕公①的）。

你当时圆圆的脸、微胖的丰满的少女身影、短头发、中等个子，一副坚定的神气，讲话还带点普通话的语调，我都记得很清楚。因为我们常在奉城运动场中民教馆集合，可能你把我记成民教馆的人了，所以你记忆中有“民教馆介绍”。国民党政府办的民教馆怎会介绍我们去陕北呢。

因为我比你高一个年级，你在校时，我已毕业，所以我同你不熟，只是为了联络一同去陕北，才认识你的。但只见了两三次面，你可能淡忘了。我那时也是一个17岁的小孩呢！但是当时你告诉我，你的姐姐已到了红大②，汪雅仙到武汉八路军办事处认识了一位年轻的老红军而互相爱慕……这些话我还是记得的。

海燕同志受迫害、患重病，真可惜已极。幸而你的田子渝很有出息，可做接班人。你关注党史，很好，我以后留意寄些材料给你。有机会来京时，请来找我玩。电话（略）。

抗战中“肃托”，在各根据地都造成不少冤案，这是王明、康生按苏联意愿制造的。傅赛英的丈夫因此而屈死。目前，这类案件还有

① 即陕北公学。

② 即中国工农红军大学。

阻力，只有待中央顾得上时，才能一块解决。

望多珍重。

敬礼！

代问你姐姐、丁华等好！

胡华

1982 年 6 月 9 日

47 1982 年 9 月 1 日致《中共党史人物传》撰稿人田子渝

子渝同志：

信悉。廖鑫初①同志在长春会议②结束、去吉林市参观当天晚上在吉林市心脏突停猝亡，我们甚悲痛。你的提议很好，可在“张浩”传前记中，写上悼念他的话。

“李汉俊”传已通过。我本拟 8 月 1 日至 5 日看出，但大家因急于想到吉林市小丰满去参观，吉林市委要我去给该市干部作个报告，而被拉去；8 月 2 日凌晨出了廖事……我的看稿任务被耽搁下来。而我 8 月 9 日至 12 日预定在山东作报告，接着新疆有两个会要我去。近日回京，事繁。“李汉俊”传尚在我处，我看出后，当寄你，你可再修改，然后寄陕西人民出版社郭洛夫同志好了。

代问你妈妈、爸爸好。

敬礼！

胡华

1982 年 9 月 1 日

48 1982 年 9 月 7 日致中国人民大学校长成仿吾（祝贺成老生日）

成老：

在欢庆党的十二大胜利成功的日子里，欣逢您的八五寿诞。您的光荣的革命历史和崇高的革命品质，是党的光荣、人民的光荣，也是

---

① 廖鑫初（1937—1982），中南财经学院党史教员，《中共党史人物传》编委。胡华在《中共党史人物传》第十卷“后记”中专门加了一段话，称赞他是“蒋筑英、罗健夫式的中年知识分子”。

② 指在长春召开的《中共党史人物传》第九、十卷审稿会。

中国人民大学的光荣！

成老的回忆录《战火中的大学》[1] 第二章“从旬邑到前方”，在《时代的报告》杂志6月号上发表，承成老把稿酬转给我，我敬表心领和感谢。但这是成老多次费心血回忆谈话的记录，故我把稿酬买成了一盒老年人的滋养品，请成老服用，聊表作为一个从少年时代起就受成老培养和教育的学生对成老的健康与长寿的祝愿的心意。

《战火中的大学》正装订中，不久即可发行。

专此，敬祝

健康、长寿、愉快！

胡华

1982年9月7日

49 1982年10月27日致郭洛夫

郭洛夫同志：

本文[2]翔实、流畅，且有分析评议，有较好的深度，足可成为我们写人物传的一篇典范。请编入第十卷的第二篇。第十卷望1月发稿，争取4月印出。5月初开全国会议时争取送去一部分。

此文经上海编审组任武雄等看过。现经我和彭明同志看过，已可付排。志凌因近时太忙，他说不看了。

穆欣同志通信处是“北京甘家口外文出版局”（他是副局长）。

专此

敬礼！

胡华

1982年10月27日

50 1982年11月30日致全国中共党史人物研究会高军

高军同志：

您好！谅您厦门开会已回来。

轻工院党委上星期五已通知陈××同志，同意他调师院，他的家

---

① 《战火中的大学》为胡华等协助成仿吾完成的一本回忆录，1982年由人民教育出版社出版。

② 指穆欣撰写的“邹韬奋”传。

和爱人仍在轻院。我当即电崔院长告知，请抓紧去调他。老陈是有水平的。他到师院的目的，一是教好你院分配给他的课，一是继续做好人物传的工作。他说过，此外并不争什么。郑大个别人的反映是不实的。我从这三年接触中，感到他人是正直的，对党史是有水平的，只是他个性强一点。《人物传》已编了10卷，同他的努力是分不开的。调师院问题，还望你上下联系，努把力。如有什么困难或问题，请打电话同我联系。（我星期五、星期六有课有会，下月7—10日去开会。）

又，“黄敬”传是否改出来，请同作者联系一下。

专此

敬礼！

胡华

1982年11月30日

51 1982年12月30日致郭洛夫

郭洛夫同志：

寄去“邹韬奋”传，谅可收到。请编入第十卷。此传后面的材料来源，根据作者穆欣同志电话中告知，我代他写好，寄上，请在文后补上。（他访问过20多位同志，不拟一一列名了，只列沈粹缜同志一个名字，即可。）

敬礼！

新年快乐！

胡华

1982年12月30日

附1：胡华在信末为“邹韬奋”传起草的补记

本文主要材料来源：韬奋的著作（特别是几部自传性质的著作），韬奋所编的报刊。参考了韬奋逝世以后在报刊上发表的纪念文章。

作者访问了韬奋的夫人沈粹缜同志和20多位韬奋的亲友，先后还有100多位同志对本传的写作给过帮助。在此致谢。

附 2：彭明致胡华函

胡华同志：

遵嘱将“邹韬奋”传看了一遍。

我觉得此传写得很好，事迹感人，材料具体，不落俗套。写法边叙边议，也是很好的。我只改了几个错字。整个文章不用大改，即可发排。

以上意见，当否？请酌。

此致

敬礼！

彭明

1982 年 12 月 24 日

52　1983 年 1 月 13 日致北京大学张注洪

注洪同志：

你好！好久不见。杨云若说常见到你的。萧三同志写信给耀邦同志，如命在旦夕，希望整理他的日记，组一个班子，要我牵头，也写了你的名字。耀邦同志批示同意，要胡启立、冯文彬同志落实。昨晚冯文彬同志通知我们今日上午到中南海开会，因临时通知不到你，我和叶华、（萧）立昂、（萧）维佳①、（刘）和忠、高陶、杨先材②去了。分工请你和维佳负责解放战争时期日记。当务之急是读一读日记，那些人名，字迹不清楚，趁萧老还活着，赶紧问他。现将由和忠、维佳把日记分一分，分头阅读。然后雇知青抄写。在厂桥中办招待所找二间房子。此事我同项子明同志打过招呼了，他说将通告你们历史系总支，支持这一任务。萧老可望活到五一节（医生争取），故还望你能把其他工作推后一点，抢救这一资料。以后我去看望你。

敬礼！

电话（略）。

胡华

1983 年 1 月 13 日

---

① 叶华（1911—2001），德裔犹太人，1964 年入中国籍，萧三夫人；立昂、维佳均为萧三与叶华的儿子。

② 刘和忠、高陶为中国作家协会工作人员；杨先材为中国人民大学党史系教员。

53 1983年2月18日致郭洛夫

洛夫同志：

1月28日寄出的十卷目录、来信及编审单均收到。年历亦收到，多谢。近日我考虑有必要写一个第十卷“编后记”，内容与志凌商量了一下，寄上。请匡正。请排在第十卷的最后。我想，第十卷可能已发稿，但最后加一页还是可以的，望你插进去，因为有必要重申一下这些问题以充分鼓舞大家的信心。这几卷书，连编带校，你是太辛苦了，虽说年富力强，还要珍重，吃得好一点。第十卷5月能否排出几本，力争罢了。请你与南岗同志于2月28日或3月1日到西堂子胡同公安部招待所报到，须重审的稿件，也都带来。

（刘澜涛同志给何长工同志的信，因我今日住在家里，手边没有。引的几句话请你核对一下，勿忘。）

专此

敬礼！

胡华

1983年2月18日

54 1983年3月30日致湖北大学田子渝

子渝同志：

你好！来信悉。

《革命生活》日刊的情况，小骆[①]告诉我了。只有几份不能解决问题。因为该刊是陆更夫（烈士）主编，四川同志要写“陆更夫”传，我们原有全份合订本，“文革”中被红卫兵打砸抢抄走，没有下落了，一直在查。

你很努力，很好，希望继续努力充实自己，做一个好的接班人。

敬礼！

胡华

1983年3月30日

---

① 指骆美玲，毕业于中国人民大学中共党史系。湖北大学中共党史专业教授。

55 1983年5月6日致郭洛夫

郭洛夫同志：

关于第九卷“宋绮云”烈士传，现有烈士家乡邳县县委党史征集办和宋烈士三女儿宋振西等同志继续在研究，他们认为宋烈士没有担任过邳县第一任县委书记，而是主要成员之一。我记不清原稿是怎么写的了，可否根据邳县县委现在核实的材料，与作者江山等同志联系一下，如来得及，则改一下，如来不及，则再版时可订正。此事由邳县县委党史办负责与你联系。

敬礼！

胡华

1983年5月6日

附：中共邳县县委党史资料征集领导小组、郭洛夫、陕西人民出版社政编室函

陕西人民出版社：

据胡华同志介绍，贵社出版的《中共党史人物传》拟刊登宋绮云烈士的传记。作为烈士家乡的党史资料征集机构，我们深感庆幸，表示拥护。我们正在征集烈士的资料，但很片面，尤其是烈士在西安的活动占有的较少。万望贵社能给我们提供这方面的资料，以利我县革命斗争史的编写工作顺利开展。再者，据我们掌握的资料来看，宋绮云烈士在我县早期革命活动中，并未担任过第一任县委书记职务，而是在县委中做组织工作，应为县委的主要成员之一。为了对党史工作取慎重态度，使贵社出版的历史传记史料更加翔实，万望贵社根据胡华同志的意见，对这一问题，与我们有一个一致提法。是否有当，尚希不吝提教。

致

礼！

中共邳县县委党史资料征集领导小组

1983年5月4日

胡老师：

5月16日与杨世兰同志从您处离开后，一直忙于编他们那部书稿，没有再去看望您，请见谅。

关于留京审人物传稿事，我到志凌同志家去了，他说还得同您商量商量。我离京前又在志凌家遇到周庆本，他很欢迎我们到青岛去审稿。此事定了，望通知我们。

邳县党史办的同志持您的信来出版社时，我已去京了，是杨永奎同志接待的。他们拿了一份老稿子，提了21处修改意见。我回来看了清样，其中绝大部分在我们审定的稿子上已经改正，只有两三处（包括宋绮云任邳县县委书记一处）未改。但因九卷5月中旬三校已完送厂打型付印，目前无法再改，只好待将来再版时考虑。

敬祝

教安！

郭洛夫

1983年6月4日

中共邳县党史资料征集领导小组：

5月4日贵处戴启汉同志来西安，就《中共党史人物传》第九卷所载之《宋绮云》传稿的若干史实提出意见，我们表示热烈的欢迎。责任编辑出差返回后，认真将所提意见与发排稿作了核对，其中有些问题已在发排前作了改正，有些尚未改过来。由于该书已经付印，只好等再版时再改。戴启汉同志带去了一份清样，望能细致审阅，还有什么问题，请即函告我们。

对你们关心出版工作的认真负责精神，再次表示感谢。

致以

敬礼！

政编室

1983年6月20日

56 1983年6月6日致陈志凌

志凌同志：

刚才何老（长工）给我打电话说，中央常委召集（王）首道、他、萧克几位党内的政协副主席说：他们担任了中央顾问委员会常委，就不再担任政协副主席。今后除顾问委员会常委工作外，请他们多做些党史方面的工作，并具体对何长工同志说，要他把中共党史人物研究会会长的工作担任下去，李新、胡华可以协助你，写党史人物传的工作很重要。

因此，何长工同志在电话中对我说，会长的工作，我就继续担任（他原来几次对我说长沙会议时要我接任）。并说，他对邓力群同志也说了一下，人物研究会按耀邦同志的批示，继续请中宣部领导，邓力群同志说，有何老领导就行。

以上这些意思，你在与有关同志通信中，可适当宣传一下。我已电告廖盖隆同志，并请他转告胡绳同志和冯文彬同志。

老季来信，说昆明欢迎我们 7 月下旬去开审稿会，你看如何？我看人少些，也可考虑。

敬礼！

胡华

1983 年 6 月 6 日

57 1983 年 7 月 1 日致姜华宣

华宣同志：

你好！

收到来信。知你评上副教授，这是你这些年勤奋努力的结果。我参加北京市职称委员会，情况我知道的。望继续努力。

“邓拓”传，第九卷正在印刷中，你们写得很好。当然，今后如有订正之处，仍可继续订正。宣传烈士，是全党的责任。最近（6 月初）中央常委请刘澜涛同志给何长工同志传达中央常委意见，要何长工同志把党史人物研究会会长的工作继续担任下去，指出写党史人物的工作很重要。我们现在同中央党史研究室所属、由温济泽同志领导的革命烈士传编写组也分工合作很好。

专此奉复。

敬礼！

胡华

1983 年 7 月 1 日

58 1983年8月16日致郭洛夫

郭洛夫同志：

昨日写信，原拟把他们改出的九、十章复印件替换。现因他们还须修改、复印，来不及，现把原稿寄上。如他们寄你复印稿，你就按复印稿（或抄件）换原九、十章，如未寄你即按现稿发排。

胡华

1983年8月16日

附：《董必武传》编辑组函

胡华同志：

原计划送去的九、十两章，因来不及复印，而且原稿又较乱，我们不准备替换了，以免影响发排。请您审查完昨天送去的稿子后就直接发排吧。

照片及附录、后记等，我们准备好以后即寄给陕西人民出版社郭洛夫同志。

致

敬礼！

遵嘱送上两份。

《董必武传》编辑组

1983年8月16日

59 1983年9月8日致余世诚

余世诚同志：

你好！

你写的“杨明斋”传，我看过了。你下了很大功夫，且得到不少老同志回信，材料是可贵的。不过，据知，平度县跑了11个省，写了一个详细的调查报告，送到山东党史征集办，肯定会有不少材料可以吸取。为了使一个重要的党史人物传写得更完整、准确，也为了尊重党史人物出生地的地方党组织和他们的努力，望你与平度县合作①。肇

---

① 此后，余世诚与张升善（山东平度党史研究室主任）合著“杨明斋”传，收入《中共党史人物传》第二十一卷。

年[1]同志来信说，拟于月底开山东党史人物传审稿会议，将请你去参加。我希望你去参加，并与平度县合作，把此稿尽量写得完整。包括《大百科》[2] 的条目，我也审看过了，总还须力求完整。为革命先烈、先辈写传，我们提倡共产主义的合作精神，故请你参加山东省人物（研究）会的审稿会议，共同合作，力求完整为望。

专此

敬礼！

胡华

1983 年 9 月 8 日

60 1983 年 10 月 10 日致姜华宣

华宣同志：

你好！

来信收到。谢谢关注。你写了不少人物传及其他文章，精神值得学习。你愿参加人物传的工作，我很欢迎。北京组是高军同志负责，我同高军讲一讲，我想先请你参加北京组的工作。

专此

敬礼！

胡华

1983 年 10 月 10 日

61 1983 年 10 月 12 日致余世诚

世诚同志：

来信收到。你的努力精神和谦逊态度很好，我很高兴。要感谢你校领导、省委、地委和平度县对“杨明斋”传的重视。此传写出来，确对党史研究是个贡献。当然，尽可能把问题弄得清楚、准确。

关于王会悟同志回忆党的一大时密探进来她发现的情况，虽属珍贵见闻，但只是一个人提供的，别人回忆没有这样说，而且此密探以“走错门”为借口，王会悟为何不阻拦而让其闯到会场，可能

① 即李肇年，山东省中共党史人物研究会编审小组负责人。

② 《大百科》，指《中国大百科全书》，胡华为其中“科学社会主义”卷编委。

回忆有误。你们可写杨（明斋）参加了一大当翻译，不要写上述细节，尤其不要在《百科》[①] 条目上写，因为证据不足。望努力合作完成。

敬礼！

胡华

1983 年 10 月 12 日

62 1983 年 10 月 24 日致湖南刘晴波、方大铭、吕芳文

晴波、大铭、芳文[②]同志：

你们好！知会议各种工作已安排，甚慰。何长工会长届时决定来主持会议。老同志已获函前来的，有莫文骅同志（装甲兵政委）、李立同志（中纪委常委、贵州省委原书记）、彭施鲁同志（国防科委副参谋长）、李振军同志（全国武装警察部队副政委，湖南省委原文教书记，他可能同其夫人贺捷生同志一道来）、罗章龙同志（全国政协委员）、穆欣同志（外文出版局局长）。山东省委高克亭书记、省政协余修副主席可能来。

王首道同志有可能来，萧克同志时间是否有，还不能定。刘澜涛同志、吴亮平同志已获函不能来。

我将于 11 月 3 日左右飞南宁，至 15 日后从南宁坐火车来长沙。陈志凌与季之华可能十七八日直接到长沙。各省名额大致分下去。有的省、市要求增一二名，我们已答复在列席名额内解决。

会议组织工作，望你们和省委接待组全力负责，我们除参加领导小组外，将不插手具体接待事务，以免干预过多。财会人员都望你们安排，多辛苦了。

敬礼！

胡华

1983 年 10 月 24 日

---

① 《百科》，指《中国大百科全书》，胡华为其中“科学社会主义”卷编委。

② 晴波，即刘晴波，湖南省中共党史人物研究会副会长；大铭，即方大铭，湖南省中共党史人物研究会秘书长；芳文，即吕芳文，湖南省中共党史人物研究会副秘书长。

63 1983年10月27日致方大铭、吕芳文

大铭、芳文同志：

1. 郭洛夫来信，他们拟派两位同志，带10卷本几百套来长沙，在会期发售。此事很有必要，望你们给准备一下房子。

2. 会议党组，你们请示省委，要不要有省委领导同志参加！如省委领导同志参加，则我们方面何老（长工）也参加一下。如省委领导同志不参加，则因何老年高、身体不好，也就不参加，具体我们抓，他和省委同志出席重要的开幕式、闭幕式等，并领导大会就行了。

3. 我2日坐火车去南宁，南宁会议可能缩短成8天，则我16日左右可到长沙，届时去电。

敬礼！

胡华

1983年10月27日

（审稿会成员，志凌已拟了一个，房子问题，亦请事先说好。）

64 1983年11月5日致毛致用、焦林义并湖南省委诸领导

致用、林义并省委诸领导同志：

中共党史人物研究会第三次学术会议，承省委热情支持，将于本月20日至26日在长沙召开。何长工同志将于20日前，自北京来长沙。王首道同志来南宁开毛泽东思想讨论会，我亦来此。首道同志今天对我说，他决定20日前到长沙，参加党史人物研究会学术讨论会。刘英同志也决定来。答应来长沙开会的老同志，还有北京乔明甫同志、山东高克亭同志、国防科委副参谋长彭施鲁同志、湖北何定华同志等。李振军同志也答应尽可能来。

开幕式，将有王首道、何长工同志讲话，希望省委领导（毛）致用同志和其他领导同志也给我们讲讲话，以资鼓励。接待工作及车辆，多望省委办公厅支援。

会议临时党组的组成，亦望致用同志批准。

我将提前于14日左右来长沙，届时再向你们汇报。先由刘晴波诸同志向你们汇报，多望指示。

专此

敬礼！

中共党史人物研究会副会长

胡华　敬上

1983年11月5日

65 1983年12月27日致郭洛夫

洛夫同志：

你好！

1. 信悉。“后记”的处理，同意。

2. 知何其昌①同志负全责，对此套书甚关心重视，甚慰。王敏②很好，有这样的干部三二人，也就可协助你把许多事务性的工作分担，编这套书，你是完全顶得起来的。以前一些卷，能保质保量出来，和你的辛勤操劳努力是分不开的。

3. 知印厂王兴孝同志劲头很大，我很高兴，望见到他时，向他致谢。目前，我在各地书店里，还只见到第六、七卷，恐怕八、九、十卷尚未能成批印出，望你能继续了解一下，协助加快速度。十一、十二卷已装订好，很好，成批生产也望抓紧。

4. 目录、宣传卡印了3万份，很好，还要印征订单，发向各县党史资料征集办，各图书馆、文化馆征订，才能推广，不要只发给新华书店。

5. 目前，整党和精神文明建设中，这套书将愈见其重要，愈得到重视。你抓的新华社稿，王首道同志讲话，李育安文章，及电视、报导都造成了很大的声势。所以你们十卷一套，要很快赶上。我同意小改个别错字，可基本不改而重印，这十卷的会长、主编署名，体例等，按长沙确定的，统一一下，编审成员只作个别调整即可，此事请你细心抓一下。

6. 你除参加整党外，还是要抓一下此工作，这是一件给全国整党编辅助教材的工作，与整党目的是一致的。此点，望你向其昌同志

① 何其昌，时任陕西出版事业管理局局长兼陕西人民出版社社长。

② 王敏，时为陕西人民出版社编辑。

汇报，并代我问其昌同志好。我在参加人民大学党代会，因是主席团成员，所以也忙一些。

专此

敬礼！

胡海、南岗、永奎诸同志不另。

胡华

1983年12月27日

66 1984年1月11日致郭洛夫

洛夫同志：

1月7日来函收悉。知春节前能发出第十六卷，甚好。

一、十七卷稿亦齐。至于十八卷，稿子压我处，我太忙，争取2月陆续寄你，以便发出。下次审稿会在9月下旬，争取在此前，发出3卷。

二、“王占春”传，同意你的处理。

三、“舒传贤”传，有类似上述的来信，我已转志凌。

四、“陈佑魁”传，拟请湖南晴波同志他们处理。

五、顾作霖照片，我已请小巨[①]到革博去翻拍了。

六、《内部通讯》十九、二十期已编好，付打印了。

…………

谢谢其昌、兴孝、南岗等同志努力，印刷方面，现在市上只发到第八卷。第九、十卷尚无影子，望抓紧催一催。十一、十二卷是去年3月定的，已快九个月，而九、十卷是长春会议定的，足足一年半了，市上尚未见书。可见速度问题，并没有真正落实。望与印厂联系，找出原因。

专此

敬礼！

（《少林寺》、《少林弟子》、《武侠霍元甲》等书，均发几百万册。）

胡华

1984年1月11日

---

① 即巨彩丽，全国中共党史人物研究会办公室工作人员。

67 1984年1月28日致郭洛夫

郭洛夫同志：

你好！趁寒假，我把长沙会议未及终审定稿的十余篇稿子带到家中审定。这些稿都改动较大，需抄清，校清。估计可以发十八卷一卷稿，这样，我们4月下旬苏州会议即可以开始编十九、二十卷了。为了避免丢失，也为了你可以及时处理发出抄清，我看出一部分就寄你一部分，陆续寄你。这次寄“李乐天”、“潘心源”、“胡筠”、“傅烈”四稿。

到现在为止，第八、九、十卷，并没有发售，实际上你们印厂可能没有成批地印，市上只能买到第七卷，这一情况，可能你也不知道。自新华社发稿后，来问的人很多，许多老同志说没有见过此书，近几月只在报上知道有此书，而市面上没有。看来你社对此书发行问题的积极性实际没有解决，望为留意。

专此

敬礼！

胡华

1984年1月28日

附：南岗阅示函

章彬[①]同志，《中共党史人物传》的发行问题，我已多次向领导反映过情况和意见，但迟迟不见解决。现把胡华同志的信转你阅示。此信阅后请退还郭洛夫同志。

南岗

1984年2月5日

68 1984年2月7日致郭洛夫

洛夫同志：

春节好！寄来年历收到，谢谢。利用春节，看出了“杨殷”、“胡海”、“陈奇”、“钱亦石”传，及“潘自力”传。这些传都很好，“潘

① 章彬，时任陕西人民出版社副社长、总编辑。

自力”传因改动很多，正好航院二位作者来拜年，我直接交他们去抄清了，然后同原稿一并寄你，免得你再寄航院抄清。“杨殷”等四传，现寄上。“杨殷”传作十八卷打头（政治局委员），我看这些传可以编成十八卷，我争取是1日前看出寄你，争取在4月审稿会前能发排。你们所印十五卷目录，我因放寒假在家，尚未到人大去取。听志凌、彭明说很好。关键是要按王首道同志的建议，向有关单位（全国）发征订单，找一批知青发行，才可扩大印数。请代问诸同志春节好。你多保重。

敬礼！

胡华

1984年2月7日

69　1984年2月20日致郭洛夫

郭洛夫同志：

2月12日来信悉。我寄出的十八卷第三批共七稿谅可收到。

1. 六卷排定了，很好。“王观澜”稿改一下是好的。不过，说1957年后存在“左”的指导思想是可以的，人口非正常死亡也是可以提的。当然，不要形容得过分，数字也不要太具体。从宣传口径说，你小心修改是好的。

2.《内部通讯》刊载十六、十七卷目录问题，可能我们没有注意，按你上次初拟的目录印了。最近可能已印出（我尚未见到）。不过，关系不太大，这些稿都是要用的。以后我们注意吧。

3. 审稿成员名单，志凌未复你，他也未问我，可能他考虑不太好排，我考虑是否只把极少数几个主持终审、复审的人及个别老同志排在前面，其余同志一律按姓氏笔画排，这样可以减少矛盾。十六、十七、十八这三卷，只把我、刘晴波、彭明、陈志凌四人排在前面，以下一律按姓氏笔画排（不必注明按姓氏笔画，明眼人也可看得出来）。另一个排法就是这样写：参加本卷审稿成员（按姓氏笔画排列）…… 即包括我在内，都按姓氏笔画排，也可以。我看这两种办法可以考虑，是否你和南岗同志也商量研究一下。当然，本来，按工作量多少排是比较合理，但一则各卷情况不同，再则可能会有个别同志争名次先后。为免招来新的矛盾，可否考虑用上述两法择其一而用之。或者，为了体例与以前各卷统一，则除领头几位外，按省市排列。请志凌再酌。

4. 前十卷重印的修改方针，同意。关于“贺龙”传，你是否去一信给北京体院潘靖五同志，问问他有什么修改之处没有，不过也是小的校改。前十卷审稿人员增删，志凌既答复九、十卷加方、吕、盛，我同意，不过，我记得还漏掉过江西的刘勉玉还是谁的名字，他本人提出过意见，还是补上为好。又，为了体例统一，二、三、四卷都在审稿成员中漏了我的名字，五卷后又有了，是否补上。第一卷没有编审人员名字，如不便再补，也可不补。此事你是否写信再征求一下志凌的意见。

5. 发行与宣传问题，仍是大问题。前几日，《中国青年》杂志社来找我，他们有一个栏目，拟每期发一篇烈士感人事迹，他们说，跑遍北京，只买到一本。该社图书馆无此书，中国青年出版社图书馆也无此书，后来到别的图书馆借了来。可见发行之差。这次印十五卷目录很好，此目录还是应在有关大报上及晚报上登一下。人家有《联合书讯》，我们宣传不力，当然竞争不过人家。章彬同志任总编辑，很重视，那很好，望向他反映。

又，十五卷总目录，望再寄我一些。给我的几份，都被人要走了。

发行问题，还是要发征订单。又，王府井新华书店三楼上的陕社门市部，一定要保证经常有书。

6. 4月下旬审稿会，届时当发邀请说明重要性。

敬礼！

胡华

1984年2月20日晚

70 1984年2月23日致郭洛夫

洛夫同志：

1. 2月20日来信收到。我完全同意编出十九卷及你的全部处理意见。估计志凌同志也是同意的。本来，具体编排次序也是可以由你们责任编辑负责的。每卷确以二十四五万字为好。“谷雄一”传如后移，则薄一波同志的题字亦可后移。

2. 审稿人排列，我已提了意见寄给志凌，请他看后提出意见寄你。我现在考虑，为了各卷体例统一，一般有几位终审和复审的打头，下面可按省、市、大区的人集中在一起排，这几卷是否我、刘晴波、彭明、志凌打头，以下按大区省市排，先后关系不大。

3. “李慰农”传问题，我已把杨永春信，寄山东党史人物（研究）会和征委会的李肇年，请他们通过组织处理后告知我们，我们不了解具体情况，不能“判案”。

以上意见，我也特告知志凌。专此，谢谢你的辛劳。

敬礼！

胡华

1984年2月23日

71 1984年3月15日致吉林大学陈瑞云

陈瑞云①同志：

您好！今年《党史人物传》审稿会议，拟在4月20日报到，至5月6日在苏州召开。办公室将发通知邀请您参加。您工作认真，改稿能力很强，过去几次都作出了很好成绩。我很希望您能把课安排开，向领导请假出差前来这次审稿会议。东北三省就邀请您一位代表，故望能到。

敬礼！

胡华

1984年3月15日

72 1984年3月16日致郭洛夫

洛夫同志：

今晚（巨）彩丽来电话，说你急着催她要十六至十九卷编审成员

① 收信人陈瑞云（1960年吉林大学历史系毕业，留校任教）注：1980年8月，我以“杨靖宇”传稿作者的身份参加了在河南信阳鸡公山召开的《中共党史人物传》审稿会。之后，我被吸收为编委。只是审稿会每年一般不少于两次，我的教学任务比较繁忙，学校科研经费有限，我不便每次都到会。胡老师希望我能多参加编委会工作，给我校领导写过信，也直接给我写了这封信。

名单。此事，彩丽说，她从长沙回来不久，就同陈志凌拟了一个名单，寄给我同意，由我已寄你，说我并复函告知志凌已寄你了。但我事繁，已记不清了。所以你来信给我催要名单，我都提了具体意见，把信转给志凌阅后寄你，据彩丽说，你都没有收到。这就奇了，是否我寄你头一封信丢了，而后两封请志凌转你的，他未转寄。如今之计，我已电告彩丽，即把最先我们回京后不久寄你的名单，重抄寄你，同时，我考虑到刘晴波同志是这次大会小会的党组副书记，把他名字放在第二位，以下为彭明、志凌，再以下就按彩丽抄给你的排印好了，如有什么问题，你可速来信同我商量。名单事，如别人有什么意见，都将由我承担责任，望你放心。

又，去年 12 月 25 日至 29 日，中央党史资料征集委员会开了个全国会议，冯文彬和马石江（中共中央党史资料征集委员会副主任）都对人物（研究）会说了评价很高的鼓励话，还说要向我们学习。这事，你们不妨从你省征集办参加会的负责同志处了解一下。因此，希望你给冯文彬、马石江两同志各把十一、十二卷寄去（马石江在去年 12 月会上说，“人物会已出了十卷书了”），他们说话，对全国是有有利影响的。长沙会议编了四卷，给了你极大的负担，估计到你是够辛苦的，亦望保重。也望社里多协助你。4 月 20 日请你与南岗、永奎去苏州报到。

敬礼！

胡华

1984 年 3 月 16 日

73 1984 年 3 月 28 日致郭洛夫

郭洛夫同志：

寄上冯文彬同志讲话的抄件，请你转给你局、你社的有关领导同志内部传阅一下，以便了解情况。抄记录给我的王景同志，是黑龙江省委统战部长，省委党史征集办主任，省委党史研究所所长（即金宇钟的上级）。

吕芳文来信，湖南将供稿 30 篇，总会已有 40 篇，何定华同志也将亲自带稿去苏州，看来此次审稿会又是丰收，而任务很重，因此你动员南岗、永奎也一定去。

专此

敬礼！

各地还是纷纷反映买不到《人物传》（十一、十二卷也未见发售），奈何！

又，何老的地址（略）。你们寄书不要寄到军大去，寄到军大易丢。“宣侠父”清样已早寄去，谅可收到。

胡华

1984 年 3 月 28 日

74 1984 年 4 月 7 日致郭洛夫

洛夫同志：

3 月 28 日信悉，因我 4 月 1 日起即去参加北京市人民代表大会，今日因接待外宾，请假回校，才看到你的信。

1. 你已基本编完十八卷，这是你花了很多心血精力、辛勤劳动的收获，闻之甚喜。身体适当注意，不要太累坏了。

2. “刘谦初”传，张文秋[①]同志也打了个电话给我，并未说对传稿有什么不同意见，而是说要做点必要的补充，说希望在他们看过前缓发，并说已同作者联系了。我电话中说，我们改稿后，要请作者看过的，他既和作者联系了，会寄他看的。

现在，就待张文秋同志看了，补充后，我们再用吧。

“杨明斋”传，补充一下差不多了，我想苏州会议可以定下。

“李乐天”传，如作者同意你的办法，当然好；如作者要拿回去斟酌修改，也只好退给他去改。十九卷如实在稿子不够，先把编好的放着。待苏州会后，再选几篇补上，再发稿，也可以。

“王德三”传，我看时，也是觉得空洞了些，作者用力不够，需要补充，李振民同志、张守宪同志既提了要补充的意见，同意到苏州会上你和志凌再研究一下。

3. 冯文彬同志、马石江同志确对我们讲了许多赞扬的话，请你

---

① 张文秋（1903—2002），中国共产党早期党员，革命烈士刘谦初的夫人。

尽可能找到精装本给他们寄去。他们领导着全国党史征集会，各省市都是省委秘书长、办公厅主任等实力派当主任、副主任，冯文彬、马石江同志的支持，对我们还是很重要的。

4. 十三至十九卷的编审成员名单，你写信向我要时，没有说明顺序较乱这一理由，我因事繁，记不清了，以为是没有寄你，或寄丢了，又提出意见，叫志凌寄你，志凌和彩丽都说已寄你了。事已解决，很好。不过，这类事，一个经验就是你来信时说得清楚些，是没有收到，还是顺序乱，以免你急着要，我急着催志凌，志凌又说已寄你了。

5. 一至十卷印1万精，1万函，3万平，此计划甚好，精装本很受欢迎，藏书的单位和个人，都要精的，1万本没有问题。这次彭明在人民出版社出《五四运动史》，该社也给他印了1万本精装。

6. 浙江叶炳南等同志作了扩大宣传，这很好，不过他未写信给我，以后我们还可推广这一经验，拟邀请各省一些同志推荐。国家科协也作整党材料，用党费每个党员发一套（10本），买了300套。

7. 出版周期，是一个问题。加快校对，你在寄作者清样时，可附一要求，如，收到清样后，不要超过5天，速即寄回。如不寄回，将推迟到下几卷再发稿，等等。金戈拖了1个多月，是她爸爸金城、叔叔金树望又拿去看过，倒是仔细，但那两位老人压了时间。

侯志英同志的要求，因他现在当了常委，发东西就得慎重，不过，这是他个人的情况和意见，你可与他商量。

8. 董建中他们写的稿，因我尚在开人代会，今日先交彭明去看了，看后再考虑送哪里。这样的稿是需要的，李育安去年寄《人民日报》那篇，也是起了好作用的（彭明看过交我了，说写得尚好，建议寄《历史教学》，我将寄去）。

9. 十一、十二卷平装本早已收到。（精）尚未收到。又，寄何长工的，我上星期去看他，尚未收到。可能寄到军大了，军大把给他的书都由军大收下了。所以以后一定寄他家中。

10. 王敏同志来参加，很好，我告知志凌同志发通知吧！

附给你单位的信。

敬礼！

胡华

1984 年 4 月 7 日

75 1984 年 4 月 7 日致陕西出版局、出版社并何其昌等

陕西出版局、陕西人民出版社诸位负责同志：

何其昌同志：

你们好！

我会定于 4 月 20 日至 5 月 6 日在苏州召开 1984 年度第一次审稿会议。此次会议任务很重，收到稿件有七八十篇之多，都要作出处理和审定。我向何长工同志汇报，他老人家很重视，很高兴。李新同志也将去参加。你社是审稿会主力，望大力支持，除责任编辑郭洛夫同志必须参加外，望请南岗、永奎、王敏同志也参加。此书将成为全国进行精神文明建设的重点书，已引起中央有关领导的重视和好评。

专此，即致

敬礼！

胡华

1984 年 4 月 7 日

76 1984 年 4 月 17 日示刘涓迅

涓迅：

前信谅已收到。

陕西张守宪同志等可能来张找你。据他们说，张慕陶既非托派，也非叛徒（他到阎锡山那里工作时，已被开除出党）。

安好！

华

1984 年 4 月 17 日

77 1984年4月27日示刘涓迅

涓迅：

来信及稿子①均已收到。稿子写得不错，我改了一些地方，寄吉瑞芝②同志了。我在苏州将住到5月7日，以后《大百科全书》审稿会的地点尚未落实，落实后当再告诉你们。

即祝

全家好！

华

1984年4月27日

78 1984年5月19日致陕西人民出版社章彬并南岗、王敏

章彬同志并南岗、王敏同志：

你们好！

接郭洛夫同志来信，兹附上给乔明甫同志的信，望去接洽。另，十五卷“李慰农”一稿，同意按青岛市民政局5月5日公函意见处理，即署名为“青岛市革命烈士纪念馆”发表可也。此稿即可付印。

我以“稿件挂号”，从苏州寄你们传稿二次，连前面稿子，经我签发传稿共41篇，大体估计可以编3卷书。现在还有十几篇传稿，我来不及看，带回北京看出后再寄上，但我手中这十几篇基本上是小稿，没有大的著名人物。

自15日开始，我的工作转入编《中国大百科全书》“党史”卷，现在正紧张进行中，可能至27日结束。

专此，多谢你们费神辛劳。

敬礼！

胡华

1984年5月19日

---

① 指“吉鸿昌”传。

② 吉瑞芝系革命烈士吉鸿昌的女儿，天津市政协常委。

79 1984年5月25日致《中共党史人物传》编委翟作君、责编郭洛夫

作君同志请转郭洛夫同志：

来信收到。已给陕社去信，附了给乔明甫同志的信。此次在苏州经我签发传稿42篇，内一篇“马林”，感到还不行，我再改改。余41篇，除你带走外，均寄陕。还有十几篇，到北京后再审看。此次在苏开《大百科》“党史”卷会，我审签了100条条目，搞得比《人物传》还累，头痛几次。本拟应翟作君、邬正洪诸同志之约来沪一趟，因出来时间太久，京中希望我早回，上海火车票难买，所以这次不能来沪了。

专此

近好！

胡华

1984年5月25日

80 1984年5月30日致湖南省党史研究室康政、王中杰

张学军同志请转呈康政、王中杰同志：

别来谅好！去年十一二月长沙会议得无微不至的关怀、支持，实是铭感。

今有由我指导的研究生马洪鄂同志前来，他研究“早期农民运动”，希望能阅看一些长沙和衡阳地区早期农民运动的档案资料。望能帮助联系一下省档案馆并给衡山党史征委会联系介绍一下。多有麻烦了，多谢！

敬礼！

胡华

1984年5月30日

81 1984年5月31日致郭洛夫

郭洛夫同志：

我已于28日回京，不知你回陕没有？

王首道同志夫人易大姐寄来郭纲琳烈士（十六卷）照片，现转上。这篇传记大部分是易大姐写的回忆提供的，请在文后附上“本传

记大量材料由易纪均大姐提供”。还有，易大姐说，大概以前，你社寄的书，寄到政协了，王老收不到，以后请寄到他家中，地址（略）。

我前改出42篇，寄你们41篇，“马林”传需大改。留我这里十几篇，没有很重要人物。我得利用暑假看出，再陆续寄你。现有这41篇，我想已可编成3卷，请你先排起次序来。

关于“刘谦初”传，29日张文秋同志和刘松林、邵华①找了我，中心两点：1. 1924年入团，是刘烈士生前告诉张文秋同志的，她记得清楚，王家鼎访问燕京当时不是党团员的同学，他们当然不知道，从人证说，张文秋同志是第一手的。我现在请他们再到中央组织部档案馆查查有无刘烈士简历。如查不到，当以文秋同志提供的为据。2. 关于写刘传，是文秋同志打了报告给中央党史委员会，批准后，邵华、刘松林等脱产调查访问，写了半年多，这些材料，因山东派王家鼎来，所以全提供给王家鼎同志了……

专此

敬礼！

胡华

1984年5月31日

82 1984年6月1日致郭洛夫、王敏

洛夫同志：

王敏同志：

1. 收到莫文骅同志的信，对第十二卷“陈延年”、“韦拔群”两传，作了很好的评价，想你也已收到。我考虑，这里一份登《内部通讯》，你那里一份，是否复印几份，一份寄“韦拔群”传作者陈欣德同志作修改补充依据，一份，可否在最近付排的一卷中，作一个附录，标题可用：“莫文骅同志来信”，把后面要求二、三卷换精装本，这一段删去（请给他寄去这两本精装本，不要忘了），此外全文刊出。再一份，如上刊在你们《陕西出版通讯》上。（是否把冯文彬同志来要书的信，也节录刊出？）

---

① 刘松林（思齐）、邵华均为张文秋的女儿。

2. 岸英、岸青二同志的妻子刘松林、邵华，前天对我说，岸英、岸青两兄弟，在上海寄居×××家后……刘松林同志要求看一下“毛岸英”传，她作些补充，故望你把“毛岸英”传，挂号寄去，请她作些必要的补充后，寄回你。

专此

敬礼！

胡华

1984年6月1日

83 1984年6月7日致郭洛夫

郭洛夫同志：

1. 估计已寄去的41篇，已够3卷，加以前曾存的几篇，可着手编排发稿。我在6月10日至23日去北戴河参加整党学习，手中的几篇，以后陆续发出寄你。2. 陈志凌拟了个名单，他提出王敏同志和巨彩丽同志都做编审成员，我同意，他们也已着手工作，以后进一步带起来。名单我签署寄上。3. …… 4. “刘谦初”稿尊重张文秋意见，修改后再发。“毛岸英”稿请寄刘松林一阅。5. 我昨日去看王老首道同志，送去第十一、十二卷精装本，他说：你们还有精装本啊！我说，一直给你寄的。他说他没有看见过，所以以后挂号寄他家中易纪均大姐，以免别人拿走。

敬礼！

胡华

1984年6月7日

84 1984年6月9日致郭洛夫

郭洛夫同志：

张文秋同志的修改意见，我翻阅了一下，基本上同意，今日交志凌同志翻阅一下，请你再改定一下，争取在二十、二十一、二十二卷中发稿。因我明早就去北戴河参加整党学习，下月初旬才回来，请你具体加工吧。又，是否作者要加张文秋名字，请你写信问一下文秋同志，如要加，则请你写信告知山东党史征委会，转告王家鼎同志即可。

敬礼！

胡华

1984 年 6 月 9 日

85 1984 年 6 月 10 日致郭洛夫

洛夫同志：

我今日已来北戴河，通信地址是“河北北戴河中国人民大学休养所”交我可也。我可能住一个月。

1. “刘谦初”稿，我昨日已交志凌，他看后寄你，你改定发排在二十、二十一、二十二卷中可也。基本上可尊重张文秋老太太的意见。作者名字，可署“王家鼎　邵华”。……

2. 我星期三去看首道同志，带去十一、十二卷精装本，他没有看到过精装本，觉得很好。我昨日问志凌，志凌说，以前给王老寄的是平装本，如此，如有精装本，可否一至十卷寄一套给他。他老人家对人物（研究）会是支持很大的。

3. 周五（6 月 9 日）我在中南海中央党史征集办开会，冯文彬同志当面又表扬了一次《人物传》，说：“胡华同志他们编出了很多卷《人物传》，我们党史人物传的工作，就由他们做起来了嘛。”等等。

专此

敬礼！

胡华

1984 年 6 月 10 日

北戴河

86 1984 年 6 月 17 日致郭洛夫

洛夫同志：

13 日信悉。目录编排同意。第二十二卷缺 2 万字，我拟过几日把“张际春”、“理琪”两传寄上。前者经彭明、陈瑞云仔细改过，是抄清稿，我看起来不太费劲。“理琪”一稿是山东送来的，苏州①已复

① 指在苏州召开的《中共党史人物传》审稿会。

审过，因这次用山东稿少，山东去年对我们帮助很大，故我想先看出“理琪”稿。剩下在我这里还有苏州会议的12篇，都是不算太出名的人物的传，将来备用，现在单独编第二十三卷是不够分量的。不过我还是想在北戴河看出，陆续寄你，待10月太原审稿会后再编入可也。

从苏州回家仍很累。到北戴河后，一则凉快，二则工作转换为整党学习，作息很规律，也不紧张，所以调剂了一下脑筋，身体仍好，请勿念，多谢关注。你和小王（敏）编这三卷是很辛苦的，你们的工作量不比我们小，陕西热，也请多保重。总之，我们一口气编到了二十一卷，我们精神上的快慰，是崇高的，长久起作用的。

你提到几个问题，奉复如下：

1. 关于“刘谦初”传，入团时间，正文可尊重张文秋老太太的意见来写，脚注可简略地注一下另一说（因那些考证，当时燕京大学的同学都还不是党、团员，而董秋斯审看过当年张文秋同志写的“党的忠实儿子”文章已写明了是1924年）。关于加邵华的名字，文秋同志提出来，因邵华为“刘谦初”传向她所在单位军事科学院请了近一年的假（是经中央党史委员会批准的）访问、调查，到档案馆抄材料，做了大量工作，加她名字是合情合理的……

2. 刘澜涛同志来信的意思，我是同意的。我想同李新同志的意见也不矛盾，李新同志是讲属于民国史的人物，不必列入《党史人物传》；澜涛同志是说与党密切关系的有影响的爱国民主人士。例如沈钧儒，我想应列入《党史人物传》，而不是民国人物传的主要对象（他们字数少，国民党人物多）。澜涛同志这封信连前给何长工的那封信，冯文彬同志的信，都请你节录一下……

3. 纸张问题，（乔）明甫同志既已回陕，望你们多去找他们几次，我相信只要办得到，他是会热情帮助的。万不得已时，则可以采取重印的一至十卷成色一样，新印的二十至二十二卷成色一样的办法。同时，也要请你局派出人到有关纸厂去跑一跑，说明这套书的重要意义，我想，纸厂所属地区也有烈士编入我们传记的，是可以向有关党的领导做动员工作的。

4. 穆欣同志是老作家，写作快，文字好，内容充实，如“陈赓”传、“林枫”传写出来（还有“吉鸿昌”传也由吉烈士之女吉瑞芝等快完成了)，这样我们编第二十四卷就有把握了。

其余来信各条，都同意你的意见，望你和王敏同志费心办理。

专此

敬礼!

(我拟住到7月15日左右，请你在7月10日以前，来信寄北戴河。)

胡华

1984年6月17日

87 1984年6月20日致郭洛夫

洛夫同志:

13日信收到后已奉复你一信，谅悉。今日又接你15日来信及(李)先念题词、(刘)澜涛来信影印件。

1. 我想，今后体例，可把中央领导同志题词，放在卷前；来信放在卷末，作为附录。澜涛同志4月16日的来信加上前一次给何长工同志的信，可放在第二十卷的卷末，作为附录，标题为“刘澜涛同志来信”，后面再加一篇“冯文彬同志来信”，标题字大一些。刘澜涛二信都可全文刊登，冯信后面关于要书的话，可以用“……”符号删节，不必刊写“删节”两字。另外，把信末刘澜涛和冯文彬的签名及所签年月日制版影印出。冯信你没有抄给我，估计字数不多，附在刘澜涛信后较好，把冯信登出是有意义的。……一般的书刊，都有登读者来信或者有关人士来信的惯例，我们也可循惯例办，信的抬头，因所指不一，除写给何长工同志的外，也可把抬头略去。我想早点登出有好处，此意见请你酌办，并告知志凌同志。

2. (李)先念同志是国家主席，他给皮定钧同志的题词，我们应尽早登出(放大影印)。台运行的传稿，我未及看，但先念同志是给台运行的稿题字的，且台稿又是皮定钧家乡金寨的来稿，故无论如何要用台运行的稿。台运行的稿如有一二万字，基本说清楚了，就用台运行的稿。我记得此稿富恒、志凌似都看过了，当时说因郑州大学和福建军区在写大传，等一等。但我听富恒说郑大报了计划，实际还未动笔写，而福建军区是另有任务写“大传”的(似要写一本书)，我当时也曾说，像皮定钧同志，在《党史人物传》上，写一两万字就够了，不必等“大传”，如果来一个五六万字的大传，我们反倒不好处理。总之，“皮定钧”传稿，如在你手里，速寄来我看一下；如在志凌、小巨那里，请你去信请他们寄我看一下，也请志凌先看一下，如可用，争取在二十三卷与先念同志题词一起刊出。如实在不行，则考虑再请福建和郑大补充，但台运行的稿先来，且有先念同志题字，台运行应署在前面。如台稿已基本可用，则由办公室给郑大和福建军区打个招呼，说明已收到金寨来的皮传，已录用了，就行了。此意思请告知志凌同志。

3. “刘谦初”传署名加邵华，你说完全应该，那很好。请你办理好了（通知一下王家鼎同志）。

4. 纸张问题，目前全国紧张，只有求（乔）明甫同志优先考虑。另外，明年香港书展，人民大学出版社已通知我，要把我主编的《中国革命史讲义》用道林纸精装，参加书展。你社请考虑把一至十卷的《党史人物传》，是否也用道林纸精装一部分，去参加香港书展。

专此

敬礼！

胡华

1984年6月20日

北戴河

88 1984年6月30日致郭洛夫

洛夫同志：

顷接6月28日函。1. 我前日寄去“张际春”、“理琪”（此二稿补入二十二卷），“孙津川”、“陈海松”（此二稿可编入以后的二十三卷），共4稿，想你不久可收到。目前，还有10篇稿，我在抓紧看，看出后陆续寄你。实际上，这几次审稿会后，到我手里还有个把月的工作量，到你手里也一样。他们每人审几篇，集中到你我处就多了。

2. 台运行传①，如小巨寄来，我当尽快看出，争取编到第二十

① 指台运行写的“皮定钧”传。

二卷，如不行，则再看。

3.“黄定基”传，如有耀邦同志批示，那太好了，争取编到第二十三卷。

4. 我前日给山东党史征委会李肇年并王家鼎同志写去一信，告以两点：一、“刘谦初”传有些具体史实，我们还是要尊重张文秋老的意见，加以补充和订正，因为她是当事人。增补刘烈士加入共青团的时间及情况、入党的时间及情况，订正若干史实。二、署名增加邵华同志，因她为此传记专门花了大量时间，而且是给中央党史委员会和军科打了报告给她以时间的，这许多材料及问题回答，她也提供给了王家鼎同志，所以如你来信所说，增加邵华名字是完全应该的、必要的。请王家鼎同志尊重张老意见。并请肇年把此意报告高克亭同志（张老也有信给克亭同志）。我、志凌、你都看了张老，邵华作的修订，是非常严肃认真的，故我们认为应该尊重张老意见改好。望你一则把此稿根据张老增订改好，二则亦同样以此意告诉王家鼎同志。

5. 纸张问题，如能解决，按原计划进行，是理想的，如一时不能完全解决，我的意见，先把十二卷后的十三至二十二卷印出来，免得印刷出版周期拖得太久（青岛会议至今也快1年了）。至于一至十卷函装本，有纸重印最好，如没有纸，是否暂印1万本道林纸精装本，作国庆献礼及作出口书展。另外，还是要登登广告（这里在开全国函授学院会议，我与昆明的同志谈起来，他们根本没看见这些书，甚至不知有此书）。报载最近全国出版会议，决定增加书店网点，集体户和个体户，这就打破了新华书店官商垄断局面。我的意见，请你局你社在各省、市建立一些特约经销点，以扩大发行，望将此意奉告何其昌同志，请局、社领导斟酌。

6.“萧明”传照片问题，我也想起了，今日已发函给萧明夫人高翔同志，托她直接寄你。如半月内未收到，请你再去信催她。

7. 中央电台两次找我，计划设《党史人物传专栏》广播，我已推荐他们找陈志凌同志，志凌已积极承担。这也将能扩大这套书的影响。

8. 我前信已提出把（刘）澜涛同志两次来信、冯文彬来信（摘录），附录在二十卷末，莫文骅信摘录，附录在二十一或二十二卷，谅已收到，请酌办。还有，我考虑，如“黄定基”传可用，如二十三卷有打头的稿，加苏州会议这十几篇存稿，即可编成二十三卷，不必等到太原会议①，请你斟酌。

专此奉复。

敬礼！

胡华

1984年6月30日

89 1984年7月10日致郭洛夫

洛夫同志：

你好！7月5日来信收到。寄去10篇传记，谅可收到。来信奉复如下：

1. 耀邦同志对“黄定基”传的批示，确实对我们是很大支持和鼓舞。我想是否在陕西《出版通讯》发一下。另外，复印十来份寄给志凌，可发送给有关同志。郝同志稿，你写信请他改，很好，在这改后基础上，我们争取在太原会议安排人力把它改好，以便用上。

2. “皮定钧”传，小巨已寄来，我想如果改一改可用，也在太原会议用上。

3. “刘谦初”传你基本参照文秋老的修订编好，包括署名，就这样发稿好了。对王家鼎同志，我写了信，你也写了信，志凌同志也看过修订内容。出书后，他同意，就很好。你复信张老，说采纳了她意见，这样很好。

4. （刘）澜涛、冯文彬同志来信在二十卷上发，同意你的处理，此事我也写信告知了志凌同志。莫文骅同志来信，他说最好就是把他的修改意见告诉作者，以便再版时修订，或请作者找他面谈一下。我复信告诉他：作者似是广西的，当面谈不易，意见信已由郭洛夫转作者。他的信我请他同意在二十一卷作为来信摘录附录，将寄他清样，他如不愿发表（他信中没有这样说），看清样时仍可斟酌。我估计他不会反对。

5. “萧明”同志稿，完全同意你们的修改，我看清样好了。照片我已去两信催了。因我忘了萧明夫人高翔同志的门牌号，是请北京市

---

① 指1984年10月在太原召开的《中共党史人物传》审稿会。

总工会转交的，可能会耽搁点时间。

6. 像“希伯”传情况，请你函志凌，以便在下次发太原会议通知时说明请大家注意之点。

7. 目前，吉瑞芝等写的“吉鸿昌”传，已完成，穆欣同志的“陈赓”传、“邹韬奋”传，陈修良同志的“潘汉年”传，均可作二十三至二十五卷打头稿。还有，军博闫景堂同志已帮我们约了“彭德怀”、“陈毅”、“罗荣桓”三个大传（均是他们传组的人），只是“罗荣桓”传我记得我们已有了。同意二十三卷太原会再定，寄你这些传稿，可作备用稿。

我将于17日回京。

敬礼！

胡华

1984年7月10日

90 1984年7月23日致郭洛夫

洛夫同志：

你好！我17日回京，今接到你7月15日来信。我在北戴河又寄你“皮定钧”、“马林”两传，均改好可用。谅收到了吧。来函数事奉复如下：

1. 刘澜涛同志两信同意登出，太好了。冯文彬同志处，可再去一信，说：“刘澜涛、莫文骅同志来信，已经他们同意，作附录，摘要在《中共党史人物传》登出，您的来信，如您不反对，我们将与刘澜涛、莫文骅同志的信一起登出。”这样，如他不来信反对，就可登出。我估计他可能在青岛等地休息。莫文骅同志从青岛给我一信，同意把他的来信摘要登出，清样要求寄他看一下（他8月下旬回京，将来清样仍寄“北京复外解放军装甲兵司令部”转他好了）。他的信仍登二十二卷。

2. 王家鼎同志态度很好，我很高兴。请函告张文秋、（刘）思齐、邵华同志，另外，署名仍以王家鼎在前面，我们原则，一般不把家属署在最前面。

3. 高翔同志已寄去萧明同志照片，很好。

4. 陈修良寄来“孙冶方”稿，9月可给“潘汉年”稿，罗征敬送来“俞秀松”稿，华中师院寄来“郑位三”修改稿。我与穆欣同志也通了电话，欢迎他写“陈赓”传，陈志凌在写“李富春”传（我也准备写“成仿吾”传，不过太原会议赶不上了）。这样，太原会议打头的稿子是有了。

5. 太原会议初步定10月15—25日。因党史研究会①拟10月5日至10月12日在镇江开抗日战争讨论会，我需去。从镇江回来即参加太原会议。

我7月13日至8月5日在天津宾馆开抗日根据地会议。8月5日至8月15日，山东要我去蓬莱参加党史讲习会和人物（研究）会；不过8月，国务院要开新的学位委员会，我可能没时间去山东，你来信仍寄张自忠路可也。谢谢关注，你也多保重。

敬礼！

胡华

1984年7月23日

91 1984年7月26日致郭洛夫

郭洛夫同志：

7月23日信悉。复印件也收到。奉复如下：

1. 我在北戴河寄出10篇稿以后，于7月15日又寄去“皮定钧”、“马林”两传，收到后请来信。至此已有存稿12篇。我于17日回京，你15日信收到，已奉复。

2. 阅冯文彬同志来函，词意恳切，就尊重他的意见。二十卷登（刘）澜涛二信，二十一卷登莫文骅一信。……

3. 看到台运行来信复印件，正好昨日下午志凌也来我处，他也看了。我们就决定用台稿，在二十三卷用，书前刊上先念同志题词。福建廖开助他们是写一二十万字的大传，请他们单独发表好了。郑大尚未成稿，台稿先来，且适合我们需要，故郑大稿请他们在河南发表。请你费心回复此两处好了（如你觉由总会复好，请函小巨，请她

① 党史研究会，即全国中共党史研究会，1980年7月成立。

复去好了）。

4. 张文秋老太太23日动身去庐山，行前，给我一信，对你、我处理刘稿很表满意、赞扬。

5. 你和小王着手编二十一卷，很好。3卷目录，我已汇报给何老（长工），何老在我回京时已去外地休养了。知你们整党很忙，还是请你们领导照顾你和小王时间，争取至10月初把二十一、二十二卷都发完，以免太原会议又来3卷，造成积压。

6. 昨日志凌来我家，商定：1）发太原会议催告通知给各地；2）10月15—25日开太原会议（因10月上旬我要去镇江开党史研究会抗日战争讨论会）；3）初步拟定审稿人员名单，基本还是苏州会议这些同志。

七八月来信，请寄我家中。我7月15日至8月5日到天津开会。因教育部要在8月中旬开会（特批一部分教授和博士生导师），通知我不要远行，因此，山东蓬莱的党史研究会和山东人物（研究）会年会，我不去了。教育部的会可能在北京开。我9月开学后再去人大党史系。

8. 暑天保重。北京热甚，非电扇不能工作。想你和王敏工作，电扇的条件是有的吧。

9. 志凌和一些同志，都要我写信给你的领导，不要拖延印刷周期，十三、十四卷都一年多了。还有，志凌说，你局补助的每年3 000元，今年迄未汇来。现在审稿编委们都辛苦而贴钱，《内部通讯》因考虑经费问题，也未敢多出。望你同南岗同志向其昌同志和各位局领导汇报一下。

专此

敬礼！

胡华

1984年7月26日

92 1984年8月28日致郭洛夫

洛夫同志：

8月25日信悉。我又去张家口一趟，前日才回。

1. 知二十卷已发排，二十一卷已编好，所作调整，我同意。你们编辑工作很仔细、认真，我是很放心的。二十二卷编入“李求实”、“皮定钧”、“段德昌”传，很好，其余稿子，望你催发。

2. 知资助总会3 000元经费，已寄出，很好。

3. 莫文骅、张文秋老同志，认真负责，帮助了我们。张文秋去庐山前也曾给我一信，山东博物馆那位“刘谦初”传的作者也来了一信，很客气，此事顺利解决了。“王菁士”传暂放一下也好，总的说，以青岛烈士馆署名，稿费也寄烈士馆为好。此事，望你委婉地同周庆本同志解释，他们内部矛盾，请他们自己妥善处理。

4. 十三至十五卷，已年余，不出书，势将越拖积压越多。我当给何（其昌）、章（彬）两位去信。还有，国庆献礼十卷函装本的事，是否也成了一句空话。纸张问题解决没有？

太原会议，志凌在准备，估计无何问题。

南岗同志、永奎、小王，均此问好。

敬礼！

胡华

1984年8月28日

93 1984年9月11日致湖南中共党史人物研究会何鹄志

鹄志①同志：

你好！

10月15日的太原审稿会，务望你参加。

有一事同你商量。明年3月30日是蔡和森同志诞生90周年纪念。蔡妮、蔡博②同志通过蔡畅同志处给耀邦同志写了一个报告，建议开一个纪念会和进行纪念活动。耀邦同志批转给启立、乔石同志请有关部门酌办。后，由中组部和中宣部研究结果，建议是：由于在蔡和森同志诞辰85周年时，湖南开过纪念会，北京和湖南各出了3本

① 即何鹄志，时为湖南省社科联秘书长、湖南省中共党史人物研究会副秘书长。

② 蔡妮、蔡博分别为蔡和森与向警予的女儿、儿子。

集子，发表了不少纪念文章，明年的纪念请中央党史研究室考虑，请一位老同志写一篇纪念文章，在3月30日《人民日报》上发表即可。党史研究室廖盖隆同志等研究结果，建议以何长工同志名义写纪念文章，并请我找何老商议和组织编写事宜。我于9月8日找了何老，何老同意以他名义发表纪念文章，委托我组织编写和负责定稿。我考虑《党史人物传》第六卷上“蔡和森”传和“向警予”传，主要是你执笔的，还是请你来写，你材料熟，笔头快，可以帮何老完成这一任务。何老的回忆是这样：1918年何老（当时叫何坤）在长辛店留法预备班时，蔡和森在布里村为联系学习的事来过两次长辛店，都是何老接待的。他的印象，蔡穿着灰布长衫，是一个很朴实的学者风度的青年，蔡来了解长辛店预备班的学习情况和经验，何老向蔡作了介绍。在法国，1921年6月拒款运动时，何老在工厂当钳工。蔡从蒙达尔尼来，他们和各地来巴黎的勤工俭学学生为拒款运动事，一起开会和活动，何老与蔡有四五次接触。他的印象，蔡头脑冷静、坚决，是一个很有主见的领导人才（二八运动和里昂大学斗争，何老未参加）。里大斗争，蔡等被扣后，何老参加了营救，从领事馆搞了两张通行证，后来营救出来一个赵世炎。此后，何老回国，在湘西当农军总指挥①，蔡和森在中央工作，何老读到他在《向导》上的文章，但未见到面。革命失败后，蔡转入地下，何上井冈山，也未见面，只知他后来牺牲了。何老说，这篇文章是否写4 000来字就可以了，写一些蔡的特点，勤奋、苦学苦练，思想家，高尚的道德情操……也讲一下他一生光辉的历史事迹。

我考虑，为了不要一般化，可否请你着重在蔡和森的思想、理论贡献方面多写一点，做出些概括，蔡从爱国主义者转变为共产主义者，他早期在建党思想上的贡献，对无产阶级专政的论述（恐怕这一点党内他是最早的一个），革命性质、武装斗争等。请你考虑。何老意思，争取早点写出来。他看过后，定下来，以便明年3月30日审定发表。我今日和彭明同志商量，他也很赞成早点写信给你，以便你能有较充裕的时间考虑一下，写出些新意和特色。特此麻烦你了，望

---

① 应为华容县农民自卫军总指挥。

勿却。并此回信。太原见面时，再详谈。

专此

敬礼！

胡华

1984 年 9 月 11 日

94 1984 年 10 月 2 日致郭洛夫

郭洛夫同志：

信悉。太原会议我和志凌准备讲一讲：大家除了改文字外，还要注意内容、史实的核对。“张际春”传，我记得袁（文才）、王（佐）部队和 32 团问题，我对王宗柏同志讲过，他可能没有搞清楚。请你也准备一些注意之点，在太原会议上讲一讲。我已告诉小巨，到太原后请陈文秀备些“组织史”、“战史”之类的必备查改的书。

十八卷如能在年底出来，则谢天谢地，只是希望你们社领导能排除万难，争取实现。现在已有不少十三卷以后的作者写信来问我。

我 4 日飞兰州，10 日前回京，13 日动身去太原，陕西几位同志，望你们约请，务必请他们到会。

敬礼！

胡华

1984 年 10 月 2 日

95 1984 年 10 月 20 日致王中杰

中杰同志：

接信，知您因病不能来太原，甚憾。贵恙痊愈了吧？祝愿早日康复。

“周小舟”传承您和湖南同志们努力，写得很好！读了深受教益。将编入第二十三卷，谨告。

代问康政同志好！

张学军同志均此不另。见到黄滨、李克孝同志，望代问好。

敬礼！

胡华

1984 年 10 月 20 日

于太原

96 1984年11月17日致郭洛夫

洛夫同志：

你好！

附信请转（何）其昌、章彬同志。

我21日到河南郑州，大约到月底回京。

“蔡叔厚”稿，关于左尔格、罗伦斯两案，被初审者删掉了，我考虑这两材料很珍贵，请你把它们改排在注释中，文字上请你顺一顺好了。

其余一些稿，待我回京后陆续看出寄你，前3卷请你和小王先编起来。多劳了。

敬礼！

胡华

1984年11月17日晚

于镇江

97 1984年11月17日致陕西人民出版社何其昌、章彬

其昌、章彬同志：

你们好！

我于11日同王首道同志，坐他的公务列车厢到达镇江，参加主持全国抗日根据地史研究会。临来前，我到王府井新华书店去看了一下。《中共党史人物传》早已卖光了。王府井的北京书展，这部书是除了有关未来学类的书之外，占第二位的销得最快的畅销书（见10月29日《人民日报》第八版报道）。在太原时，承你两位给我写信，洛夫同志带来了，在开幕式上我报告了，并拟将两位的大札在《内部通讯》上登出。现在距年底不远了，关于出到十八卷的工作，还望采取措施落实。现在书已编到第二十六卷，十三卷还只有样书，还有13卷书稿待印，如何避免积压书稿，今后仍望关注。又，发行问题，多望有所改革。

专此，敬祝

安好！

胡华

1984年11月17日

98 1984年12月5日致郭洛夫

洛夫同志：

11月29日信悉。我于21日自镇江到河南，参加吉鸿昌纪念会，30日回京。近时较忙。带回来的28篇稿子，争取在12月10日后陆续看出寄你。自太原吃了几次辣椒菜，造成痔疮便血以来，那时又疲劳，一直较累，便血至今，过些天拟去治治痔疮。太原会议，许多稿子初审不够细，又未经复审，都堆到我这里，使我很伤脑筋。有些同志在删削稿子时，未细斟酌。我从起床干到深夜一时。此事对你和小王也是一样，会增加工作负担。

1. 二十三卷“陈赓”传打头，可以。“俞秀松”传可在二十四或二十五、二十六卷打头。

2. 稿子退作者过目很必要，只不过要求作者在多少天内退回，可以向作者强调一下，以免拖延误工。

3. 十三、十五卷精、平本均收到，翻了一点编排印刷均尚好。十四卷既已寄出，想近日也能收到。今年能出齐十八卷，明年出到二十八卷，就很好。

4. 何其昌同志能来参加厦门审稿会，我非常欢迎。知新任社长是文炎同志，请代致意。发行问题是很重要的问题，我到河南，省、市委负责同志都没有见过此书，有的人干脆不知道。现在可以多渠道发行，开展征订和邮购，还望你和南岗同志分心去推动一下，宣传工作需加强。

5. 青岛事已解决，很好。“蔡叔厚”传同意你的增补处理。

6. 武汉的华中师院有一位写“郑位三”传的教师，多次写挂号信，托人来问他此稿的处理情况，我曾复信请他去信问你，或问呙玉临、张广生，但他仍不断来信。我因稿多，记不清，我手里也没有存底，望你有空复他一信。

专此奉复。

敬礼！

胡华

1984年12月5日

99　1984年12月26日致中共奉化县委组织部

中共奉化县委组织部：

看了竺扬①同志 1984 年 12 月 5 日《关于竺一平②历史问题的材料和意见》打印件，我衷心希望县委组织部对竺一平同志历史给予复查，落实对一位老同志的政策。

竺一平同志从 1938 年 5 月至同年 10 月是继竺良牧（竺扬）同志之后，经常来我家帮助指导我的工作和学习的一位党的地下工作者。那时，我是一个 17 岁的向往去延安参加革命的革命青年。家住在奉化城北街 37 号（王家闾门）。家门只我和母亲两人，很清静。因此，竺一平同志来奉城常常住在我家里，也就在我家一同吃便饭。他带来些党的刊物，像《解放》周刊（延安出版）及《什么是马克思主义》、《什么是列宁主义》等书刊给我读，讲解些革命的原理和党的政策，指导我办《战时大众》通俗小报（此报得到毛主席亲笔来信鼓励）和团结城区及醒民剧社的进步同学。他有时到县政工队找地下党员陈冠商到我家来研究工作，有时叫我去找陈冠商来我家。他同詹步行③二人，每月都先后到我家数次。我对竺一平同志的印象是：他是一个艰苦的忠诚的热心的共产主义者，他的革命精神，更增加了我对党的坚定信仰。

我从 1938 年 10 月由党介绍到陕北公学去学习，后到华北前方根据地战斗十年。至 1949 年 9 月，从北平解放后回家乡探亲，途经宁波，到天宁寺看望竺一平同志（这时我早已同竺扬同志和竺一平同志取得了通信联系）。一平同志当时在天宁寺为宁波市公安局工作，工作很忙，他还是热情地留我住了一夜，二人抵足而眠，长谈了大半夜。他讲八一起义后竺扬在汕头受伤他去救援，一直谈到现在革命取得全国胜利，充满了激情。但此别，我与他竟成永诀。我衷心希望党组织能全面地看一位老同志的全部历史和全部工作，实事求是给予甄

---

① 竺扬（1910—1994），浙江奉化人。1926 年在宁波参加中国共产主义青年团，1930 年加入中国共产党。抗战爆发后任中共浙东临特委委员、奉化县工委书记等。新中国成立后，任上海海运局职工业余大学副校长等职。

② 竺一平系竺扬之兄，1927 年加入中国共产党，1952 年蒙冤被开除党籍并关押，1953 年病故。1986 年 6 月 19 日中共奉化县委发出第 43 号文件，解决地下党遗留问题，落实干部政策，恢复了竺一平中国共产党党籍。

③ 詹步行，浙江省宁海人。1937 年加入中国共产党。

别，如能恢复他的党籍和名誉，是我衷心的期望。

特此证明。

中共中央党史资料征委会委员

中国人民大学教授

胡华

1984年12月26日

100 1985年1月14日致郭洛夫

洛夫同志：

你好！

1. 十六、十七、十八卷，今日亦收到，甚喜。但，本是寄我精、平装各5本，你们忙中有错，十八卷多寄了5本精装，而十六卷1本精装也没有寄。也就是，应寄的十六卷5本精装，错寄成十八卷精装了。为今之计，望你们速补寄十六卷5本精装给我。多寄的十八卷5本精装请在寄给人物（研究）会办公室购买的精装本中扣除（我将告知办公室）。

2. 十六卷中的“郭纲琳”烈士传，是王首道同志的夫人易纪均大姐改定，易大姐推荐来的。易大姐几次表示过，“郭纲琳”传出版后给她几本，希望你们寄3本或5本精装第十六卷给她。

3. 顾问徐彬如同志已重病不省人事，寄他的书，请改寄中国革命博物馆董谦同志。董谦同志是全国（中共）党史研究会副会长之一，他多次说过此意。

4. 我近时学校工作及中央交付的工作太忙，待本月下旬后当陆续看出太原会议存稿寄上。

5. 刘型同志夫人程宜萍大姐已寄一百六七十元到“陕西人民出版社邮购部”购第十四卷，但迄无音信，望你分神一查，望答复一下“北京西城富国街四号程宜萍大姐”。

6. 陈修良同志的“潘汉年”稿收到否？按说挂号是不会丢的，但现在邮局太慢，陈大姐很着急。

小王均此问好不另。你们多辛苦了。

敬礼！

胡华

1985年1月14日

101　1985年1月21日致王中杰

王中杰同志：

大札读悉。多谢鼓励！您能来参加福州会议，十分欢迎。当转告办公室陈志凌同志向您发出邀请。

请代问康政老好！

敬礼！

胡华

1985年1月21日

102　1985年1月28日致郭洛夫

洛夫同志：

信悉。十六卷（精）5本收到。知你和小王亲自包装邮寄，真太辛苦了。十五卷拙稿稿酬74.8元也收到了，你们很客气，多谢了。知“潘汉年”稿已收到，甚慰。但你讲此事的信似未收到。“马叙伦”稿已寄去，谅近时可收到。现在挂号件是太慢了。

我近极忙，所以其余稿只好占用寒假时间看出，陆续寄你。可能还可以编一卷书。

福州审稿会时间，是3月15日至3月30日好，还是4月1日至4月15日好，也望考虑，以便我和志凌定下（因高校3月4日开学，我怕有的同志3月14日走不开）。

敬礼！

胡华

1985年1月28日

103　1985年2月1日致湖南省社科联谷茨

谷茨①同志：

信悉。你的修改稿尚未收到。今日廖盖隆②同志已把你的稿打印了寄来，昨晚老廖与我通电话，他说写得很好，没有什么意见。因任务是耀邦同志通过中组部老干部局下达的，当将打印稿同时请老干部

① 谷茨，本名何鹄志。

② 廖盖隆，时任中共中央党史资料征集委员会主任。

局看看。我说，何鹄志同志还将有些改动，蔡博也提意见增加些经济思想等内容，刘昂[1]同志看了，希望再提得高一些，我将汇总后，再修改一下，给老廖送去，然后送组织部转《人民日报》。何老在广州病了（较重），住院，大概秘书也不想多去麻烦他，估计不会再有什么意见的。

成立少共党，不是1921年6月，是1922年6月，这一点何老与我都记错了。1922年6月蔡已回国了。不过，1921年夏，蔡在工学世界社和一些其他留法同学讨论过建党问题，我当适当改一下。

专此奉复。

敬礼！

胡华

1985年2月1日晚

104 1985年2月13日致郭洛夫

洛夫同志：

两信均收到。关于福州审稿会时间，陈志凌说蒋伯英来信，因已与福州西湖宾馆联系了3月15—30日，以不变为好。另外，审稿人大部分能到。稿件现有40来篇，估计会前会有六七十篇，也可以了。

我近时替各地写评教授学术评语，催得很紧，及其他临时任务，很忙。明日起，可以着手看太原[2]遗留稿，但春节后还有个《中国大百科全书》“党史”卷的会。我手中之稿，约可编1卷，只好以后陆续寄你，你和小王陆续编，不一定能在3月会议前完成，二十五卷恐只好待3月会议后再完成了。发行问题，仍望你多找领导想办法。

“马叙伦”传，我于1月23日挂号寄出，已20天，何日收到，请给我一信，我将向人代会提出邮寄太慢之事。

专此

春节愉快！

胡华

1985年2月13日

---

① 刘昂，蔡和森烈士外甥女，曾任国家农机部副部长。

② 指在太原召开的《中共党史人物传》审稿会。

105 1985年2月25日致郭洛夫

洛夫同志：

春节好！节后，我今日来西郊，见到你13日写的信。“马叙伦”传是1月23日寄出的，估计现在会收到吧。我在除夕、春节才能开始看太原遗留篇。前些时为17位评职称的写了学术评语，都要求在2月底要，故不得不赶任务（包括房成祥的）。现在看出“吉鸿昌”、“孙冶方”两个大传，以后陆续寄你。我看这二十五卷到3月15日前，我大体可看出，你和小王没多少时间编了，可以在福州会议后，统一来编。现在新收到稿只四五十篇，福州会议估计七八十篇足了，能用的如有1/3，则编2卷，加上太原遗稿，可合起来编成3卷，太原遗稿中小稿不少，故需编排开。福州会议可能到二十七八个人，因上半年党史课是淡季，能去的人较多。我与彭明定13日坐飞机去。你社副社长和倪进云同志都欢迎他们去。

关于你要我为香港书展写短文事，待我考虑一下，时间还来得及。开罗书展，我和翦伯赞、邵循正写的《中国历史概要》列为中国畅销书第二位，《人民日报》报道，你可能看见了。

知给总会寄的书已寄出，我们是希望早些拿到好分送有关同志，已付印的书和十三卷至十八卷的装订发行，还望多抓催一下。

此复

敬礼！

胡华

1985年2月25日

106 1985年2月26日致江西万安县史志办王阿寿

王阿寿同志：

春节好！

收到来信。你近年研究“AB团”、红二十军和富田事变等问题，很有成果，这是你努力的结果，是党史资料征集所要弄清楚的问题。吉安地区在二战时期很重要，有丰富、复杂的历史事件和人物需进一步调查研究，望你继续努力。

专此

敬礼！

胡华

1985年2月26日

107 1985年2月26日致上海戏剧学院舒志超

舒志超同志：

你好！信悉。我写了一篇序，现寄你。书名似可叫《中国近代历史人物照片选辑》，这样简明些。人物可加吴玉章，还有斯大林同莫洛托夫或丘吉尔、罗斯福在一起，均可。目前，因篇幅不能太大，先这样也可以。以后还可增加的。

专此

近好！

（你寄来的说明，另寄。）

胡华

1985年2月26日

108 1985年3月4日致郭洛夫

洛夫同志：

2月26日信悉。知“马叙伦”传收到，二十四卷已编好，甚慰。我于2月27日又寄去了“吉鸿昌”、“孙冶方”两传，收到后亦请人抄清，把脚注搞好，备用（如收不到，则你是否托永奎请人抄）。

我近又看了“邓初民”、“赵宗复”、“汪寿华”、“林蔚”、“罗梓铭”、“朱克靖”、“王世英”、“于毅夫”等8个传，春节这几日也在利用空隙看。天冷，既未出去拜年，更未上街。现在手里还有15个传，除“史可轩”、“王复生”外，都是不知名的人物。我3月9日去开北京市人代会，13日飞福州，3月9日前，能看出几个算几个，这些传以后只好编开用。太原修改，也不太仔细。但我将于3月8日寄你一批，想采用“杨永奎收转郭洛夫”办法。因为3月8日寄出，也许3

月底可到西安，正你回西安之时，如等我回来再寄，则要4月底到西安，更影响进度了。

关于你们社去一位发行部同志，我很欢迎，志凌我想也不会有什么意见，发行工作很重要，可作为社方专谈此事而去。关键是蒋伯英订的房可能少，这里已报来有29人去，老蒋可能只订了二十四五人的床位，故有可能临时住不上西湖宾馆。可是，如委屈了社里领导同志，我们也于心不安，此事最好请你与伯英通一个长途电话（福建省委党校，马列室）。我们这里，我今天把信转志凌（4日下午收到的），再叫小巨发信，恐买车票来不及，好在不是审稿人员，欢迎发行部同志去就是了。

专此奉复。

胡华

1985年3月4日晚

109 1985年4月9日致美国威斯康星大学教授弗雷德曼

弗雷德曼教授：

首先祝你身体健康、工作顺利！

收到了你的来信，感谢你对我的良好祝愿。

我因为出差到福建去了20多天，最近刚刚回到北京，才见到你的来信，所以复信迟了。请你原谅。（另外，我的通信地址是中国人民大学中共党史系，不是历史系。）

去年8月在天津抗日根据地史国际学术讨论会的日子里，和在这以前，我同你有过许多次愉快的交谈和讨论，留下了美好的记忆。

谢谢你在这次来信中对去年11月江苏镇江抗日根据地史的讨论会的报道，提出了坦率的意见。作为真诚的朋友，我想坦率地交换意见是有益的。

去年11月的镇江会议，我参加了。正像你所说，它不是天津会议的继续和补充，而只是国内的一次小规模的学术讨论会。更多的目的，是为了给在今年8月准备在北京召开的抗日战争胜利40周年纪念学术讨论会作准备。所以在这个讨论会上虽然也宣读了一些论文，但是没有把这些论文印成集子，而是让那些论文经过修改充实后，提供到今年8月中旬的北京会议上去。因此，没有镇江会议的论文集可以寄给你，请你原谅。

关于镇江会议的情况，你可能看到了2月18日《人民日报》第五版的《全国抗日根据地学术讨论会简介》（下面简称“简介”）的报道。但这个报道，不是由我们镇江会议的主席团发出的，而是由一位参加会议的人员自己署名给报纸写了这个“简介”。我作为会议主席团的成员之一，事前没有看过这个“简介”的稿子。这个“简介”在报上发表后，我对其中有些观点，也觉得写得不适当，有片面性，未能反映出会议讨论的实际情况。这个简介的第二段，说“大家认为……”，似乎“简介”的作者所概括介绍的看法，是全体参加会议人员的共同的看法，这也不符合会议讨论的主题（抗日根据地史）和会议实际情况。

如你知道，在天津会议上，是各位学者各抒己见，自由讨论问题的。在镇江会议上，同样是国内许多学者各抒己见，自由讨论的。如果对于学术问题，只有一种意见，那就不能成为“学术讨论会”了。而且，“简介”所写的某些论点，并不是镇江会议上多数学者的见解。根据我的记忆，我似乎没有听到有哪位学者有这样的论点，说“美国的‘援华’，就是为了侵华”（“简介”倒数第8行）。这样的说法，显然是不适当的，是离开了事实的。人所共知，美国是反法西斯战争的同盟国；中国人民对美国和美军参加抗日战争，对罗斯福总统是怀有友好的敬意的；对史迪威将军和延安美军观察组的戴维斯、谢伟思等先生的援华抗日努力，都怀有深厚的友好感情。我在去年同谢伟思先生和索尔兹伯里先生有过多次十分友好的晤谈。今年1月号《新华文摘》收入了一篇我的论文《从历史上的改革看中国当前的体制改革》，文中我对罗斯福总统在第二次世界大战中的作用和重大贡献，作了充分的肯定。这一点也可以证明，并不是镇江会议的学者们以至会议领导成员，持有“美国的‘援华’，就是为了侵华”这种站不住脚的观点。

“简介”最后一段，把美国与日本军国主义类比，把蒋介石与汪精卫类比，我也不赞成这种简单的类比。事实上，镇江会议没有讨论到日本投降以后的历史。我的记忆中，也未听到有哪位学者作了这样的把抗日时期与战后时期相提并论的类比。因为历史现象是错综复杂的，美国和日本军国主义的情况不同，蒋介石同汪精卫也不同，这是显而易见的。

如你所知，中国的外交政策是独立自主，发展同各国的和平友好关系，不采取联合一个大国反对另一个大国的政策。至于历史科学的研究，更应以尊重事实为前提。据我回忆，在镇江会议上，学者们主要是研究中国抗日根据地历史，对国际关系很少涉及，更没有片面地吹捧苏联而反对美国的倾向。这一点，可以请像你这样为发展中美友谊而努力的学者放心。

你为发展中美两国和两国人民的友谊而不懈努力，这是我们所尊敬的。感谢你坦率地给我写信，你的目的，也是为了发展和增进中美的友谊。我深信，中美两国历史学者，在客观地研究和分析历史事实的学术研究上，在发展中美友谊上，多多加强交流和联系将是十分有益的，将会取得新的进展的成果。

祝愿你在学术研究上，在增强中美友谊的工作上，取得新的成果。

此祝

健康！

你真诚的朋友　胡华

1985 年 4 月 9 日

110　1985 年 4 月 24 日致郭洛夫

洛夫同志：

4 月 9 日来信由张广信同志带来。《毛泽东思想概述 · 序》，我已写好交张广信同志了，请放心。我回京时，志凌来信说病已好了，并要去参加 4 月 18 日上海的“共产国际与中苏问题”讨论会，我很忙，故未与他见到面。《内部通讯》他和小巨弄好，在印了。

1. 二十四卷中的“周小舟”传，引了一首毛主席词“江河移胯下……”。据刘晴波同志来信，此词是毛主席到长沙休息中的戏作。并无其他意义。故请删去此词及解释。

2. 陈修良又寄来孙冶方照片，寄上，请酌采用。她写的“潘汉年”传、“孙冶方”传，经你和王敏努力，校定了，这样很好。

3. 发行问题，出版会议决定不由新华书店一家独营，加上集体、个体，希望你主动找找何其昌同志和发行部同志，多方设法来解决发行问题，现在又开始强调理想教育，反对精神污染，也许以后情况会改善，广告也要做的。

4. 我回来后，校内外工作忙甚，香港书展的介绍，我当争取时间写。福州会议 19 篇稿，估计 6 月才能看定。因 5 月中旬我要去广州讲课，连备课带讲，四五月挤不出太多时间，只能陆续挤时间看。

5. 你和王敏手中有太原的二十五卷（谅都收到了吧）至二十六卷。福州的二十七、二十八卷，这两个月也够你们辛苦了。我深感到你为了这套书消磨了大量精力，“沈腰潘鬓消磨”（一笑），人也瘦了，体质下降很多，你的精神值得学习，但身体要保重，不要累垮了。同领导讲讲，尽量减去你一些其他杂务。王敏同志均此。南岗、永奎问好。

敬礼！

胡华

1985 年 4 月 24 日

111 1985 年 4 月 24 日致舒志超

舒志超同志：

3 月 6 日来信，因我出差，迟复为歉。您编的照片选辑，希望能克服困难编成问世。

您和翟作君同志负责上海党史（人物研究）会中的党史人物传组工作，这样很好。望您和翟作君同志能开展组稿工作，同任武雄、老许等同志能开些预审传稿的会议，也希望同江岚同志讲讲，给你们约稿活动及预审传稿开会一些经费支持。

我们党史人物（研究）会都出于对老革命家的阶级感情，大家勤俭办会，靠各地党史学会和征委会帮助。党史学会给一些必要的经费，想是可以被批准的。

多谢辛苦！

敬礼！

胡华

1985 年 4 月 24 日

112 1985年5月5日致郭洛夫

洛夫同志：

你好！信悉。你全心全意为这套书而努力，以致形成健康水平下降，我是深知的。你遇到的困难，有些是我未想到的，我也只能以“任劳任怨”四字，作我们互勉。在福州审稿会上，我丝毫不曾感觉你对我有任何不尊重的地方，一点印象也没有，大家都以诚相见，你不要太客气和过谦。4月5日《信息汇报》报道有30多国在翻译和出版这套《党史人物传》，这对我们也是很大的鼓舞，一套书引起这许多国家来翻译，还是罕见的（4月26日成都四川日报社出的《文摘周报》有摘登）。此情况，望你进一步了解一下，一方面在《出版消息》上登一下，另一方面，你可否找陕西新华社上次给我们发稿的那位同志发一条消息：“《中共党史人物传》出版20卷，30多个国家翻译出版”，如这条消息能由总社转发全国，并在联合广播里报道一下，那宣传力量比什么都大。

1. 你要我为香港书展写的3 000字“介绍”，我已于5月3日晚写出，5月4日挂号寄你了，有些地方是否准确请你修改酌定。我看到的翻译此书消息是《文摘周报》上看到的，我已在“介绍”中抄上了。但未找到《信息汇报》，我们都找一下。我也把此消息写信告知何老了（他近生病，不能会客）。

2. 二十五卷、二十六卷、二十七卷的排目，我感到二十六卷中著名人物少了一些……二十五卷大部分都较知名，可否互换在中间档次的二三个人，具体调换，请你酌定。第二十七卷，知名者也较多，至少有一半人比较知名，这样就比较硬。这三卷，请你统一调整，主要是把第二十六卷调得再硬一点，以便均衡。

3. 发行问题，你们专门作了研究，很必要。上海、安徽、湖北、江西等地，实在说不过去。无论如何，你们要加强发行部，直接给各大学图书馆，给各省、市、县征委会（自冯文彬同志讲了后，传达到各县了，他们都知道有这套书，但没有见过，也买不到）各发征订单，寄书去，像刘型夫人程宜萍大姐去年寄了168元钱购第十四卷，迄今半年，连一个回音也没有，这种情况，怎么能继续下去？

4. 知二十四卷已送工厂，甚慰。送书问题，还是要坚持，吴亮平同志是我们的顾问（见第二卷附录），但他迄今没有收到过此书，望你查一下，是否寄到别处了，或没有寄。他是很帮助我们的，我至少介绍给他二三十个人去访问他知道的传主事迹，他都热情接待的。

5. 今日河南商丘县征委会主任托一位老同志送来“张克侠”传稿，写得很好，但他：一、不知道传记的体例，没有看见过我们的书；二、不知道往哪里寄。前者是发行问题，后者，我考虑是否每卷书的后面或前面，附一个通信地址：“北京218信箱转全国中共党史研究会及编委会收”。因那位老同志打听了半个月，才找到季之华，又找到我。

6. 我手头的稿，约于6月底前寄你，以便你与王敏及时编出。

专此

敬礼！

昨小巨来，陈志凌去沪尚未回来，估计近日可回。总会所购十二至十八卷，均未收到。

胡华

1985年5月5日

113 1985年5月27日致郭洛夫

郭洛夫同志：

我去广州时给你一信，谅收到。即谈到江西日报社的《信息汇报》报道30多国翻译出版我们的书，此事需要进一步弄准确，争取出齐20卷后新华社发一条消息。

在广州时，见到卢权同志，因杨世兰等广东党史人物（研究）会理事、编委开了一次会。我报告了你来信所讲的发行情况。广州农讲所纪念馆负责人陈登贵、广东省委党校何锦洲、省党委征集办刘寒（征办也在省委党校内）、愿作我们书的代销点。为此，望你与陈登贵、何锦洲联系，这两处都在闹市中心，代销几百套是毫无问题的，看来还得我们自己努力。我想，江西的杨源贵的烈士纪念堂也在闹市中心，也要他代销。人民大学出版社在全国有20处委托代销点，有一半是代销点订出销出的。何锦洲在写李鹏副总理的父亲李硕勋烈士传，李鹏对我们的书也很重视，函装本出来后，可否送李鹏一套？

又，美国威斯康星大学政法系主任弗雷德曼教授（中国革命史专家）来信要我们的书。我处仅存的精装本缺一、二、三、六、十、十一、十二这7卷，能否找出寄我，以便我寄美国，书款可在我编辑费中扣除。

王敏均此。

敬礼！

胡华

1985年5月27日

114 1985年5月29日致舒志超

舒志超同志：

收到“李林”传和来信。谢谢！7月，我们系与北师大办革命史（党史）讲习会，似未最后定。如召开，你能来，将人物图片带来大家看看，当然很好。（曹聚仁编的《中国抗战画史》、《第二次世界大战画史》，你找到否?）

从《党史通讯》刊上，知道上海党史学会召开了纪念抗战40周年讨论会。我对有些论文，特别是关于论正面战场的论文，很感兴趣。可否能找一套打印稿（不全也没有关系）寄我。多谢费心！

翟作君同志均此问好！

敬礼！

胡华

1985年5月29日

115 1985年6月7日致郭洛夫

洛夫同志：

6月2日信悉。我去广州前，你寄我家里信，似未收到，我收到你4月30日讲发行等问题一信后，再未收到信。

福建省军区叶恩中同志这条消息，确需要弄清楚。这套书外国重视是肯定的，弄准确后，请新华社发消息很重要。

给香港书展写的文章，同意你的处理，但有一二处，请你查一下，“沙文求”传是历时5年，易稿5次；“节振国”传是修改11次；“闫红彦”传是王平同志在住院期间带病修改。我可能写得不够准确，请查核一下。

美国友人要的书，能找出寄我最好，只是麻烦你了，我目前，暂从你们发行部寄总会的精装书中，补齐航空寄去，光寄费就花了140元。

发行确是大问题，二十一、二十二卷只征订1.5万，只好留纸版待加印，客观上说，一般读者心理，购某一卷，似不完整，购全套又购不起，主要还得向单位推广。这20卷，还是争取搞两套函装本，做点广告，再多定几个代销点。问题怕的是订了代销点，你们发行部还是发不出书，如北京王府井新华书店三楼上，最近开展销会，听陈志凌说，陕西人民出版社专柜仍没有这套书。这两天唐纯良在京，他也说，黑龙江开党史学会时，向陕西定购了140套，迄今两年，未见寄来，也无回音。又，我们总会，十二至十八卷平装本，定购半年了，迄未寄来（最近收到两套精装）。据说最近可能寄到，总之，邮局也积压，发行部也抓得不紧。无论如何，如设代销点后，得保证给人家发书（订单看到了，可以的）。

“闫红彦”传，邓小平、彭真、李达的题词，也可引入扉页，这和四川人民出版社单独出也不矛盾。你同倪进云同志要一下，这很好的。

我最近写了篇《关于党史人物的研究和写作——怎样写党史人物传》，在广东、天津各讲了一次。我想，或者有功夫修改一下，列入《人物传》第二十五卷的附录中，是经验的小结吧。你看如何？

敬礼！

胡华

1985年6月7日

116 1985年6月17日致舒志超

舒志超同志：

信悉。翟作君同志来京，见了面。

关于曹聚仁的《中国抗战画史》，我告诉你的原意，是请你从中找些材料。你不必寄我。如你来京，则带来我看看也好（我原有一本，被红卫兵抄走，找不到了），《第二次世界大战画史》则不必带来。

谢谢你！

敬礼！

胡华

1985 年 6 月 17 日

117 1985 年 8 月 11 日致郭洛夫

洛夫同志：

寄我家中的信及两张彩照等，也收到了。谢谢。“汪寿华”暂时撤下（我建议志凌写个报告，给组织部，请示一下），二十五、二十六卷，同意你的调整。

重印一至十卷的稿酬，你建议按新规定移作审稿会机动费，我没有什么意见。今年总会只得到社科院 6 000 元经费（一般学会都减了），以后稿酬和审稿费略能提高一点，就可少要地方上多补贴。

顺便麻烦你一下，你那里有没有国家新规定稿酬办法，寄我一个。因我主编的《中国革命史讲义》，自 1979 年大改重印以来，已发行了 140 册。除我主写外，还有 7 位同志参加。因修改多，1979 年作新书重算稿费的（即基本稿酬，不过很低标准），那时给了 2 000 多元。1984 年 1 月又给了 1 000 多元，每人不过几百元。1984 年 1 月至今年 5 月又印了 15 万册，出版社通知说，百万册以后，只给印数稿的 0.2%，再乘 20%（规定时称 20%～50%），因此，这 15 万册只能给几元钱（可能十来元）。这事，我们这里同我合作写的同志很有意见。所以我想只有从你那里打听一下，以便我心里有数。

知何其昌同志访美回来，如果领导方面能亲自抓一下发行工作，邮路虽慢，至少可保证发出书，另外，各省新华书店购订情况，你可否写个材料，我们总会单独给各省市发一个通报，至少像安徽、江西、湖北等省的人物研究会了解一下，或许可以采取些措施。余不一一。

敬礼！

胡华

1985 年 8 月 11 日晚

118 1985年9月11日致郭洛夫

洛夫同志：

9月5日信悉。“沈泽民”传这段话这样改，可以。第二十九卷你要些万字以下的稿，我当争取看出一些寄来。知十九、二十卷出了，很好。《群言》第四期，即寄上两本（未挂号，如收不到，我再挂号寄）。昆明会议已发通知。我最近确忙甚，但二十九卷还是要看出寄你。昆明会议稿亦不少。

即致

敬礼！

明年拟5月开杭州审稿会议。

胡华

1985年9月11日

119 1985年9月11日致舒志超

志超同志：

信悉。山西人民出版社，我也没有特别的关系。亏本的事，搞核算的单位确实难办。不知可否请山西先发通知征求订户，摸摸底试试；另一方面用白报纸，简装，尽量降低成本，行不行？

上海的党史人物传工作，主要是继续组稿。江岚同志能热心支持是有利条件，也可请陈修良同志指导。你和（翟）作君、任武雄诸同志组组稿，必要时开点小型的审稿会，望你们多商量。

专此奉复。

敬礼！

胡华

1985年9月11日

120 1985年9月25日致郭洛夫

洛夫同志：

信悉。1.“闫红彦”传前面你写这一段同意。我意：一般的传，前面要有这样一个介绍，到书店去的人，翻一翻前面提要，就知道重要性。不然，有的传主，人们不知其为何许人也。还有，我前曾建议你在每卷的封面背面，加一段“本卷的内容介绍”，对每个传主写几句话，使读者一目了然（讲他的最高职务，烈士则再加上何时何地牺牲），望能补上。

2. 何其昌、贾象实同志很重视地开了发行、印刷问题会议，我很高兴。欢迎他们五人去昆明，地点改在省军区招待所了。

3. 给徐彬如的书，以后请改寄“天安门中国革命博物馆董谦同志”。可从十九、二十卷送起吧。

4. 第二十九卷差了七万字，我尽可能在国庆节前看出寄你……

5.《群言》我寄了两本，不过未挂号，估计应不会丢。

敬礼！

胡华

1985 年 9 月 25 日

附 1：郭洛夫拟《闫红彦简介》

阎红彦同志是中国共产党的优秀党员，是西北工农红军和陕北根据地的创始人之一。是我党老一辈的无产阶级革命活动家。

在民主革命时期，他戎马倥偬，转战长城内外，大江南北，为人民革命事业，披肝沥胆，出生入死。在社会主义革命和建设时期，他深入实际，联系群众，为建设西南边疆和巩固祖国国防，呕心沥血，鞠躬尽瘁。

几十年来，他忠于党，忠于人民。立场坚定，爱憎分明。光明磊落，刚毅正直。勤勤恳恳地为人民服务。为中国人民的解放事业和共产主义事业贡献了自己的一生。

他是一位将军，又是一名普通战士；是一位领导干部，又是一名普通群众。他的名字，将永远铭刻在陕北劳动人民的心上，也永远响彻在巴山蜀水、苍山洱海之间。

附 2：郭洛夫函件

毕兴同志并转王老：

你们好！

“阎”传开头那段话，经与主编胡华同志研究，作了修改。修改的主导思想，按这套丛书的惯例，不用过多的形容词，除排列传主主要经历、任职外，评价均以中央领导人的批示、题词或悼词作依据。现将修改后的抄件寄上，请过目，我们已照此发排。

我们于14日飞昆明参加审稿会，11月上旬会毕返回时拟乘车在成都少停，届时将尽可能拜访您和王老。

致以

敬礼！

郭洛夫

1985年10月3日

121 1985年10月4日致郭洛夫

洛夫同志：

国庆节前，寄出“刘畴西”、“马本斋”、“李学福”、“车耀先”等传，航空挂号。连前寄之七传，至此福州会议稿已全审定。到昆明再见面，我与彭明拟14日飞昆明。

敬礼！

胡华

1985年10月4日

122 1985年10月28日致陈志凌

志凌同志：

我同意（刘）晴波同志此信意见。“李舜琴”传，太原审稿会时，省政协副主席李志敏同志曾推荐过，当时让作者“退修”增补。李志敏等同志曾说李舜琴在山西建党是有影响的人，做过省文化总同盟党团书记，带出来一批人，如雷任民、杜心源、牛荫冠等。此稿是否请陈文秀同志带回去帮助作者修改后寄来，如能补充1924—1936年的革命事迹更好，如没有太多补充（因他主要从文教战线上从事党的活动），则把崞县中学等斗争压缩，抗战后压缩，保留1923年入团、1924年入党至1937年狱中斗争等史料，作一个小稿寄我终审。

“嘉康杰”稿，保留1927年后中条山暴动，到1939年牺牲，也压得精炼些，成一小稿采用。又，福建王亚南，本列入规划，陈耿是闽北创始人，是否也请天绶同志带回去重写，压成精炼的稿采用（不然，各地同志工作也不好做）。请酌。

胡华

1985 年 10 月 28 日

123 1985 年 11 月 8 日致郭洛夫

洛夫同志：

严慰冰同志已把她写的“严朴生平”的第四节补上，我标了题：“六大以后的革命生涯”，即从六大到延安，同最后的第五节基本上接起来了。她此文是附录补充性质，就这样好了（严朴在那段时间主要从事特科等工作，只有总理、陈云同志知道，且也不能写）。我们在昆明已审改过的部分，她在她留下的稿上又改了一些，我把她改过的几页捡出寄你，供你订正（如我们已删去的部分，就不管它了）。这位老太太不会写简体字，没办法，只好请王敏同志改成简体字好了。她的补充一节及修改的几页，我另函作“稿件挂号”寄你。未修改的，我就不寄了，因她是复印的，纸很重。

专此

敬礼！

胡华

1985 年 11 月 8 日

124 1985 年 11 月 12 日致郭洛夫

洛夫同志：

你好！前寄去“严朴生平”严慰冰同志补写的第四节，谅收到吧！

1. “胡锡奎”传中人民大学一段，有的同志反映有的人名不必写得太具体，故请把文中×××名字，改为“工业经济系的一位年青教师”；把×××名字，改为“经济系的一位年青教师”，因为这类事有些不同看法，我们不便卷入。

2. 我想，第三十卷，要附录一个一至三十卷的目录，可以用小字，排得紧些，以免增加读者负担。但有这样一个总目录很有必要。

3. 党史研究室的《革命烈士传》出来，可能对我们的书会有些竞争，但我想关系不大，因为他们只限“烈士”，不可能像我们有“彭德怀”传、“罗荣桓”传，以至“吴晗”传等作品的。我们注重学术性、广泛性。领导人的题字不是决定性的因素，现在连领导人的文选、选集也积压很多，何况是题字。何老年迈，身体不好，我不太想让他去跑这类事。从学术意义讲，有的同志曾建议，原先封面里的“会长何长工、主编胡华”，可移在封套上，可能对读者也可以起些作用，此事望你们考虑。总之，竞争对我们也是一种促进，有好处。

4. 十九、二十卷总会购买的书，和二十一、二十二、二十三卷样书，望你和王敏亲自抓一下，早些寄我们。

敬礼！

胡华

1985 年 11 月 12 日

125 1985 年 11 月 13 日致舒志超

舒志超同志：

信收到，因出差，迟复为歉。

上海党史人物（研究）会事，望你们与江岚同志商量，最好是立个研究会，有点经费，便于审稿、组稿。

图册事，我想定价还是太高，140 元，谁买得起？最重要是降低成本，用一般纸张，类似《人民日报》上的图片，简装印出。这样可能便于推销。你是否与南京大学马洪武同志商量一下，请常州印挂图的工厂印行，是否可以。先征订，再印刷。人大书报社不印图册，故也不能叫人家为此书征订订户，请谅。

专此

敬礼！

胡华

1985 年 11 月 13 日

126 1985年12月4日致美国威斯康星大学教授弗雷德曼

尊敬的弗雷德曼教授：

我在今年5月6日很高兴地收到你4月25日的来信，并收到你汇来的20元复印费。你希望我复印购买的书刊是未发表的或“内部发行”的，不能寄到国外，我很抱歉。我在6月3日用航空挂号寄给你，我主编的《中共党史人物传》（精装）18卷，并给你写了一封信。不知道你收到没有？此后我一直没有收到你的来信。×教授转告说，你要我写简历的信，我没有收到。现按照他转达的你要简历的要求，随信寄上本人简历一份。

此致

祝好！

胡华

1985年12月4日

127 1985年12月9日致郭洛夫

洛夫同志：

11月27日信悉。

1. 我前信主要是讲函装封套的封面署名问题。如已设计付印就算了。将来再考虑。是我一次在新华书店遇到一位同志提的，我认为书的封面已形成，封套上可考虑而已。

2. 你们去印厂及工人同志们的热情，我们很高兴和受鼓舞。已决定在这期《内部通讯》上登出，上海的发行会议也登出。

3. 知张文秋老太太很高兴，这些同志、亲属都是义务宣传员，我想今后可以弄一个通信网，寄些宣传品给她们，她们都是有能量的人，可以起点推广作用。

4. “何干之”传稿费，可寄“北京西郊人民大学党史系刘炼同志收”。在“附信”中，请你在汇单上写明“胡华同志让我们把此稿稿费全部寄你，现全部寄上”。因，此稿是刘炼执笔的，我做了些增补、修改、压缩工作，就不收稿费了。

5. 十九、二十卷总会购买的书，已收到，小巨已送我。二十一至二十三卷精装本尚未收到。平装本我在昆明都送光了（给了云南社科院领导)，还望继续送我 5 本平装。

6. …………

7. 何老（长工）住院，我 12 月 5 日下午去看望他，汇报了工作，也讲了明年 10 月的大会和发行工作问题。他很高兴，说，多听听社会上的反映。

8. 我 11 月太忙，争取 12 月上旬把昆明稿陆续看出寄你。

敬礼！

胡华

1985 年 12 月 9 日

128 1985 年 12 月 13 日致郭洛夫、王敏

洛夫、王敏同志：

寄上“詹乐贫”、“彭之玉”、“杨幼麟”、“段玉林”、“彭干臣”、“李源”、“许甦魂”、“杨嗣震”、“林道义”、“许晓轩”、“廖恩波”共 11 个传记。12 月 10 日寄你 10 个传记，共 21 个。至此，昆明会议遗留稿 21 篇我带回的，已终审完毕。还有翟作君带回去“张金保”传，陈文秀带回去一篇“李舜琴”传，也是准备加工后用的，待他二人寄来后，我当终审寄你们，请你们编排。

你们的广告，征订单，寄了我二份，我寄张家口一份，给解放军政治学院一份，就没有了，本校新华书店都未能给它们，能否多寄几份来。

编这 3 卷，够你们二人辛苦了，我近时忙得很，这 21 篇稿是 12 月上旬赶夜终审的。

专此

敬礼！

胡华

1985 年 12 月 13 日

129 1985 年 12 月 23 日致陕西何其昌等

其昌、象实、南岗、洛夫诸同志：

转上莫文骅同志来信（我复印分送），他提出的推广、普及，多为建

设精神文明发挥作用的意见很好，如何做法，望你们也考虑研究一下。

香港书展情况如何？望告。

我近忙甚。

敬祝

新年健康，工作顺利！

胡华

1985年12月23日

130 1985年12月27日致郭洛夫

洛夫同志：

19日信，今日收到。知你和王敏、老南于年底前发至三十卷稿，甚慰。

1.“李硕勋”传（李鹏的父亲），经李鹏同志看过，志凌、彭明也看了，我看后近日寄来，请插在三十一、三十二卷内，以期早日发出。

2.美国一位女博士①（美国人）给我们的书写了书评，及一首诗，评价甚高，摘译后当寄你，最好插在第三十卷附录中。

3.“张鼎丞”传，请你全权处理。义乌县，你复他们可也，但冯雪峰倒是要找人给他写个传。谭国辅、林维先，你可复他们：写了寄我们看看，如果事迹丰富，符合我们规格，我们将采用，如事迹少，则可请他们交《革命烈士传》。话说得活一些。任何报、刊、出版社，欢迎其投稿，不一定都采用。

4.二十一至二十三卷尚未收到。“何干之”传在二十一卷，可否寄刘炼同志（何干之的夫人）两本。稿酬和信，你寄她，很好。

专此简复。

敬礼！

新年快乐！

胡华

1985年12月27日

---

① 即美国芝加哥大学博士林如莲，其文章《对〈中共党史人物传〉第一至十二卷的述评》作为附录收入《中共党史人物传》第二十九卷。

131 1985 年 12 月 29 日致郭洛夫

洛夫：

昨发信后不久，收到了二十一、二十二卷精本各 5 本，及挂历。多谢。第二十三卷尚未收到。二十一卷“何干之”传，知你已寄信及稿酬给刘炼，这样很好，书是否也寄两本给她。

新年好！

胡华

1985 年 12 月 29 日

又及：

美国芝加哥大学一位博士（女的），写了对《人物传》的述评，我已请同志在译。她读了“赵世炎”、“刘伯坚”、“陈铁军”、“周文雍”传后，泣数行下，泪湿书页，当即作了一首诗。我已请刘桂生同志翻译出，将寄你争取插入三十卷附录。（诗，我争取在报上发。）12 月 28 日《北京晚报》发了一篇（我的）专访。是写“韩幽桐”传的作者王迪，她同我聊了一回，写了这样一篇，我本不敢当，不过中心也是宣传了《人物传》。

132 1986 年 1 月 14 日示胡宁

胡宁：

信悉。“建设高度社会主义精神文明是实现共产主义的一个重要条件”，这个提法有问题。“实现共产主义”，“百年大业”也。谁想提前，势必碰壁。毛主席 1958 年提出四五年过渡到共产主义；赫鲁晓夫提出 1980 年实现共产主义，结果……现在谈不到“实现”，应该提“建设高度社会主义精神文明是建设中国特色的社会主义一个重要方面”。这样题目太长了，还可以缩短为“精神文明建设的重要意义”或“精神文明建设对建设中国特色社会主义的重要意义”，或“精神文明建设是建设中国特色社会主义的重要方面”。可结合本地区的一些倾向性的问题，但要从正面的原则上提。

涓迅研究张（家口）市革命史、抗日同盟军史是有成绩的。刘贯一[1]同志很称赞。我也去看了刘贯一同志。如能请一年创作假，写抗日同盟军史，就太好了。

祝

近好！

爸爸

1986年1月14日

133 1986年1月15日致陕西何其昌等

其昌、象实、南岗、文炎诸同志并洛夫、王敏同志：

根据王首道同志和最近莫文骅同志对推广《党史人物传》作用的意见，我写信给《人民日报》，建议开一个《党史人物》（或《革命史人物》）专栏，摘发我们的《党史人物传》。前日《人民日报》理论部宁培芬同志给我电话，说理论部主任王玉田等同志研究后，很表支持，同意在《人民日报》从4月起辟一个专栏（像《学点革命史》《学点民国史》这样专栏）每月两期，每期发一个传记，约3 000字（字数不能再多），包括传主的简历，侧重摘其几件重大的感人的事迹。仍由《党史人物传》的原作者摘，署原作者名字，文后注明："本文摘自《中央党史人物传》第×卷"。我昨日与彭明商量一下，认为系统在《人民日报》摘登这套书，当然是对陕西人民出版社和这套书的最好的广告和最大的宣传和荣誉，在此栏开辟时，可拟一个编者按，以《人民日报》口气推荐这套书，并说明本栏由这套书摘载。当然，也考虑到版权所有，建议请出版社研究一下，并由洛夫、王敏同志来主持此事为好（如他二人忙不过来，希望能增加些力量）。我和彭明、志凌则可把洛夫筛选出来的摘好寄我们的稿，分头过一下目，再寄《人民日报》理论部。我们设想，如你们同意，可由洛夫起草一个通知稿，寄给各位作者，由陕社和人物（研究）会我们二家署名。通知稿拟好后，即请洛夫寄我，我改定后，由你们铅印，寄发给全体作者（即已发表稿——32卷的这500多位作者）请他们按《人民日报》发表的上述要求（3 000字，传主主要经历，最重要感人的几件事），从我们定

① 刘贯一，1925年加入中国共产主义青年团。次年转中国共产党。长期从事党的秘密工作。新中国成立后，曾任全国人大常委会副秘书长、中共山西省委常委、山西省副省长。

稿出版的书上，摘 3 000 字，寄到洛夫、王敏处。我想，作者一般都愿在《人民日报》以自己作品名义再发一次摘要稿的，可能几个月内会收到一大批摘稿，洛夫、王敏同志根据平素了解的传主的影响（如耀邦在党的六十年大会报告上提到的人名）及作者的写作水平，先挑一些好的寄给我，我看后，交《人民日报》。我想一个月出两篇，是挑得出来的。《人民日报》的稿酬，当然也是给作者的，但洛夫、王敏同志增加了很大的工作量，我们也不便向《人民日报》开口另外要报酬，可否请陕社领导考虑对于这项增加的工作量，由社里给洛夫、王敏每月一些补助（实际等于是有效的广告费）。此事望酌定后告我。

我昨日与中宣部宣传局王局长也谈了此事，他极为支持，并说我们还可写些介绍此书的文章，交宣传局发表或转发各地。

专此

敬礼！

我 3 月 10 日左右应邀去澳大利亚，4 月 15 日左右回京，下次审稿会拟 5 月 15—30 日在杭州开。

胡华

1986 年 1 月 15 日夜

134 1986 年 1 月 21 日致南京大学马洪武

洪武同志：

赵锡祺同志来，信和材料都看过了。不过国家教委初审已过，待 5 月底国务院学位评议组复审了。因为报的单位很多，我们法学科门类又很多，单位数以百计，所以南师大如何，我已记不清了。在复审时我们再注意一下，也考虑地区的平衡。

…………

德宝均此问好！

敬礼！

胡华

1986 年 1 月 21 日

135 1986年1月21日致田子渝

子渝同志：

信悉。汪孝达[①]事迹公开见报很重要。我建议将此剪报寄奉化县委党史小组，请他们在奉化报刊上转载一下。

你们编的《集萃》[②] 我看过了，也签署了代序，你写的那篇“动态”不错。

我最近极忙，3月没时间来汉参加董老纪念（我那时将出国一趟），请代告有关同志见谅。

“恽代英”传及要我写书评，均收到。因忙，搁了下来。《光明日报》对书评似不太感兴趣，因我们写的一篇对成仿吾《记叛徒张国焘》书评还未发，我不好再寄书评去。

问你妈妈、爸爸好。

敬礼！

胡华

1986年1月21日

136 1986年3月11日示胡宁

胡宁：

信悉。我已准备就绪，明日出发，勿念。

关于你的论文，主要论点，可反复读一下中央7号文件（关于纪念抗战40周年的通知）。“长城线上的抗日烽火”，主要讲九一八后，日军侵陷东北四省，进逼华北，亡国惨祸迫在眉睫，而国民党蒋介石政府坚持不抵抗主义，顽固推行“攘外必先安内”的反动政策，集中力量“剿共”，打内战，对日步步妥协，先后订了《塘沽协定》、《何梅协定》等卖国协定。这时，中国共产党从九一八以来发表了一系列的抗日号召，组织各界救国会等爱国组织，组织了关外的义勇军、抗日联军，奋起抗日；推动和组织了关内的冯玉祥西北军系将领、十九路军将领以至国民党中央军内部的爱国将士抗日。他们在党的抗日号

---

① 汪孝达（1913—1938），浙江奉化人。1928年加入中国共产党，1937年任陕甘宁边区保安处教员，1938年蒙冤遇害。见报文章指顾平、顾明、张林苏、张林冬撰写（田子渝执笔）的《我们的革命引路人》，发表在1985年12月5日的《解放日报》上。

② 指《中国革命史研究荟萃》（华东师范大学出版社，1986）。

召下，在党的地下工作组织和推动下，在党倡导的抗日民族统一战线政策的感召下，违反国民党政府的意志，自动起来抗日，发生了长城各口的抗战（古北口、喜峰口，主要是冯系宋哲元部队，也有中央军关麟征等部队）；察哈尔抗日同盟军的抗日，绥远傅作义将军在红格尔图和百灵庙的抗日（毛主席打了电报去）。上海救国会在党的领导下，沈钧儒、邹韬奋等发动群众募捐，支援绥远抗战。加上党领导的“一二·九”运动的推动和西安事变，才形成了“停止内战，一致对外”的全民族抗日局面。没有党的号召、推动和组织工作，全民族抗战的发动是不可能的。而长城线的抗战是炎黄子孙继承中华民族抵御外侮的光荣传统，是在党的号召和推动下发生的。长城线的抗战对振奋全国抗战人心，形成全民族抗战，起了推动和号召的作用。

论点：1. 党的号召，抗日民族统一战线政策的推动、领导作用是对长城线抗日发动有决定意义的；2. 爱国军民违反蒋介石的不抵抗命令，自动抗日；3. 长城线上的抗战是民族救亡御侮的英勇斗争。虽然遭受挫折，凡是为抗日而流血的将士都值得我们纪念、崇敬。用光辉事迹教育后代，为祖国统一大业继续奋斗。长城线上抗日，共产党和国民党将士的合作的经验和事实，也为当前祖国统一大业树立了光辉的范例。爱国一家，炎黄子孙都要为祖国振兴而奋斗。

为了使你的论文不要拉得太长，我看就从长城各口抗战、同盟军抗战，写到绥远百灵庙抗战为止，即七七事变前为止。国内形势可把“一二·九”运动、救国会，及《塘沽协定》、《何梅协定》讲进去。党的领导，从毛主席“三个条件下抗日”的号召，到《八一宣言》、《论反对日本帝国主义的策略》、红军长征胜利的影响，都可提几句，理论上可参阅毛主席的《论联合政府》等。

全家好！

爸爸

1986 年 3 月 11 日

137 1986 年 6 月 4 日示胡宁

胡宁：

你好！我 5 月 14 日去杭州，21 日飞京，参加国务院学位会议，至6月2日结束。6月3日来西郊，收到你寄来的论文。今日看了一遍。总的觉得是好的、下了功夫的力作。立论是正确的。题目用现题也可，用“王明‘左’倾路线”也可，后者已是历史名词了，也可以用的。要准确些，则用《王明“左”倾关门主义、冒险主义对抗日同盟军的危害》。需要加强的是：一、文中材料，尽可能加注，在每页脚注中说明材料的来源，使人感到是信史，语皆有本。因为你这是论文，不是写讲义。二、引用的材料，必须尽可能用第一手的原始资料、档案。在注明原出处后，如果已查不到原出处，则可加一句“转引自河北人民出版社，×××著，《冯玉祥与抗日同盟军》第××页，×年×月出版”，不能笼统把河北人民出版社的书，作为论文的依据。第二手材料，只能提供参考。三、引用的原始资料，必须注明该材料的日期，如1933年×月×日《石夫向中央的报告》，如能注明“藏张家口市档案馆”就更好。四、文字还要加工，如一些口语，把“可是”只写一个“可”字，一句中连接词不必多用，有些可以删去，更不能在一长段语句，用几个转意性的“而”、“但”等词，用了“由于”，不必再用“使”字。

…………

近好！

爸爸

1986年6月4日

138 1986年6月9日致中国人民大学袁宝华校长、黄达副校长

校外事办公室刘幼勤同志并转

袁校长：

黄达副校长：

日本友好人士、日本东京部都成蹊大学教授宇野重昭（他是日本研究毛泽东和中国革命史比较著名的学者），在今年4月16日来我校访问同我进行了学术交流（他是中共中央编译局接待的客人）。他知我刚访澳归来，表示希望邀请我到日本作短期的访问。今天我接到他发来的邀请信。邀请单位是日本国际政治学会，成蹊大学的亚洲太平洋研究中心给予协助。邀请我于10月15日至25日访问日本十天，

其中18日、19日二天出席日本国际政治学会30周年纪念大会，作一次讲演，此外就是访问成蹊大学、东京大学、京都大学、广岛大学四个大学。因为他们对怎样正确地理解“文化大革命”的起因很感兴趣，我拟在日本国际政治学会的演讲中，讲一个“‘文化大革命’的起因”，按我主编的《中国社会主义革命和建设史讲义》中我编写的这一节讲（是根据《关于建国以来党的若干历史问题的决议》写的）。因为日程很紧，访问这四个大学，大概每个大学只能有一个单元的时间同各该校的有关学者进行学术交流的座谈。敬此报告，望予批准，并报国家教委为感，并望校外事办公室给予办理，多谢帮助。（我访澳时已办了可用五年的通行各国的护照，不需制装，全部费用由日本方面承担并有报酬，也不需我国开支经费。）

（因有报酬我考虑可以顺便采购些图书来送给我校。）

（正式邀请函即将寄来。）

专此

敬礼！

党史系

胡华　上

1986年6月9日

附：宇野重昭函

胡华先生：

您好！

天渐渐地热了起来，想必贵体健康吧。

上次为我先生在百忙之中专门抽出时间，不胜感谢。看到先生您不断地发表新的研究成果，深为感动。并且您还将当时的照片寄来，在此表示由衷的谢意。我将把它作为珍贵的纪念，永久地保存下去。

关于当时谈到邀请先生访日有无可能一事，如果按照下列安排，不知意下如何。

邀请单位是日本国际政治学会，成蹊大学的亚洲太平洋研究中心给予协助。

日程安排希望如下：

（1986 年 秋）

10 月 15 日　来日

10 月 18—19 日　出席日本国际政治学会 30 周年纪念大会

（讲演　1 次）

10 月 20—25 日　访问成蹊大学、东京大学、京都大学、广岛大学

日本国际政治学会是由全国 1 000 多名会员组成，我是理事长助理，是进行实质性事务的事务局的负责人。

另外，除往返旅费，在日停留期间的住宿费、伙食费以外，学会还提供了 20 万日元的答谢费。（眉批：此句不知翻译得是否准确，20 万日元约合人民币…… 恐不会给我这样优惠的礼遇，是否包括了旅馆费、飞机票这些在内。胡华注）

由于突如其来，很抱歉，望能定在此期间来日，如能将您那里的情况是否方便等告知，则不胜欣慰。

等您的回信。

祝先生的研究进一步发展，身体健康！

成蹊大学法学部

宇野重昭

1986 年 6 月 3 日

139　1986 年 6 月 20 日与何长工致毛致用等并湖南省委

致用、清泉、刘正、夫生①诸同志并湖南省委：

在你们的领导和支持下，湖南省党史人物研究会组织和依靠省内外作者积极撰稿，使湘籍党史人物传记稿，在全国总会主编的《中共党史人物传》这部大型现代革命人物丛书中，发稿已逾 100 篇，这对两个文明建设和编写中共党史正本，都有重要意义。为此，特向你们表示祝贺和感谢。

我们相信，在你们的重视关怀和大力支持下，湖南省中共党史人物研究会会更广泛地团结省内外党史研究工作者，艰苦调查，认真研究，积极撰稿，在编写湘籍党史人物传记、宣传党的光荣传统的工作

① 刘正，时任中共湖南省委副书记、省人民政府省长；夫生，即刘夫生，时任中共湖南省委副书记。

中，取得更好的成绩。

此致

敬礼!

中国中共党史人物研究会

会长　何长工

副会长　胡华

1986年6月20日

140　1986年6月26日致田子渝

田子渝①同志：

来信收到。我在收到你们系寄来的评审表后，当即写了评审意见，同意你越级晋升为副教授，我盖了章，党史系盖了公章，挂号寄去的，有十来天了，你们人事处会收到的。你在《中共党史人物传》上发表了“恽代英”传，国内外反映均甚好，以后又扩展出了《恽代英传》单行本，又写了“李汉俊”传等多篇论文和专著，完全可以够格评副教授，我完全同意的。如果邮寄太慢，你可先向你们领导打个招呼，或把此信请他们看一下。

即致

敬礼!

胡华

1986年6月26日

141　1986年7月4日示胡宁

胡宁：

来信和你的论文稿②均收到。我今天抽一天时间看了一下。把“‘左’倾机会主义”和“者”改为“左”倾错误领导、“左”倾错误执行者。其他个别提法和文句作了点修改。后注应是脚注。你这样做不合规格，不看看刊物上是怎么注的，给人家添麻烦。如是脚注，也不能采用“同①”这种做法……另外文章偏长，“根源”部分可以压

---

① 田子渝，现为湖北大学教授，马克思主义理论教育博士生导师。

② 即《王明“左”倾关门主义、冒险主义对抗日同盟军的危害》。

缩或不要。我去年介绍到张（家口）市找涓迅看材料的研究生，据说也是写同盟军，还不知他是怎么写的。

我将于15日飞大连，8月15日回来。到海军政治学院讲点课，顺便把《党史人物传》70万字稿子改出来。

…………

进步！

爸爸

1986年7月4日晚

142 1986年7月16日致郭洛夫

洛夫同志：

我与彭明昨日来此①。13日，陈云同志秘书朱佳木同志告诉我，他们没有看到你们给陈云同志请求题字的报告，可能被中办转到信访室压下了。他叫我直接用党史人物（研究）会公函写给中办转陈云同志处许永跃同志收，他（朱佳木）接到后，当请陈云同志题一个书名。题好后，可能寄我，或直接寄你。②

此间凉快，我当先发“邓中夏”稿给你，其他陆续发你。又，昨在飞机上遇马文瑞同志之张秘书，他说马文瑞同志说了多次，想要一套《中共党史人物传》，今日遇到您正好。我说，马老是陕西省委多年老领导，此丛书在陕社出，是应该送的，只恐一时找不太全，我当去信陕社郭洛夫同志请他报告领导，找一套精装的寄马老，陆续寄齐。张秘书说马老现在大连棒槌岛避暑，但书可寄北京家中，或寄全国政协转他亦可。

特告

敬礼！

通信处：大连海军政治学院院内新招待所306室。电话（略）。

胡华

1986年7月16日

---

① 指大连海军政治学院。

② 1986年9月2日，胡华收到陈云为《中共党史人物传》题写的书名。该丛书从第三十一卷开始启用。

143 1986年8月21日致郭洛夫

洛夫同志：

“龚饮冰”传，我在大连已发稿给你。我提议把他和几位特殊战线上的同志编在一起（钱壮飞等），可能是三十五卷。所以作者不要署童小鹏名字，就署龚育之好了。他的地址是“北京平安里中央文献研究室”（他是副主任）。把我改过的稿，同此稿合编好了。

胡华

1986年8月21日

144 1986年9月8日致上海社会科学院陈修良

修良①同志：

您好！

中共党史人物研究会拟在11月1日至5日在武汉华中师大召开（内参观一天），我们很欢迎您莅临参加和指导。研究会以后再发邀请信给您。

宁波将于10月5日至10日开王任叔学术讨论会，我因10月中旬要访日，所以不能去了。宁波发展很快，以后再去看。

文汉老②的传，已定稿，将编入三十四卷或三十五卷中。

敬报告如上。

敬祝健康！

胡华

1986年9月8日

145 1986年9月8日致华东师大翟作君

作君同志：

信悉。上星期四，我同陈志凌到何长工老处，商量请示会务，同

① 陈修良（1907—1998），1927年加入中国共产党。曾任浙江省委宣传部代部长、上海社会科学院顾问。

② 文汉老，即沙文汉（1908—1964），1925年加入中国共产党。曾任浙江省省长。

您有关的报告如下：1. 陈修良老我们欢迎她来，我写信给她，以后再发邀请函（不占名额）。2. 审稿会人员、常务理事，均另请，不列入代表名额，所以，其余上海分配到的名额，请您按工作需要及写稿多少商定好了。

杭州会议 38 篇稿，我已在大连花了一个月终审了。鲍罗廷是个影响大的人物，该传望力求准确。

专此奉复。

敬礼！

胡华

1986 年 9 月 8 日

146 1986 年 9 月 10 日示胡宁、刘涓迅

胡宁、涓迅：

胡宁信悉。关于写社会主义论文，是个难题。论文要有丰富资料、较深的看法，要有新意，不是短期内可完成的。在建设中国特色社会主义问题上，还有些题目可做。例如，党领导下的多党政治合作，新时期的爱国统一战线，充分发挥知识分子的作用，建设高度民主、宽松和谐的政治环境，肃清封建残余的影响，等等。如果一时拿不出扎实的有新意的文章，宁肯不写。

来信提到书法家王慕乙同志，可否请涓迅买几张宣纸，求他写几幅字，可以署他的名、章，但不要写抬头，即不要写我的名字。我准备送到日本去，因日本人喜爱书法。我可以临时加上被送人的名字，写上我转赠。如张（家口）市来不及裱，到北京来时带过来我托人裱。内容最好是：

1. 月落乌啼霜满天，江枫渔火对愁眠。姑苏城外寒山寺，夜半钟声到客船。

2. 大江歌罢掉头东，邃密群科济世穷。面壁十年图破壁，难酬蹈海亦英雄。

3. 不辞艰险出夔门，救国图强一片心。莫谓东方皆落后，亚洲崛起有黄人。（吴玉章 1903 年《东游述志》诗）或画一幅扁舟出三峡

意境的画，当更好了。我以后送些著作答谢。

近好！

华

1986年9月10日

147 1986年9月19日致余世诚

世诚同志：

9月4日来信收到。《杨明斋调查记》也读过了，觉得写得很好，确实经你和同志们的寻根究底的调查，弄清了党史上的一位历史人物，对党史研究作出了贡献。你的调查记也写得翔实具体，很有启发性。我很希望你能在11月1日至5日于武汉召开的第四次全国党史人物研究会审稿会上发言。现在我们对各省代表的名额，略有放宽，望你与李肇年同志、张兆涌同志具体联系一下，使你能作代表之一来发言。我不好作硬性指定，只好请你与肇年同志等商量吧！

…………

专此

敬礼！

胡华

1986年9月19日

148 1987年2月9日致袁宝华校长，黄达、李文海副校长

校外事办公室刘幼勤同志并请转

袁宝华校长：

黄达、李文海副校长：

去年9月，美国哈佛大学费正清中心（东亚研究中心）主任麦克法夸尔（Mac Farquhar）教授访问我校时，曾对我讲，希望邀请我参加1987年5月举行的费正清中心中国革命史讨论会年会。此事我当时已口头和书面向你们报告，以便列入今年的外访计划。现在，哈佛大学费正清中心主任麦克法夸尔教授已于今年1月23日发来对我的正式邀请信，来回飞机票及在美国的费用，全部由哈佛大学承担。年会在5月11日至17日，他们希望我早些去，最好是5月以前去，以

便安排我访问一些有研究中国革命史中心的几所著名大学。翻译人员将由他们安排，我拟4月25日前后去，5月20日左右回来。我的主要活动是同美国的一些研究中国革命史的教授、学者和学生，进行学术交流、座谈。我讲话的内容，将以我主编、中国人民大学出版社的《中国社会主义革命和建设史》、《中国革命史讲义》为蓝本，对国外学者宣传我党领导中国革命历史及四项基本原则。望予批准，并报请国家教委批准。谢谢。

（附：美国哈佛大学的邀请信，可凭此办签证。）

敬礼！

中国人民大学教授、党史系名誉主任

胡华　上

1987年2月9日

附：美国哈佛大学费正清中心主任麦克法夸尔的来信

胡华教授：

很高兴得到您对我所建议的每年5月在费正清（The Fairbank）中心召开的有关中国革命问题方面讨论会的积极答复。您来美国时所需要的正式邀请信以便到美国驻北京大使馆办理B-1签证，这封信足够可以满足这一目的。

费正清中心非常愿意您能在5月11日到17日这一星期来剑桥参加这一讨论会，并分别与学者和学生对话。我们欢迎您寄一篇论文，提前送来会有很大帮助，这只不过是让大家更清楚些，因为想到您在讨论会上在语言上有些困难。为了报答您，您的来回飞机票及您在美国时的生活费都由我方承担。我们还要把您来访时其他地方邀请您的费用，一揽子代理办理。

您的日程表对我们来说保证没问题，不过我不得不告诉您，晚于我所建议的时间而出现的情况：您可能见不到那么多在其他大学的学者，因为5月初很多大学陆续在放暑假。在我进一步询问后，我会告诉您更多这方面的情况的，关键是您访问美国的准确天数要取决于剑桥以外客人给我们补偿的可能性了。

我想您会了解我们只能这样做，因为根据所有美中基金安排，我们不能包您其他的费用（指去外地，要外地大学提供经费这一事宜）。这也就是为什么我不能保证在您旅行时派您以前的学生帮助您（指在哈佛大学的我们的留学生陪同我做翻译），我希望能安排，如不能安排人陪同您，我一定想办法在其他大学的您的同行和朋友帮助您。我知道有许多人期待着您的访问。再说一遍，我很高兴您接受我的邀请，期待着在5月见到您。

您真诚的朋友

麦克法夸尔

政治学博士　教授

149　1987年6月24日致郭洛夫

洛夫同志：

信早收到。因为忙，也因为同金宇钟昨日才由小巨联系上，故迟复。这几卷审稿编改草率，尤其近二卷，我未能着力，留给你的担子就太重了，我是想得到的。你们此次评职称，我和老彭都写评语力荐，我想你评个副编审是没问题的，且（何）其昌、（贾）象实、南岗诸同志都是了解你的。

此次审稿会，定在黑龙江大学的专家招待所，条件不错。收到的大稿较少，正函催中。听说你们要评职称，你可能不得脱身。不过，一般说，评职称是本人不参加的。有些情况，如需说明，我想你晚到几日，或早走几日均可。审稿会的要求，需要从严，我准备这次会上多讲一下，也希望你讲一讲，以便改正工作和作风。南岗、王敏想是能参加的吧。

专此

敬礼！

胡华

1987年6月24日

哈市学府路24号　黑龙江大学专家楼

150　1987年6月30日致郭洛夫

洛夫同志：

6月22日信悉。欧森伯即奥克森伯格（prof. Michel Oksenberg)，他在美国是大名鼎鼎的人物，社会地位很高。他是密歇根大学的东亚研究中心主任、教授，前卡特总统的顾问，美国兰德公司的顾问，他对推动卡特总统同中国建交起了很大作用。现在仍兼卡特的顾问。昨晚电视中邓小平接见卡特及其夫人，第三人握手的即是欧森伯。我在访问密歇根大学时，是他接待的，他并与我同机来中国。可能是他为卡特之行，先来作安排。他通中文，中国话也很好。

翻译我们的书①的事，他在密歇根时也同我讲起过。现在美国已在人名录资料中对我们的《人物传》进行了摘译。我们的书量很大，翻译是个困难。穆欣已离休，外文局现在的头头，我不熟，此事我们到哈尔滨时再商量吧。但同欧森伯（这是他起的中文名字），你社可放心与他建立联系，他是非常好的美国人士。

星期六晚上电视《新闻联播》，宣传了我们的《人物传》，可惜我只听到半段……

此次在哈尔滨黑龙江大学专家楼开会，请你和南岗同志、王敏同志一定去。

专此

近好！

我们这套书，已报中国人民大学吴玉章基金会评奖，是历史学科，由王淇、何沁两位教授推荐，我系学术委员会评议推荐。评上的希望不小。我给了他们三十一、三十二卷，及一本目录。如果你社还有全套的精装本，寄给中国人民大学吴玉章基金会评奖委员会，那就太好了。

胡华

1987年6月30日

151 1987年7月2日致郭洛夫

洛夫同志：

6月26日信悉。

1. 叶帅传请叶传组写，很好。

① 指《中共党史人物传》。

2. 刘帅传，陈志凌和闫景堂早托刘传组写，已写成了6万字的稿，由蒋杰同志派人送来了。故不必另写了。

3. 李圭同志写“萧华”传，很好，李圭同我也讲过，可复信请他快些写出。

4. 张露萍问题，寄来的材料，我已看了。我们静候组织上解决吧。

你们发了电视和新华社电讯报道《人物传》，影响很好，谢谢你们辛劳。我们报了吴玉章奖金，也可能有希望。一套精装本，已请小巨送吴玉章基金会了，你们可暂不寄。

评职称，一般说是“背对背”，被评者不参与的。如可脱身，则仍望去哈。

敬礼！

胡华

1987年7月2日

152 1987年7月3日致郭洛夫

洛夫同志：

昨日写好一信，尚未发，近日又接你29日来信。知你可于17日飞哈，甚好。老南、王敏去不了，也没有办法了。

电视已看到。新华社电讯在7月1日的《人民日报》三版登了，提到马玉卿的反映，未提欧森伯。关于欧森伯，我已有一信给你，他是卡特的顾问，对推动卡特总统与中国建交起了重大作用，是对华很友好、在美国声望很高的教授，可以宣传的。《瞭望》如能登很好，可以宣传欧森伯教授的赞誉。最近这期《瞭望》将有新华社北京分社记者徐小平（女）采访我谈七七卢沟桥事变的谈话。

敬礼！

胡华

1987年7月3日

153 1987年10月8日致郭洛夫

洛夫同志：

你好！哈尔滨会议传稿，9月中交小巨寄你，有“关向应”、“曾山”、“熊瑾玎”、“刘鼎”（此传吴殿尧改后寄你）四份。10月6日交小侯寄你：“鲁易”、“李延禄”、“曾天宇”、“杨杏佛”、“方志敏”五份。我近日又看出“兰公武”、“王以哲”、“龙大道”、“许亨植”、“蒋光慈”五稿。还有十个不太著名人物的传稿，我争取近些日看出，再寄你。

听小侯说，你的职称问题，还要通过考试，这也没有办法，辛苦一些吧。寄去的这些传稿，如你最近没功夫，可先请王敏具体处理看，这些稿总的说问题不大。我考虑12月开会又有一批新的传稿，所以目前这批稿子，争取10月、11月着手处理。

我因胆结石作痛（不剧烈），自9月28日住进北京第六医院高干病室，这些稿是利用住院时间看的。离开工作单位住院，时间还充裕些，在工作单位杂事太多。我即使近时出院，也把稿子都看出来，工作只有抓主要的，杂事也想尽量推去。

王敏同志均此不另。

敬礼！

胡华

1987年10月8日

154　1987年10月25日致党史系博士生刘利华

利华同志：

收到你9月25日发的信。因为9月26日我从西郊回城内，9月28日住入北京第六医院干部病房（东五楼），到10月23日因参加校庆大会请假回校，才看到你的这封信。我是因胆结石隐痛，到医院检查和治疗的。病情不重，到医院后还阅改了七八十万字的党史人物传稿，最近又在看牛军①的论文，等于是躲在医院里工作。胆结石，吃些中药、西药，没有好办法，保守治疗而已。

关于你的注册问题，上学期我叫小侯②去办，小侯跑了多次，研究生院以你病，未给注上；我则坚持你是在职研究生，应从宽照顾，主张保留你学籍，可以晚一期，比小谢、小王③二人晚一年毕业，等

① 牛军，时为胡华所带党史系博士生。

② 小侯，即侯兆水，时为胡华的助手。

③ 小谢，即谢春涛；小王，即王东，时均为胡华所带党史系博士生。

你完全康复后再商量。退一万步讲，你已加入金羽主持的“毛泽东思想发展史研究”的“七五”规划国家项目（也是我写了推荐意见的），不影响你的工作和事业。

你还年轻，来日方长，要看得长远些。“放一着，退一步，当下心安”（郑板桥《难得糊涂》注），你已发了两次黄疸，所以这次要坚持在石市彻底把身体巩固好。药要吃，而关键还是养，心境放松，休息营养，慢慢康复，不要性急。

我自去年住院以来，今年9月底又发生胆结石，我检讨还是工作太累而来。所以决定以后晚上不干了，我想，算总账还是这样合算。

我认为你不要急于回京，也是从算总账考虑吧！以后你给我写信可寄张自忠路交我。我11月下旬到12月上旬将到广东开会，别的时候，可能在家时间多一些。

匆此，快乐！

问你父母好！

胡华

1987年10月25日

155 1987年10月26日致郭洛夫

洛夫同志：

来信收到。现把吴玉章奖金首次获奖“情况汇报”附上。我们的书是从各地评选推荐上来的57种历史学著述中筛选出来的，由专家评委投票评选出来的。我们的这套书连续两年获奖，都是全国性评选出来的成果。你作为责任编辑，对于你评职称，也是有力的根据。想你已经考过了，我估计你评副编审是绝对没有问题的。我们的书，自印到三十二卷后，已编好的三十三至三十七5卷书，迟迟未能印出，望你请（何）其昌、（贾）象实同志督促。评奖情况也请你向他们两位领导汇报。哈尔滨审稿会的3卷书稿，我已全部寄你。转眼12月又要开广州会议①了。你考过后编发这七八十万字，担子也是很重的，望你与王敏同志多辛苦。吴玉章一等奖是3 000元，在10月23

① 指1987年12月将在广州召开的《中共党史人物传》第17次审稿会。

日大会上由李鹏、习仲勋、邓力群、彭冲、何东昌发给，我出席领了奖状和 3 000 元奖金，这笔奖金虽然钱数不多，但很有意义，如何分配，我想在广州会议时提请部分常务理事会扩大会议讨论决定。

专此

敬礼！

又，我请陈云同志题写的书名原件，请你在广州会议时带来，我将裱起来，留作纪念。

胡华

1987 年 10 月 26 日

156 1987 年 11 月 21 日致家人

遗嘱（摘录）

我自 16 岁参加革命，半个世纪于今。本想可活到 80 多岁，继续为党和人民事业尽力。但近日发现肝癌。党的领导和同志、家人都很关怀，将去上海医治，但生死未卜。如万一不幸，我不得不放弃我未竟的事业，与同志和家人永别。我死之后，对于后事，嘱咐如下：

后事从简，遗体交医院解剖，不必开追悼会、告别会。遗体就在上海火化，骨灰可装一个口袋，将来深埋在故乡奉化北街锦屏山上高坡之大松树下即可。亦可就近深埋于我的第二故乡北京的香山高山上之大松树下。①

我多年来奔波劳累，又赡养老少，素来没有多少积蓄。我死之后，为给亲人子孙们留作纪念，对一些遗物，分作纪念品如下：（略）。

我留下的大量书籍、文稿、文具等物，交给胡宁、胡安。由胡安在京就近负主要责任。别的兄弟姊妹也可以要些有用的喜欢的书。

我的文稿，将来如有可能，可由胡安、胡宁、涓迅负责选摘、整理和出版。

大家务必遵守我的遗嘱，团结互助友好为要。我死之后，大家不必过哀，希望继承我的遗志，为党和人民事业，做好工作，兢兢业

① 胡华逝世三年后，家人将他的骨灰埋于家乡浙江奉化的青山上，并在埋骨之处种上了一棵柏树。

业，力求进步。

此嘱。

胡华

1987年11月21日

157 1987年11月25日致中国人民大学袁宝华校长

宝华校长：

承您亲自关怀，我已于22日到上海第二军医大长海医院肝外科。吴孟超大夫看了B超，肝癌在右肝靠近横膈处已有5厘米多大（约为桃子），他同意尽快动手术。今日做了CT，可能下星期做手术切除。手术如能过关，则还可继续为党做些工作。此次患此难治之症，怪我平时习惯于工作至深夜，中午有时休息不好，早上又不注意体育锻炼，是一个教训。参加革命，忽约半世纪，去日苦多，贡献愧少。

深谢党的培养、教育和关怀。此次患病以来，我仍抱着乐观的态度，充满信心与病魔作斗争。生就是奋斗，死就是休息，不过尽力争取多有些日子继续从事我未完成的许多工作而已。

并向校诸位领导同志致意问好致谢！

问朱同志好！问朱秘书好！

敬礼！

胡华　敬上

1987年11月25日

于上海

158 1987年11月26日致《中共党史人物传》广州审稿会议全体同志

世兰、卢权、提春同志并转《党史人物传》广州审稿会议全体同志：

1. 广州审稿会可如期召开，已有100多篇来稿，甚喜，祝愿会议圆满成功。

2. 我因患肝癌，来上海第二军医大动手术。只好请假。我建议此次审稿会，仍如去冬武汉会议由彭明、（陈）志凌、（杨）世兰三位组成领导小组，因三位组长及各位审稿成员，团结一致，辛勤努力，顺利完成任务。我个人感谢各位的辛劳。

3. 我如手术顺利，存活下来，当一如夙愿，同大家共同完成《党史人物传》50卷的历史性任务。如我不能通过手术，战胜病魔，人生自古谁无死，只是不能为党完成我许多未竟的工作，而《党史人物传》50卷，是荦荦大者。我建议，在何长工会长和党的领导下，继续用定期的审稿会完成此项任务。原班人马和工作班子，我建议一律不动。审稿会由彭、陈、杨①三位组成领导小组，扩大的常务理事会（包括育安、小巨、洛夫）和三位组长，继续负责，各位审稿成员，团结努力，团结好各地党史人物（研究）会同志和先辈亲属，共同完成此项光荣任务。② 我期待着继续和大家共同奋斗。

胡华

1987年11月26日

附：1987年12月15日中共党史人物研究会广州审稿会全体同志致胡华函③

尊敬的胡华同志：

您好！

您在上海住院治病期间写给广州审稿会全体同志的来信，在14日举行的17次审稿会上宣读了以后，使我们深受教育。同时也为您战胜病魔的坚强意志和信心，深表敬意。这里请接受我们向您表示亲切的慰问，并祝早日恢复健康！

中共党史人物研究会从1979年在广州成立以后迄今已整整8年了。在何长工会长和您的领导下，已召开了四次年会，17次审稿会，编辑出版了《人物传》35卷，审定了41卷，取得了举世瞩目的成绩。回顾这8年所走过的道路，虽不平坦，但总的还是朝着宽广的方向前进。您为了开拓前人未做的光荣事业，从组织领导、运筹策划、培养队伍、严格把关，为《人物传》丛书的问世，呕心沥血，付出了极大的精力。我们为有这样一位好老师、好带头人感到高兴、自豪和

---

① 彭、陈、杨指彭明、陈志凌、杨世兰。

② 截至此时，胡华已完成《中共党史人物传》44卷终审任务，余下未终审的6卷传记也多经他组稿或审看。编委会决定，50卷是一部整体的丛书，后6卷主编的名字不变。1991年七一前夕，《中共党史人物传》50卷出齐。

③ 胡华于此信寄出的前一天即1987年12月14日19时19分已经逝世。

幸福。

更令人内心激动不已的是，您在病魔缠身、忍受痛苦的时刻，仍然关心《党史人物传》编审工作并写信指导和鼓励我们为继续完成后10卷的任务而努力！

我们知道，后10卷的编审任务仍然是很艰巨的，“行百里半九十”，所以不能有任何松劲和骄傲的情绪。我们将遵照您的指示，在彭、陈、杨三位同志具体领导下，团结一致，齐心合力，开好审稿会，团结各地党史人物（研究）会同志和先烈家属，为完成《党史人物传》50卷的历史任务而兢兢业业地勤奋工作。我们一致表示，决不辜负您对我们的期望。

致

亲切的慰问！

中共党史人物研究会广州审稿会全体同志　敬上

1987年12月15日

附：书信存目

附一：胡华致函存目

1. 1952年10月19日复《历史教学》月刊
2. 1952年10月26日复奚介凡、王大纲各函；致叶蠖生
3. 1952年11月12日复董晨
4. 1952年11月14日致钱海
5. 1952年11月26日复奚介凡
6. 1952年12月1日复天津大学机械系张锡久问革命史学习问题函
7. 1953年1月2日致志愿军慰问信
8. 1953年1月16日复河南大学教务长郭晓棠
9. 1953年1月20日致邹鲁风副校长
10. 1953年1月30日致中国人民大学党委宣传部
11. 1953年2月21日复《历史教学》月刊
12. 1953年3月13日复浙江邬昂夫
13. 1953年4月17日复温州汪文钧
14. 1953年5月27日复人民出版社
15. 1953年6月5日致吴老玉章
16. 1953年6月11日复温州汪文钧
17. 1953年6月17日复华东人民出版社征求出版意见函
18. 1953年9月1日致张岱、董晨、陶大镛各函
19. 1953年9月4日致贾逸君

20. 1953年9月9日复读者湖南武冈马少侨、江苏吴县铁流各函

21. 1954年1月1日致王波鸣、李常青各函

22. 1954年7月20日致上海竺扬

23. 1954年7月23日复读者王同草、黄彩各函

24. 1954年8月13日致人民出版社

25. 1954年9月4日复杭州叶曼之、哈尔滨张恩起各函

26. 1954年9月8日为修改《中国历史概要》展期事致函邵循正

27. 1954年10月13日复《人民中国》沈苏儒

28. 1954年10月18日致竺扬、叶曼之、王禹夫、王少燕、王城及本校钟涵各函

29. 1954年11月1日复人民教育出版社

30. 1955年1月5日复王波鸣

31. 1955年1月15日复表弟钟华庆

32. 1955年1月19日致吴老玉章

33. 1955年2月7日复读者石希珍

34. 1955年3月28日致孙承佩、黎澍、刘大年、刘桂五各函

35. 1955年8月6日致刘经宇、宫永康各函

36. 1955年9月5日致钟华庆

37. 1955年10月2日致人民出版社

38. 1955年11月2日致王波鸣、方宗惠各函

39. 1955年11月8日复蔡基孚

40. 1956年4月12日致肖明

41. 1956年5月15日致教研室、李新、刘经宇各函

42. 1956年5月26日致何干之、龚古今各函

43. 1956年10月11日复上海吴玲葆、浙江杭州周明各函；复《人民中国》沈苏儒邀稿函

44. 1957年4月25日复太湖周侠平，北京张明、谷军各函

45. 1957年4月30日致苏联科学院中国研究所杜曼副所长

46. 1957年5月12日致苏联杜宾斯基

47. 1957年9月1日致何干之

48. 1957年10月2日致周同宇

49. 1964年10月16日致张岱

50. 1964年11月1日复张岱

51. 1964年11月25日致吴老玉章

52. 1964年12月4日复张岱

53. 1966年1月13日致范老文澜

54. 1966年1月16日致坂本清马；致田家岗张仁堂

55. 1966年1月18日致田家岗田二虎

56. 1966年2月26日复田家岗张金柱

57. 1972年12月9日致奉化竺振放

58. 1973年4月29日致肖洛虹；致珠江制片厂胡重华

59. 1973年12月2日致中国革命博物馆杨振亚馆长、徐彬如副馆长

60. 1974年2月27日复嘉兴、绍兴纪念馆

61. 1974年6月3日致王淇、彦奇

62. 1974年6月5日致王淇

63. 1974年11月14日致成仿吾校长；致刘桂生

64. 1975年1月8日复赵东黎

65. 1976年11月5日复山东聊城师院贾蔚昌

66. 1976年12月21日致邓颖超、叶剑英并人民日报社各函

67. 1977年2月2日致邓颖超

68. 1977年4月21日致张岱

69. 1978年1月10日致中国青年出版社

70. 1978年5月28日致人民大学校长成仿吾、郭影秋

71. 1979年9月25日复日中友好协会全国本部副会长赤津益造

72. 1980年1月3日复林仲、严慰冰、陆定一

73. 1980年7月31日致胡德平、孟庆远、宋嘉沛、陈明显各函

74. 1980年8月3日致成老仿吾；致冯文彬

75. 1980年8月4日致何老长工

76. 1980年8月6日致郭影秋副校长

77. 1980年8月10日致人民大学孙力余、霍遇吾副校长

78. 1981年1月2日致江西田虹、王朝俊各函；致何长工、刘型、林扬各函

79. 1981年3月24日致何长工；致郑伯克、萧克、莫文骅等各函

80. 1981年7月9日致北京大学林代昭

81. 1981年7月23日复陈志凌等

82. 1981年9月25日致陈志凌

83. 1981年12月29日复陈志凌、呙玉临、曾庆圭、宋国柱各函；复中央档案馆王明哲函

84. 1982年1月3日致郭影秋副校长；致军事科学院曹宇光、李振军；致近代史研究所张侠；致山东政协余修、湖北财经学院廖鑫初、浙江大学曹书裕、武汉汽轮机厂方子和各函

85. 1982年1月4日复胡耀珠

86. 1982年1月12日复刘宗尧

87. 1982年1月15日复王光美

88. 1982年2月8日复重庆市教育局乐安中（乐懿烈士之子）

89. 1982年2月9日致乔明甫

90. 1982年4月20日致张腾霄、竺扬、顾稀、王颖各函

91. 1982年4月27日复竺扬

92. 1982年5月1日致李春辉

93. 1982年5月2日致武汉田子渝、张林圣各函；致蹇先任

94. 1982年5月18日复联邦德国魏格林；致何老长工

95. 1982年7月15日致罗章龙、林代昭各函

96. 1982年7月28日复政协郭丽卿、新疆大学郭雨、南京大学王德宝及党史系办公室各函

97. 1982年8月4日致陕西出版社赵伯森、胡海、林理明各函；致何定华

98. 1982年8月30日致王首道、萧克、何长工各函

99. 1982年8月31日复何长工；复卢权

100. 1982年10月7日致郭洛夫

101. 1982年10月8日复湖南刘晴波、天津黄亮各函

102. 1982年10月27日致陈明显；与宋涛致张腾霄

103. 1982年11月24日致李维汉

104. 1982年11月29日复王克平、张军民各函

105. 1982年12月6日复徐莹

106. 1983年1月26日复上海党史学会郑灿辉

107. 1983年2月12日致中央党史研究室胡绳、廖盖隆；中宣部邓力群；胡乔木；中共中央党史资料征集委员会冯文彬；中国社会科学院梅关桦各函

108. 1983年2月17日复新疆关继康、伊犁师院房艺杰各函

109. 1983年2月19日致梅益、梅关桦各函；致陈志凌

110. 1983年3月1日致常叶、何定华、熊巢生、李育安各函

111. 1983年3月11日致湖南刘晴波

112. 1983年4月25日致苏艺、姚鸿瑞（杭大）、王学启各函

113. 1983年4月27日致何老长工

114. 1983年7月22日致张腾霄、谢韬、牟建华、萧效钦、林茂生各函

115. 1983年8月9日致团中央宣传部

116. 1983年9月5日致陈铁健、罗征敬各函

117. 1983年9月12日致黄火青、岳虹、黄海明各函

118. 1983年9月17日致奉化一中函，祝贺成立巴人奖学金

119. 1983年10月13日致莫文骅、乔明甫、李立各函邀请参加长沙会议

120. 1983年10月20日致何长工；致陈其五

121. 1983年10月24日致函何定华、邓垦、高克亭、余修，邀参加党史人物研究会长沙会议

122. 1983年10月26日复郭洛夫

123. 1983年12月15日复山东高克亭、余修

124. 1983年12月28日复爱德华·弗雷德曼教授；致郭影秋、罗迈、廖盖隆、李立、莫文骅、刘英、乔明甫、成仿吾、冯文彬各函

125. 1984年6月9日致严慰冰

126. 1984年6月16日致肖立昂、汪云生、陈修良、陈志凌、巨彩丽各函

127. 1984年6月17日致贺捷生

128. 1984年6月25日致《北京日报》理论部

129. 1984年6月27日复邵华；致李肇年、王家鼎各函

130. 1984年6月29日致刘思齐

131. 1984年7月1日致山西党史学会张玉田、段祥田各函

132. 1984年7月5日复何长工、莫文骅、巨彩丽、杨世兰各函

133. 1984年8月25日致杨尚昆

134. 1984年9月24日致中共张家口市委书记刘善祥

135. 1984年10月13日示刘涓迅、胡宁

136. 1984年11月13日示刘涓迅

137. 1984年12月14日致郭洛夫

138. 1984年12月25日致日本友人完户宽

139. 1984年12月30日致石岛纪之

140. 1985年1月9日致郭洛夫、陈志凌、张从丽、胡耀珠及湖南邓启辉各函

141. 1985年1月11日致廖盖隆、蔡博、索尔兹伯里各函

142. 1985年1月17日致蔡博

143. 1985年1月21日致何鹄志

144. 1985年1月23日致廖盖隆

145. 1985年2月1日致日本大阪外国语大学西村成雄

146. 1985年2月4日致索尔兹伯里

147. 1985年2月13日致王学启、石雅贞、房芝杰各函

148. 1985年2月27日致陈修良

149. 1985年3月17日致卢权

150. 1985年3月26日致陈修良、黎光明、何定华各函

151. 1985年4月2日致张友渔

152. 1985年4月5日致何长工

153. 1985年4月9日致美国威斯康星大学政治系弗雷德曼教授

154. 1985 年 4 月 17 日致吴智棠等

155. 1985 年 5 月 2 日致何东昌

156. 1985 年 5 月 6 日复联邦德国魏格林博士

157. 1985 年 5 月 12 日致王学启

158. 1985 年 6 月 7 日复王学启

159. 1985 年 7 月 7 日致大连曲国臣、刘春盛

160. 1985 年 7 月 12 日复刘效良、王学启各函

161. 1985 年 7 月 15 日致王启发、向青各函

162. 1985 年 8 月 1 日致戴逸

163. 1985 年 8 月 26 日致刘效良、王学启各函

164. 1985 年 9 月 2 日复刘德喜

165. 1985 年 9 月 25 日复徐健涛；致泰伟斯、加拿大里加纳大学赵志军各函

166. 1985 年 10 月 15 日致郁纪

167. 1985 年 10 月 19 日致严慰冰

168. 1985 年 11 月 13 日致何长工、童小鹏各函

169. 1985 年 11 月 19 日复高原

170. 1985 年 12 月 3 日复张宝裕、郭洛夫各函

171. 1985 年 12 月 4 日致美国威斯康星大学弗雷德曼

172. 1985 年 12 月 12 日致甘英

173. 1985 年 12 月 17 日致澳大利亚悉尼大学泰伟斯博士

174. 1985 年 12 月 19 日致樊道远

175. 1986 年 1 月 2 日复刘贯一、谭双泉、张从丽各函

176. 1986 年 1 月 3 日致《人民日报》宁培芬

177. 1986 年 2 月 4 日复何鹄志、王学启各函

178. 1986 年 2 月 11 日致严慰冰

179. 1986 年 6 月 24 日致陈修良；复马洪武、李淑信

180. 1986 年 6 月 26 日复竺明程；致何定华

181. 1986 年 6 月 27 日致呙玉临、沈宁、罗东、任越、杜魏华、张金鉴、张和仑、周时遥等函

182. 1986 年 6 月 30 日致荷兰莱顿大学安东尼詹姆斯塞奇博士、

美国耶鲁大学政治系阿普特教授各函；致苏艺（汝蛟）、姚鸿瑞、孙建杭、郑州《党史文摘》各函

183. 1986年7月2日致宇野重昭并日本国际政治学会、成蹊大学亚洲及太平洋研究中心

184. 1986年7月3日复郭洛夫

185. 1986年7月8日致堪培拉国立大学王赓武教授；复联邦德国魏格林博士

186. 1986年7月9日致郭述申

187. 1986年7月11日致王首道、程子华

188. 1986年7月13日复吴景之

189. 1986年7月15日致纽约州立大学马克赛尔顿教授；致袁宝华、赵宝熙、陈志凌、郭洛夫、何沁各函

190. 1986年7月23日复陈志凌、郭洛夫

191. 1986年7月25日致张援远、索尔兹伯里各函

192. 1986年7月26日复美国读者安东尼

193. 1986年8月19日致宇野重昭；致泰伟斯

194. 1986年8月21日致沈钜光；复龚育之；致李育安等

195. 1986年8月22日复麦克法夸尔

196. 1986年9月3日致宇野重昭

197. 1986年9月6日致泰伟斯、沈钜光

198. 1986年9月8日致任中敏、杨世兰、王克平等各函

199. 1986年9月17日复竹内实、狭间直树

200. 1986年9月18日致京都大学池田诚；致何定华、章开源各函

201. 1986年9月19日致东京大学野泽丰；致马场毅；复华东石油学院余世诚；致伍修权、乔明甫各函

202. 1986年12月29日复日本马场毅

203. 1987年1月7日致麦克法夸尔、杨炳章各函；致泰伟斯

204. 1987年1月8日致汤山土美子

205. 1987年1月10日致（美）邹谠等

206. 1987年1月12日致耶鲁大学阿普托教授

207. 1987年1月14日致耶鲁大学阿普特教授

208. 1987年1月17日复西村成雄、井上久土各函；复英国安东尼、塞奇

209. 1987年1月22日致泰伟斯

210. 1987年2月2日复泰伟斯

211. 1987年2月6日复张文秋

212. 1987年2月21日复黄华

213. 1987年2月23日致索尔兹伯里、王光美、刘英各函

214. 1987年3月1日复杨炳章；致麦克法夸尔

215. 1987年3月3日致彭承福、北大哲学系刘光彩各函

216. 1987年3月6日致泰伟斯

217. 1987年3月9日复姜沛南；致戈华

218. 1987年3月10日致陈修良、巨彩丽各函

219. 1987年3月17日致杨炳章

220. 1987年3月19日致威斯康星大学弗雷德曼

221. 1987年3月26日致哈佛大学费正清研究中心孔飞力、魏斐德（纽约伯克利大学）、费维恺（密歇根大学）

222. 1987年3月27日致沈阳财经学院李绍堂

223. 1987年3月31日复索尔兹伯里

224. 1987年4月1日致张汉青、向青、石志夫（北大）、田子渝（湖北大学）、王昌玮（北大）等各函

225. 1987年4月17日致姜华宣

226. 1987年6月16日致麦克法夸尔、泰伟斯、谢伟思、李侃如等各函

227. 1987年6月17日复浙江大学社科系郑子康等；复泰伟斯；致陈治平、史卡拉宾诺、高若思、何迪等各函

228. 1987年6月18日致索尔兹伯里、费能文、杨炳章、邹谠、范力沛、谢侨远、戈定瑜等各函

229. 1987年6月19日致弗雷德曼

230. 1987年6月21日就访美情况致袁宝华校长（内容见本文集第四卷“对国外研究中国革命史的评述”）

231. 1987 年 7 月 15 日致王玉平、夏庄合各函
232. 1987 年 7 月 17 日致何长工、何定华各函
233. 1987 年 7 月 21 日致王玉平、王建初各函
234. 1987 年 9 月 9 日致费正清、马若德、弗雷德曼各函
235. 1987 年 9 月 10 日复泰伟斯
236. 1987 年 10 月 28 日致姜华宣
237. 1987 年 11 月于医院致张岱

附二：内地人士致胡华函存目

1. 1947 年 4 月 24 日华北联合大学成仿吾校长致
2. 1951 年 1 月 15 日中国科学院近代史研究所范文澜致
3. 1951 年 2 月 4 日范文澜致
4. 1951 年 2 月 24 日西南民工第一支队政治处刘永祥致
5. 1958 年 9 月 1 日侯德榜致
6. 1973 年 6 月 20 日北京卫戍区司令员张西帆致
7. 1974 年 6 月 10 日中共宁都县委致
8. 1977 年 1 月 26 日教育部办公厅致
9. 1977 年 5 月 15 日广州曹云屏（北伐烈士曹渊之子）、方梅致
10. 1977 年 12 月 16 日中国青年出版社章南致
11. 1978 年 2 月 16 日刘昂致
12. 1978 年 2 月 19 日《解放军报》社长姚远方致
13. 1978 年 2 月 22 日吉林《社会科学战线》周雷致
14. 1978 年 2 月 25 日姚远方致
15. 1978 年 3 月 4 日舒自清致
16. 1978 年 3 月 15 日李福景（与周恩来旅欧同行）之子李甡致
17. 1979 年 1 月 23 日江苏常州羊牧之致
18. 1979 年 4 月 24 日罗章龙致
19. 1979 年 8 月 15 日张鸿诰致
20. 1979 年 10 月 16 日罗章龙致
21. 1979 年 12 月 24 日罗章龙致

22. 1979年12月24日陈楚平致
23. 1980年1月3日陈楚平致
24. 1980年1月14日山东大学历史系教授李肇年致
25. 1980年1月22日中国革命博物馆苏东海致
26. 1980年2月27日中纪委刘英致
27. 1980年4月8日罗章龙致
28. 1980年5月15日刘型致
29. 1980年6月7日廖盖隆致
30. 1980年7月26日陆定一致
31. 1980年8月5日胡德平致
32. 1980年9月13日南京大学王德宝致
33. 1980年9月21日罗章龙致
34. 1980年10月7日湘潭大学韩长耕致
35. 1981年1月25日中共奉化县委党校纪杰致
36. 1981年1月26日罗学瓒之子罗立洲（株洲基础大学）致
37. 1981年3月7日北京大学赵宝煦致
38. 1981年3月27日莫文骅致
39. 1981年4月1日上海师范学院郑灿辉致
40. 1981年6月22日中央组织部郑伯克致
41. 1981年6月23日中共湖北省委统一战线工作部何定华致
42. 1981年7月13日严慰冰致
43. 1981年7月17日穆欣致
44. 1981年8月1日安庆师范学院章起致
45. 1981年8月31日教育部高教一司致
46. 1981年9月17日中国国际交流协会致
47. 1981年9月30日萧三致
48. 1981年11月4日郭影秋之子郭少陵致
49. 1981年11月5日中国革命博物馆徐彬如致
50. 1981年11月5日宣侠父之女宣平致
51. 1981年12月11日原浙东地下党负责人竺扬致
52. 1981年12月21日陈志凌致

53. 1981年12月27日武汉方子和致

54. 1981年12月30日陕西人民出版社郭洛夫致

55. 1981年12月31日山东省政协副主席余修致

56. 1982年1月10日山西大学药英致

57. 1982年2月2日陕西人民出版社编辑部致

58. 1982年7月6日罗章龙致

59. 1982年7月李强同志处致，并胡华附致何东

60. 1982年7月22日王光美致胡华、高放

61. 1982年9月3日全国政协王首道办公室致

62. 1982年9月15日李维汉致

63. 1982年10月15日中国作家协会致

64. 1982年11月19日萧三秘书刘和忠致

65. 1982年11月19日中国社会科学院马列主义毛泽东思想所孙连成致

66. 1982年12月8日中国国际广播电台丁一岚致

67. 1982年12月24日彭明致

68. 1983年2月4日北京工业学院任楚致

69. 1983年2月18日周立波夫人林蓝致

70. 1983年2月18日《郑州大学学报》主编李育安致

71. 1983年3月2日东北师范大学何楠若（丁浩川夫人）教授致

72. 1983年5月5日广东革命历史博物馆陈以沛致

73. 1983年6月4日陕西人民出版社郭洛夫致

74. 1983年6月20日北京化工学院姜华宣致

75. 1983年6月18日浙江省奉化一中致

76. 1983年7月12日严慰冰致

77. 1983年7月13日文化部文博职称评委会致

78. 1983年8月2日文化部文博职称评委会办公室赵作炜致

79. 1983年8月11日严慰冰致

80. 1983年8月16日《董必武传》编辑组致

81. 1983年10月10日莫文骅致

82. 1983年10月15日莫文骅致

83. 1983年10月22日莫文骅致

84. 1983年11月19日何长工秘书单继友致

85. 1983年12月23日郭洛夫致

86. 1984年1月4日中共中央纪律检查委员会刘英致

87. 1984年1月5日莫文骅致

88. 1984年1月7日郭洛夫致

89. 1984年1月20日上海赵珣致

90. 1984年1月21日山东冶金工业学院尹士良致

91. 1984年1月24日湖北财经学院夏志英致

92. 1984年1月27日严慰冰致

93. 1984年1月27日东北师范大学郑德荣教授致

94. 1984年1月27日上海华东师范大学张锡岭致

95. 1984年2月3日吉林建筑工学院郑福林致

96. 1984年2月12日郭洛夫致

97. 1984年2月20日郭洛夫致

98. 1984年2月29日杨尚昆致

99. 1984年2月29日黑龙江省委统战部长、省委党史办主任王景致

100. 1984年3月27—28日郭洛夫致

101. 1984年4月2日中国国际广播电台丁一岚致

102. 1984年4月12日郭洛夫致

103. 1984年4月19日陕西人民出版社何其昌、章彬致

104. 1984年4月26日莫文骅致

105. 1984年4月26日王首道夫人易纪均致

106. 1984年4月28日严慰冰致

107. 1984年5月21日浙江鄞县党史办王文达致

108. 1984年5月29日中央军委杨尚昆同志处致

109. 1984年6月8日中央军委杨尚昆同志处致

110. 1984年6月2日北京市人大常委办公厅致

111. 1984年6月2日北京市人大常委办公厅致

112. 1984年6月3日严慰冰致
113. 1984年6月6日莫文骅致
114. 1984年6月7日张文秋、邵华致
115. 1984年6月8日郭洛夫致
116. 1984年6月13日郭洛夫致
117. 1984年6月15日郭洛夫致
118. 1984年6月28日郭洛夫致
119. 1984年7月5日郭洛夫致
120. 1984年7月15日郭洛夫致
121. 1984年7月14日莫文骅致
122. 1984年7月19日陈修良致
123. 1984年7月23日郭洛夫致
124. 1984年8月6日张援远（索尔兹伯里访华翻译）致
125. 1984年8月25日郭洛夫致
126. 1984年8月31日北京大学向青教授致
127. 1984年9月25日郭洛夫致
128. 1984年9月26日连云港板桥汽车修配厂工人于××致
129. 1984年9月27日广西民族学院陆炬烈致
130. 1984年10月7日湖南省七宝山硫铁矿杨××致
131. 1984年11月29日郭洛夫致
132. 1984年12月15日辽宁人民出版社郑桢致
133. 1984年12月18日严慰冰致
134. 1984年12月20日《张家口市报》编辑部致
135. 1984年12月25日郭洛夫致
136. 1984年12月27日郭洛夫致
137. 1985年1月3日郭洛夫致
138. 1985年1月21日郭洛夫致
139. 1985年2月7日郭洛夫致
140. 1985年2月26日郭洛夫致
141. 1985年3月5日郭洛夫致
142. 1985年5月13日郭洛夫致

143. 1985年6月2日郭洛夫致

144. 1985年6月15日郭洛夫致

145. 1985年7月3日郭述申致

146. 1985年7月25日郭洛夫致

147. 1985年8月19日郭洛夫致

148. 1985年9月21日郭洛夫致

149. 1985年10月3日郭洛夫致

150. 1985年10月27日湖南刘晴波致

151. 1985年11月14日郭洛夫致

152. 1985年11月27日郭洛夫致

153. 1985年12月19日郭洛夫致

154. 1985年12月3日莫文骅致

155. 1985年12月30日刘贯一致

156. 1986年1月4日中国国际广播电台丁一岚致

157. 1986年1月7日郭洛夫致

158. 1986年1月7日郭洛夫致

159. 1986年1月21日郭洛夫致

160. 1986年1月21日夜郭洛夫致

161. 1986年1月21日李鹏致

162. 1986年3月23日甘英致

163. 1986年5月6日中国社会科学院于光远致

164. 1986年7月16日龚育之致

165. 1986年7月24日郭洛夫致

166. 1986年9月27日郭洛夫致

167. 1986年10月7日郭洛夫致

168. 1986年10月8日郭洛夫致（附：侯兆水代致函；郭洛夫致侯兆水函）

169. 1986年12月28日《党史研究》王仲清致

170. 1987年2月17日黄华致

171. 1987年6月2日郭洛夫致

172. 1987年6月22日郭洛夫致

173. 1987年12月15日中共党史人物研究会广州审稿会全体同志致

附三：海外人士致胡华函存目

1. 1979年8月10日香港李达民先生致

2. 1979年11月7日日本赤津益造致

3. 1980年2月12日荷兰阿姆斯特丹大学社会人类学中心班国瑞博士致

4. 1980年3月15日荷兰阿姆斯特丹班国瑞致

5. 1980年4月9日日本赤津益造致

6. 1980年5月3日香港波文书局李翠琼致

7. 1980年6月23日联邦德国魏格林女士致

8. 1980年6月30日荷兰莱顿大学汉学研究院图书馆主任马大任致

9. 1980年7月7日荷兰莱顿大学汉学研究院图书馆主任马约翰致

10. 1980年7月16日荷兰阿姆斯特丹大学班国瑞博士致

11. 1980年8月19日荷兰阿姆斯特丹大学班国瑞博士致

12. 1980年8月21日日本东京赤津益造致

13. 1980年9月2日荷兰里兹大学班国瑞博士致

14. 1980年11月10日日本东京赤津益造致

15. 1980年11月16日香港司马璐致

16. 1981年5月15日美国《抖擞》学刊郑培凯致

17. 1981年12月3日联邦德国魏格林致

18. 1982年4月2日联邦德国魏格林致

19. 1982年5月美国威斯康星大学历史教授莫里斯·迈斯纳(Maurice Meisner)致

20. 1982年5月19日美国威斯康星大学博士研究生孙白兰(Brenda Sansom)致

21. 1982年6月20日美国威斯康星大学博士研究生孙白兰

(Brenda Sansom) 致

22. 1982 年 7 月 1 日美国新泽西州州长特别顾问、西东大学教授兼中国研究所主任杨力宇致

23. 1982 年 11 月 11 日日本京都大学人文科学研究所竹内实致

24. 1983 年 1 月 17 日美国新泽西州西东大学教授杨力宇致

25. 1983 年 5 月 31 日联邦德国魏格林致

26. 1983 年 11 月 4 日美国威斯康星大学爱德华教授致

27. 1984 年 1 月 6 日联邦德国魏格林致

28. 1984 年 5 月 2 日联邦德国魏格林致

29. 1984 年 8 月 5 日美国芝加哥大学邹谠教授致

30. 1984 年 8 月 9 日日本千叶县马场毅致

31. 1984 年 8 月 20 日日本山口县大岛郡久贺町西中津原完户宽致

32. 1984 年 8 月 26 日日本国东京都清濑市三好章致

33. 1984 年 8 月 27 日日本东京都东久留米市内田知行致

34. 1984 年 9 月 18 日（京戳）加拿大安大略陈志让致

35. 1985 年 3 月 18 日美国威斯康星大学弗雷德曼教授致

36. 1985 年 4 月 4 日联邦德国魏格林致

37. 1985 年 4 月 25 日美国威斯康星大学弗雷德曼教授致

38. 1985 年 6 月 4 日英国威尔士大学兰·休姆致

39. 1985 年 8 月 27 日波兰格叶鲁那·留克（政治学）、列斯莱克·留克（生物学、哲学）致

40. 1985 年 8 月 29 日日本中央大学姬田光义教授致

41. 1986 年 1 月 9 日美国芝加哥大学历史系博士林如莲致

42. 1986 年 3 月 3 日美国芝加哥大学历史系博士林如莲致

43. 1986 年 3 月 22 日联邦德国魏格林致

44. 1986 年 3 月 29 日加拿大谢培智教授致

45. 1986 年 4 月 21 日澳大利亚富林德大学致

46. 1986 年 4 月 30 日澳大利亚阿德莱德大学 E -文恩瑞特致

47. 1986 年 4 月 30 日澳大利亚堪培拉国立大学 Y. S. Chan 致

48. 1986 年 5 月 5 日澳大利亚悉尼大学图书馆致

49. 1986 年 5 月 21 日波兰罗津斯基致

50. 1986年5月26日澳大利亚阿德雷得大学华安德博士致

51. 1986年5月29日美国哈佛大学费正清研究中心杨炳章致

52. 1986年5月30日澳大利亚泰伟斯致（附《富林德大学胡华访问公报》）

53. 1986年6月3日日本成蹊大学法学部宇野重昭致

54. 1986年6月10日美国耶鲁大学阿普特教授致

55. 1986年6月16日联邦德国魏格林致

56. 1986年6月23日澳大利亚王赓武致

57. 1986年6月26日美国纽约大学马克·赛尔顿教授致

58. 1986年7月4日英国埃塞克斯伊尔福德安东尼·库根致

59. 1986年7月9日日本成蹊大学教授宇野重昭致

60. 1986年7月10日日本成蹊大学教授宇野重昭致

61. 1986年7月11日澳大利亚新南威尔斯大学沈钜光博士致

62. 1986年7月13日美国威斯康星大学弗雷德曼教授致

63. 1986年7月15日澳大利亚拉特布大学图书馆拜瑞·史密斯致

64. 1986年7月15日美国哈佛大学费正清研究中心麦克法夸尔教授致

65. 1986年7月17日荷兰阿姆斯特丹本顿致

66. 1986年7月28日澳大利亚泰伟斯教授致

67. 1986年8月20日美国哈佛大学费正清研究研究中心杨炳章致

68. 1986年8月25日联邦德国魏格林致

69. 1986年8月28日澳大利亚新南威尔斯大学沈钜光博士致

70. 1986年9月1日日本国际政治学会理事成蹊大学教授宇野重昭致

71. 1986年9月10日日本国竹内实致

72. 1986年9月14日（京戳）日本国际政治学会理事宇野重昭致

73. 1986年11月11日美国耶鲁大学戴维·阿普特教授致

74. 1987年1月23日美国哈佛大学费正清研究中心麦克法夸尔教授致

75. 1987年2月12日美国哈佛大学费正清研究中心杨炳章致

76. 1987年2月15日澳大利亚泰伟斯教授致

77. 1987年3月18日澳大利亚泰伟斯教授致

78. 1987年4月8日日本成蹊大学宇野重昭致

79. 1987年4月9日美国社会科学研究院弗里德里克·魏克曼教授致

80. 1987年4月15日日本东京都千代田区日本经济调查协议会专务理事宫胁长定致

81. 1987年4月16日美国哈佛大学费正清研究中心杨炳章致

82. 1987年4月24日美国芝加哥大学教授邹谠致

83. 1987年4月24日美国威斯康星大学弗雷德曼教授致

84. 1987年4月28日日本国际政治学会理事宇野重昭致

85. 1987年4月30日日本有贺贞致

86. 1987年5月1日美国密歇根大学李侃如博士致

87. 1987年5月26日澳大利亚泰伟斯教授致

88. 1987年5月29日美国哈佛大学图书馆南希致

89. 1987年5月31日美国威斯康星大学弗雷德曼教授致

90. 1987年6月5日索尔兹伯里致

附索氏与斯特朗关于中国革命与苏联问题的通信

(1) 1956年7月30日索尔兹伯里致在加利福尼亚州洛杉矶的安娜·路易斯·斯特朗女士函

(2) 1956年8月4日安娜·路易斯·斯特朗致索尔兹伯里函

91. 1987年6月19日美国哈佛大学麦克法夸尔教授致

92. 1987年7月1日美国谢伟思教授致

93. 1987年7月5日美国索尔兹伯里致

94. 1987年8月4日美国马德琳·康斯坦沙致

95. 1987年8月10日澳大利亚泰伟斯教授致

96. 1987年10月30日澳大利亚永鸿致

97. 1987年12月23日美国威斯康星大学弗雷德曼教授致

98. 1989年5月澳大利亚泰伟斯等赠胡华亲属1988年4月澳大利亚《亚洲友协会刊》(内载悼念胡华教授撰文)

第二编

散篇

陕北公学校风回忆*

吴老（玉章）在《大家来写校史》一文中指出："中国人民大学是有着光荣的历史和传统的。它的前身，可以追溯到抗日战争初期…… 1937 年…… 在延安成立了陕北公学。"又说，我校"如果从陕北公学算起，就有二十六年的历史了"。今天，在全国学习解放军、发扬我党优良的传统作风的热潮中，我们来发扬光大我校前身——陕北公学的优良校风，是很有意义的。

陕北公学和抗日军政大学是抗战初期我党在延安创办的两所主要的干部学校，是在毛主席和党中央的直接关怀与指导下成立和发展起来的。毛主席和党中央其他一些负责同志都曾亲自给这两所学校上课和作报告。抗大是一所军事政治性质的干部学校，陕公则是一所政治理论性质的干部学校。按照毛主席和党中央的指示，抗大的校风就是现在解放军的"三八作风"；陕公的校风则是：坚定正确的政治方向，艰苦朴素的工作作风和忠诚、团结、紧张、活泼。

我还清楚地记得，在陕公驻地的墙壁上，用白灰刷出了很大的一个镶边方块，中间直行写着用主席亲笔题写的字体放大的斗大墨笔字，就是"坚定正确的政治方向，艰苦奋斗的工作作风"这两句话（"奋斗"两字后改为"朴素"）。

坚定正确的政治方向

坚定正确的政治方向，是陕北公学校风的最大特色。这个政治方

---

* 原载《人民大学周报》，1964 年 3 月 12、21、28 日；《血与火的洗礼》，上卷，北京，中国人民大学出版社，2007。

向，就是革命的方向、无产阶级的方向、共产主义的方向。陕公被称为“革命的熔炉”，从全国各地经历种种艰险辛苦来到陕北公学学习的革命青年，在这座革命熔炉中被冶炼锻铸，使之更加革命化，更加无产阶级化和共产主义化。经过四个月、半年或一年的学习，这些自觉地投入革命怀抱的青年，不少人树立了明确的共产主义人生观，光荣地加入了中国共产党，其他有许多人也在毕业后的实际工作锻炼中先后入了党。二十多年来，陕公的绝大多数同学都成了党和革命事业的骨干；其中有不少同学已在那些残酷斗争的日子里英勇牺牲了，他们坚定的政治立场和革命精神，却永生在人民的记忆之中。

陕公的教育方针是理论与实际相结合，所学与所用相结合。学校高举着马克思列宁主义的鲜明旗帜，课程设置有：“马克思列宁主义概论”、“政治经济学”、“哲学”、“中国问题”、“游击战争”、“群众运动”等，学员中的党员还有“共产主义与共产党”的党课。学员们如饥似渴地研读着马、恩、列、斯和毛主席的著作，特别是毛主席的《论持久战》、《抗日游击战争的战略问题》、《反对自由主义》等名著，被热烈地研读和讨论着。教和学都贯穿着很明确的政治目的：为了实际斗争、为了神圣的抗战和人民解放事业。陕公校歌就唱着：“努力！努力！锻炼成抗战的骨干……我们献身于新社会的建设！”（成仿吾校长作词）。记得在 1938 年 11 月，罗迈（李维汉）副校长在参加党的六届六中全会后回校，向全校传达了六中全会决议和毛主席的报告。全校各队组织了热烈的大讨论，讨论的中心是：如何坚持抗战，特别是如何坚持敌后抗战，发展游击战争。在那时，学习是在充满革命气氛的环境中进行，学习直接为了火热的斗争，理论和实际密切相结合，经院式的或镀金式的学习是不存在的。

当然，学习是不平静的，阶级斗争也在陕北公学激烈进行。阶级敌人和民族敌人对陕公这所培养革命干部的重要学校没有袖手旁观；他们除了在全国各地竭力采取阻挠、扣留、逮捕等方法阻止革命青年去陕北学习外，还用阴谋手段派遣特务分子伪装革命青年混入陕北公学和抗日军政大学进行破坏。但是，在革命政治空气那样炽热的熔炉里，反动分子不管怎样巧妙伪装，终究逃不过大家的眼睛；他们的种种反动言论和破坏阴谋，很快被揭发。我们在 1938 年冬召开全校大会，斗争了托派、汉奸、国特三位一体的托派分子田烽，交地方军法处公审枪决。在1939年春，又揭发出了五六名托派、日特、国特"一身而三任"的特务分子，开了将近一个星期的全校斗争大会，同学们热烈发言，也允许特务分子申辩，最后由成仿吾校长做结论，并将他们送交地方军事法庭。通过这次大会，不仅将他们的罪行揭露无遗，而且大大提高了同学们的认识，进一步坚定了大家的无产阶级阶级立场，进一步激发了对敌人的高度仇恨。

那时，毕业分配是根本不成问题的。因为到陕北公学来学习，就意味着决心把自己的青春和生命献给神圣的抗战和人民解放事业。我们的口号是"毕业上前线"、"到最艰苦的地方去工作"、"一切服从革命的利益"。不少同学是在学习过程中由于工作的需要就被分配出去工作了。我记得常常有这样的事：有的同学告诉我们，说他接到组织上通知有新任务要走了；当晚，班（即学习组）里给他开一个鉴定会暨欢送会，第二天他就愉快地背起背包踏上了新的征程。他到哪里去工作了呢？凡是分配到根据地工作的，我们一般是知道的；凡是分配到敌区、蒋管区或国外去工作的，则因保密，他不说，我们也不问。

绝大多数同学是按照当时我党的主要斗争任务，被分配到抗日前线、敌人后方的各根据地去工作。我记得大批的毕业上前线是两次。第一次，是1938年的冬天，根据六届六中全会和毛主席指示的精神，陕北公学有成千的同学毕业后开赴晋东南前线。在1938年12月，全校开了热烈激昂的动员大会，提出"打到敌人后方去"、"巩固和扩大敌后抗日根据地"的响亮口号；毕业同学纷纷表决心、立保证。在1938年年底和1939年元旦的那几天，我们留校的同学热烈地欢送毕业同学上前线。在大雪覆盖的茫茫的西北高原上，毕业同学个个精神抖擞地背着背包列队东进，每队最前面是一面在寒风中飘扬前进的红旗，紧跟红旗的是女同学们，然后是男同学们。他们高唱着《毕业上前线》（成仿吾作词），慷慨激昂的歌声在天空中回荡：

这是时候了，同学们！该我们走上前线！
我们没有什么挂牵，纵或有点儿留恋。
学问总不易求得完全，要在工作中去锻炼。
国难已经逼到了眉睫，谁有心意长期钻研！

我们要去打击侵略者，怕什么千难万险！
我们的血已沸腾了，不除日寇不回来相见！
快跟上来吧，我们手牵手，去同我们的敌人血战！
别了，别了，同学们，我们再见在前线；
别了，别了，同学们，我们再见在前线！

我们欢送的同学则伫立在田陇间的大道两旁，高呼着欢送的口号；每队毕业同学经过的时候都热烈地鼓掌，互相紧紧地握手告别，并唱起《再会吧，在前线上》的雄壮歌声作为回答：

再会吧，在前线上！
民族已到最后关头，
抗战已到紧要时候，
说什么流血，
怕什么牺牲。
…………
中华民族儿女们，
慷慨悲歌上战场，
不除日寇誓不还乡。
你们先去吧，我们就赶上！
再会吧，在前线上！

当时那种悲壮慷慨、决心把自己的热血献给危急的祖国的情景，至今还历历在目，永不能忘。

半年之后，随着抗战形势发展的需要，党中央决定陕公全校开赴前线。1939 年 7 月，陕公和鲁迅艺术学院、安吴堡战时青年训练班、延安工人学校四校联合，在延安成立“华北联合大学”。华北联大和抗大总校由罗瑞卿同志和成仿吾同志率领，同赴华北敌后抗日前线。出发前，毛泽东、周恩来、博古等中央负责同志亲自来给我们作报告。我记得那天在延安的桥儿沟天主堂，院子里挤满了人。主席坐着华侨送给他的一辆救护汽车来了。听讲的毕业同学有 2 000 多人，那时没有扩音器，大家屏声息气地听着毛主席讲话。记得主席很形象地对我们说：姜太公下山时，元始天尊赠了他三件法宝。现在你们下山上前线，我也赠你们三件法宝，这就是：统一战线、武装斗争、党的建设。毛主席当时阐发的内容，就是后来他在《〈共产党人〉发刊词》一文里所阐明的光辉思想。毛主席亲自交给我们的中国革命的这三件法宝，我们当时体会还不很深刻，后来在实践中就越来越深刻地认识到了它的战无不胜、攻无不克的真理的力量。现在它已成为全世界越来越多的革命人民所掌握的克敌制胜的革命法宝了。记得毛主席那次讲话中还谆谆教导我们：革命者不要怕麻烦，革命就是很麻烦的，既要打日本，又要打汉奸，还要和顽固反动派作斗争。毛主席那次讲话，实在是语重心长的金玉良言，它的真理的光芒，使我们刻骨铭心、终生得益。

之后，我们就开赴烽火连天的华北战场。经过近三个月的长途行军，跨越北国的万水千山，冲破敌人一道道的封锁线，到达了抗日最前线——晋察冀敌后抗日根据地，投入了激烈斗争的洪流。

“坚定正确的政治方向”，毛泽东同志所倡导的这个作风，在陕北公学得到了光辉的体现。

艰苦朴素的工作作风

陕北是我国著名的穷苦地方。在“全国人心向延安”的情况下，那里汇集了来自全国各地的大量的优秀革命干部，供给的困难是可想而知的。但是，由于大家继承和发扬了我党一贯的艰苦奋斗、勤俭节约的优良传统，我们不仅对艰苦生活安之若素，而且以此为荣、以此为乐。

我记得，在我去陕北前，读到国统区一些报刊上有关陕北的介绍，都是说：“苦啊！陕北。”可是，我们决心到陕北去投奔共产党和毛主席，是为了挽救祖国的危亡，为了献身革命，为了寻求光明和真理，精神上就准备着吃大苦、耐大劳。到了陕北以后，我住在关中看花宫陕公分校，反而觉得生活比我原来所想象的要好。每天吃的是热腾腾的大馍馍和黄澄澄的小米饭，每人每天保证三钱盐、三钱油，七八人一盆的萝卜条汤菜，上面一层黄黄的油花，甚觉可口。每两星期还要会餐一次，是大块的猪肉炖海带或炖羊肉。由于精神上解放，生活愉快，自幼体弱多病的我，到陕北后很快就长胖了，而且变得健壮有力。同志们都是脸上红红的，尤其是女同志们很快都变得圆圆胖胖的，穿着军装，真是英姿飒爽！炊事员有不少是老红军的残废军人，他们为人民而流血，残废后仍不愿退休，而做着他们力所能及的炊事工作。关中高原吃水困难，往往需要到一里多地的沟里去担水上山，工作是很辛苦的。因此，同学们有每星期日轮流帮厨的制度。这样，使炊事员同志每星期日得以休息，同时也锻炼了我们挑水做大锅饭的本领。

我们住的是窑洞或土房，一个学习班十个人一间。睡觉、学习、开会、吃饭、洗脸都在这里。虽然挤一点，却十分清洁整齐。被子一律被里向外，折得四方见角，十床被形成一条线。洗脸手巾也挂成齐齐的一条线，书籍、本子也摆得十分整齐。真是窗明几净、空气清新。作息于斯，自觉神清气爽。古人所云“斯是陋室，唯吾德馨”，这话实在是包含了深刻的真理。在思想高度革命化的情况下，在革命的学校里，物质生活上的困难，根本难不倒我们，一切均可因陋就简，加以克服。在那时，追求校舍的华美、设备的完善以及物质生活上的享乐思想，是没有存在余地的。

星期日，我们还经常帮助所驻村的老百姓送粪、整地、担水、打扫环境卫生。在陕公高级研究班时，我们班（小组）是住在看花宫村的一家贫农的土房里，房东老伯没事常来我们班里聊天。过年时互相拜年，年三十晚上，房东老伯请我们团坐在他家的土坑上，喝着他家自酿的甜酒，开怀畅谈，直到深夜。我们和老百姓真正是亲如一家，而且是天涯海角忘年的知交。陕北贫苦农民的诚朴而豪爽的性格，给我们以很深的感染！

在1939年春耕季节，我们响应党中央开荒生产的号召，全校开到几十里外的一处名叫何家山的荒山开垦。这地方和看花宫村一带的一片黄土高原颇不相同，竟是清溪碧山、杂花生树、草长莺飞，颇似江南风光，只是寂无人烟、满目荒凉。我们很感叹这样好的地方过去在反动统治下弄得民不聊生、土地荒芜。我们到后，满山插起了红旗，开荒竞赛热火朝天，不消半月，就把这座荒山全部开垦，种上了庄稼。我们评功总结，庆贺开荒劳动的胜利。对我们这些青年知识分子“洋”学生来说，更重要的是通过生产劳动的实践，取得思想上的收获。到6月间我们二次上山锄禾时，只见麦结穗、菜开花，谷禾欣欣向荣。这使我们进一步体会到：在解放了的土地上，只要我们不怕艰苦、付出劳动，便可以创造出如花似锦的世界！

党和毛主席教导我们要养成艰苦朴素的作风，通过在陕公的实践，大家的思想感情开始了由一个阶级变到另一个阶级的深刻变化。

忠诚、团结、紧张、活泼

陕公提倡忠诚。首先就是要求同学对革命、对祖国解放事业无限忠诚，决不动摇、决不妥协投降。这是培养革命者的最根本的政治品质问题，是培养共产主义人生观的问题。陕公绝大多数同学后来在激烈的民族斗争和阶级斗争中表现了赤胆忠心、坚定不屈的气概，不少同学英勇地为革命、为祖国解放洒流了自己的鲜血，他们用实际行动证明，自己没有辜负党和学校的培养。

忠诚，还要求对组织忠诚老实，对同志忠实诚恳。在陕公，绝大多数同学对组织确实是推心置腹，把自己的一切交给组织。组织上和领导同志也非常信任和热情帮助同学们，上下没有什么隔阂。这样，就加快了党员发展的速度，相当大的一部分优秀同学都在那时入了党。在同学之间坦诚相见也做得很好。陕公设有政治部，各队有政治指导员，政治思想工作抓得很紧；我们每周有一次生活小组会，本着对己严、对人宽的精神，开展批评和自我批评。会上，同学之间总是既指出优点，也指出缺点，思想见面、心情舒畅，不管来自天南地北，都成了知心朋友。在二十几年后的今天，我们许多老同学见面后还是互相谈谈思想，保持着那时思想上互相关心的深情厚谊。

陕公提倡团结。由于大家政治一致、思想一致、上下一致，师生间都推心置腹，整个陕公就团结得像一个革命大家庭一样；同学间都亲如兄弟姊妹，同志们见面一般都是直呼其名，对老同志或上级，叫一个“某某同志”，以示尊敬之意，很少称呼什么官衔。领导同志也都平易可亲，没有什么架子，常常随便地披着棉袄到同学们班上串门，或和大家一起散步。

陕公提倡发扬阶级友爱，实行学习上和生活上的团结互助。一般地，一个新队成立后，就要开展一次班际的革命竞赛，各班订出挑战条件，提出在学习上、思想上、生活上要做到哪几条，由学生会、队领导、各班代表组成评选委员会。经过几周的友谊竞赛，各班互学先进，在生活、学习、思想等方面很快出现了一派崭新的面貌，全队工作也就迅速地走上了健康发展的轨道。学习上的互助，还表现在各班设有互助组，同学们在知识上、理论问题上互相帮助。全队设有“点将台”，凡有不懂的问题，无论是理论性的还是资料性的，都可提到“点将台”，指名或不指名请别位同志来做书面解答。有时一个理论问题，由互助小组讨论起，讨论到“点将台”，最后引起了全队一场大辩论，十分热闹。

生活上的互助友爱，则表现在同志间互相关心，有了困难大家帮助解决。男女同学间也实行互助友爱，在劳动中，男同学多做些体力活儿，女同学则帮助男同学做些针线和补织毛衣等活计。总之，革命的阶级友爱，形成了人和人之间的亲密无间的崭新道德风尚。

陕公提倡紧张。口号是“战斗地学习”、“战斗地生活”。革命的形势是紧张的，时代的发展是飞速的，因此，要求我们的学习、工作、生活也是战斗化的、雷厉风行的，而不是松松懈懈、疲疲沓沓的。我们在当时，真正是做到了“战斗地学习”。我们深知，抗战的形势这样紧张，前方需要干部这样迫切，我们现在有一段平静的时间来学习，是非常难得的。时不再来、机不可失，学习时间对我们来说真正是一寸光阴一寸金。毛主席教导我们，为了争取学习时间，就要善于“挤”、善于“钻”。我们就是既抓紧“挤”时间，又努力“钻”问题，这样来学习理论书籍。我记得，我们在陕公高级研究班的短短四五个月学习时间内，读完了马恩的四五本经典著作，一套列宁选集，一套斯大林选集，所有当时能找到的毛主席著作，以及政治经济学、哲学选辑，旧本联共党史以及种种小册子；读书的速度和钻研的劲头，现在想来实在是惊人的。虽然有许多读不懂的地方，方法上也未必对头，但对那些理论终究是得了一个印象，当时那种干劲实在是可贵的。

在陕公，我们过的是战斗的军事化的生活。每天清早跑步，晚自习前点名、唱歌。动作要求迅速敏捷，内务要求整洁有条，要求十分钟内能打好背包集合出发。在我们的课程中，有游击战术一课。我在普通队学习时，是由一位长征英雄、飞夺泸定桥的 22 位勇士之一（可惜我记不起他的名字了）来给我们任教的。他的面部在那次战斗中被火烧伤了，留着很大块的疤痕。我们见了这位革命勇士，不由得肃然起敬。这位工农出身的革命英雄讲课讲得极好，生动活泼，给我留下很深的印象。他讲了行军作战的许多亲身经验，比如说长途行军时要吃饱饭、喝足水；如果干旱地方急行军要带一块浸透水的毛巾放在缸子里，需要时可以吮吸湿毛巾，以免干渴走不动；长途行军要放大步子，甩开双臂，有节奏地稳步前进，不慌不慢，才能不累。他又教给我们如何辨别枪弹打来的方向，如何躲避子弹，如何利用地形地物隐蔽等。这些经验、知识，给了我以后的长途行军生活和在敌后七年战斗生活以极大的帮助。

我们的军事训练学到了连级教练，使我们每个学员可以指挥一个连。我们还举行过好几次军事大演习，加强敌情观念，随时做好战斗准备。

1939 年春夏之交，国民党顽固军，进攻我旬邑职田镇的陕甘宁边区留守部队，这是第一次反共高潮的前奏。看花宫离职田镇不过数里之遥，枪声隐约可闻。在那段时间内，陕公全校动员起来，做好戒备。我们每晚上都派出游动哨，彻夜巡逻。每当轮到我荷枪巡逻时，望着繁星满天的夜空，想起这时在祖国广大的抗日战场上有多少人像我一样在黑夜中放哨。我，一个十八九岁的青年战士，为能参加保卫神圣的陕甘宁边区的自由土地而感到自豪。

陕公提倡活泼。在陕公、延安以至整个陕甘宁边区，呈现着一派朝气勃勃、生龙活虎、活泼愉快的气象。在革命的熔炉里，共产主义的远大理想、革命的精神使人胸怀豁达、无忧无虑，使人永远乐观、永远年轻。延安有“青年城”之称，党中央的吴老、林老、徐老等革命老前辈，被称为“老青年”。当我们从国统区进入陕甘宁解放区时，首先感觉到的就是到处洋溢着的青春的活力和欢愉活泼的情绪。延安真个是“到处传遍了抗战的歌声……热血在你胸中奔腾”（《延安颂》歌词）。人们至此，真如拨云雾而见青天，觉得再也没有别的地方可以这样地自由呼吸！愁眉为之一扫，心情也顿时开朗起来。我常常想，吴老今天已 86 岁高龄，还孜孜不倦地保持着旺盛的革命干劲，伟大的革命精神的确能使人永远年青。

陕公的文娱生活极为活跃。各队有救亡室（即俱乐部），是文娱活动集中的场地。救亡室出有墙报、诗刊、漫画，还有歌咏队、戏剧队、口琴队的活动。队上活跃分子很多，我在普通队时，队上同学就有华君武（漫画家）、时乐濛（作曲家）等人。他们那时还不是专家，而是漫画、音乐的爱好者。在他们带动下，全队歌声动地、诗画满墙。每逢开大会听大报告，开会之前，各队之间互相拉歌，全校成为一片欢腾的海洋，女生队总是唱歌最多。每逢纪念节日，陕公剧团和各队在露天舞台演出精彩的革命话剧、活报剧、戏曲，尽欢每至深夜。

“忠诚、团结、紧张、活泼”的校风，使陕公成为政治和军事结合、脑力劳动和体力劳动结合、知识分子和工农群众结合、理论和实际结合、严肃和活泼结合、劳和逸结合的一个完整体。我们党的优良传统的继承和发扬，毛主席的光辉思想的照耀，使陕公的校风，在我党教育史上、在我校校史上，永远放射着耀眼的光芒。它有待我们不断地来继承和发展。我的这个回忆，只不过是写下当年情景的很片断的一点点印象而已。

发扬中国人民大学的光荣传统

——在中国人民大学迎新大会上的报告*

(1978 年 10 月 24 日)

一、中国人民大学在战斗中成长的历史概况

(一) 陕北公学时期(1937 年 7 月至 1939 年 7 月)

中国人民大学的前身，最早是陕北公学。陕北公学是 1937 年七七事变以后，在全国抗日战争高潮的形势下，由党中央、毛主席决定，于 1937 年 7 月在延安创办的。由于党的抗日民族统一战线政策的胜利，党中央和毛主席在全国人民心目中有崇高的威望。那时，真是“天下人心归延安”，全国各地革命青年，不怕艰难险阻，纷纷奔赴延安，参加革命。云集在延安的革命青年数以万计。为了给他们以学习革命理论、培养革命品质的机会，党中央在陕甘宁边区办了许多干部学校。其中规模和影响最大的两所学校，一所是抗日军政大学，简称抗大；一所就是陕北公学，简称陕公。抗大的学习内容是七分军事，三分政治，以培养军政干部为主；陕公的学习内容是七分政治，三分军事，以培养政治、理论干部为主。那时，为了适应全国伟大的抗日战争的迫切需要，普通班一般三个月一期，每期同学都有几千人。另设一个高级研究班，学习期限是一年。1938 年春天，有成千上万的男女革命青年络绎不绝地到达延安，这个荒僻的古城，成了繁荣的汇集了全国优秀青年的青年城。遍山是窑洞，到处是歌声。陕公、抗大的校舍都不敷分配。于是抗大在蟠龙办了分校，陕公则在旬

---

* 原载《人民大学校刊》，1978-11-25；《血与火的洗礼》，上卷，北京，中国人民大学出版社，2007。

邑办了分校。陕公分校同样办了普通班和高级研究班。

陕北公学的校长是成仿吾。他是和郭沫若等同志创办革命文学团体“创造社”、提倡革命文学的一位健将；是研究和翻译马克思主义经典著作的一位理论家；是经历鄂豫皖苏区、中央苏区的斗争，参加了史诗般的二万五千里长征的一位久经考验的革命家。

陕公的副校长是罗迈（李维汉）同志，他是从1921年留法勤工俭学时代起就参加革命的一位老一辈的党的组织家和宣传家。

陕公的教务长是邵式平同志，他是1927年八一南昌起义之后，和方志敏烈士一道创建赣东北苏区的一位主要领导人。陕公政治部主任周纯全同志，则是原红四方面军的政治部主任。

我记得我们队的一位军事教员，是飞夺大渡河上铁索桥——泸定桥的22名勇士之一。他的面部有一大块烧伤的疤痕，是当时冒着大火向桥亭冲锋的时候被烧伤的。他身上有多处的枪伤。像这样的身经百战的英雄来给我们讲军事课，怎能不令人肃然起敬呢？

陕北公学创办两年，培养出6 000多名毕业生。几十年来他们大多成了党在各条战线上的骨干领导力量，其中有一部分同志已经光荣牺牲。陕北公学在我们党的教育史上有着光辉的地位。

（二）华北联合大学时期（1939年7月至1948年5月）

1939年6月，由于我党我军在华北敌人后方开辟了广大的抗日根据地，需要大量的干部去工作，中共中央决定党所办的陕北公学、延安鲁迅艺术学院、延安工人学校、安吴堡战时青年训练班这四所干部学校联合组成华北联合大学，由成仿吾同志任校长；抗大成立二分校，由罗瑞卿同志任校长。两校分别开赴晋察冀和晋冀鲁豫敌后抗日根据地，输送一大批干部到抗日前方，同时在前方抗日根据地开展国防教育，培养新的革命干部。

华北联合大学于7月7日正式成立。随后，其师生1 700人和抗大师生5 000人，在成仿吾同志和罗瑞卿同志率领下，沿着黄河西岸的崇山峻岭，向北行军好多天，到达陕北的葭县，渡过汹涌的黄河；经过近三个月的连续行军，跨过祖国著名的吕梁山、云中山、太行山，涉过波涛起伏的汾河，冲破敌人一道道的封锁线，于1939年9月下旬，到达晋察冀敌后抗日根据地的灵寿县陈庄一带。这时正好赶上陈庄战斗。这是贺龙同志所部一二〇师主力和聂荣臻同志所部晋察冀军区部队配合进行的一次伏击战。抗大二分校的同学和我们的部分同学立即投入了陈庄歼灭战。这次战斗，我英勇的八路军给日本侵略军以沉重的打击。以后，抗大二分校继续进军到了晋冀鲁豫根据地。我们华北联合大学就在晋察冀敌后根据地的平山、灵寿、阜平、唐县一带招生开学，一边打游击，一边训练干部。

华北联大设有四个学院，就是社会科学院、法政学院、教育学院、文艺学院，另外有一个工农妇青群众工作部。

抗战八年，我们华北联合大学整整在抗日的前方、敌人的后方坚持了六年。我们在战火纷飞中学习，在枪林弹雨中战斗，许多同学献出了年青的生命。

1945 年 8 月，日本投降，抗战胜利。我八路军解放了华北重要城市、伪蒙疆自治政府首府张家口市。华北联大奉命迁到张家口市。成仿吾校长到延安参加党的第七次全国代表大会以后返校。接着，周扬带领延安大学一部分干部和华北联合大学合并，周扬同志担任副校长。华北联大增设了一个外国语学院。

背信弃义的蒋介石，在撕毁政协决议和停战协定以后，于 1946 年 7 月发动全面内战，10 月 10 日侵占张家口市。华北联合大学在成仿吾同志率领下，再度长途行军，通过国民党军在平汉铁路沿线的封锁线，到达冀中革命根据地的束鹿县，继续训练根据地大量干部和由北平、天津、保定、石家庄等蒋管区城市及由大后方各地通过封锁线进入解放区的革命青年。华北联大师生参加了 1947 年至 1948 年春的轰轰烈烈的解放区土地改革运动和支援前线运动。不少毕业同学参军南下，参加了石家庄战役、淮海战役和渡江战役。

（三）华北大学时期（1948 年 5 月至 1949 年 12 月）

1948 年五一节，党中央、毛主席发出了“打倒蒋介石，建设新中国”、“召开新政协，成立民主联合政府”的伟大号召。全国人民和各民主党派热烈响应。为了适应创建新中国的空前伟大的革命新高潮，党中央决定：成仿吾同志领导的华北联合大学和范文澜同志领导的原在晋冀鲁豫解放区的北方大学合并，成立华北大学。范文澜同志是我党的著名的马克思主义历史学家。北方大学建立于 1946 年春，设有文教、行政、财经、工、医五个学院，后又增设艺术学院、农学院等。校址在邢台。北方大学师生参加了晋冀鲁豫边区的轰轰烈烈的土地改革运动和支援前线运动。华北大学校址设在新解放的正定县城内。党中央加派我党老革命家、老教育家吴玉章来校担任校长。当时，吴老已经70岁了。他是我党人人尊敬的中央五老之一（中央五老就是徐特立同志、吴玉章同志、林伯渠同志、董必武同志、谢觉哉同志，他们是党中央五位革命老前辈，毛主席和全党同志都很尊敬他们的革命功勋和革命品德）。

华北大学在1948年8月24日正式开学。华北大学设有四个部：一部是政治理论部，下设区队，每期有四五个区队，每个区队有学生1 000多人，是学生最多的一个部。二部是社会科学部。三部是文艺部。四部是研究部。这时正是人民解放战争进入战略大决战的年代。辽沈战役、淮海战役、平津战役，这三大战役，每个战场炮火连天，战争的双方都投入数十万兵力，在进行激烈的生死决战。华北和全国各大城市的革命青年冒着生命危险，通过敌人封锁线，大批地进入解放区。每一期同学都有好几千人。毕业的同学，立即奔赴解放战争的前线，大量的是南下，参加解放全中国的战斗。我们学校在1948年冬，遭受过国民党反动派飞机的轰炸和傅作义部骑兵的袭击。

1949年1月31日，北平解放。二三月间，我们华北大学陆续迁到北平城内。为了迎接解放全中国的新局面，中央决定我校大量吸收青年知识分子入学，并在正定和天津设立分校。到1949年底华大结束为止，在短短一年半的时间里，我们华北大学培养和毕业了19 000名革命青年，散布在全国各地各条战线上，成为生气勃勃的革命骨干。

（四）中国人民大学时期（1949年12月至今。中间从1971年至1978年4月，被林彪、“四人帮”撤销8年）

1949年10月1日中华人民共和国成立。12月16日，中央人民政府政务院决定以华北大学为基础，加上华北人民革命大学的一部分领导干部和教学骨干，成立中国人民大学。华北人民革命大学是1949年春北平解放后在北平创办的。它是短期政治训练性质的大学，在短短的一年中，培养了数以千计的革命青年。中国人民大学校长先后由吴玉章、成仿吾等同志担任。担任过副校长的有胡锡奎、郭影秋、黄松龄、聂真、邹鲁风、李培之、崔耀先、孙泱等同志。中国人民大学以培养政治理论、经济管理、文史、政法干部为任务，设有工业经济、农业经济、财政、贸易、计划统计、政治经济学、哲学、马列主义基础、中共党史、语言文学、历史档案、新闻、法律、外交、俄文等系和专修科，马列主义研究班，还有函授学院和马列主义夜大学。吸收先进的工农分子、劳动模范和革命干部入学，也招考一部分优秀的青年学生。1950 年 10 月 3 日举行开学典礼时，有学生 4 258 人，其中 45%是党员，23.5%是团员。党员中入伍 3～8 年的老干部占 46%。从 1950 年到 1965 年，总共毕业学生 70 000 多人，同时培养了一批教师。1950 年，人民大学有教师 197 人，发展到 1962 年就有教师 1 235 人，其中教授 34 人、副教授 46 人、讲师 450 人、助教 590 人，教员 115 人。

新中国成立以后的 17 年，全国各个高等学校的政治理论课教师很多是中国人民大学培养的。他们对宣传马列主义、毛泽东思想作出了显著的成绩。中国人民大学培养的政治理论、经济管理、文史、政法各门学科的人才，活跃在各条战线上，成为一支有真才实学的骨干力量。

中国人民大学是社会主义新中国第一所新型的社会科学综合大学，是马克思列宁主义、毛泽东思想的教育阵地，是来自老解放区的、由我党直接创办的、富有革命传统的高等学校。它是在党中央的直接亲切关怀下，由一批经过革命战争锻炼的党的干部作为领导骨干的社会主义大学。

林彪、“四人帮”是一伙彻头彻尾的反革命阴谋家。他们猖狂地向党、向社会主义发动猛烈进攻，颠倒敌我，混淆黑白。他们当然对我们这所社会主义大学恨之入骨，必欲置之死地而后快。1966 年 6 月，江青诬蔑长期担任过朱德总司令秘书的我校副校长孙泱同志为“特务”。接着，1966 年 7 月，林彪、“四人帮”又用阴谋手段，凭空捏造出所谓贺龙发动“二月兵变”的谣言，诬指郭影秋同志调一营兵驻扎在中国人民大学，参与所谓“二月兵变”，对郭影秋副校长进行政治陷害。同时，揪出干部 400 余人，打成所谓“牛鬼蛇神”，私设公堂，进行残酷的迫害。1967 年春，戚本禹窜到中国人民大学，分裂群众队伍，一手制造了对立的两派。随后，江青用“文攻武卫”的口号，挑动全国性的“全面内战”，也挑动人民大学的武斗，又唆使一些坏分子大搞打、砸、抢，并用残酷手段和刑罚，残暴迫害大批忠于党、忠于人民的干部，被迫害致死的师生有30余人。校舍、图书、设备遭受重大破坏。

1970年，林彪、“四人帮”用所谓“系科设置重复”的罪名，欺骗中央，撤销中国人民大学。

1976年清明时节，数以百万计的人民在天安门广场沉痛悼念周总理，同“四人帮”展开了英勇的斗争。在这个有历史意义的清明节，全国九亿人民悲痛地哀悼敬爱的周恩来总理，愤怒地声讨“四人帮”，英勇地展开了同“四人帮”在各地的党羽的搏斗。人民宣告了“四人帮”的灭亡。这是一次意义极为深远的、伟大的人民运动。在这个基础上，10月6日，党中央顺应人民的要求，领导全党，一举粉碎了“四人帮”，举国欢腾。人民创造了历史的崭新的一页。于是，中国人民大学的师生和全国人民纷纷给党中央写信，要求人民大学复校。在邓小平副主席多次倡议下，在党中央关怀下，中国人民大学于今年4月开始复校，7月7日国务院正式下达了关于中国人民大学复校的［1978］129号文件。这是党的胜利、人民的胜利！

中国人民大学不愧是一所战斗的革命的学校。它是在战斗中成长起来，在革命战争和社会主义建设中做出了重大贡献的。我们的领导、我们的干部是经得起历史的考验的。林彪、“四人帮”的倒行逆施，激起了中国人民大学广大同志的革命义愤，用各种形式进行了抵制和斗争。既然日本帝国主义、国民党反动派没有能够摧毁我们，那么，林彪、“四人帮”也是消灭不了我们的，我们终于胜利地复校了！我们要昂首阔步地向着四个现代化前进，在新的长征中做出更大的贡献！

二、党中央、毛主席和老一辈无产阶级革命家对中国人民大学的关怀和教导

（一）陕北公学时期

中国人民大学的前身陕北公学在1937年7月成立。10月，毛泽

东为陕北公学成立与开学纪念题了词：

要造就一大批人，这些人是革命的先锋队。这些人具有政治远见。这些人充满着斗争精神和牺牲精神。这些人是胸怀坦白的，忠诚的，积极的，与正直的。这些人不谋私利，唯一的为着民族与社会的解放。这些人不怕困难，在困难面前总是坚定的，勇敢向前的。这些人不是狂妄分子，也不是风头主义者，而是脚踏实地富于实际精神的人们。中国要有一大群这样的先锋分子，中国革命的任务就能够顺利的解决。

我记得，这个题词，是用放大了的毛主席手迹，整齐地写在用白灰粉刷过的陕北公学照墙上和救亡室的墙上。

在这个题词中，毛主席教导我们：要有政治远见、斗争精神和牺牲精神；要不怕困难，勇敢向前，脚踏实地，富于实际精神。这些思想，是毛泽东思想的精髓和核心。这些教导，应该是我们今天中国人民大学全体师生员工的座右铭。我们肩负着新的长征的艰巨而伟大的使命，展现在我们面前的是壮丽的事业和灿烂的前程。但是眼前我们面临的却是重重的困难。我们的宿舍、饭厅非常拥挤，北京市的许多同学要风里来、雨里去，长期走读；图书、资料、设备短缺陈旧。真是困难重重。我们就要像毛主席教导那样，不怕困难，脚踏实地，勇敢向前。我们在艰苦的条件下复校，在艰苦的条件下学习，而且要学出优异的成绩来，这是我们的传统，也是我们的光荣。

陕公开学后，毛泽东同志亲自担任了“辩证唯物论”这门课的讲授。著名的《实践论》、《矛盾论》，就是毛主席给陕公、抗大等校讲大课的记录。大庆精神是“两论”起家，我们更要坚持“两论”的精神，坚持实事求是，坚持实践是检验真理的唯一标准这一光辉思想，坚持矛盾论的辩证法观点，反对形式主义、形而上学和唯心论。

1939 年 7 月 7 日，因为我们陕北公学等学校要出发开赴前线，毛主席亲自来给我们作报告。地点是在延安桥儿沟天主堂西侧的院子里，那时没有扩音器，我们都密密麻麻地席地而坐，紧紧地围坐在毛主席的周围，静静地听毛主席讲话。毛主席谈笑风生，一边讲，一边来回走动，一边做手势。他用古典小说《封神榜》里一个故事作比喻说：当年姜子牙（姜太公）下昆仑山，元始天尊赠了他杏黄旗、四不像、打神鞭三件法宝。现在你们出发上前线，我也赠你们三件法宝，这就是统一战线、武装斗争、党的建设。毛主席说：同志们，你们出发到前方去工作，要不怕困难，不怕麻烦；革命工作，就是艰难而麻烦的工作，我们又要打日本，又要打汉奸，又要打反共顽固派，你看多麻烦呀！他谆谆教导我们：你们到前方去创造根据地，不但要争取民族的解放，而且要争取社会的解放。

毛主席这次给我们讲话的主要思想，几个月后，1939 年 10 月，发表在《〈共产党人〉发刊词》上。

紧接毛主席讲话的两三天以后，周恩来同志也在桥儿沟天主堂礼堂里，给我们作了国际形势和抗日战争形势的报告。我们也是席地而坐，连窗户台上、周副主席作报告的桌子边、周副主席身边，也都密密层层地坐满了人。周恩来同志的报告，历时四小时，阐明了我们党的“坚持抗战，反对投降；坚持团结，反对分裂；坚持进步，反对倒退”的方针。他说：同志们出发到前方去，在文学家成仿吾同志带领下，你们不但要打日本，还要创造新社会，开展根据地的文化、教育、文学、艺术活动，你们要成为最活跃的革命力量！

大约是 1939 年的 7 月 15 日，党中央举行欢送晚会，欢送要到前方去的陕北公学师生。地点在延安城北门的陕北公学礼堂。毛主席和许多中央负责同志都来了。由党中央组织部长李富春同志致欢送词，成仿吾校长致答词。然后，由陕公剧团表演精彩的节目。但是，节目要开始了，周恩来同志还没有到。这时，忽然传来一个消息，说周副主席在路上从马上摔下来，摔伤了右臂。毛主席和大家都很震惊，晚会只草草演了两个小节目就散会，毛主席他们去看周副主席去了。

原来，周副主席从杨家岭骑马到陕公礼堂来参加欢送晚会，正碰上江青也骑了马在前面走，也来参加这个晚会；马过了延河，沿着延河西岸，靠山倚水的一条窄窄的路向南走。这时，已经暮色苍茫，忽然从山沟里跑出来老百姓的一条狗，在江青骑的马前面窜过，江青惊慌失措，一边惊叫着，一边乱勒马，使马惊跳起来。周副主席的马正好在后面，突然受惊，也猛地跳了起来，周恩来同志没有防备，一下子从马背上摔了下来，右胳臂撞在一块尖锐的岩石上，当时折断，骨头都露了出来。后来，由印度共产党援华抗日的柯棣华医生和巴素华医生临时包扎，上了夹板。当时延安医疗条件很差，不能接骨，周副主席被送到莫斯科去，才接上了骨头，但是伤了筋，从此，他的右臂就不能伸直。几十年来，他就是用这只伤残的右臂，写文章、批文件，以至纺线、劳动，为人民操劳，直到他的生命的最后一息。所以，周恩来同志的右臂，是为欢送我们陕北公学的师生而受伤的。

（二）华北联大时期

1939 年 9 月，我们到达晋察冀敌后抗日根据地，正好赶上陈庄战斗。我们夜行军赶往陈庄一带。那一夜，月光非常明亮，贺龙同志站在路旁的一块高地上，披着一件大氅，手拿一个烟斗，笑眯眯地看着我们每一个人从他身边走过，他不住地点头、招手，给我们莫大的安慰、鼓舞和信心。我们觉得有贺龙同志这样一位威名赫赫、敌人闻风丧胆的英雄将军在指挥，我们就能打败任何强大的敌人。

陈庄战斗结束后，开了个盛大的庆祝会，一是祝捷，二是欢迎华北联大、抗大二分校胜利到达边区。贺龙、聂荣臻、罗瑞卿等同志都在大会上讲了话。

1941 年 8 月，日本侵略军 7 万人分 13 路围攻晋察冀根据地，作闪电式的奔袭包围。全校 4 000 多名师生立即分散打游击，到 5 个县的村庄，同民兵游击小组一起战斗。成仿吾校长带领华北联大校部几百名干部突围，转移到平山县最北面的大山滚龙沟时，又陷入敌人的重围。在这危急的时刻，作战参谋张西帆同志突围出去，报告了聂荣臻司令员。聂司令员说：成仿吾同志是党中央派来的，立即派一团人去掩护成仿吾同志和联大校部突围！由于聂荣臻司令员的关怀，在八路军一个团战士的英勇掩护接应下，成仿吾校长和联大校部大部分同志胜利地突围转移。在这次突围中，联大校部的干部、杨开慧烈士的侄女杨展同志，因为后面敌人乱枪的子弹像飞蝗一样地飞来，她脚下的石头崩裂，从悬崖上摔了下去，头部撞在山下一块大石头上，壮烈地牺牲了，为革命事业献出了她刚满 20 岁的年轻的生命。那时候，我们在枪林弹雨的战争环境中办教育，每年总有几个月的时间，完全在反“扫荡”战争中打游击战，我们的同学、干部，每年都有不少人英勇地流血牺牲。他们用鲜血染红了联大的校旗，用生命争来了今天的胜利。我们活着的人是不能忘记他们的。

（三）华北大学时期

1948年5月，华北联大和北方大学合并组成华北大学。党中央派老一辈无产阶级革命家吴玉章担任校长。这年12月30日，是吴老七十寿辰，党中央、毛主席给吴老发了一封贺信。全文如下：

吴玉章同志：

欣逢你的七十诞辰，谨向你致热烈的庆祝！你自青年时代起，即致力于中国人民彻底解放事业，四十年来，在中国革命的历程中，你总是站在革命队伍的前列。你挚爱中国人民和中国历史，你笃信马列主义，你对无产阶级领导中国革命必能获胜的信心从未动摇，你在反革命包围威吓中有坚强不屈的表现。中国人民都敬爱你。你的七十岁生日，恰在人民解放战争快要在全国范围内胜利的时候，这是你的光荣，也是中国人民的光荣。

中国共产党中央委员会

一九四八年十二月三十日

这封贺信是党中央、毛主席对吴老的光荣的一生的定评。这也是华北大学的光荣、中国人民大学的光荣！

徐特立（徐老）给吴老的祝贺诗中，有这样几句：

年老气尤壮，启后光前烈。七十初度时，全线均告捷。
百年殖民地，从此永完结。前途之艰巨，基本在建设。

董必武（董老）的贺诗云：

不负平生志，观成革命功。是从心所欲，得与矩相同。
马列为师范，门徒改学风。开筵在华大，祝贺古稀翁。

谢觉哉（谢老）写了祝贺诗三首，其中一首有句云：

龙颜谁谓年龄暮，鹤发同迎世界新。
况有三千诸弟子，东西南北立功勋。

“三千诸弟子”，就是说华北大学每期总有3 000多名同学毕业，奔赴东南西北战场，为人民立功。

刘伯承、陈毅两同志，联名给吴老写了一封祝贺信，全文如下：

吴老：

我们北来中央开会，值你年满七十。党内外同志热烈庆祝。我们代表南线各同志共申贺忱。

你五十年来，以革命为职业。中国革命无役不从。每当革命运动受挫折之际，你临难不退缩、坚持奋斗的精神，更值得学习而示人以典范。

你对中国历史的研究和文化工作都有贡献。你现在华北大学主持教育，成千成万的青年更要在你培养之下变成新的干部。你一生的光荣，也就是中国人民的光荣和我们党的光荣。

刘伯承　陈毅　敬祝

一九四八年十二月三十一日

从 1948 年起，到解放以后的 17 年，华北大学、中国人民大学都是在我党的光荣的无产阶级老英雄吴老的直接主持之下，沿着正确的大方向前进。这是我们学校的光荣。任凭林彪、“四人帮”这伙极端的反革命派向吴老、向中国人民大学怎样泼脏水，丝毫也无损于我们全党敬爱的吴老，磨灭不了中国人民大学的光荣历史。

(四) 中国人民大学时期

1949 年 12 月 16 日，中央人民政府政务院决定成立中国人民大学。政务院总理、我们敬爱的周恩来同志亲自领导了中国人民大学筹备委员会的工作。

1950 年 10 月 3 日，中国人民大学举行隆重的开学典礼。敬爱的刘少奇、朱德副主席亲临我校开学典礼，中央各部委也来了好多负责同志。刘少奇作了重要讲话，他说：中国人民大学今天开学了。这个大学是我们新中国第一个办起来的新型的大学，中国将来的许多大学都要学习我们中国人民大学的经验，按照中国人民大学的样子来办。接着，他指出了资本主义和社会主义两种教育制度的根本区别，并以贸易经济系为例，强调了中国人民大学在新中国经济建设中应起的作用。他还强调了理论联系实际的重要性，要求克服旧大学所学非所用的缺点。最后，他强调办好学校必须加强团结和具有实事求是的精神。他语重心长地说：大家团结起来互相帮助，领导上要团结，工作人员与学生要团结，大家要团结在为人民服务的马列主义基本观点上，不要自私自利，不要违反人民利益，要大公无私，不要背叛人民，要为人民利益去服务，要走向社会主义，要改造中国。同志们，我们要用马克思主义的基本观点，不要主观主义、教条主义、经验主义，要辩证唯物主义，以实事求是的精神学习、工作，学校才会更快地办好。少奇同志的这个讲话，从地位、作用、办学宗旨、办学方向、教学原则、思想路线等方面，全面、深刻地阐明了中国人民大学办学的指导方针，是中国人民大学改革、建设、发展的纲领性文献。

1951 年的春天，为了照顾调到人民大学上学的工农劳动模范和工农干部的文化低、身体差、学习吃力的困难，毛泽东主席亲自写信给吴玉章校长，指示适当减轻他们的课业负担。这是毛主席对中国人民大学师生的亲切关怀。

1953 年 10 月 3 日，朱德副主席出席了中国人民大学建校三周年庆祝大会，并作了重要讲话。讲话中指出：在过去三年中，中国人民大学在中国共产党和中央人民政府的正确领导下，在苏联专家的热诚的、无私的指导和帮助下，在全体师生的共同努力下，在把产业工人、革命干部和革命知识分子培养成为国家的高级建设人才的工作中，是取得了成绩和经验的。希望全体师生继续努力，进一步提高政治理论水平，提高教学质量，提高学习的积极性，为国家造成更多的高级建设人才。

朱德的这个讲话，也可以说，是对中国人民大学 17 年工作的一个正确的评价；朱德提出的努力方向，也是现在我们中国人民大学复校仍然要遵循的努力方向。在这段话里，朱德同志讲到的苏联专家，是经我国邀请、由斯大林同志亲自派来的；斯大林同志亲自教导他们，要尊重中国同志，做好工作。

到了 1963 年上半年，85 岁的吴老亲自找到周恩来总理的家里，请求调郭影秋同志来中国人民大学担任副校长。郭影秋同志原来是云南省省长、省委书记，后来调任南京大学校长，把南大办得很好，很有威信。周总理很尊重吴老，很关心中国人民大学，就同意把郭影秋同志调来中国人民大学。

周总理还亲自关照吴老的秘书王宗伯同志，要注意保护吴老的健康。总理关心别人的健康，但他自己却总是过度劳累地担负着繁重的工作。

新中国成立后，吴老常常发表一些文章和回忆录。在党中央开会时，毛主席见到吴老，常常亲切地说：啊，你又发表文章啦！毛主席鼓励吴老写回忆录。他说：从辛亥革命以来，很多人落伍了，反动了，你能始终坚持革命，始终站在时代的前面，你要把这经历写出来。

1966年6月，林彪、“四人帮”这伙极端残忍、极端阴险的反革命阴谋家，披着“左派”外衣，煽动极左思潮和无政府主义思潮。他们唯恐天下不乱，竭力破坏社会主义革命和建设，他们用“怀疑一切，打倒一切”的极左口号，猖狂地向党、向社会主义进攻。中国人民大学就成了惨遭他们肆意破坏的重灾区中的重灾户。

1966年8月2日，当时任党中央总书记的邓小平同志亲到中国人民大学全校大会上讲话。他的讲话，主要意思有三点：第一，现在是老革命遇到新问题，我们大家都没有经验。第二，对郭影秋同志在你们学校的工作，你们可以辩论，但是要更细致地研究问题，更冷静地分析问题。至于郭影秋同志，对于一个干部多少年的评价，你们学校本身不能做结论，要由中央或新市委从全面的角度来考虑。第三，针对林彪、“四人帮”凭空捏造的所谓贺龙、彭真阴谋发动“二月兵变”，并诬陷郭影秋同志调一营兵驻扎中国人民大学参与“二月兵变”的政治陷害事件，明确地说：“二月兵变”，没有这个事，我们查过了。我郑重地告诉同志们，我们的军队，彭真调不动，别人也调不动，我也调不动。这件事，我们澄清事实。

一位领导同志讲话的正确性，是经得住历史考验的。12年后的今天，重读我们敬爱的邓副主席当年在中国人民大学的讲话，越发使我们深深感到：作为老一辈无产阶级革命家的邓副主席的讲话，是何等的英明、何等的正确！

1966年9月7日晚上，周总理也亲自来到中国人民大学大操场，召开万人大会，动员从各地串联来北京、住满了中国人民大学教室的学生，回到本地本单位去，“抓革命，促生产”。

但是，林彪、“四人帮”却变本加厉地加紧了对中国人民大学的摧残和破坏，长达三四年之久，终于在1971年把中国人民大学解散，把师生扫地出门。

还在1975年，邓小平主持政治局工作的时候，敬爱的叶剑英同志就找过中国人民大学的一位历史教师，询问了解中国人民大学复校的可能性。

1976年5月21日，敬爱的朱德委员长在他逝世前的一个半月，还亲自到成老家里，关怀成老的工作，兴致勃勃地谈论翻译和宣传马列经典著作的重要性。

恶贯满盈的“四人帮”灭亡之后，中国人民大学有了起死回生的希望。1977年8月1日，邓副主席倾听了中国人民大学师生的呼声，全国人民的呼声，正式提出了恢复中国人民大学的问题。以后，在他的讲话中，有八次提到要尽快恢复中国人民大学，为国家培养经济管理、政治理论和文史、政法人才。李先念、方毅、余秋里等同志都表示支持。

在党中央的亲切关怀下，中国人民大学于1978年4月决定恢复，7月7日国务院正式下达了恢复中国人民大学的文件。7月7日正好是39年前华北联大成立的日子。这叫做“野火烧不尽，春风吹又生”!

总之，中国人民大学，从1937年陕北公学算起，41年的校史，是一部充满着血与火的战斗的历史。它一方面得到了党中央、毛泽东、刘少奇、周恩来、朱德等老一辈无产阶级革命家的亲切关怀，是一部胜利发展的历史；另一方面，又是一部同日本侵略者，国民党反动派，林彪、“四人帮”作殊死斗争的历史。我们的每个胜利，都是经过尖锐的民族斗争和阶级斗争得来的。

三、发扬中国人民大学的优良传统和作风

我们学校有着41年的历史，有着传统的优良作风。

(一) 理论和实际相结合的学风

我们学校，从来重视学习革命理论，也从来重视培养革命品质。我们的传统校风是“忠诚、团结、紧张、活泼”。无论在抗日战争时期、解放战争时期，还是解放初期，我们的口号都是“毕业上前线”。同学一毕业，就走上炮火连天的战场，去和敌人血战，去到工作中锻炼，不怕千难万险，为革命而献身。我们的学习，从来不是经院式的学习，从来不是脱离实际的学习。根据地的反“扫荡”战争、政治运动、土地改革运动，我们都不仅参加了，而且是骨干力量。就是进入

社会主义革命和建设时期，我们的学习目的，也是为了参加各条战线的社会主义革命和建设。在校师生参加了土改、镇反、抗美援朝等政治运动。现在，我们要为加速实现四个现代化而学习。

我们党的三大作风、四大观点，也是我们学校的校风。三大作风就是：理论联系实际的作风，密切联系群众的作风，批评与自我批评的作风。四大观点就是：唯物观点、阶级观点、群众观点、劳动观点。我们学校一贯重视参加阶级斗争、生产斗争和科学实验三大革命运动。林彪、“四人帮”污蔑我们什么“三脱离”、“四脱离”，以及什么“两个估计”之类的谰言，已经彻底破产。我们今后更要发扬毛泽东倡导的、我们一贯实行的理论和实际相结合的学风，把理论作为行动的指南，密切结合实际，一切从实际出发，实事求是。

(二) 艰苦奋斗的生活作风和工作作风

陕北公学在荒凉的西北高原创校，我们的校舍是窑洞，窑洞是同学们自己挖的。同学们从祖国各地历尽千辛万苦到达陕北公学，校舍在哪里呢？领导指着一片黄土山坡说，这是你们队的。于是同学们住在临时窑洞里，一个班 12 个人，一人一把锄头或铁锹，7 天打一个窑洞，打好了，搬进去住。在前方，我们多半是住在老百姓放农具的破房里，夏天闷热，又没有蚊帐。我们经常睡在露天场地和屋顶上(冀西的屋顶是平的，农民用来晒粮食)。反“扫荡”战争中，更是经常要露营。

在战争年代里，我们基本上是吃小米、棒子、高粱、黑豆。过年过节可以吃到一二餐大米饭和红烧猪肉，叫做“会餐”。平常一天三餐，是三钱盐，三钱油，萝卜条汤或白菜汤，基本吃素，十年如一日。

战争年代，我们好像没有星期日的概念。因为战争使我们失去许多学习的时间，所以战争间隙，我们就加紧学习。

我们的图书是哪里来的呢？是我们经过 3 000 里长征，通过吕梁山、云中山、同蒲铁路、太行山四道封锁线背过来的。通过同蒲铁路盆地 150 里长的敌人封锁线时，从下午两点到第二天拂晓前，要连续急行军以至跑步 150 里。身体差一点的同学，东西都丢光了，背包里只剩一条夹被，却背着一本书，有背《共产党宣言》的，有背《反杜林论》的，有背《国家与革命》的，也有背《论持久战》、《论新阶段》等书籍的。

在陕北，我们参加了开荒生产运动。到了前方，同样参加开荒、种菜、背煤、纺线等大生产运动。

现在，我们还是在艰苦奋斗。我们的成老 82 岁了，郭影秋同志一条腿残废了，还是在精神抖擞地为中国人民大学复校而艰苦奋战。大家可能知道，我们的校长从 4 月复校以来在那个破洗澡堂里办公达 7 个月之久。我们的绝大多数干部也是在夜以继日地为中国人民大学复校开学而努力。我们绝大多数教工住房都十分拥挤。不少教师，至今没有地方备课、写讲稿，有的同志天天要跑到外单位的图书馆阅览室去。我们的教研室几乎都没有办公室，常常在大树底下讨论讲稿，研究问题。难道这不叫艰苦奋斗吗？

（三）勇敢战斗、不怕牺牲的传统和作风

我们 1939 年 9 月通过同蒲铁路敌人封锁线的时候，敌人两边碉堡上的大炮和重机枪交叉火力都能打到我们行列。我八路军三五八旅掩护部队的大炮和重机枪，则对着敌人的碉堡，敌人如果开炮打我们，我军就开炮炸碉堡。另一部分部队则阻击从太原出来的敌人，因为我们几千人过封锁线的地方，在太原以北 40 公里。记得当夜月色皎洁，如同白昼，敌我双方对峙着，都看得清清楚楚。在这样危急的情况下，我们的成仿吾校长骑着马，屹立在铁道上，看着我们的同志一队队越过这最危险的火力点，鼓舞大家的士气，等大部分同学通过了，他才走，表现了身先士卒、临危不惧的英雄气概。

在历次反“扫荡”中，我们都有同学英勇牺牲。比如 1941 年 8 月杨展同志牺牲的那次大“扫荡”，和我同班的一个女同学叫姜祥征，只有 17 岁，在敌人追捕中，她英勇地跳崖牺牲。单是这一次反“扫荡”战斗中，我们华北联大就有 30 多位师生英勇牺牲了。正如邵副校长所说，他们用鲜血书写了我们的校史，我们要永远学习这些为我们留下榜样的中华民族的好儿女，踏着他们的血迹前进！

我们缅怀先烈，回顾艰难创业的年代，以此来激励我们自己，激励新入学的同学，继承和发扬我们党、我们学校的光荣革命传统；艰苦奋斗，克服困难，发扬民主，紧密团结，坚持实事求是的科学态度，努力学习；在党中央领导下，为中华民族的崛起、为共产主义的花开，在新的长征中，做一个英勇的战士。

做合格的共产党员

——在党史系纪念中国共产党成立59周年大会上的讲话*

今天是党成立59周年纪念日。在这个有纪念意义的日子里，我们党史系总支20位新党员举行入党宣誓。在这庄严的时刻，我代表总支，向同志们表示热烈的祝贺，祝贺同志们新的政治生命走上一个新的阶段，预祝同志们作为一名光荣的共产党员，在四化建设的新长征的道路上，不断进步，不断取得胜利和成绩！我们要努力做一个合格的共产党员，为伟大的共产主义事业贡献我们的全部精力和生命。

怎样做一个合格的共产党员呢？关键的一条，是要起一个共产党员的先锋模范作用。

第一，在政治上，我们要成为贯彻十一届三中全会以来党的政治路线和方针、政策的模范，坚决为建设高度民主、高度文明的现代化的社会主义强国而奋斗。

第二，在业务上，我们要努力成为学有专长的、有真才实学的四化建设人才；要成为刻苦学习、刻苦钻研的模范，来适合党对我们的需要、四化建设的需要。

第三，在工作上、生活上，要成为刻苦工作、艰苦奋斗，吃苦在先、享福在后的模范；要在群众中处处起模范带头作用，团结群众前进。

第四，在思想上、作风上，要成为严格要求自己、注意共产主义道德品质修养、有高度自觉性的模范；要努力学习马列主义、毛泽东

---

* 此文系作者1980年7月1日手稿。

思想的科学体系，加强共产党员的革命品质和党性、组织纪律性修养，发扬党的优良作风，克服封建思想，资产阶级、小资产阶级思想的侵蚀，努力使自己成为名副其实的合格的共产主义战士。

同志们，我们党是执政党，我们入党成为共产党员，就是意味着要求我们在各方面更加刻苦努力，起模范表率作用；就是意味着要求我们成为一个有高度觉悟和修养的共产主义者，在各方面更加严格要求自己。

让我们大家一起共同努力，做合格的共产党员，为党的事业作出更多的贡献！

提倡学习中国革命史和中共党史*

《工人日报》最近连续刊发《中国革命史话》，并请我写几句话，和职工同志们说说学习中国革命史和中共党史的重要性，我义不容辞，欣然接受。

我国工人阶级正在为社会主义现代化建设而奋斗。在新的历史时期，广大职工同志固然要学习文化科学技术，但也要学习中国革命史和中共党史，用历史知识武装自己。有的职工认为，学习中国革命史和中共党史，在现代化建设中用处不大，因此不大愿学。这是不对的。

历史是一面镜子。以史为鉴，可以知兴衰、明得失。我们要在中国这块土地上，按照中国的实际情况进行社会主义现代化建设，就得充分认识中国的国情。不仅要了解中国的今天，而且要了解中国的昨天；不仅要研究新问题，总结新经验，而且要借鉴过去的经验，吸取以往的教训。这样，才能使我们工作得更好些，使我们的建设事业进行得更顺利些。所谓“前事不忘，后事之师”，说的就是这个道理。

中国革命史和中共党史，记述的是1919年五四运动以来，中国人民在中国共产党领导下，以马列主义、毛泽东思想为武器，同帝国主义及其走狗英勇斗争的历程，也是工人阶级和无数革命先烈、革命前辈，为了中华的崛起、人民的解放，出生入死、前赴后继、英勇战斗的英雄业绩的总汇。

---

* 原载《工人日报》，1983-04-27。

学习中国革命史、中共党史，将帮助我们认识帝国主义、资本主义和其他反动势力的本质，获得关于现代中国的阶级斗争、政治斗争、经济和文化建设的发展过程和发展规律的知识，克服民族自卑感和盲目崇拜西方资本主义的心理，激发我们爱国、爱党、爱社会主义的热情，做一个坚持四项基本原则的、自觉的、坚定的革命者。

学习中国革命史、中共党史，将帮助我们较深刻地领悟马列主义、毛泽东思想的科学体系，提高工人阶级的阶级觉悟和理论水平，用革命理论指导自己的行动，用实际行动来振兴我们可爱的中华。

学习中国革命史、中共党史，将帮助我们较深刻地了解在我们的革命和建设中发生过的失误和挫折，并从这些失误和挫折中，尤其是从几次“左”的错误中吸取深刻的教训，避免重犯历史上犯过的错误，使我们今后的事业进行得更加顺利。

学习中国革命史、中共党史，将帮助我们了解革命先烈、老一辈无产阶级革命家的共产主义理想和高尚的道德品质，给我们以榜样的力量，激励我们继承和发扬他们的为共产主义而献身，和实事求是、艰苦奋斗、大公无私等优良传统和作风，促进我们的社会主义精神文明建设。

张志新烈士在她的自述中讲过：我在人民大学系统地学习了中国革命史和党史等政治理论课，使我树立了对党、对共产主义事业的坚定信心，帮助我决心为真理而献身。可见，系统地而不是零碎地学习中国革命史和党史，对一个人的革命世界观的形成，有着何等重要的意义。因此，我热忱希望广大职工同志，特别是青年职工，系统地学习和研究中国人民革命的历史和党的历史。通过学习和研究，增加我们的历史知识，提高我们的阶级觉悟、理论水平和工作能力，更好地为四化建设服务。

学习中共党史*

中国共产党的历史，是党领导人民进行翻天覆地的新民主主义革命和波澜壮阔的社会主义革命与建设的史诗般的光辉历史。

中共党史，叙述现代中国可歌可泣的斗争和艰辛宏伟的建设的历程，是中国历史上最灿烂辉煌的史页；也是世界历史上和国际共产主义运动史上充满了动人心弦的事变和极其丰富的经验的最丰富多彩的史页。

中国共产党人把马克思列宁主义的哲学、政治经济学、科学社会主义原理，应用在中国革命和建设上，形成以毛泽东思想为代表的科学体系，大大地丰富和发展了马克思列宁主义的科学。中共党史就是活生生的行动中的马克思列宁主义、毛泽东思想的科学的发展史。

无数革命烈士，为中华的崛起，为人民的解放而慷慨捐躯、视死如归。多少革命先辈，为革命事业在中国的胜利而出生入死、饱经风霜、尽瘁终生。他们对共产主义事业必胜的坚定信念，他们理想的远大、道德的崇高、意志的坚强，是历史上一切古人所不能比拟的。上下五千年，英雄万万千，中共党史也是无产阶级的人民英雄的英雄业绩的总汇。

学习中共党史，将帮助我们获得关于现代中国的革命和建设及其历史背景的极丰富的历史知识。

学习中共党史，将帮助我们获得关于现代中国的阶级斗争、政治

---

* 原载《中共党史专题讲稿》(根据讲座录音整理)，中国人民大学党史系资料室 1983 年 5 月编印。

斗争、经济建设的发展过程和发展规律的知识。

学习中共党史，将帮助我们获得马克思列宁主义的哲学、政治经济学、科学社会主义原理，关于战略策略的理论，关于武装斗争、统一战线、党的建设和关于国家政治、经济、文化建设的理论如何在中国灵活运用和发展，帮助我们提高马克思列宁主义的科学水平和工作能力。

学习中共党史，将帮助我们较深刻地领悟以毛泽东思想为代表的老一辈革命家的重要著作。这些著作是集中了中国历史上一切优秀思想和智慧的大成，尤其是集中了中国自鸦片战争以来近代优秀思想和智慧的大成；是中国人民、无数先烈用鲜血换来的经验的结晶，是我们事业的成功的指针。

学习中共党史，将帮助我们较深刻地理解在我们的斗争中发生过的失误和挫折，从历史上的失败和挫折中吸取教训，尤其是从“文化大革命”的十年内乱中吸取深刻的教训。失败乃成功之母，前事不忘、后事之师，殷鉴不远，可以帮助我们避免重犯历史上犯过的错误，使我们今后的事业进行得更顺利些。

学习中共党史，将帮助我们学习先烈先辈的崇高理想、高尚的道德品质，给我们以榜样的力量，激励我们继承和发扬光大党的优良传统和作风，建设我们高度民主的社会主义精神文明。

张志新烈士在她的自述中讲过，她在人民大学系统地学习了包括中国革命史（党史）的四门政治理论课，帮助她树立了对党对共产主义事业的坚定信心，帮助她决心为真理而献身。可见，系统的而不是零碎的革命理论、革命历史的教育，对一个青年的革命世界观的形成，有着何等重要的意义。（张志新烈士的名字，是中国人民大学的光荣。）

与伟大的中国革命和宏伟的社会主义实践相比，我们还缺乏与之相称的党史、中国革命史著作和英烈们的传记等种种方面科学研究成果。这方面专著的问世还是太少，这方面的教育和研究也急需加强。例如，我们还没有一部较详尽的抗日战争史。因此，党史研究的前途无比宽广。我们热忱希望有更多的有志青年，报考中国人民大学党史系，将中共党史的研究和教育事业推向前进。

一息尚存，就要为共产主义事业奋斗

——1983 年关于中共党史系机构改革的谈话*

6 月 4 日

一、我个人服从上级规定，坚决退下来。1947 年，我 26 岁就当系主任（华北联大史地系副主任，高庆永、彭明为证）。那时 26，转眼 62，垂垂老矣，应该退下来，选拔更年轻、更有能力的同志来干。我退下来，可以继续为党做工作，从事学术研究。一息尚存，就要为共产主义事业奋斗。新班子成立前，我们老班子站好最后一班岗，坚持工作。

二、新的系主任、副主任如何产生？我个人意见，主要是依靠群众路线，用民主方式，通过民意测验来选拔；要相信群众、相信民主，贯彻党的民主集中制原则，贯彻党内政治生活准则，少数服从多数，把人心所向的同志选拔出来，由上级来批准委任。我认为，由个人选接班人的办法，不是好的办法，这是历史的教训。所以，我个人不准备提名，我今天当全系同志声明在案，我只服从全系多数同志的提名，只相信民主的原则。现在已有同志在传，说系领导和人事处已经内定了某某三个人担任正副系主任。我声明，没有这个事，我根本没有向人事处提过谁参加新的班子，人事处也没有就此问题来问过我，今后也决不由我个人来提名。我只有一个想法：系主任不是什么官，做学校工作就不是做官，没有多大权势可言，只是承担点义务，

---

* 摘自 1983 年 6—7 月胡华工作笔记。

做点服务工作，而且还影响学术研究，时间不能保证六分之五。所以，我认为，我们全系教工（年纪已到离退休的除外），基本上都可以干。我 26 岁都干了，你们比我那时大多了、老练多了，都可以干。不过，现在要选身体好些、年轻些的，热心为大家服务，办事又比较公平，出以公心、立党为公，又有一定业务水平的同志来干而已。今后可以不断轮换。我个人主张，两年改选一次，连选乃连任。我们系 1979 年用民主测验评职称，近年改选总支、改选教研室都进行得很顺利。所以我相信是可以用民意测验推选的。我认为，没有民主，就没有社会主义。选上了，多花点时间，为大家服务；没有担任职务的，就多写些论文、多出点书、多教点书，都一样是为人民服务。办法：1. 要大家酝酿，关心，出以公正的态度；避免几次选不出来，不过半数、很分散的现象；2. 勿为天下先，不轻率从事，多看看兄弟系、兄弟校，适当时候进行。这是我个人意见，也作为一种设想征求大家的意见。

7 月 11 日

5 月 29 日学校开过一个机构改革的党委扩大会，5 月 30 日谢韬同志在全校教工大会上传达了教育部、中宣部"3·20"文件的精神。6 月 4 日，全系大会我讲过，张腾霄、谢韬希望我考虑退下来，退到第二线。请大家根据校领导谢韬同志的报告和传达，酝酿一个系主任、两个副系主任。

6 月 12 日上午，腾霄同志同我谈了一个上午，主要研究对学校今后规划的意见，也谈了系的行政机构改革问题。他说，校领导有一个意见，要我和宋涛、吴宝康少数几位系主任担任名誉系主任，要我们系自己酝酿一个年轻化、革命化的新班子：一个 50 多岁的系主任，最好不超过 55 岁，要有业务水平和一定的社会影响和社会联系，两个 50 岁以下的副系主任，最好更年轻一些，这两个人年龄也拉开一些，形成一个梯队，即 55 岁左右的、40 岁左右的这样一个梯队，加上一个老的名誉主任，管管大事，考虑一些长远规划方面的问题。腾霄同志说，校领导认为我们系是问题比较少的一个系，复校这些年来比较正常、比较团结的一个系，要求我们这个系的机构改革也能走前一点。他说，档案系和哲学系是两个试点的系，档案系有个名誉系主任吴宝康，哲学系没有名誉系主任，新的行政领导要更年轻化，年龄上争取形成一个梯队。

我对腾霄同志说，按我个人愿望，我愿意离休，离休后还可以为共产主义奋斗，专心搞点科学研究，著书立说；如果70岁还能执笔写作，从现在62岁算起，还有8年；系里请我的话，还可讲点专题课。

其次，如不能离休，我希望就做一个老教授，也可带点研究生，讲点专题课，参加点社会上学术活动，像吴大琨、马奇这些同志那样。我说，因为我手里党和国家给的学术任务就够我忙的了。6月6日何长工同志亲自打了一个电话给我，说，刘澜涛同志6月初代表中央常委找王首道同志、何长工同志、萧克同志三位老同志谈话，传达中央常委的意见，说，因为三位老同志都是中央顾问委员会常委，就不再担任政协副主席，但要他们多做些党史方面的工作，要何长工同志把中共党史人物研究会会长的工作继续担任下去，具体工作可以由李新、胡华等同志多做，说写党史人物传的工作很重要。中央常委说得这样具体，对我们是很大鼓舞。何长工同志听了中央常委的意见后，找了邓力群同志，请中宣部对中共党史人物研究会多领导，就是按耀邦同志的批示，党史人物研究会继续由中宣部领导。邓力群同志对何长工同志、老同志很尊重，说，这没有问题，不过他很忙，请何老多多负责。这都是何老亲自打电话对我说的。还说，争取明年编到三十卷，还有《中国大百科全书》"科学社会主义"卷的中共党史条目264条，我和林茂生为正副主编，系几位同志是编委，这一工作担子也不轻。还有学位委员会、职称委员会的工作，这些我跟腾霄同志都说了。

第三点，我的意见，担任不担任名誉系主任对我是无所谓的，我觉得不一定必要，当然对这个系我是关心的、有责任感的。作为党员来说，个人服从组织，这个问题由校领导、校党委考虑决定。腾霄同志做了点解释说，名誉系主任主要是从一些同志代表学校的学术地位、社会声望出发，人民大学不能没有一些老同志。至于系的新班子，我主张发扬民主，群众大家来考虑，我只能作为系的一员来考虑，我不赞成由我个人来提名单，我已在6月4日全系大会上说了。腾霄同志希望我抓一抓这个工作。

6月下旬，我到教育部去开了十来天会。7月1日中午，我接到谢韬同志给我来的电话，说校党委开会，先定了三个名誉系主任，即我一个、宋涛一个、吴宝康一个。因为从严掌握，所以最多不超过五个人。说党委会通过了档案系的班子，希望我们抓一下。要稽程给我文件并同我联系，当天办到。稽程给我打电话说，一种办法，各种形式自己酝酿；一种办法，校党委派人来协助。希望用前一种办法，但民意测验只供领导参考，不是选举，最后由领导批准，报上级备案。

7月2日，我们开了个系委会，学习了文件，初步进行了讨论，决定今天开大会传达文件，分单位讨论酝酿。由于快放假了，本学期来不及民意测验，2日中午谢韬又打电话给我，告诉哲学系三个梯队，校党委已通过，下午宣布，供我们参考。他的意见，党史系最好也是这样三个梯队。当然，对档、哲两个系的做法，改动得很大，我思想有些跟不上。我说，下星期六我们开全系大会，我可以转达校领导的这个意见，同全系同志，同总支和全体党员商量。

当然，从我们老的行政班子来说，王淇同志已经正式调走了，我在6月4日全系大会上已经明确表明，我没有抓住这个职位不放的思想。从7月2日系委会上发言和个别交谈来看，我们其他做行政工作的同志也没有恋栈的思想，大家都是说自己的科研计划、建设新课的任务、编书的任务都忙得顾不过来，且说也有一定的年纪了，身体也累，都表示赞成支持一些更年轻些、更有活力的同志来承担工作。更没有发现给自己争的现象，或者给自己的什么人争，或者分出彼此、互相争夺的现象。我可以负责任地说，我们系没有这个现象，至少现在还没有发现这种现象，希望以后也不出现这种现象。大家都是党员，站在党的立场。人都各有所长，各有所短，哪几位同志来承担行政工作，只不过相对地说，这几个人来做还可以，比较合适，不是说别人水平就比他们低，新上来三个人的各方面水平，就比别人高一头，那不见得。关键是多数人都能接受，能够同意。新领导虽然年纪轻些，经验少些，相对说，声望也不一定那么高，但大家能同意、支持、接受，那么在大家支持下、老同志帮助下，就可以把工作做起来。

党史，不可不读*

为振兴中华而读书的热潮，正在掀起。中共党史、中国革命史的书不可不读。读党史、革命史的书，将激励我们发扬爱国主义精神，立志为中华的崛起振兴、腾飞于世界而奋斗。

中国，是有五千年悠久历史的文明古国，中国各族人民在历史上创造了光辉灿烂的文化。中国人民有高度的民族自豪感、民族自尊心和爱国主义的历史传统。但是，从1840年鸦片战争到1949年新中国成立之前这109年间，中国却备受外国列强的侵略侮辱。国内反动统治，政治腐败，卖国媚外，鱼肉人民；人民灾难深重，国势积弱不振；帝国主义列强穷凶极恶、杀人越货。中国被列强强迫签订许多丧权辱国的不平等条约，沦为任人宰割的半殖民地。中华民族被称为"弱小民族"或"弱大民族"，被列强看作是"劣等民族"、"东亚病夫"。帝国主义分子在中国的土地上横行不法。

面对着祖国的危亡、人民的苦难，中国先进分子和人民也曾多次崛起反抗。但在1919年五四运动以前的80年旧民主主义革命时期，每次都归于失败，多少志士仁人的鲜血，洒在祖国的大地上。

自从马克思主义传入中国，中国产生了共产党，经过30年的新民主主义革命，在共产党的坚强领导下，中国人民相继打败了英、美、日等帝国主义所支持的北洋军阀；打败了铁蹄蹂躏中国广大国土的日本侵略者；打败了美帝国主义武装起来的蒋介石800万反动军

* 原载《北京日报》，1983-08-12。

队。中国就像一个巨人一样站起来，屹立在世界的东方，扬眉吐气。建国以后，中国人民又在抗美援朝战争中，以大无畏的精神，打败了拥有核武器的美国侵略者，国威大振。新中国在国际上以雄伟的威武不能屈的气概，维护国家的独立和尊严，维护世界和平与正义，坚决同一切霸权主义抗争。

学习党史、革命史将帮助我们更好地继承先烈、先辈的优良革命传统和革命品德，帮助我们确立为壮丽的共产主义事业而英勇奋斗的人生观。我们读《中共党史人物传》，可以看到，老一辈无产阶级革命家在青年时代，当他们还没有成长为马克思主义者的时候，可以说都是强烈的爱国主义者和革命民主主义者。徐特立于辛亥革命前在学校当教师，当他在课堂上讲到列强欺凌、清廷腐败时，越讲越愤激，竟拿来菜刀，一刀把左手小手指头砍下，血溅满地，表示誓死救国的决心。李大钊、毛泽东、周恩来、刘少奇、朱德、蔡和森、恽代英、赵世炎、陈延年、向警予、方志敏……这些著名的共产党人，在青年时代，都是真诚的爱国主义者。他们“为中华之崛起”而读书，以“改造中国与世界”为志向，他们都有“以天下为己任”的英雄气概，多方探索救国救民的真理，终于找到了马克思主义，走上了为共产主义事业而献身的道路。党外人士，只要是真诚的爱国者，也都先后成了共产党的朋友。上下五千年，英雄万万千。古代的英雄都有较大的时代和阶级的局限性；党史、革命史上涌现出的无数杰出的无产阶级的英雄、烈士，他们理想的远大、胸怀的宽广、斗争的艰苦卓绝、事迹的壮烈感人，都远远超过了古人。我们要通过党史、革命史的学习，学习无产阶级英雄们的模范榜样，继承光荣传统，继往开来。我国社会主义现代化的伟大事业，正寄希望于新的一代。

学习党史、革命史，将帮助我们获得中国革命和建设的成功的经验、失败的教训，从中领会规律性的知识。历史是事实，也是镜子，古人把历史叫做“鉴”，就是要借鉴前人成败兴衰的经验教训。

中国共产党领导中国革命，经历过第一次大革命的伟大胜利和惨痛失败；经历过土地革命战争的重大胜利和惨痛失败；1935 年遵义会议以后，逐步总结出了以毛泽东思想为代表的取得革命胜利的规律性的指导思想，在短短的十几年内就取得了胜利。新中国成立以来三十几年，我国社会主义建设取得了伟大的成就，但在 1958 年到 1960 年的“大跃进”时期和十年动乱时期，两次都犯了“左”倾指导思想的错误，党和社会主义事业遭受过重大的挫折。到 1978 年党的十一届三中全会，终于总结出了中国社会主义革命和建设取得胜利的规律性的正确指导思想。在党中央的卓越领导下，我们满怀信心地为全面开创社会主义现代化建设新局面而胜利前进。通过党史、革命史的学习，将帮助我们成为懂得中国革命和建设的规律性知识的、头脑清醒的自觉的革命者。

青年职工同志们，让我们一起努力吧！

《中共党史知识手册》序*

当代中国青年肩负着振兴中华、实现四化的历史重任，需要有马克思主义理论知识和历史知识。在全国青年读书活动中，青年们正以浓厚的兴趣在学习中国革命史、中共党史。由郑福林同志主编，郑文林、邵鹏文、焦书武同志审稿的这本《中共党史知识手册》是中共党史的工具书，内容比较丰富、知识性较强，同时具有鲜明的政治性和思想性，它将给我们读书活动以有益的帮助。

辞书性质的工具书，内容要求准确，是不容易编写的。我们希望这本书在同读者见面后，将听到读者的修改意见，使之逐步完善起来。

1983年10月

---

* 原载《中共党史知识手册》，吉林建工学院马列主义教研室编写组编写（内部发行）。

《中国革命史》前言*

中国革命史是中国共产党领导人民进行新民主主义革命和社会主义革命与建设的光辉历史。

60多年来，中国共产党领导人民进行了翻天覆地的新民主主义革命和艰辛宏伟的社会主义革命和建设。这是中国历史上最光辉灿烂的篇章。中国革命也为世界革命和国际共产主义运动积累了丰富的经验。

中国革命史是马克思列宁主义普遍原理同中国革命具体实际相结合的历史，是坚持和发展马克思列宁主义的历史，是毛泽东思想形成和发展的历史。

在中国革命的历程中，无数革命烈士为中华的崛起、为人民的解放，前仆后继、慷慨捐躯、视死如归。多少革命先辈，为共产主义事业在中国的胜利，出生入死，尽瘁终生。他们革命信念的坚定、理想的远大、道德的高尚、意志的坚强，是历史上一切古人所不能比拟的。上下五千年，英雄万万千，中国革命史则是无产阶级的人民英雄业绩的总汇。

学习中国革命史，将帮助我们认识历史发展的规律性；克服民族自卑感和盲目崇拜西方资本主义的心理，激发我们爱国、爱党、爱社会主义的热情。

学习中国革命史，将帮助我们深刻地领悟毛泽东思想是一个科学

---

* 原载《中国革命史》，北京，红旗出版社，1983。

的思想体系，从而提高我们的觉悟程度和理论水平，用革命理论指导自己的行动。

学习中国革命史，将帮助我们较深刻地了解在我们的革命和建设中发生过的失误和挫折，并从这些失误和挫折中吸取教训，尤其是从几次“左”的错误中吸取深刻的教训，避免重犯历史上犯过的错误。

党的十一届三中全会以来，我们党坚持和发展了毛泽东思想。学习中国革命史，有利于我们加深对党的三中全会以来的路线、方针、政策的理解，更自觉地贯彻和执行党的方针和政策，大大地推进我国社会主义的物质文明和精神文明的建设。

学习中国革命史，将帮助我们学习革命先烈和老一辈无产阶级革命家的坚定的共产主义思想和高尚的道德品质，激励我们继承和发扬他们的为共产主义而献身的精神。

学习中国革命史，要同学习《毛泽东选集》、《周恩来选集》、《刘少奇选集》、《朱德选集》和《邓小平文选》、《陈云文稿选编》等老一辈革命家的著作结合起来，才可以学得更好。

用革命斗争故事进行传统教育

——读《现代革命斗争故事》丛书*

为了祖国的未来，我们应对少年儿童进行革命传统教育和爱国主义教育。要使他们在上小学阶段就初步懂得一点革命历史知识，受到党的优良作风和共产主义精神的熏陶。这样，可以为他们日后系统地学习中共党史和树立共产主义远大理想打下基础。因为小学阶段所学的东西，在人的一生中，印象最深，影响也极深远。这是少年儿童工作者和宣传、教育工作者的一项重要的课题。

我看了新蕾出版社编辑出版的一套通俗的少儿历史读物——《现代革命斗争故事》丛书，认为作者、编辑们在这方面做了很好的尝试。他们从大量的历史文献、资料、革命回忆录中，精选出160多个有典型性、有故事情节、有特色的历史事件和人物事迹，编写成为生动活泼的感人的故事。这些故事，很适合少年儿童的口味，简洁、浅显，引人入胜。同时又不失历史的真实，因而成为小读者喜闻乐见，易于接受的历史读物。

同时，作者又将思想性寓于这些生动、有趣的小故事之中。通过对广大人民群众和杰出的历史人物的斗争事迹的描写，很自然地刻画出了领袖人物与人民群众的血肉关系，刻画出了我们党的领导作用和先驱者的伟大精神。这套丛书，不是用枯燥的说教，而是用活生生的亲切的榜样，以情动人，因而能使小读者在浓厚的兴趣中、在强烈的感染中，学习革命先辈的英雄气概和崇高品质，潜移默化地得到

---

* 原载《光明日报》，1984-04-14。

教益。

从书中讲的 160 多个故事，每个都能独立成篇，看上去并不连贯。但由于编排内容时，照顾到了各个历史阶段中的重大事件、主要人物的活动，反映了一定历史时期的概貌或侧面，因此使小读者在阅读的同时，也学到了一些革命史知识。这就为给孩子们讲历史开拓了新的领域和途径。

在建设以共产主义思想为核心的社会主义精神文明的重要事业中，这套书不失为好的辅助教材。建议老师、辅导员、家长们看看这套书，把书里的故事讲给孩子们听。更希望小读者们能自己阅读，从中汲取知识和力量。

板凳要坐十年冷　文章不写一句空

——治学方法点滴*

讲治学方法，首先要讲治学精神。党和人民要求我们提高教学质量，多出科学研究成果，有更多更好的科学著作和教材问世。我们治学的出发点，是为了适应党和人民的需要。满怀着对共产主义事业的高度的责任心，满怀着热爱社会主义祖国的热情，有强烈的事业心，热爱自己的专业和工作，这是我们治学的动力，取得成果的关键。

治学的过程，也是自学的过程。治学要获得成果，没有别的捷径，只有扎扎实实、孜孜不倦、刻苦自励这一条路。就是"书山有路勤为径，学海无涯苦作舟"。没有勤奋辛苦的治学精神，也就不会有什么成果。

一个人的知识和学问，是积累起来的。要长时间地努力，日积月累，日有所进。因此，我们必须十分珍惜时间，善于利用一切公余闲暇的零碎时间来学习。爱惜时间，就是爱惜有限的生命，"吾生也有涯，学也无涯"，必须抓紧每时每刻，向知识的海洋、学习的高峰前进。

治学要提高效率，必须在看书学习思考时，聚精会神，高度集中注意力，一心不乱。要虚心向学，向良师益友请教，在各种场合，耳聪目明，善于吸收一切有益的知识。还要善于利用各种工具书和地图。

人的生命和精力有限，主要精力应该用于精通自己的专业，在这

---

* 原载《高教战线》，1984（3）。

个基础上再扩展知识面，求得适当的“博”。如果没有主攻方向，样样学问都涉猎一点，又都浮光掠影，只懂得些皮毛，就难以取得成绩。

有关自己专业的基本著作要精读，力求记住主要内容，使自己脑海里储存着专业的基本知识，能够熟练地运用。例如学历史，脑海里要记忆着所学历史的大事年表，以后再阅读你所学历史的有关资料时，就能把有关的新材料，纳入你脑海中的大事年表里，这样容易记住，阅读的效率就高，脑海里所记忆的知识也就有条理，能有条不紊地讲述出来或回忆起来、联想起来。脑海里有着你所学的基本知识的有条理的记忆，是很要紧的。记住了一个基本线索，就能提高记忆的效率，不断增添记住的新内容。只有记住了的内容，才真正是你的知识，记住的内容越多，知识也越广博，这叫做博闻强记。增强记忆力的方法，主要是在阅读文章的一段后，回想一下，读完一篇后，通篇回想一下。读一本书，要逐节逐章读后就回想一下，读完一本书，要回想一下全书的梗概。记不起来的地方，再看一下。以后定期再阅读，熟了也就记住了。读过以后，写一个提要，或向人讲述一次，都能增强记忆。阅读时做眉批，查地图，做札记、卡片、摘抄、索引，写心得，都能加深记忆和理解。与自己的专业有关的重要的基本的书，要精读，下功夫，反复读。读书贵乎精，好书不惮多次读。

报刊上一般的文章和消息，其他一般的书，可以扫描式地浏览一下，注意它的标题，找出它的最重要的内容。我们看报上的有些报道，写得很长，你阅读时把开头那些套话，很快浏览过去，注意找到实质性的几句话：讲的是什么人，什么事，怎么样，就行了。有些书也可以很快地看一下，注意找出它有什么新的见解、新的有用的材料。可以多注意一下书前的提要、书后的结论，书籍的目录、结构。提高浏览的速度，吸取其精华，可以节省时间，提高效益。

做学问、从事科学研究，平时脑海里总是酝酿着一些题目或科研项目。有了一定的想法，掌握了基本的材料，就可以动笔写文章或写书。拟定题目或书名，要注意科学、切实，题目宁肯小些，内容力求充实，不要题目大而内容少，形成“大而空”、“大题小做”。

拟好题目后，先要构思一个提纲，也就是文章（或书）的结构：

分几个部分，每部分又分几个问题，几个论点，论证的层次。提纲拟好后，再按提纲开列参考书目，按各本书中涉及的材料的多少和重要性，排列参考书的次序。然后逐一看参考书，按提纲内容，摘抄材料，写下心得。把参考书上要用的材料都摘抄好了，自己的心得、体会、看法也按提纲和问题记述下了，准备工作初步完成了，然后才可以动笔写作。写一篇文章或著作的一节，要集中时间来写，一气呵成，力求连贯。准备工作要做得充分，阅读和抄摘材料要花去较多的时间和精力，思想酝酿，也是反复捉摸、思索打腹稿的过程，准备的时间花得多些，考虑得成熟些，动笔写作时就顺利，可以较快地写出。如果准备工作不充分，文章的主题思想没有酝酿明确，边想边写边查参考书，越写越乱，文章就会难产或流产。

文章写好后再看看，修改加工。求得文字通达、简练，句子要短些，避免冗长。文章内容，要求观点明确，层次分明，论证的逻辑性强。力求做到"事信言文"，就是文章内容严谨，事实准确可信，言必有据；文字通顺而有一定的文采。

范老（文澜）有两句治学的格言："板凳要坐十年冷，文章不写一句空。"就是说，治学的人，第一，要有长期地坐冷板凳下苦功夫的精神；第二，要有扎实严谨的科学态度，不写无根据的大话、空话。范老这两句治学格言，可以作为我们效法和共同勉励的座右铭。

《〈中国革命史讲义〉学习指导》前言*

党的十一届三中全会和十二届三中全会的春风，吹绿了祖国大地。伴随着经济建设的高潮，读书活动的热潮蓬勃兴起，蔚然成风。在党的“尊重知识，尊重人才”的伟大号召下，广大青年和干部为振兴中华而求知若渴。学习中国革命史，获得中国共产党领导中国革命的历史知识，获得革命经验、理论和规律的知识，这是当代社会主义建设者的必读的课程和必须具备的知识。

这些年来，在党政干部自学考试课程中，在大专院校和夜大学、函授大学、刊授大学、大专培训班的政治理论课程中，广泛采用了《中国革命史讲义》一书。这部书在史实叙述和理论介绍上，分量都较重。作为大专水平的教材，这样的分量是需要的。现在，为了帮助青年特别是自学者掌握这部教材的重点，为了辅导自学，由王建初同志编写了这本《〈中国革命史讲义〉学习指导》①。它可以帮助读者提纲挈领地掌握每一章节的要点和重点；它开列了每章的阅读书目和参考材料，提出了思考题目，帮助自学者深入学习和找到重点。我们希望本书对读者会有裨益。

1985 年 1 月

附：《〈中国革命史讲义〉学习指导》说明

胡华主编的《中国革命史讲义》，是有关领导部门指定的党政干

---

* 原载《〈中国革命史讲义〉学习指导》，北京，语文出版社，1985。

① 此书为 1985 年《高等教育中文专业自学丛书》之一。

部基础课自学教材。为了帮助自学者比较全面地掌握课程的体系，和比较深入地理解课程的重点内容；为了帮助自学者参加自学考试，我们编写了这个辅导材料。

在学习过程中，讲义需要阅读。但更要认真研读指定的原著，深刻领会其精神实质，从中学习革命立场、观点和方法，用马克思列宁主义、毛泽东思想武装自己的头脑。

思考题是为了促进自学者更好理解每一章节叙述的重要问题，以提高理论和知识水平。题目较多，是考虑到有助于自学考试的准备。自学者要主动地、努力地培养自己思考、分析、综合和写作的能力。

本书所列章、节、目的标题，与《讲义》相同。

编者

1985 年 1 月

建设好光荣的塞上名城

——祝贺《张家口市报》创刊*

张家口在历史上是塞上名城。中国共产党成立后，张家口和京绥铁路是党领导的工人运动的最早的发祥地之一。1925 年、1926 年在第一次国共合作中，国民军驻张垣（张家口）时期，张垣曾是北方的一个革命中心。1933 年，我党以吉鸿昌同志为代表，同冯玉祥将军合作，在张家口高举起“察哈尔民众抗日同盟军”的义旗，一举收复多伦等察东四县，威名震惊中外。张垣又成为抗日和革命的中心。

1945 年、1946 年，八路军第一次解放张家口，张家口成为华北解放区的首府，也成为中外瞩目的解放区的中心城市。那时，从延安出发的大量干部和华北解放区的大量干部云集张市，为管理和建设工业城市创造经验。大后方与平、津的大量进步青年，纷纷来张家口参加革命，进入华北联合大学学习。张家口办有《晋察冀日报》和《北方文化》月刊及《群众》杂志等报刊，张家口人民广播电台的播音使全世界听到了我党中央的声音。张市工人阶级在反奸清算斗争的基础上，成立各级、各业工会和总工会，迅速恢复和发展生产，创造了“超额奖励”、“超产分红”、“计件包产”等促进生产、提高职工收入的行之有效的生产竞赛办法，使张市经济繁荣活跃，并有力地支援了前线。

党的十一届三中全会以来，到十二届三中全会，以至今天，张市

---

* 原载《张家口市报》，1985-01-02。

已从逐步清除“左”的影响中迅速地繁荣起来。1984 年夏，我到张市见到的是焕然一新的一片繁荣兴旺景象，比之 1972 年我到张市见到“文革”浩劫造成的残破寥落景象，已不可同日而语。方针政策的正确性是根本性的关键。沿着党的十二届三中全会所规划的经济体制改革的方向坚定不移地前进，深信张市能够日臻富裕繁荣，人民安居乐业，额手相庆，这个塞上名城的前程，必将似锦如花。

张垣有许多优势条件。张市人民智慧勤劳，可以充分开发智力、起用能人、提高教育水准；张市靠近北京，可以成为首都的卫星城市，吸引首都的智力、技术、设备；张市季节比北京晚一个月，可以为首都提供新鲜的蔬菜、瓜果、葡萄及其他农副产品……振兴坝上畜牧业，以振兴张垣皮都。还可进一步发展有基础的机械、烟草、毛纺、面粉等工业和服务行业，以及充分发挥首都通向西北的交通枢纽与货物集散地的有利条件，加强同国际上的联系。

《张家口市报》的出版，必将在贯彻党的十一届三中全会方针和耀邦同志指示①，在贯彻市委的正确领导和经济改革、经济起飞、腾飞上，起到重要作用。

① 此指示是“把塞外山城建设得更加美好”。

《中国百年历史人物图辑》序*

我们读历史人物的传记，总要联想到其人的容貌、身躯和装束。对古代的人物，因那时没有照片，留下画像的也极少，只好凭简略的文字描述来想象。如张子房，史传说他如“妇人好女”，他究竟是什么样子，只好循此去想象了。关于卓文君，描写她“眉际常若远山，脸际常若芙蓉”，她的美丽秀姿也只好凭此去想象。诸葛亮和周瑜都是“羽扇纶巾”的风度，苏轼说：“遥想公瑾当年，小乔初嫁了，雄姿英发”，周瑜“雄姿英发”这个风貌，是苏轼“遥想”出来的。曹操到底是络腮大胡子，还是山羊胡子，史家甚至对此还有辩论。我们对历史人物描述和评论，倒不必以貌取人。但是，“人之不同，各如其面”，有时对历史人物各不相同的面貌、风度多了解些，还是很有必要的。

1983 年 11 月，在长沙开全国中共党史人物研究会第三次大会时，舒志超同志同我谈起他正在收集近代历史人物的照片和重要活动照片，拟编印成册，我极表赞成。我告诉他，《东方杂志》、《国闻周报》、《良友画报》、《中国抗战画史》和各抗日根据地出的画报，有许多时事人物照片。各革命博物馆、纪念馆有不少馆藏的人物照片。现在，经他努力和有关方面赞助，编成了这本选辑，我想对近代史、党史的教学和研究是很有裨益的。

所选人物照片，以后还可以逐步增加，做到图文并茂。这些人物

---

* 原载《中国百年历史人物图辑》，上海戏剧学院舒志超主编。

的千秋功罪，已由历史、由人民对他们做出公正的评说。那些为祖国为人民奋斗终生的、献出了宝贵生命的勇士，将光照千秋，永远为后世人们缅怀。为人民做过些好事的人，人们也不会忘记他的功绩。那些祸国殃民的历史罪人，则只能像秦桧夫妇，永世受到人民的唾骂。

近代中国历史上涌现了大量留为榜样的好儿女。这些爱国志士、共产主义战士，永远活在我们的记忆中，永垂不朽！

1985 年 2 月 26 日

《冯玉祥与抗日同盟军》序*

这是一部关于 1933 年察哈尔民众抗日同盟军斗争的历史资料。它以曾经参加过抗日同盟军斗争而今尚在人世的老同志撰写的回忆录为主，还有一部较为详细的《察哈尔民众抗日同盟军大事记》。这部史料的特点是：以中国共产党与冯玉祥将军等抗日爱国将领的合作抗日活动为主线，从不同侧面集中反映了这一斗争的来龙去脉和是非曲直，叙述了中共党员的活动和所起的作用。从而，帮助读者和研究者了解这一为时不长却又纷繁迷离的历史事件的真相。

这也是一部纪念抗日同盟军斗争的文集。虽然这些资料现在看来还不够系统，内容也不够丰富和全面，但它的问世，对于当时在抗击日本侵略军和国民党亲日派的殊死斗争中牺牲的先驱是很好的纪念；对今天的青年和将来的青年进行爱国主义教育和近代革命史教育有一定的作用，对于史学界研究这一历史事件也提供了不少宝贵的资料。

过去，有些书稿在谈到察哈尔民众抗日同盟军时，不免有些以讹传讹之处。我们党与冯玉祥将军合作抗日究竟是怎样进行的，也很少有人知道实情。1933 年，日军越过长城向华北进犯，在民族危急的关头，蒋介石、汪精卫之流采取了丧权辱国的不抵抗主义。而当时我党临时中央政治局在王明“左”倾错误的统治下，却提出了一系列“左”倾方针政策，严重危害了我党联合各派抗日力量的工作。但是，在毛泽东、周恩来、刘少奇、朱德等同志的领导下，我们党也提出了

---

* 原载《冯玉祥与抗日同盟军》，石家庄，河北人民出版社，1985。

一些合乎客观实际，有利于形成抗日民族统一战线的具体方针措施。比如，1933 年 1 月 17 日，中华苏维埃临时中央政府、工农红军革命军事委员会发表宣言，提出在停止进攻革命根据地、保障人民的自由权利、武装人民三个条件下和国民党中愿意同我们合作抗日的部分订立抗日协定的政策；又如在周恩来、陈赓同志的影响下，我党在抗日同盟军酝酿初期与冯玉祥等爱国将领合作的方针，也是与“一·一七宣言”相一致的。所以才出现了如毛泽东同志所说的：“国民党营垒中，在民族危机到了严重关头的时候，是要发生破裂的。”“冯玉祥于一九三三年在察哈尔还曾经和共产党一度合作，建立了抗日同盟军。”[《论反对日本帝国主义的策略》，见《毛泽东选集》（合订本），132、133 页]

为了纪念抗日同盟军斗争，缅怀已经离开我们的革命先辈，我曾经撰写过一篇怀念萧明同志的文章。对于这些革命先辈，我想都应该有一个生平革命事迹的传记。除了谢子长、许权中已经有同志写了传记，编入大型丛书《中共党史人物传》（陕西人民出版社出版）以外，我想还应该有几篇介绍武止戈、张存实、阎红彦、陈镜湖、张韬、战韬等中华民族优秀儿子的生平传记；也应该有那些曾经为收复察东四县以及在小汤山地区激战时阵亡的烈士的传略。据知，现在仅有部分烈士的姓名留了下来。希望有可能为他们作传的同志，尽最大的努力！

在一定的范围内，这也是一部被“抢救”下来的珍贵的历史资料。曾经流行较广的关于抗日同盟军的回忆文章，这本书限于篇幅，未再收用。现在收入的主要是一些亲历者近几年执笔或口述提供的资料。在各位撰稿人中，多数同志已是皓首之年。其中，有的同志，在访问者刚刚记录下来他在抗日同盟军经历的口述后，便不幸与世长辞了；也有的同志是在审阅了他关于参加抗日同盟军斗争经过的口述记录后不久，便病重入院，如今已失去了口述或审看的能力。可见，及时“抢救”近代历史的活资料是迫在眉睫的工作。刘涓迅同志从 1979 年开始，走访了许多抗日同盟军老前辈；以后又在当地党组织和一些革命老同志的支持下，经过不懈的努力，整理出一些有价值的回忆录，并查阅了大量的档案、报刊资料，征求了许多参加过抗日同盟军斗争的老同志的意见，撰写出了《察哈尔民众抗日同盟军大事记》。我认为，由当年亲身参加过实际革命斗争的老同志亲自动口、动手搞回忆录是极其重要和可贵的。同时，动员、发现和培养一批有热心、有能力从事“抢救”近代历史活资料工作的人员，也是十分重要的。

抗日战争胜利以后，我曾在张家口市总工会负责宣传部工作。日本投降了，伪蒙疆自治政府垮台了，人民胜利了！这座在12年前抗日同盟军崛起的山城，正洋溢着欢庆新生的喜悦。京绥铁路老工人抚今追昔，向我们讲述了工人阶级在抗日同盟军斗争中所起的伟大作用，也讲到了工人领袖、中共党员常金凤、孟昭瑞、王家骏等在抗日同盟军失败后，被反动派残杀的情景……现在，经过30多年的社会主义建设，张家口已经成为一座新型的工业城市。在党的领导下，山城人民正在社会主义现代化建设的道路上阔步前进！为了民族的解放、人民的民主幸福而献身在这块土地上的先烈们，将永远值得我们纪念和学习。我们还向曾经在这里进行过革命斗争的老同志表示最崇高的敬意。我想，后人也是不会忘记他们的。

《毛泽东思想概述》序*

中国共产党以其艰苦卓绝的英勇奋斗而闻名于世，在党的历史上曾经遭受过几次重大的挫折和失败，其原因主要是理论指导上的错误。在第二次国内革命战争后期和抗日战争后期，以毛泽东同志为代表，正确总结集体奋斗的历史经验，深刻研究中国国情，把马克思列宁主义科学原理同中国革命和建设的实践结合起来，形成了一整套指导中国革命和根据地建设的正确理论，这就是毛泽东思想。它是党的集体流血奋斗的经验和智慧的结晶，是马克思列宁主义在中国的发展，是指导中国革命和建设取得伟大胜利的、形成了完整的体系的指导思想和理论。毛泽东思想的科学体系的基本精神，一条是坚持马克思列宁主义的基本原理，一条是实事求是、一切从实际出发、理论同实际相结合。《关于建国以来党的若干历史问题的决议》，对毛泽东思想作了科学的概括和说明。我们要正确地把毛泽东同志晚年的错误，同毛泽东思想的科学体系区分开来。

党的十一届三中全会以来，我们党和人民为建设中国特色社会主义国家而努力奋斗。我们不仅不能轻视理论，而是更需要正确的理论指导，在新的情况和新的历史条件下，发展马克思列宁主义和毛泽东思想，在党中央的正确领导下，全党全民族提高理论水平，提高自觉性，克服盲目性，才能加速我国四化建设的进程，而避免和减少工作上的失误。

---

* 原载《毛泽东思想概述》，乌鲁木齐，新疆人民出版社，1986。

七所高等院校党史教研室的十来位教师编写的这本《毛泽东思想概述》，作为通俗教材，将有益于提高广大青年和读者的理论水平。当然，这是一本初稿性的书，我们也希望它在读者和编写者的努力下，继续提高和完善起来。

1985 年 4 月

《中共党史教学论纲》序*

为了建设社会主义的精神文明，帮助青年树立共产主义的远大理想和信念，无疑需要加强和改善中共党史课的教学。各个社会主义国家无不十分重视对青年进行本国的党史的教育，我们党历来也有重视中共党史教育的优良传统。为了更有效地进行党史教育，需要研究如何改善党史教学。彭承福同志写作的《中共党史教学论纲》一书，是她根据多年担任党史教师的实践经验，结合教育学的原理而做出的有益的探索。本书的出版，将对改进党史教学和政治理论课教学工作，给予有益的启示。

1985 年 4 月

---

* 原载《中共党史教学论纲》，重庆，西南师范大学出版社，1986。

《九一八事变研究》序*

日本军国主义的兴起和侵略扩张，危害了世界和平，给中国人民带来了深重的灾难，东南亚人民也惨遭蹂躏。同时，也是日本人民的一场历史性的灾难，许多青年充当侵略军，暴尸异国，日本许多城市遭受猛烈轰炸，夷为废墟，战争的消耗，也使日本国内广大人民生活困苦不堪。

九一八事变，是日本军国主义推行大陆政策的一个严重步骤，也是第二次世界大战的一个序幕。日本侵略军攻占沈阳北大营的炮声，开启了长达 14 年之久的对华侵略战争，中国人民蒙受了一场空前的全民族的灾难和浩劫。

中国人民酷爱和平，但和平不是用乞求所能得到的。国民党政府蒋介石的不抵抗主义，乞求国际联盟的调解，恰恰是助长了日本法西斯的侵略野心，进一步招来了华北危机和七七事变。蒋介石的反共反人民的所谓“攘外必先安内”的反动政策，正是迎合了日本侵略者的侵略政策，招来了民族的大灾祸。如果在九一八事变时，国民党政府能在全国人民的热烈支援下坚决抵抗，则历史将会是另一个样子。

中国共产党人，全国各民族、各阶层、各界广大爱国人民包括国民党的广大爱国将士，坚决抵抗、团结奋斗，终于形成了全民族的抗战。在国际反法西斯战线苏联、美国等盟国的支援和共同奋战下，终于打败了日本侵略者，取得了抗日战争的胜利。

---

* 原载《九一八事变研究》，北京，国防大学出版社，1986。

中国共产党在毛泽东等同志的正确领导下，对西安事变后的蒋介石愿意抗战的一面，实行团结政策，对他们的反共反人民和对敌妥协倾向的一面，则实行有理、有利、有节的斗争政策。党的正确的抗日民族统一战线策略，是抗战胜利的重要保证，而党领导的人民军队则是坚持抗战的中流砥柱。

中日两国人民愿意世世代代友好下去，我们同日本广大爱好和平的人民和一切和平力量都友好、团结、合作。但日本仍有极少数右翼的军国主义的幽灵在活动着。他们遭到中日人民的一致反对和唾弃。

历史是一面镜子。前事不忘，后事之师。研究九一八事变的历史，正是为了吸取教训，避免悲惨的历史重演。我们要正视历史的事实，历史是掩盖不了、抹杀不了的。日本有极少数人想掩盖九一八事变以来侵略中国的事实和种种血腥的暴行，这是徒劳的。发动侵略的责任在军国主义者，暴行的军士也有个人责任。但这已是历史的陈迹，要紧的是记取这些残酷的教训，不使重演，才能发展和平和友好。

刘庭华同志从 1979 年起用了前后五年时间，收集九一八事变的史料，写出了这段历史。他是一位青年军人，他的努力是可贵的。我想，这部初稿问世，是有意义的。写许多重要历史事件专史的书还是太少，我希望有更多这类作品问世，给我们提供历史的资料和专题的研究，推进我们的近现代史研究和史学工作，并藉此得到广大读者的指正。

1985 年 5 月 29 日

《武汉抗战史料（选编）》序*

1938年的武汉保卫战，是八年神圣抗战中的一个高潮，举世瞩目。

记得1938年10月12日，我由长沙八路军新四军办事处出发，乘轮船过洞庭湖到武汉，在汉口八路军办事处楼下一个大厅里住了几天，大厅的水泥地上铺了些席子，我们四十来个青年就睡在这地铺上。我们每天上街买些糯米团裹油条，喝点虾皮豆浆充饥。这时，虽然武汉外围战事吃紧，机关在撤退中，武汉人民还是很镇定。青年、妇女、店员组成救护队、治安巡逻队、宣传队等，挂着袖章，整齐地走在街上，执行各自的任务。书摊上《毛泽东抗战言论集》、《朱德抗战言论集》、《中华民族的伟大子孙周恩来》、《吴玉章抗战言论集》和毛泽东《论持久战》等书，以及新知书店出版的列宁著的《什么是马克思主义》、斯大林著的《什么是列宁主义》、列昂捷夫著的《政治经济学讲话》等书，都公开出售，随处可以买到。当时，毛泽东同志的《论持久战》一书，大大振奋了全国抗战人心，武汉三镇虽然处在空袭和支援前线的紧张状态之中，但仍弥漫着高涨的抗日气氛。我们四十来个青年，以两湖的青年为多，组成为新四军战地服务团，由新四军罗征远参谋率领，乘火车到广水，然后步行经应山、马坪、随县、枣阳，到河南的唐河、南阳，经临汝而至洛阳，坐火车到西安七贤庄八路军办事处，再步行到延安抗大和旬邑陕北公学。在路上，我们听

---

* 原载《武汉抗战史料（选编）》，武汉市档案馆、八路军武汉办事处旧址纪念馆、武汉图书馆合编。

到了武汉失守的消息。一路上，群众看到我们是共产党领导的新四军，都很热情地帮助我们。那时，我感到人民都怀有万众一心、抗战必胜的信念。

今年是抗日战争胜利 40 周年。武汉市档案馆、八路军武汉办事处旧址纪念馆、武汉图书馆，为对群众进行爱国主义教育，促进第三次国共合作，并为史学研究提供资料，以三馆馆藏的第一手资料为主，合编了这本《武汉抗战史料（选编）》，由李泽同志主编。这本资料充分反映了我们伟大民族的抗战，是在中国共产党倡导的抗日民族统一战线旗帜下，以第二次国共合作为基础，各界各族人民、各民主党派、抗日团体、海外侨胞和广大爱国军民参加的全民族抗战；也得到国际友人的正义的支援。中国共产党正确的政治主张、政治领导和军事战略的指导，指明了抗战胜利的道路，鼓舞了广大人民抗战必胜的信念和斗志，是团结全民族坚持抗战大局、赢得抗战胜利的根本保证。这本书反映了武汉地区广大军民在整个八年抗战中的重大斗争。我们纪念和缅怀那些在艰苦的岁月中用各种形式进行抗日斗争打击侵略者的爱国军民。我们对为民族抗战而流血牺牲的勇士们，表示深深的崇敬和悼念。我们对在武汉地区血洒长空的中国和苏联志愿的飞行员们，对壮烈牺牲的爱国将领，如武汉保卫战中的陈德馨旅长等人和其后在襄樊战役中殉国的张自忠将军等，都表示崇高的敬意。

我们希望读了这本有着珍贵的历史资料的广大读者，能够激起热爱祖国、热爱民族大团结的感情，为祖国的统一、为维护世界和平和各国人民的友好事业而共同奋斗。

1985 年 6 月 12 日

《中国革命和建设基本知识》序言*

中国革命和建设基本知识，是当代青年和广大自学的党、政、企业干部和职工应学习的一门基础课，也是高等院校教学中共同课的一个组成部分。郑福林同志编写的《中国革命和建设基本知识》，是以条目的形式，给读者提供了学习这一科目的辅助性的工具书。它的内容比较丰富、齐全，知识性较强，并具有鲜明的政治性和思想性；在编排上比较合理，查阅方便，是一本有益的学习资料。编写的同志是下了许多功夫，并以严肃认真的态度进行这一工作的。但由于条目很多，内容难免有不准确的地方，而且有些史实和观点的表述是尚待进一步研究。我认为，编写的同志努力的精神很好。这方面资料性、工具性的书，目前在我国还是较少，是读者所需要的。书中如有缺漏错讹之处，是可以不断地改正的，书的内容质量也可以随着研究的深入而提高。

1985 年 5 月

---

* 原载《中国革命和建设基本知识》，长春，吉林人民出版社，1985。

人民大学要创建成社会主义新型大学的典型*

——在首届教师节座谈会**上的发言提纲

1. 党和国家建立教师节，是我国尊师重教，尊重知识、尊重人才的体现。要实现四化，培养有理想、有道德、有文化、守纪律的人才，教育是决定性的一环。教师是培养人才的园丁，我们要不辜负党和国家的重托。我虽然有四十多年的教龄，但贡献很有限，知识面也不宽，还要努力学习，努力工作，一息尚存，就要为党的教育事业努力奋斗。我们要以“不愧为人师表”来共勉。

2. 中央指示，建立教师节，要切实解决一些实际问题。我想，中央调袁宝华同志来担任中国人民大学校长，就是解决人民大学实际问题的最切实的一件大事。我希望在党中央和袁校长的领导下，人民大学能切实承担起为国家培养社会科学、经济建设、行政管理等各方面干部的重任。人民大学不但要招收高中毕业生，而且要大量地招收在职国家干部，加以正规的教育，使他们达到大学毕业的程度；并且更多地招收研究生、留学生，国内和国外的进修教师，办好函院、夜大，担当起党和国家对我们所期望培养国家高级建设人才的重任。使中国人民大学这个校名能名副其实。

3. 中央指示，要切实为教师办一些好事，解决一些实际问题。由于人大是十年浩劫的重灾户，至今在教师工作条件和生活条件中还存在不少确实有待解决的实际问题。我建议，校领导可否给每个教师

---

* 摘自胡华 1985 年 9 月工作笔记。

** 1985 年 9 月 10 日，是新中国首届教师节。中国人民大学举办了庆祝座谈会，方毅副总理到会并向教师代表颁发纪念品。

发一张表，请他们提出自己在工作条件和生活条件上确实存在的一两个问题，倾听一下教师的呼声和要求，了解一下究竟存在一些什么实际问题；摸一摸底，把问题排一排队，根据需要和可能，创造条件，逐步给予解决。能办的先办；暂时不能办到的，领导心里可以有数，逐步创造条件来办；根本办不到的，也向有关同志加以解释说明。只要上下通气，关心教师的困难，即使一时办不到，我想教师们也是会谅解和拥护领导的。

4. 建议把中国人民大学办成一个开放型的大学。一方面是对外开放，积极同美国、日本、西欧和苏联、东欧的相应大学，建立姊妹学校关系，开展校际来往、学术交流、学者互访和互派留学生，先要开展图书资料的交流。为此，我校需要抓紧建造一座高层的专家招待所，既可同国内外学者进行教学和学术交流，也可以为本校增加外汇收入和房费收入。另一方面是对内横向开放，同各省、市、自治区相应的兄弟院校建立对内的联系，互相交流学习，不可以老大自居。为了理论联系实际，更要同计委、经委、中国社会科学院和有关中央领导部门联系，取得帮助和指导；还要固定地找几个工厂、农村、乡镇，作定点的联系，便于进行实习和互相帮助。在横向联系中，还要发挥校友会的作用。中国人民大学前身可以追溯到陕北公学、鲁迅艺术学院、安吴堡战时青年训练班、延安工人学校、华北联合大学、延安大学、北方大学、华北大学和华北人民革命大学，加上三十五年来的人大，校友遍于全国各条战线，如果能联络和推动校友的力量，支持母校的教育事业，对人民大学的发展，将有极大的帮助。

5. 1950 年 10 月 3 日中国人民大学开学典礼上，刘少奇同志代表党中央讲话，曾提出人民大学要创建成新型社会主义大学的典型，以后在沈阳、武汉、广州各地推广。我们还是要努力担当起这个未完成的光荣任务。创建中国特色的社会主义新型大学，我们要肯定现有的基础，改革必须稳步继承中国悠久的办教育的优良传统、解放区办教育的优良传统，结合当前的国情。我国还处在贫穷和落后的状况，慎重地博采众长，既参考苏联、东欧等社会主义国家的办学经验，也参考发达的资本主义国家的办学经验，创建中国特色的社会主义大学。我认为，当前主要要注意的是防止把发达资本主义国家、人均经济收入很高的国家的一些办法搬到中国来。我们要考虑我国还有一亿多人口没有解决温饱问题，其他八九亿人口也是刚刚解决温饱问题，如何帮助广大贫穷的、文化落后地区的子弟有深造的机会，是个问题。列宁曾经把大批参加十月革命和国内战争的青年送进大学深造，苏联、美国都曾把参加反法西斯战争的青年免费送进大学深造，是他们经济和科技突飞猛进的重要原因。我们党在新中国成立初期，曾经把郝建秀、张志新、高玉宝等一批青年干部送进人民大学深造，现在有一大批在职的较年轻的干部，由于十年动乱而未能进入大学，我觉得选拔大量的在职的青年干部进入人民大学等大学深造，使他们成为有大学毕业文化科学水平的专家，应该是人民大学开门办学的一个重要方向。

6. 吴玉章是中国人民大学的创建人、我党共产主义和国际主义的活动家，设立吴玉章基金会和奖学金，是很好、很庄严的工作，杨尚昆同志都捐了钱，已收到基金 50 万元，此工作应该做好，不要拖延。

7. 人民大学校园范围已很狭窄，现在西南角大操场，周总理来讲过话的地方，二十五六亩地被一个单位占用，旁边二十七亩地被另一个单位占用，这种状况对教学工作很不利，全校同志都希望上级领导能帮助解决这个问题。另外，张自忠路三号是很大一部分教师集中居住的地方，这个地方的建设、后勤工作急需改进，应该充分利用那个地方，一方面改善部分教授的居住条件，一方面作为一个点，可以为北京市和中央机关办夜大学。

以上意见、感想，可能不对，讲错的地方望指正。

党史的启示

——有理想、守纪律是我们的光荣传统*

最近，读到一篇何隽先生写的《李大钊殉难目睹记》，有如下的记载：

张作霖“判处李大钊等二十人死刑……在京师看守所内刑场绞决。晨九时……李太钊意气轩昂，胸襟爽朗，不知其为铁窗中人也。指挥行刑官云：……现奉官命令，今日执行。你等对于家属如何处分事件，可缮函代为转交。李大钊云：‘我是崇信共产主义者，知有主义不知有家，为主义而死分也，何函为?!’旋经行刑人拥登绞台左绞绳下铁盖上……神色自若不变。最后，李大钊高呼‘为主义而牺牲’！者再，毅然延颈就环。……赍志长逝，全场寂然。……时公历一九二七年四月二十八日也。”[《革命人物》，1985（1），43、44 页]

何隽先生的《目睹记》，真切地记载了我党共产主义的先驱者李大钊等 20 人为共产主义的理想而不惜牺牲宝贵的生命，视死如归、英勇就义的崇高精神。中国革命的胜利，中国人民站起来，中国成为当今世界上举足轻重的伟大的社会主义大国家，这是无数先烈、先辈为救国救民，为共产主义的崇高理想而牺牲流血所浇灌出来的胜利之花。

在中华民族遭受帝国主义及其走狗欺压、蹂躏的近代历史上，三民主义没有能够挽救中国，别的党派也没有能使中国摆脱灾难，只是有了中国共产党，才有了新中国。中国共产党是从只有几十个人参加

---

* 原载《中国青年报》，1985-10-25，发表时的题目是《树立理想要靠革命理论指引》。另见《理想教育萃编》，北京，北京师范学院出版社，1985；《理想的召唤》，武汉，武汉地质学院出版社，1986。

的一些共产主义小组的基础上发展起来的。这些人只是一些学生、知识分子、工农分子，无权无势，没有地位，没有财产。中国共产党人长期在极其艰苦的条件下从事革命斗争，靠着什么取得了革命的胜利呢？靠的是崇高的理想和铁的纪律。在战场上、刑场上，我们的许多党员、许多战士是高喊着“共产党万岁”、“共产主义必胜”而英勇献身的。有了中国共产党的领导和组织，广大的被压迫人民，就再也不是一只“睡狮”、“一盘散沙”，而是觉醒起来，为着共同的崇高目标——新民主主义、社会主义、共产主义的美好理想而奋斗，而且组织在工会、农会和各种群众革命团体中，组成极有组织、有良好纪律的革命行列。广大人民的觉醒，有了理想和纪律，就成为坚不可摧的最深厚的伟力，任何强大的敌人最终也不能不遭灭顶之灾。

要树立共产主义的坚强信念和崇高理想，并为之而英勇奋斗，就必须学习马克思列宁主义的理论。老一辈无产阶级革命家都是从读了《共产党宣言》、《社会主义从空想到科学的发展》、《共产主义 ABC》、《国家与革命》等等基本理论著作后，发生了思想转变而信仰了共产主义的。以后几代青年也都是通过多种形式的理论学习而树立了共产主义理想和信念。李大钊牺牲前高呼“为主义而牺牲”，夏明翰就义前写下了“砍头不要紧，只要主义真”的雄壮诗句，瞿秋白临刑前高唱《国际歌》，他们的慷慨就义都是坚信“主义真”，坚信自己所从事的事业是正义的，共产主义的真理必然胜利。在苏区、在解放区，在新中国成立以后，许多青年就有机会系统地学习马列主义理论。张志新烈士在她的自述中讲过：她在人民大学系统地学习了马列主义政治理论课，特别是党的历史，使她树立了对党对共产主义事业的坚定信心，帮助她决心为真理而献身。可见系统地学习革命理论，对一个人的共产主义世界观的形成有着何等重要的意义。

邓小平同志在最近闭幕的党的全国代表会议①上的讲话中，强调“要学习马克思主义理论”。因为革命理论关系到革命事业的成败，关系到一个人能否有坚定正确的政治方向。在新民主主义革命时代，那么多的革命志士放弃了安逸生活，离别了衰老的爹娘以至妻儿，投奔

① 此会在 1985 年 9 月 18—23 日召开。

到生活条件极其艰苦的解放区，为的不就是实现人类最美好的理想吗？在那硝烟弥漫的战争年代，千千万万个同志在艰苦的斗争中为实现美好的理想而壮烈牺牲了。我们要纪念他们，学习他们。现在社会主义实现了，我们要为建设有中国特色的社会主义，更好地实现美好的理想而奋力改革。只有胸怀远大的共产主义理想，我们的改革才会不偏离方向，因此，当代青年应当努力使自己成为懂得马克思主义理论的马克思主义者，成为有远大的理想、宽广的胸怀的共产主义者。

一个政党，一支队伍，如果没有严明的纪律，将会一事无成。记得抗战初期我们在陕北公学学习的时候，发生了一件事。原在抗大四大队学习的同学黄克功，他是一位立过战功的青年红军军官，因为谈恋爱，那个女学生不同他好了，在延河边，他生气拔出手枪竟把那位女同学打死了。边区法庭判他死刑，他要求到前方去同日寇拼杀，把他的血洒流在抗日战场上。党中央不同意，还是执行了纪律。这件事在当时影响很大，连当时的国民党方面都很佩服我们纪律严明。新中国成立初期，处决了过去立过战功而当时犯了严重贪污罪的刘青山、张子善。执法严明，使新中国形成了良好的社会风气，直到十年动乱，才被破坏。

在战争年代，我们的党风党纪军纪都很好。战斗中，连长、指导员带头冲锋，党员带头炸碉堡，有这样的同志带头，我们的队伍能没有战斗力吗？这就是我们的传统。

新中国成立后，我党处于执政党地位，经过十年动乱，我们队伍中的一些同志忘记了党的优良传统，加上外来的资产阶级腐朽思想的腐蚀，有些党员干部言行不一，对己执行纪律不严，对亲属犯法包庇徇私，败坏了党的声誉，失去了人民的信任。小平同志多次指出，这是很危险的。我们打击了一批刑事犯罪分子。现在还有不少严重的经济犯罪分子，为卖假药假酒，接受外商贿买，出卖国家经济利益。我们对那些违犯党纪国法的少数人，就应像在战争年代和建国初期一样，给予严惩。这样，我们的党风才会好转，我们事业的成功才有保证。

有理想、守纪律，同实事求是、群众路线、独立自主、艰苦奋斗一样，都是我们党的光荣传统，是我们党在几十年的革命斗争中，经过了不知多少次挫折而总结出来的带有规律性的东西，是我们党的宝贵财富。在新时期，我们应该把它继承下来，发扬开去！

《中国革命史研究荟萃》序*

中国革命史研究近年来发展很快，成绩显著，公开出版、发表的著作、论文要以“万”的数字来统计，超过了“文革”前17年的总和。随着研究队伍的日益壮大、研究成果的日益增多，我们迫切希望有一本反映这一领域新成果的综述文集问世。现在，华东师范大学出版社出版的《中国革命史研究荟萃（1911—1949）》，可以说在一定程度上满足了广大读者的愿望。这本书是华东师范大学第一届党史助教进修班35名年轻党史工作者，在翟作君、邬正洪等教师主持下，用一年半的时间编写出来的。这是他们怀着对这一专业的热爱之情，为中国革命史研究百花园培植的一朵绚丽的小花。

本书最突出的特点在于“新”。近几年来，由于中国革命史研究工作的深入开展，大量史料被挖掘、整理出来，新的研究领域被开拓，新的研究课题不断涌现，几乎对所有传统性的观点重新作了论证，有的在原有基础上加以深化；有的则被补充，使之更加准确、完善；有的则受到了挑战。许多问题展开了热烈的讨论，有的趋向一致，有的则分歧较大，一个人物、一个事件往往有两种以上的看法。由于诸多原因，每一个专业工作者均不可能全面了解这一领域的新成果。但是了解新信息、新动态对每个专业工作者来说，却是十分必要的。只有广泛搜集国内、国外的学术动态和资料，进行综合的分析研究，我们的视野才能开阔，业务水平才能提高。这本书正是在这方面

---

* 原载《中国革命史研究荟萃》，上海，华东师范大学出版社，1986；《文史哲》，1986（4）。

向我们提供了有益的帮助。全书共收录文章近 130 篇，共 440 多个问题。每篇实际上是某问题研究新成果的综述，它简明扼要地介绍了有关的学术观点和动态，篇末又附有主要参考资料，有利于读者的查阅。各篇合起来，就可以使我们比较全面地了解到中国革命史研究的深度和广度，这对专业工作者的教学和科研、对老同志撰写回忆录、对中国革命史有兴趣的读者来说，无疑是一本极有价值的参考书。

本书是华东师范大学党史助教进修班为配合教学而编写的。这件事对如何培养研究生和进修教师是一个很好的启示。课堂教学是十分必要的，适当安排一部分科研工作，则更能促进教学。这个班的实践已证明了这一点。在一年半的时间内，他们通过查阅大量书刊，充分掌握了在这一领域的最新信息，并用文字将其表述出来。这不仅对社会做出了贡献，也提高了他们自己的业务水平，同时还帮助他们在进行科研时能正确地选题。这一方面他们也已经取得了十分可喜的成果，本书反映着更多的绚丽的小花正在茁壮成长，越开越盛。

当前世界科技发展日新月异。为了适应这一发展，作为概述情报很重要的形式的综述文集，可以迅速反映新成果，使人们花很少的时间了解到新信息、新动态，在一定程度上起到了手册和工具书的作用，因而愈来愈受到人们的欢迎和重视。近几年，国内综述文章日见增多，但综述文集尚不多见。这本书正是在这一方面作了有意义的探索。作者们的辛勤劳动是值得称道的。

祝贺《中国革命史研究荟萃》的出版。

1986 年 1 月 16 日

于北京

《中国共产党机关发展史》前言*

曹润芳、潘贤英两同志编写了这本《中国共产党机关发展史》(自党的成立一直写到中华人民共和国成立)。这本书，史论结合，既有党的机构和组织的沿革、演变，又有主要人员的名单和更迭，并从理论上、党的组织原则上对这些变动做出了评述。本书观点正确，结构严谨，文笔通畅，简明扼要，是一部扎实的关于我党组织史的专著。它给党史和档案史提供了珍贵的资料，是一部初创性的力作。

两位作者经过数年的辛勤劳动，查阅了大量的第一手的档案材料，经过许多考订核实，才形成这本科研成果。它在中国人民大学作为教材印出时，得到了许多党史研究者和档案研究者的重视和好评；现在正式出版问世，将会得到广大读者和研究工作者的欢迎。

当然，写党的组织史，由于组织变动频繁和档案资料在战争环境与地下斗争环境中的散失和收集不全，书中所载，难免仍有差错；现在问世，也正可以以此征求亲历者和研究者的改正意见，以便将来能形成更详尽准确的组织史著作。

1986 年 2 月 1 日

---

* 原载《中国共产党机关发展史》，北京，档案出版社，1988。

一面历史的镜子

——《记叛徒张国焘》一书评介*

胡华　清庆瑞

《记叛徒张国焘》一书，是成仿吾同志的遗著。北京出版社出版。作者根据他“所了解的事实”，歌颂了鄂豫皖、川陕边区党和人民以及广大红军指战员的丰功伟绩，较系统地揭露和批判了叛徒张国焘对党和人民革命事业的危害，从而给我们提供了一面历史的镜子。

张国焘是中国共产党最早的党员之一，曾做过一些党的工作，但他在工作中屡犯错误，是一个野心勃勃的阴谋家和两面派。1938 年他公开叛逃，投靠蒋介石，充当国民党军统特务，后随国民党逃到台湾。1979 年死在国外。

张国焘在 60 年代所写的回忆录——《我的回忆》中，歪曲和篡改历史，极力美化自己。为了还张国焘这个叛徒的本来面目，成仿吾同志在这本书中，根据他在鄂豫皖革命根据地担任省委宣传部长与张国焘共事的亲身经历，并邀请了郭述申、徐以新、罗青长、陈先瑞等同张国焘共过事的老同志进行了多次的座谈，又查阅了大量的历史文献，用真实的确凿的具体历史事实，揭露了张国焘的罪恶路线和两面派行为，以及他反党、叛党充当国民党特务的卑劣行径，从而加深了人们对这个可耻叛徒的认识和憎恨。

历史是群众的事业，作者在本书中以很大的篇幅阐述了鄂豫皖边区党和人民创建革命根据地和红军的历史，阐述了张国焘擅自放弃鄂豫皖根据地后，边区党领导军民继续坚持英勇卓绝斗争的事迹，阐述

* 原载《光明日报》，1986-05-18。

了红四方面军广大指战员和川陕边区党与人民创建川陕革命根据地的光辉业绩，特别是阐述、分析了党和红军战胜张国焘的分裂主义和各种艰险从而取得了长征的辉煌胜利的历史。作者通过这些历史事实，从正面加深了对张国焘的批判。这些历史事实说明，我们的党、我们的人民、我们的军队是伟大的，是不可战胜的，历史可能发生某些曲折，但没有什么力量能够阻挡人民创造历史的前进步伐。危害人民事业的叛徒张国焘将永远被钉在历史的耻辱柱上，党和人民的共产主义事业必将从胜利走向胜利。

《卢沟桥事变风云篇》序*

七七事变是一个重大的历史事件，在中国近代史、中国革命史和世界近现代史上，都具有深远的影响。

由七七事变，我想到了九一八事变。从日本帝国主义侵略中国的历史看，七七事变是九一八事变的继续和扩大。从中国方面说，由于国民党政府对这两次事变采取了不同的态度，其后果也就截然不同。九一八事变后，伴随着国民党政府不抵抗主义而来的是日本帝国主义的步步进逼和登堂入室；到七七事变时，在中国共产党倡导的抗日民族统一战线旗帜下，全国人民和国民党抗日将士同仇敌忾，中国已不可侮。卢沟桥的炮声，宣告中国人民决心把日本侵略者赶出鸭绿江，宣告神圣的全国抗战的开始。中国历史从此进入了抗日战争的崭新时期。九一八事变的历史告诫我们，国民党当局在外国侵略者面前忍辱求和，同室操戈的政策，其后果只能是主权沦丧，山河变色；而由七七事变开始的八年抗战历史则向人们宣告，只要举国奋起，共御外侮，就能驱逐侵略者，赢得最后胜利。这是九一八事变与七七事变的活生生的历史所证明的真理。

本书作者认为，九一八事变的下限是日军对东北四省的全部占领。因此，作者把从《塘沽协定》签订迄全国抗战爆发这四年多的历史，列入七七事变的研究范围。这四年多的历史，一方面是日本帝国主义侵华政策的步步发展，另一方面则是国民党政府由不抵抗到被迫

---

* 原载《卢沟桥事变风云篇》，北京，中国人民大学出版社，1987。

起而抵抗的逐步转化，中国共产党领导的全国抗日救亡运动的蓬勃兴起，国共两党第二次合作的形成，以及在华北特殊化局面下，宋哲元集团功过兼备的历史活动等等。所有这一切，交织成一幅奇特而复杂的历史画面。这本书将有助于后人了解这个时期的历史真相。我认为，华北事变对于七七事变的爆发具有重要影响，而我国史学界对华北事变的研究还较薄弱，作者在这方面所作的努力是应当肯定的。

作者曾坦率地对我讲，这部小册子不算是纯粹的史学专著。但我认为，它是迄今为止我所见到的详细介绍七七事变的著作，它不但较完整地再现了事变的来龙去脉，而且具有生动形象的特点，可读性较好。

历史是一面镜子。只有了解过去的历史，才能理解今天，创造未来；只有懂得战争的苦难，才会珍惜和平，维护正义。在卢沟桥事变和全国抗战爆发将近50周年的今天，我希望本书能够对读者，尤其是青少年读者，在提高民族自尊心、增强历史责任感和激发爱国主义热情方面有所裨益。

1986年8月

开展“建碑学史”活动　加强革命传统教育

——在北京市革命传统教育座谈会上的发言*

从五四运动到四五运动，以至于今，北京人民有着光荣的革命传统。从李大钊、缪伯英、赵世炎、刘和珍、杨德群、王荷波、马骏、吉鸿昌到抗日将军赵登禹、佟麟阁，还有张志新，北京涌现了无数烈士，许多留为榜样的好儿女，永远值得纪念，值得学习。中共北京市委、团市委开展的“建碑学史”的活动，是极为有益的、最有说服力的生动的理想教育。希望这个活动进一步开展，历久而不衰。在清明节，在入党、入团、入队时，在青年结婚时，到天安门人民英雄纪念碑前合影，去祭扫烈士墓，这样一种良好的风尚已经开始，希望进一步开展起来，成为一种自觉的习惯。

我访澳（大利亚）时听说南斯拉夫、朝鲜等许多社会主义国家纪念一战、二战，纪念馆为牺牲者用铁铸了名字，陈列在墙上。我们每个村庄、街道、城市都应有烈士纪念馆供后人瞻仰，我们要建立卢沟桥、宛平县、白洋淀抗日战争纪念馆。

前几天新华社报道《中共党史人物传》前 30 卷出版。386 篇传记中，就有很多是在北京地区流血牺牲或者在北京生活、学习、斗争过的老一辈无产阶级革命家，他们的斗争事迹和革命品质，就是我们当代青年学习的最好教材。还有许多老同志写了革命回忆录、革命历史专著，都是学习的好教材。

五四运动以来党的革命传统，教育的内容，是民主、科学、爱国

---

* 摘自 1986 年 7 月 2 日胡华工作笔记。

主义和共产主义。在今天进行新长征、改革开放、建设四化中，我们发扬这些优良传统，就是要进一步发扬民主，扩大民主范围。人民是社会的主人，领导就是服务。为人民服务，就是要大力提倡科学，善于吸收世界上一切科学成果，逐步消除愚昧、盲从、迷信、专断和一切不讲科学的现象；就是要发扬爱国主义，提高民族自信心，争一口气，敢于走向世界，探索出一个社会主义建设的良好的模子出来，不自大也不自卑；就是要提倡为共产主义事业而奋斗。少奇同志曾讲过：共产主义事业是百年大业，每个人只能做这个伟大事业的一部分工作，我们每个人就要力求在这一部分中，做得更多些、更大些，多作出些贡献。

以上几点，我想是我们革命传统教育的基本内容，大力开展“建碑学史”的活动，结合革命遗迹来讲，我想是最有效的理想教育。

《中国革命史辞典》序*

我国四个现代化建设，需要科学技术知识，也需要政治知识。中国革命史知识是政治知识中居于重要地位的一个方面。马洪武、王德宝、孙其明等同志编写的《中国革命史辞典》，将给读者带来丰富的、富有使用价值的中国革命史知识。本书条目包括的范围很广泛，涉及国内外的政治、军事、经济、外交、思想、文化、体育、新闻、出版、党派社团、共产国际与中国革命、历史事件、各种重要会议、重要历史文献、重要人物等方面，共四千余条目，一百余万字。本书编排新颖，分类明确醒目，史料丰富，对于广大的教师、学生、自学青年和干部来说，都是有益的工具书，查阅方便，真可谓“开卷有益”。

当然，一部辞书，内容极其广泛，要做到十分准确，需要一个过程。这部辞书的编者们已经花了很大的气力，问世以后，还须大家多爱护它、帮助它，以使条目中有不准确的地方不断得到改正。

1987年1月

---

* 原载《中国革命史辞典》，北京，档案出版社，1988。

《向警予传》序*

向警予烈士，是我党女中之杰，是我党最早的一位女马克思主义者，党的创建人之一。她从爱国主义、教育救国的思想出发，终于领悟到只有马克思主义的指导才能拯救中国，毅然决然地走上为共产主义事业而英勇献身的道路。她是中国妇女解放的先驱、中华民族最优秀最伟大的儿女。她为共产主义事业慷慨捐躯的伟大精神，是我们党的光荣和骄傲，将永为祖国河山生色！她的奋斗精神和光辉榜样，是我们后代儿女精神文明建设的楷模。何鹄志同志写的《向警予传》，内容翔实，文笔流畅，是值得向青年们推荐的好书。

1986 年 8 月 25 日

---

* 原载《向警予传》，上海，上海人民出版社，1990。

《长征史》简评*

李安葆同志编著的《长征史》，是一部系统介绍红军长征历史的新作。记得1984年，美国作家哈里森·索尔兹伯里来我国搜集长征史料，我曾同他作了多次长谈。我深为一个外国人对长征事迹抱有如此巨大的敬仰和热情而感动，同时也深为我国缺少一部翔实介绍红军长征历史的著作而遗憾。《长征史》的出版，对推动长征历史的研究无疑是有意义的。

《长征史》有它自己的特点：

第一，该书不仅全面介绍了红军长征的全过程，而且重点突出，详略有致。该书从第五次反“围剿”的失败到派遣北上抗日先遣队；从红一、二、四方面军艰苦转战到会宁会师，都作了具体的叙述。尤其对长征中的重要战役，如湘江战役、乌江战役，四渡赤水、大渡河、泸定桥战役，包座战役、腊子口战斗、直罗镇战役等；对中共中央召开的重要会议，如黎平会议、猴场会议、遵义会议、会理会议、两河口会议、沙窝会议、毛儿盖会议、俄界会议、岷州会议等，都作了详细的介绍。同时，对党和红军领导人毛泽东、周恩来、朱德、张闻天、刘伯承等在长征中的历史作用和革命活动作了充分的阐述；对王明“左”倾冒险主义错误和张国焘的右倾分裂主义进行了有力的批判。作者在介绍这些事件和人物时，能做到叙中有议，论从史出。

第二，该书在广泛吸收长征新史料和研究成果的基础上，写出了

---

* 原载《自学》，1987（6）。

作者自己研究的心得。例如，作者在“三军大会师”一节中，对会宁会师的经过及敌我各方对会师的反应作了翔实生动的论述；在“长征意义深”一节中对长征的历史意义和国内外影响作了总结性评述。这在以往的长征著作中尚属少见。

第三，该书内容丰富、情节动人、文笔流畅。作者引用了大量确凿的史料，但没有冗长的枝蔓，而是条理清晰，穿插了许多生动的故事情节；对长征沿途的地理、风物人情的描写也绚丽多姿。书中配有长征诗歌和插图，更增加了该书的生动性。

当然，《长征史》一书也存在一些不足之处，如，关于红二十五军长征可单独详述；有些史实尚需进一步考证核实。

在当前四化建设的新长征中，重温红军长征的历史，学习和继承红军在共产党的领导下团结奋战、艰苦奋斗的革命精神，提高我们的民族自信心和自尊心，我认为仍然是十分必要的。

读张闻天编著的《中国现代革命运动史》*

记得1938年我们在陕北公学学习的时候，教材中有一本延安解放社铅印出版的、中国现代革命史研究会编的《中国现代革命运动史》。这本书从鸦片战争写到广州起义，内容生动具体，文笔流畅，深刻地总结了鸦片战争以来每个革命运动、政治事件的经验教训。我们初次读到这样一本系统地用马克思主义观点分析研究中国近百年历史的书，又写得这样的明确、深刻，大大地提高了我们的思想认识，开阔了我们的眼界，成为我们最感亲切、最爱读的一本教材。当时，我们就听说这本书是洛甫①同志编著的。现在莫文骅②同志讲清了这本书的源流，就把事实弄清楚了。

关于中国从鸦片战争以来的近百年革命史，虽然在中央苏区的红大和党校，由徐特立、成仿吾、张如心等讲过课，30年代在莫斯科中山大学由吴玉章讲过"近五十年民族民主革命运动史"，但当时只有手稿和油印的讲授提纲，未能形成课本，到洛甫同志讲授和编著出版这本《中国现代革命运动史》，才出现了我党历史上第一本正式出版的这方面的教本。此后，范文澜等许多同志写的关于中国近代史、中国革命史方面的书，都是参考了洛甫的这本书的。直到新中国成立前，解放区各种干部学校都以这本书作为课本。因此可以说，洛甫同

---

* 原载《中国现代革命运动史》，北京，中国人民大学出版社，1987；《张闻天研究文集》，北京，中共党史资料出版社，1990；《人民日报》，1988-08-05。

① 洛甫，张闻天之化名。

② 莫文骅，解放军原装甲兵政委。

志是我党在革命根据地干部教育方面用马克思主义观点研究和编写中国革命史、中共党史的一位开山祖。

这本书中，对中国农民阶级的革命性、弱点和历史作用，对中国资产阶级的两面性，对中国工人阶级的特点和弱点及其历史地位，都有很精到的分析。洛甫同志在红大和党校还讲过“中国革命基本问题”，对中国革命性质、任务、动力、前途等问题有过深刻的研究，反映在这本革命史著作中对这些问题都结合历史作了精辟的阐明。

这本书的最精彩之处，应该说是对各次历史运动的经验教训的分析。例如关于太平天国革命运动就讲到，农民革命的领袖洪秀全，当年是何等的英明果决，在领导革命取得伟大胜利中起了不可磨灭的重要作用，但在他的晚年，却是“近小人、远贤臣”，个人专断、昏迷猜忌，发动一场内乱，残酷迫害功臣忠良，造成令人痛心的自相残杀的惨局。书中对这一历史殷鉴的痛切的笔触，至今读来不能不令人感慨叹息。历史虽不会照样重演，但是不同的阶级、不同的时代，会演出相近似的悲剧，结局虽不是一模一样，历史上血的教训不论对古人、对今人，读起来都令人有切肤之痛。

自然，这本书也有一些缺点。由于当时可供参考的资料有限，而我们党对自身的历史经验还没有来得及进行系统的总结，因此书中的有些史实不够准确，论断也未必都十分精当。这是限于当时的条件，我们不能苛求于前人。前人开创一个学术领域，筚路蓝缕、披荆斩棘，是很不容易的。任何著作，都有它历史的局限，我们后人读前人的著作，重要的是从中吸取精华。现在中国人民大学出版社再版的洛甫同志的这本书，我认为是很值得我们学习的一本好书；这也是对我党老一辈革命家、理论家洛甫同志的缅怀和纪念。

1986 年 11 月 3 日

于解放军总医院南楼

《中国革命和建设史辞典》前言*

我接触到许多青年，发现他们对中国近现代史、革命史很感兴趣，他们在阅读有关书刊时，往往苦于缺乏必要的工具书，遇到一些常识性的问题也无处请教。这种情况，在一些离大城市较远的县、乡和工矿区尤为严重。目前我国出版的这类工具书还是太少，发行到偏远地区去的就更少。彭承福同志等一些高校教师很热心地编纂了这本《中国革命和建设史辞典》，内容比较丰富，我看对青年的学习是很有帮助的。

编纂辞典，要力求准确，是有一定难度的。但只要是严肃认真地从事这项工作，就可以尽量减少误差。彭承福等许多位教师，花了一二年时间认真从事这项工作。这将是一本帮助青年对一些问题找到比较正确答案的有裨益的书。

1987年3月

---

* 原载《中国革命和建设史辞典》，重庆，重庆出版社，1989。

《爱国抗日三将军》序*

中国人民热爱和平，也勇于反抗侵略。当日本侵略军的铁蹄蹂躏祖国大地的危难年代，我们伟大民族千千万万的英雄儿女，浴血奋战，狠狠打击侵略者，把自己的一腔热血洒流在祖国的原野上。佟麟阁、赵登禹、张自忠三将军就是为了抵抗侵略而把自己的热血献给危急的祖国的著名抗日爱国将领。他们的以死报国、慷慨捐躯的精神和业绩，气贯长虹，永为祖国河山增光，永远值得我们缅怀和纪念。

九一八事变后，三位将军痛心于祖国的危亡，爱国义愤溢于言表。佟麟阁将军参加了察哈尔民众抗日同盟军的发动。赵登禹将军参加了长城各口的抗战，喜峰口之役，率大刀队与敌拼搏，使敌军闻风丧胆。佟、赵两将军都在“七七”抗战中壮烈牺牲于南苑之役，他们的鲜血染红了北京的土地。两将军之死，写下了我们首都历史的光辉一页。张自忠将军转战于枪林弹雨的抗日战场，决心以死报国，曾奋勇杀敌于临沂，驰骋血战于台儿庄，浴血阻敌于徐州外围，两次随枣之役大败敌军，最后身先士卒战死于宜城之南瓜店。他的勇敢精神和牺牲决心，永远值得后人景仰。

抗战胜利后，北平人民为了纪念这三位爱国将军，在他们住过的地方，分别命名为佟麟阁路、赵登禹路和张自忠路。新中国成立以后17年，北京市在中国共产党正确领导下保护了这三条路名。但是，在十年动乱期间，一群对历史完全没有常识的“造反派”，砸掉了这

---

* 原载《光明日报》，1987-07-05；《爱国抗日三将军》，北京，北京出版社，1987。

三块路名的牌子。天津的张自忠路也遭到同样的命运。我作为一个历史工作者和北京市人民代表，曾于1983年、1984年、1985年连续三年向市人民代表大会提出提案，建议恢复这三条路名。我认为，凡是为抗日爱国而壮烈牺牲的将士，不分党派，都是爱国的炎黄子孙，都值得我们纪念，被砸掉的路名应该恢复。1985年，由于纪念抗日战争胜利40周年，在这些将军的亲属呼吁和有关领导部门的关怀下，终于经北京市长会议讨论通过，恢复了这三条路名。这说明中国共产党有团结全民族的伟大的胸襟和气概。

张学君、侯兆水等六位青年历史工作者编写的这本小册子，我觉得是普及历史知识、发扬爱国精神，值得青年（也包括成年）人一读的好书。是为序。

勿忘寒窑*

抗战爆发以后，我在陕北。1939 年“七七”抗战两周年纪念之际，我随在延安成立的华北联合大学开赴前方，去敌后解放区坚持抗战。在那个时代，我感受最深的有两点：第一，各级领导人、共产党员，以身作则，起表率作用；第二，民主空气浓厚，民主集中制贯彻得好。

我常常想，我们为什么能够打败凶暴的日本侵略者？当然，最根本的原因是因为我们的事业是正义的，我们的战争是正义战争，党的领导实现了马克思主义与我国实际相结合。除此之外，上述两条，即以身作则、民主集中制，也是根本性的重要原因。

1938 年我到陕北公学学习，住的是窑洞。我小的时候看过“薛仁贵投军别窑”、“吕蒙正住寒窑”的故事，不知窑洞是什么样子。在陕公，同学们自己在山坡上打窑洞，12 个人一个班，拿着锄头、铁锨一齐动手，7 天挖一个窑洞，洞中留一长条土墩作炕。我们自己上山打茅草，铺在土炕上，铺上床单，被子叠得方方正正，紧挨着睡。白天大家常常盘腿坐在炕上开讨论会或看书写字，用长木板搁在土坯上做成的“桌子”，一般只能放书籍。各级领导人也都是住窑洞。我们经常吃的是小米、白菜或萝卜条，领导同志们年纪大了点，伙食有一点“优待”，但也很简单，而他们的工作比我们繁重得多。穿的都是棉布衣，基本一样。我那时想，古人卧薪尝胆、生聚教训、忧患复国，也无非是这样，我们是继承了我们民族好的传统。

---

* 原载《群言》，1987 (6)。

在前方，我们与各级领导人都是借住民房陋室，而且常常转移。吃的还是杂粮、萝卜、白菜；领导人被“优待”一点细粮、肉、蛋，他们工作辛苦，我们觉得完全应该。行军时，我们背着背包，有的人还扛着枪，领导人有一匹马骑，他们要指挥，要领导，我们都认为这是工作需要，不存在“特殊化”问题。在战争年代，我体会，我们干部、战士的生活往往比一般人民群众更苦，因为我们长年吃单调的大锅饭，困难时候要吃黑豆、小米粥，一天两顿，有时很饿。群众自己种植各种作物，吃的花样比我们还丰富可口些。我那时想，古人说：“先天下之忧而忧，后天下之乐而乐”，我们共产党人，包括毛泽东、周恩来等许多领导干部，真正做到了。那时，吃苦在前、享受在后，起模范表率作用，是共产党员的标准，也是入党的基本条件。在部队中，对共产党员的要求就是冲锋在前、撤退在后，所以战斗中的牺牲者共产党员比例最大。这些，都深深感动了人民，所以人民拥护共产党；共产党领导的各民主力量、民主党派，也都为正义事业而勇于牺牲奋斗。这样，人民拥护共产党的领导，我们取得了胜利。

关于民主集中制。那时虽然还是战时民主，但是我觉得那时我们党的作风是很民主的。对时事政治问题、对理论问题，经常在同志中有热烈的争辩，有讨论会，有大型的大讨论。有时对问题争辩得面红耳赤，但同志关系仍是亲密无间，充满了阶级友爱，没有什么“打棍子、抓辫子、扣帽子”这一套尔虞我诈的作风。当中只有康生挑唆的1943年秋至1944年所谓“抢救运动”伤害了大批干部，但后来被党中央彻底纠正了。我们当时还没有认识到康生是反革命分子，只怀疑他怎么学到了法西斯集中营的一套残酷手段来对待同志。

除此之外，解放区是很民主很光明的。村长都是直接选举的。边区政权的民主选举运动都开展得很好。党内、单位内民主生活也很正常。党中央是实行集体领导，各级组织中，党、政基本是分开的，党组织起保证作用、监督作用。所以，那时社会舆论、国际朋友都把解放区叫“民主中国”、“光明的中国”，同蒋管区的专制独裁、黑暗腐败相对照。

我国现在还穷，还必须上下一致勤俭建国，勿忘当年住寒窑的精神，才能作青年的表率而取得人民的更加信任。

向读者推荐

——《史园拾穗》代序*

《史园拾穗》作者余世诚说明：这是1987年9月18日，著名史学家胡华教授为我拟将出版的一本《党史人物调查研究》小书写的序言。我是胡老师的学生，他说了许多鼓励学生的话。胡老师也于是年12月14日不幸病故。我把他当年为我写的序言仍置于我这本迟到著作《史园拾穗》的卷首，以勉励自己，也告慰先贤。

2008年12月

世诚同志是60年代毕业于中国人民大学的研究生，当时我虽然给他们授过课，但并不认识。大凡学生对老师印象较深，而教师对千百学生中的某一位熟知的不多。只是党的十一届三中全会以后，他发表了几篇关于济南共产主义小组的调查研究文章，才引起我的注意。后来，我主持全国中共党史人物研究会的工作，他写了关于党的创始人之一杨明斋生平事迹的调查材料寄我，才知道他是在石油学院任教的人大校友。

在研究中共创建史中，我很早就注意到了杨明斋这位党史人物。他是最早的中共党员之一，是对中共的创立、青年团的成立以及党的早期事业很有贡献的老同志，周恩来总理曾赞他是一位“忠厚长者”。但是，长期以来，人们不知道这位长者的生平业绩，也不知道其下落、结局怎样。世诚同志费尽周折采访到杨明斋可能是山东省平度县人，就多次赴平度查访，终于和平度县委一起找到了杨明斋的故里，其后又发现了杨的多部著作，对这位重要党史人物做出了实事求是的评价。这是党史人物研究的一个突破。由此我知道世诚是一位很

* 原载余世诚：《史园拾穗》，北京，中共中央党校出版社，2009。

有钻劲、很用功的党史工作者。我写信鼓励他，他也写信给我交谈学问，我们的书信交往多了起来。在全国中共党史人物研究会召开的学术讨论会上和山东党史人物研究会成立会上，以及我到济南讲学的时候，我们又多次见面交谈。

世诚还是一位有文学素养和艺术天分的同志。他一方面到各地进行历史调查，收集了大量历史资料；另一方面又用纪实文学的手法，把这些资料写成既有学术价值又有丰富情感的文章，提高了文论的可读性和实效性。顺便说说，他的中国画墨竹画得也很漂亮，我出国讲学时就带过他的作品，作为礼物赠送外国朋友。

我读了世诚同志这些与党史、革命史有关的文章和散文，觉得有如下几个特点：

第一，有新意。他的这些文章，特别是那几篇主干文章，如《杨明斋调查记》、《一本〈共产党宣言〉的传奇》等，都能向人们提供一些原来所不知道的新东西，这是很可贵之处。当然，这个“新”，是作者进行了大量的调查、发掘工作，在掌握了大量的资料基础上，才写出的。正因为如此，这些文章才具有科学研究的价值和学术意义。

第二，有感染力。党史、革命史，其史实本身就是生动、富有感染力的；历史人物更是有血有肉有感情的活体，更具生动性和感染力。作者在调查这些历史事件、历史人物中，又充满了激情，文字自然就活跃起来，很能打动读者。他写的几篇领袖人物的母亲的文章，有新资料，也很有感情，给读者以深刻的印象。

第三，求实效。作者是一位工科高校的政治教师，他的这些科研论文和纪实文章，为他的教学备课丰富了资料。他把自己的调研成果与教学相结合起来，以情动人，以理服人，向青年学生进行革命传统和人文素质教育。同学们自然很喜听爱学他的课程。

当然，我并不以为作者的每篇文章都具有这些特点，或者说作者在文史相结合上还有再努力钻研的空间。有些文章或文章的某些段落，还有枯燥之嫌。中国自古文史不分家，让历史科学以文焕彩，以文夺人，这是史学工作者努力的方向。作者下了大气力进行调查研究，下苦功夫探索文史相结合，并取得了显著成绩，很值得肯定。因此，我愿意向我的同仁和广大读者热情推荐这本书，并盼望着世诚同志再出新成果。

1987年9月18日

于中国人民大学

《闽西革命根据地史》序*

闽西革命根据地是土地革命战争时期中国共产党在南方建立较早而比较巩固的红色区域，后来又与赣西南苏区连接成为中央苏区。1927年大革命失败以后，邓子恢、张鼎丞等遵照八七会议精神，在农村积聚力量，领导著名的闽西暴动，开始了创建闽西革命根据地的斗争。1929年，毛泽东、朱德率领红四军入闽，不仅在军事上给了闽西土地革命以巨大的推动，巩固和拓展了红色区域，而且他们把这些实践上升为科学的革命理论，丰富了毛泽东思想的理论宝库。

土地革命战争的十年，在整个历史进程中是短暂的，但闽西苏区的人民群众在中国共产党领导下，却创造了数千年以来未能成就的伟大业绩。他们彻底推翻了封建统治阶级及其赖以生存的一切政治经济的基础，在一百多万人口的区域里建立了人民革命政权，击败了国民党军队一次又一次的“围剿”，捍卫了土地革命的胜利果实。红军长征以后，闽西又是南方八省坚持三年游击战争主要的一块游击根据地，闽西党组织领导红军游击队和老苏区人民克服了难以想象的困难，保存和发展了革命力量。

闽西土地革命战争的历史，是我国第二次国内革命战争史的一个重要组成部分。在这一部分的历史上，人民群众及其领袖们创造了对于中国革命有着重要意义的经验。例如，中共闽西第一次代表大会制订的土地法和南阳会议决议关于“抽多补少、抽肥补瘦”的决定，无

---

* 原载《福建党史月刊》，1987 (6)；《闽西革命根据地史》，福州，福建人民出版社，1988。

论在当时或以后，对于我国的土地政策都有着重要影响。尤其是毛泽东思想形成的20年代后期和30年代前期，毛泽东与他的战友们率领红军转战于湘赣边界和赣南、闽西，开辟和发展农村革命根据地。通过这些具体的革命实践，毛泽东站在夺取全国革命胜利的历史高度，艰苦探索，在上杭古田写成了著名的《古田会议决议》和《星星之火，可以燎原》，解决了建立一支无产阶级人民军队和中国革命道路的重大理论问题。同时，发生在闽西苏区的反对所谓“罗明路线”和肃清“社会民主党”运动等等，这些“左”倾错误给革命造成的危害，从另一个方面为我们提供了历史的借鉴。

我国土地革命战争的历史，主要是党在各地创造和发展农村革命根据地的历史，因此，对各个革命根据地历史的研究，最近几年在史学界引起了广泛的重视。前些年，我曾专程到闽西，通过在龙岩地区长汀、古田等地的考察，进一步加深了我对闽西革命根据地历史的了解，也期望有人能将这些丰富而生动的史实写成专著。

使人高兴的是，蒋伯英同志在他的《邓子恢传》出版之后，又完成了这部《闽西革命根据地史》。由于本书的作者对中国革命史和闽西苏区的历史作了多年的研究，因而相信这部著作将以其丰富的史料与严谨的论述，受到中国革命史学习与研究的同志们的欢迎。

存　目

1.《忆毛主席、周总理对陕北公学的关怀》

2.《致邓小平、胡耀邦开发并移民西部的建议》

3.《谈“人大精神”》

4.《各尽所能　支援家乡》

5.《祝贺陕西人民出版社 35 周年》

第三编

诗选（66 首）

1 咏菊（1935 年秋）

月是秋天明，
水是秋天清。
篱菊开秋月，
同具水月情。

【写作背景】

作者时年 14 岁，在浙江奉化县立中学读初中。

2 贺汪士汉、安若[①]新婚之喜（1945 年 7 月 1 日）

【胡华记】

6 月 30 日得常青[②]同志来函，汪士汉、安若同志定于七一结婚。心中欣喜，匪可言状！无以为贺，特寄诗一首，以志祝贺之忱。

北国江南两遥遥，
烽火缩地感夙苗。
并肩今赏冀西[③]月，
携手归看浙江潮[④]。
风流人寰连理枝，
翱飞天际比翼鸟。
无限前程羡佳偶，
秀色氤氲北岳[⑤]高。

【写作背景】

抗日战争中，华北联合大学坚持在晋察冀敌后办学，作者时为政治教员，讲授“中国近代革命运动史”。

【注释】

①汪士汉，作者在陕北公学高级研究班的同学、浙江同乡，时同任华北联大教员，新中国成立后曾任中国革命博物馆副馆长。安若，来自北平的女学生，华北联大学员，时任陈南庄小学校长；新中国成立后曾任中宣部《半月刊》编辑。汪、安新婚于阜平史家寨晋察冀中央分局党校窑洞。

②常青，即李常青，时任华北联大教育学院院长、党组书记。新中国成立后，曾任中共松江（今属黑龙江）省委书记兼哈尔滨市委书记、松江省军区政委。

③冀西，指河北西部山区。

④浙江潮，指钱塘江大潮。

⑤氤氲，水色天光相融移动；张九龄有“灵山多秀色，空水共氤氲”之句。北岳，恒山山脉的古称。

3 中秋节前夕·在车厢中（1946年9月9日）

傍晚的天边显出橙黄，
我默默地倚靠在车窗。
暮鸦在天空盘旋，
人们在车外匆忙。
长庚星①在橙黄的天边初晃，
我想起了辽远的南方……
长庚星每晚出现在故园的南墙头上，
转眼别离已是八年的时光。
故国满眼血泪和痍疮，
八年来的故乡，
不知是个什么模样？
列车在田野中疾驰，
我又想起了去年今日的北上……
一年前，
我怀着新奇、兴奋和感慨的心情，

写一首诗在车窗旁。
今年呵今日，
积习又重新涌上。
一年呵一年，
心情还有点相仿。
但是回顾自己，
对故国和人民所负的责任，
却是羞愧无处躲藏。
故乡呵故乡，
谁为你洗去无涯的悲伤，
得见明媚的阳光！
故国呵故国，
谁为你医治深重的痍疮，
使伟大的民族免于灭亡！
（在撤出张家口时的车厢中）

【写作背景】

1946 年 9 月，国民党军傅作义部大举进攻晋察冀解放区张家口，晋察冀边区党政机关作战略撤退。作者离任张家口总工会宣传部长，结束了城市工运工作，重返华北联大。

【注释】

①长庚星，即金星，亦称启明星。

4 于正定县大佛寺口占（1948 年 3 月 19 日）

此生难得到隆兴①，
南望白云压山顶。
会看翻天大风②起，
万里河山一片晴。

【写作背景】

人民解放军转入战略进攻后节节胜利，晋察冀、晋冀鲁豫两大解放区连成一片，合并为华北解放区，并与山东、晋绥解放区相衔接。

党中央决定晋察冀华北联大与晋冀鲁豫北方大学合并成立华北大学，在正定建校，主要培训新解放区各级人民政权急需的干部。

【注释】

①正定隆兴寺，即大佛寺。

②大风，指《大风歌》，为汉高祖刘邦平定天下，回到故乡沛（县）与父老乡亲饮酒击筑所唱的歌。

5 无题（二首）（1948 年 4 月）

一

园林春色入晓堂，
沁人池水若大缸。
波明自惹忙鹤爱，
浪白原因河无霜。

二

方谢枝梅晚着花，
桃红柳绿李又华。
林山风急闻松涛，
乳燕飞出王谢家。

【写作背景】

这是两首借景着人的诙谐诗，作者意在为革命队伍中的恋人们祝福。诗中园林、晓堂、大缸、波明、忙鹤、浪白、河无霜、方谢、李又华、松涛、谢家等，均为作者在华北联合大学、华北大学战友们名字的谐音或姓名。

6 题母照片（1949 年 4 月 5 日）

母在江之南，
望穿锦溪①水。
烽火连十载，
念儿母颜毁。
梦回离别日，

慈母依稀泪。
会当唱大风，
始报三春晖②。

【写作背景】

1938年10月5日，当时只有16周岁的作者，与奉化中学校友张岱踏上奔赴延安、抗日救国的道路。11年炮火硝烟中，数年无法通邮，与父母断了音讯。双亲挂念远在数千里外生死未卜的独子，望眼欲穿。直至1949年初，作者才得以与家人取得联系，当时他在河北正定（属华北解放区）任华北大学中共党史教学组组长、第一部第八区队队长。父母和姐姐胡雅卿收到来信喜极而泣，立即回信并寄了照片。北平解放后，华北大学第一部第八区队于1948年4月在北平和敬公主府开课，作者收到家书，看到照片上母亲因备受煎熬而憔悴衰老的面容，百感交集，特赋此诗。

【注释】

①锦溪是作者故乡奉化穿城而过的河流。

②唐代孟郊诗：“谁言寸草心，报得三春晖。”

7 初游颐和园（绝句三首）（1949年5月中旬）

【胡华记】

1949年3月初，我到达初解放的北平。5月中旬，初游颐和园。帝国主义、封建买办余孽，正如残春芍药，枯萎凋败，我人民解放军正以摧枯拉朽之势扫除残敌。而人民事业，永如苍松翠柏，长葆青春。有感而咏之。

一

人民血汗帝王家，
玉砌雕栏自可夸。
芍药花残春已去，
苍松翠柏斗杈桠。

二

排云殿里追前代，

万寿山中有异花。
扫尽狼烟光故国，
河山万里属中华。

三

鸟瞰故都万寿山，
酒旗茶鼓玉楼间。
南征北上英雄业，
万顷波心荡画船。

8 校园听雨感怀（1949 年 7 月 30 日）

【胡华记】

我负责华大一部八区队工作，住铁狮子胡同 4 号。昔敌酋冈村宁次住过之花园中，秋藤朱桥，宛若江南。少小参加革命，历战火 11 年，老父母来书促归省。雨后复见彩虹，因感而作。

雨剪秋藤水漫桥，
何时归看浙江潮。
此心每逐风云起，
欲作长虹驾碧霄。

9 解放后重游西湖（1949 年 9 月 5 日）

【胡华记】

我于 1949 年 9 月重返阔别 11 年之家乡，途经杭州，重游西湖咏此。

湖山满眼好风光，
十载重游喜若狂。
昔日天堂是地狱，
要从地狱建天堂！

10 自江南省亲回京车上口占（1949 年 10 月 2 日）

火车急驶入京门，
彩袖红旗舞缤纷。

正是新天开创日，
工农万众皆欢腾。

11 雪霁夜写作连旦作（1949年12月18日）

【胡华记】

我写《学习斯大林关于中国革命的学说》①，通宵达旦，凡一星期。18日完稿，喜看雪霁，因作。

雪光耀眼无穷白，
松色映窗分外青。
执笔沉思看月落，
闻鸡起舞喜天明。

【注释】

①此文应人民日报社社长邓拓邀约而写，发表于1950年2月7日《人民日报》，随后又印成单行本。

12 夜歌（1950年4月1日凌晨）

【胡华记】

开夜车写作至凌晨拂晓，已成习惯。昨宵夭桃含苞，拂晓已见怒放。空气清新，回房间作此。

一夜桃花放，
五更人未眠。
苦茶一杯字三千，
革命文章传遍。

【写作背景】

1950年3月，胡华著《中国新民主主义革命史（初稿）》已开始出版印行全国，自此在20世纪50年代连印13版，230万册，成为新中国各界了解中国革命和中国共产党历史的普及读本。这一时期，胡华也为帮助各界读者学习中国革命史不断发表文章、广播讲话、进行讲座辅导等。

13 登临山海关有感（1955年8月12日）

登临天下第一关，
南北田畴极目看。
蜿蜒长城跨峰去，
苍茫大海卷浪还。
外寇国贼遗臭迹，
烈士英雄留芳颜。
愿借太史春秋笔，
褒贬古今忠与奸。

14 病卧北京医院口占（1959年3月28日）

窗外柳芽绿，
阶前草色青。
病多常入院，
目倦且闻琴。
年事四旬近，
革命才半生。
何时回健体，
再干四十春。

15 莫干山疗养有感（1959年8月1日）

【胡华记】

抗战八年中，我在北岳恒山战区打游击七年，见莫干山绵延山川，每忆恒山，昔日烽烟历程，未可忘也。

盘蛇驶上莫干[①]峰，
锦绣山川一览中。
万竹婀娜翻碧浪，
千松绰约舞清风。
烽烟犹忆恒岳[②]北，
秀色今看天目[③]东。
新国十年景日好，

人间将与天堂同[4]。

【注释】

①莫干，即莫干山，位于浙江北部德清县西北，为天目山分支。根据病情，胡华由太湖大箕山转至浙江医院莫干山分院。

②恒岳，北岳恒山。

③天目，即天目山，位于浙江西北部。

16 答赠奕斋[1]同志并寄大箕山[2]陈善晃[3]同志（1959年8月6日）

湖边欢聚不曾忘，
分袂东南叶未黄。
欲壮铁肩为尽瘁，
且留妙手著文章。
峰青莫干纵情览，
波远太湖放眼量。
多病勿愁宜加餐，
夜来喜雨连三江[4]。

（步毛主席《赠柳亚子先生》七律韵，亦即奕斋同志赠诗韵）

附：后奕斋赠胡华同志兼寄大箕山陈善晃同志

（1959年8月4日于上海）

泛舟湖畔最难忘，
月再圆时花亦黄。
君去峰前餐秀色，
我留海上诵文章。
峥嵘岁月频繁忆，
锦绣山川仔细量。
寄语大箕垂钓客，
浙江未若吴淞江。

【注释】

①奕斋，即名后奕斋，胡华疗养时病友，曾于皖南事变后任新四军江北留

守处主任，收容皖南事变脱险人员。

②大箕山，位于无锡太湖。

③陈善晃，胡华在大箕山疗养时病友，时为上海医药研究院院长。

④三江指长江、吴淞江、浙江。

17 杭州城（1959年10月）

欢腾湖山夜夜箫，
廿年归看浙江潮。
十载建设迎国庆，
桂香满湖过大桥。

18 庐山牯岭月夜感怀寄呈吴老、范老（1960年8月5日）

【胡华记】

肝炎年半不愈，医院复转庐山疗养院，不能授课，每自愧疚。庐山牯岭，月夜登高，北望鄱阳湖、长江水，月下白浪滔天，闪闪发光。感触良多，自念此生当以吴老（玉章）、范老（文澜）之道德文章为楷模、革命风尚为榜样，因成一律，寄呈吴老、范老。

岭头重叠白云深，
飞瀑流泉入碧林。
鄱水接天江作带，
庐山挺秀月笼阴。
养疴每到名胜地，
多病长悬报党心。
少小从戎忽四十，
遥怀师尊寄微吟。

19 登南京雨花台（1960年9月13日）

雨中独上雨花台，
纵目山川送翠来。
烈士血痕犹可觅，
更看遍地百花开。

20 登中山陵（1960 年 9 月 14 日）

豪雄一代数中山，
南北栖栖事业艰。
覆地翻天有我党，
九泉应是笑开颜。

21 重到太湖大箕山养病纪兴（1960 年 10 月 20 日）

【胡华记】

肝炎纠缠，又到太湖疗病。幸逢毛选[①]第四卷出版，病中逐页逐篇细读，受教益殊多。病友中亦多共读细论，兴会无前。得此指南针，疗病不复寂寞矣。因纪兴。

小住箕山兴不赊，
湖光泛影入窗纱。
三山疑是蓬莱岛，
鼋渚恍如仙子家。
晓日照林宜放步，
斜晖映水好浮槎。
读余毛选论时事，
圣代前程灿若花。

附：春节有感（步胡华同志原韵并以还赠）

林欣[②]（1961 年 2 月）

佳节无须把酒赊，
为儿买画女买纱。
冬雪昨年呈瑞兆，
春风今夜到谁家。
塞北棉粮将满囤，
江南鱼米定盈槎。
寄语诸君勤播莳，
明朝窗外一园花！

【注释】

①毛选，即《毛泽东选集》。

②林欣，时任《解放军报》总编辑，为作者病友。

22 酬力群同志新年赠诗并寄张岱、文经二同志[①]（1961年1月）

新春客住太湖头，
北望京华思旧游。
白塔山前品碧茗，
五龙亭畔荡扁舟。
半生往事忆戎马，
廿载战谊共敌仇。
万里长征途正远，
相期再干四十秋！

【注释】

①力群，即程力群；文经，即曾文经，均为中国人民大学教授。张岱，是与胡华同时（1938年）参加革命的奉化中学同窗。

23 春节书怀（1961年春节）

【胡华记】

敬爱的吴老[①]自上海贻书指示我："意志可以降伏病魔。"得此宝贵指示，与病魔斗争意志愈坚，病体已日呈好转，因书怀志之。

春光遍地又新年，
展望前程责在肩。
意志可将病魔伏，
常思吴老信心坚。

【注释】

①吴老，即中国人民大学校长吴玉章。1948—1966年，作者一直担任吴玉章的学术助手。

24 祝吴老八五大寿（1963年12月）

革命长前列，
为民不殚劳。
完人推表率，
风范启吾曹。
思想同恩马，
精神比列毛。
欣逢南岳寿，
仰望北辰高。

25 登岳麓山俯瞰长沙（1964年4月5日）

【胡华记】

长沙是历史名城，是屈原行吟过、贾谊哭过的地方；又是毛主席、刘主席亲自领导工农群众斗争过的地方。1938年，我赴陕北，途经长沙，至新四军办事处，天天渡湘江到橘子洲躲敌机空袭。当时，长沙在国民党统治下，一片乌烟瘴气，后更被烧成瓦砾！阔别26年，重到长沙，在党的正确领导下，面貌已焕然一新，街市宽阔整洁繁荣，几不能辨认。从岳麓山巅俯瞰长沙新貌，有感作此。

湘江北去洞庭波，
橘子洲头日正和。
花舞莺喧帆影乱，
长沙风物感人多！

【写作背景】

从1964年3月20日开始，作者率所带5名研究生南下调研实习3个月，途中作诗11首，本文集收入8首。

26 瞻仰岳麓山爱晚亭·毛主席青年时代读书处（1964年4月5日）

【胡华记】

爱晚亭畔，枫林参天，即主席所写“看万山红遍，层林尽染”之处。亭名取杜牧“停车坐爱枫林晚”诗意。亭畔有双鹤泉，泉水清冽可饮。主席青年时代，每于假日，偕蔡和森等同志刻苦读书其处，并纵论国事。主席所创“新民学会”亦常在此集会。有幸瞻仰，咏以志念。

岳麓山头草色青，
鹤泉枫叶亦芳馨。
书穷万卷通今古，
盛事流传爱晚亭。

27 上井冈山（1964年5月4日）

【胡华记】

自拿山盘旋而上，过桐木岭哨口而至革命圣地井冈山之中心茨坪。本诗后两句在茨坪井冈山招待所睡梦中吟哦，醒即开灯记之。

万壑千岩气已雄，
井冈黛色更青葱。
时来巨臂挥神斧，
地阔天开世界红。

28 访井冈山之大井、茅坪毛主席旧居（1964年5月5日）

【胡华记】

毛主席1927年秋初上井冈山时，住茅坪之八角楼（为一祠堂，其木板楼顶天窗呈八角形），经典名著《中国的红色政权为什么能够存在》即写于该楼。主席每晚点一盏荧荧如豆之菜油灯，经常工作至下半夜。是年冬，移居大井，自己以三件单衣过冬，冷时披毛毯于身，而以棉衣分发体弱战士及无衣老乡穿着。晴和之日，常坐坪前一块方石上，读书著文。大井主席屋后有罗汉杉树，敌人几次放火烧屋，该树曾被烧焦半边。新中国成立后，该树烧焦处复发新芽，至今欣欣向荣，郁乎苍苍。瞻仰其处，深感井冈山一草一木、一山一石，皆呈坚忍不拔之性格。革命摇篮实不愧称为“天下第一名山”（朱德同志题词）。

神州沦落夜茫茫，
天送红星上井冈。
八角楼头垂典范，
五井石上著文章。

换天事业开新局，
卷地风雷复旧疆。
欣见宅边罗汉树，
几经劫火更青苍！

29 黄洋界怀旧（二首）（1964年5月9日）

【胡华记】

黄洋界又名汪洋界，以其居高险要，环视群山起伏，如一片汪洋腾起狂澜，故也。此地为井冈山革命圣地五大哨口之主要哨口。1928年秋，红军曾以一连兵力为主力，动员井冈山上男女老少群众为民兵，连峰到处插红旗擂鼓呐喊，红军更发一炮，打退妄图乘我主力红军他调、袭攻我井冈山革命根据地之白军四个团。此战役，群众名曰“空山计”，即主席所作《西江月·井冈山》所咏之事。

黄洋界岭头有槲树一棵，苍老成荫。主席、总司令下山背粮回来时，常在此树下歇肩。当年岭路险峻，为盘蛇小道，至今下瞰，犹觉目眩。伟大领袖创业维艰，永不能忘也。咏以志念。

一

群峰起伏汪洋界，
故垒纵横旧战场。
堪笑敌军围数万，
宁知革命弱胜强！

二

岭头槲树柱天边，
领袖赍粮此歇肩。
劳动何须分上下，
时艰共济肇新天！

30 赣州通天岩题壁[①]（步王阳明原韵）（1964年5月13日）

【胡华记】

赣州通天岩，奇峰叠翠，有巨大石洞，依石刻佛像，洞中阴凉，清泉中流，造殿成一古寺。石洞四壁，多王阳明等古今题咏。红军曾四次攻打赣州，战事激烈。章、贡两江合流处，有古建筑郁孤台，巍峨高阁，凭临江渚。宋辛弃疾有词云“郁孤台下清江水，中间多少行人泪……”新中国成立后，赣州成为赣南工业中心，市廛繁荣，人民欢乐，非复旧观矣。

赣南景物佳，
今日风光好。
一上通天岩，
真如入蓬岛。
遥看旧战场②，
血凝花开早。
郁孤映清波③，
千载愁眉扫。

【注释】

①此诗登在 1964 年 6 月 18 日之《赣南日报》。

②红军曾四打赣州。

③宋代爱国诗人辛弃疾有词云：“郁孤台下清江水，中间多少行人泪……”

附：通天岩题壁诗

王守仁①

青山随地佳，
岂必故园好。
但得此身闲，
尘寰亦蓬岛。
西林日初暮，
明月来何早。
醉卧石床凉，
洞云秋未扫。

【注释】

①王守仁，明代哲学家、教育家，曾筑室故乡阳明洞中，世称阳明先生。

31 瞻仰红色故都瑞京怀旧① （1964年5月21日）

【胡华记】

瑞金，在第二次国内革命战争时期成立红色中央政府于此，毛泽东担任主席，取名瑞京。此次亲访圣地，看到了毛主席曾在中央政府所在地之瑞京叶坪帮助群众耕作的田地，及中央政府迁沙洲坝后，毛主席带领群众所挖之井，群众取名曰“红井”。我见此井旁群众竖牌曰：“饮水不忘掘井人，时刻想念毛主席。”因咏以志念。

岗翠峰青环瑞金，
工农崛起赤旗明。
廿年苦战创新国，
万里长征始旧京。
红井挖泉沙洲坝，
绿田种谷樟叶坪②。
为民服务躬劳瘁，
赢得人间皆向心。

【注释】

①此诗登在1964年6月18日之《赣南日报》。

②毛泽东主席在叶坪曾帮助群众耕作；在沙洲坝又亲自带领群众挖井，所挖“红井”至今犹存。

32 重上征程花正黄① （1964年11月1日）

同蒲②踏破未曾忘，
重上征程花正黄。
君去冀南打会战，
我来晋北贯新章。
二尼已死一尼③倒，
马列沉雷不可量。
试看“四清”成就后，
精神原子震千江。

【写作背景】

1964年10月13日，作者随中国人民大学师生离京到山西五台山阳白公社田家岗参加“四清”运动，以普通工作队员身份与当地村民同吃、同住、同劳动，至1965年6月5日返京。本文集收入其间诗作8首。《重上征程花正黄》为作者重踏老区的土地，回顾出生入死的斗争经历，与当年一同参加革命的战友张岱通信时以诗共勉。

【注释】

①此为致战友张岱函中的附诗。

②同蒲，即同蒲铁路，大同到蒲州铁路段。曾为日军霸占。1939年9月，胡华曾随队伍急行军150里，冒死冲过此段封锁线。

③二尼指肯尼迪、尼赫鲁，一尼指尼·谢·赫鲁晓夫。

33 咏五台田家岗梨树（1964年12月31日）

【胡华记】

1964年冬月，放羊看唐朝古梨树而作。

五台阳白公社田家岗一带，盛产梨果，其地人民勇敢勤劳，梨果远销国内外，惠及天涯。人民在抗日战争、解放战争中，坚持对敌斗争，牺牲烈士田信有等多人。山后有“小五台山”，尚有掩护八路军伤病员之窑洞四五个。余与老贾、小周等护理梨树，张仁堂引导攀登其处，瞻仰遗址，肃然起敬。人民经过革命急风骤雨之考验，此次又经“四清”之教育，掀起一片学大寨之新貌。劳动人民对国家、国际之贡献甚大，而自己甘于艰苦俭朴之生活，实为可敬可佩。取之于人少，而贡献于人多，犹梨树之性格乎！“四清”于兹，每自愧疚，咏以志念。

老梨新枝劲，
迎春竞发芽。
雪蕾明素志，
佳果惠天涯。
耐苦栖深谷，
存心只利他。
昨宵风雨后，
催开满树花。

附：初稿

【胡华记】

此诗经1965年“五一”二改，“七一”罗髫渔同志① 三改。现将初稿附于下：

老树新枝劲，
春来满眼花。
雪蕊明素志，
佳果惠天涯。
寒岫耐寥寂，
淡性喜农家。
昨宵风雨急，
今日发稠芽。

【注释】

①罗髫渔（1902—1988），1923年参加革命，1958年任中国人民大学教授、《教学与研究》总编辑。1980年担任清史研究所首届所长。

34 元旦（1965年元旦）

梨树张华盖，
苍苍满此窪。
妆成千里雪，
清绝万枝花。
玉汁浸心腑，
余香入齿牙。
勿忘劳动果，
颗颗出田家。

35 访五台南禅古寺（二首）（1965年4月20日）

【胡华记】

南禅寺在李家庄，距田家岗5里，该地一带人民，在日寇、晋绥军炮楼下（寺北泉崖、寺南郭家寨，均有敌人炮楼），英勇斗争，不怕牺牲，坚持到胜利。南禅寺为唐中宗原建，重建于唐德宗建中三年，迄今近 1 200 年（782—1965 年），为五台山最老之古寺，全国重点保护文物。寺之左近，几经激烈战斗，而古寺竟无恙。瞻仰千年古寺，巍然屹立，亦如其地人民之性格乎！因古寺而联想人民，感怀作此。

一

春光遍地值清明，
为访南禅暂辍耕①。
僧院净静尘嚣远，
殿台如画佛如生②。

二

沧桑劫火几曾经，
庙貌依然未变更③。
喜见人民摧敌垒，
梨花丛里起钟声。

【注释】

①清明日，作者在龙华沟劳动种春麦，闻社员言及而去。

②唐塑佛像，极为生动。

③大殿梁上尚有唐代修建所写的字。

36 崖崩窑塌脱险歌（1965 年 3 月 13 日）

【胡华记】

1965 年 3 月 13 日夜，我所住田家岗贫农张毛家窑洞上之七八丈山崖，因开冻崩塌，一时忽如天崩地裂，声如巨雷。窑洞与我同大三子同住之羊圈小屋，均被压塌半间。十来口人半埋土中，互相惊问，关心，而竟均无恙。亦算顽幸矣，咏以志之。

走南闯北烽烟多，
几历惊涛与险波。
四十五年身许国，
崖摧窑塌奈我何！

37 登五台山望东台·主席登高处（1965年5月18日）

【胡华记】

1948年毛泽东主席为指挥全国前线决战，由陕北过五台到河北平山，闻主席曾住文殊塔院寺两天，亲自攀登东台之望海峰，名山有幸，留此圣迹，咏以志之。

指挥决战到河东，
高瞻环球望海峰。
有幸东台留圣迹，
江山从此万年红！

38 上五台山怀白求恩大夫（二首）（1965年5月18日）

【胡华记】

5月中旬，东冶“四清”分团组织上五台山，机不可失，我病体初愈，奋勇而去。途中得见人民纪念白求恩大夫之碑刻。有感白求恩之伟大精神，正如主席昭示“毫不利己，专门利人”，此将成为全国、全世界革命人民之共同精神，通向共产主义之物质力量。咏以志念。

一

加籍大夫医国手，
却为真理访中华。
往来战地施仁术，
护我青春革命花。

二

人人学习白求恩，
救死扶伤朝与昏。
瞻仰丰碑遗爱在，
名山千古伴英魂。

39 登五台山悼念白求恩（二首）（1965年5月）

一

太行磅礴五台高，
抗日援华万里遥。

多少英雄君起死，
利人舍己教吾曹。

二

万里迢迢北美来，
白头老母送征帆。
天涯走遍何仆仆，
为解苍生倒悬灾。

40 中华人民共和国二十大庆（1969年10月）

群魔乱舞百余年，
夜气如磐压故园。
喷薄韶山红日出，
长空万里换新天。
新国肇开二十年，
百花齐放竞鲜妍。
亿万人民心向党，
春色长留赤县天。
佳节又当丰产年，
喜看稻菽满山川。
抬头试向寰球望，
浩荡东风已遍天。
力葆青春学少年，
破私立公换旧颜。
勤读毛选勤改造，
朝气当如初晓天。

41 悼念干之①同志（1969年11月16日）

师友过从三十年，
何胡休戚每相连。
前沙涧水悲流海，
八宝山云泪暗天。

空有雄心编党史，
岂无壮志辨忠奸。
红楼②欢语成往事，
更著新篇待后贤。

【注释】

①干之，即著名马克思主义历史学家和教育家何干之。1969年11月16日，在被造反派强制劳动中，猝死于北京郊区前沙涧村。

②红楼，即当时何干之、胡华工作的中国人民大学办公楼。

42 担泔水即景（1971年4月）

远山晨雾里，
旭日照层林。
塘堰平如镜，
田畴一望青。
红房遍赤岗，
干校物候新。
担水近猪圈，
豕群正噪鸣。

【写作背景】

1970年1月至1972年春，作者被下放至江西余江县中国人民大学五七干校养猪班。每天忙于打猪草、起猪圈、做糖化饲料、为猪洗澡打针……起早贪黑、以苦为乐。这期间他共作诗6首。

43 打猪草口占（1971年4月15日）

背篓茶丛寻猪草，
声声布谷雨如烟。
昔日肉食挑肥瘦，
今日始知来处艰。

44 迎接一九七二年新春赠诸儿（1972年2月14日）

一家革命各西东，

天涯思念月明中。
征程五七须勤奋，
珍惜眼前无限春。

【写作背景】

1972年春节期间，作者从江西余江县中国人民大学五七干校回故乡（浙江奉化）探母。除夕夜，写信给工作在各地的子女，勉励他们以英雄为榜样，不怕苦累、有志有为，并赠诗一首。

45 回乡过春节赠张岱同志（1972年2月15日）

【胡华记】

1972年2月15日，我自余江回乡过春节。登临锦屏山上塔山头。这是阔别故乡34年后第一次回乡探母同过春节。感怀赋此。

屏山①松竹迎归客，
锦水②欢流若有情。
昔别青山勇踏遍，
今来白发无奈生。
革命岂是黄粱梦，
口舌焉能铄真金。
上塔③登临思战友，
云天寥廓劝勤奋。

【注释】

①屏山，作者故乡奉化城中的锦屏山。

②锦水，作者故乡奉化城中的锦溪河。

③上塔，位于奉化锦屏山，1938年，作者曾与校友张岱在此相约：到延安去！

46 访绍兴鲁迅纪念馆（1972年2月22日）

新春特访鲁迅家，
风雨满城雪交加。
为着将来为中国，
洒尽心血溉红花。

横眉岂惧群丑谤，
白眼总向恶魔斜。
我慕高风生百感，
遗书千读兴不赊。

47 吊冷超（1972年2月28日）

【胡华记】

冷超①同志久患肺气肿，在阴雨连绵中缺氧致死。吾去鹰潭与其遗体告别。因口占作此。

廿年两度探君病，
阴雨连绵竟夺生。
壮志牺牲五七路，
哭罢干之②又吊君。

【注释】

①冷超，作者的学生及战友，生前系中国人民大学历史系中国近现代史教研室讲师。

②干之，即何干之。

48 游七星岩有感（1973年5月9日）

【胡华记】

下午，与徐老（彬如）、黄高谦、方孔木等游七星岩洞天。洞深100多米，可至洞中坐船，蜿蜒而进，极凉爽。洞为钟乳岩形成，古为海底故也。船工边划船，边指点：钟乳石有如龙者，如猴者，如龟者，如婴孩者。红绿电灯掩映洞中，极为奇丽。洞中历代刻字、题诗甚多，包括宋端州知府包拯。岩峰凡七，有天柱岩、七星岩、仙掌峰等名，排形湖中，略如北斗七星，皆极奇秀，为2亿年前之沧海礁石变内湖后形成，岩中有鱼化石等出土。

沧海桑田两亿年，
潮平礁出七星岩。
迷蒙烟雨比西子，
多彩楼台疑九天。

安得大圜都若此，
应知英烈血成川。
坚持马列莫修正，
建造天堂遍世间。

【写作背景】

1972年春，作者奉调从江西余江县五七干校回京，任中国革命博物馆党史顾问。1973年4月开始，与该馆徐彬如老（副馆长）、董谦、贺捷生、黄高谦、方孔木等同志赴粤、湘、赣、闽、浙、沪以及陕、川、黔、桂等西南、西北地区进行党史陈列的学习考察，力图践行实事求是的原则，以抵制林彪、“四人帮”篡改历史。其间诗作8首，本文集收入5首。

49 到茅台纪实（1973年12月11日）

赤水波涛碧，青山万千重。
红军此三渡，黄槲留遗踪①。
领袖带天兵，运筹真如神。
一身系安危，万众缚苍龙。
历尽人间险，血染秋山红。
渡口炊烟里，茅台酒香中。
梯田织锦绣，细雨送行人。

【注释】

①黄槲树立于渡口，为红军建浮桥处。

50 魏家渡口观日出口占（1973年12月19日）

漓江日出满江红，
峰峦奇秀画屏风。
人间佳境毕竟有，
逸兴满怀亦仙翁。

51 咏桂林山水（1973年12月20日）

夹岸红叶比桃花，

剑岩笔峰倒影斜。
灵渠① 永垂祖龙业，
湘漓犹航史禄② 槎。
马援矍铄精神好，
瞿张③ 报国志可夸。
最是红军强渡处，
多少鲜血染山崖！

【注释】

①灵渠：凡 30 里，为秦始皇三十三年（公元前 214 年）派史禄修凿，接通湘漓两江，湘水七分入湘，三分入漓。自此，自广东西江，广西邕江、漓江至长江、汉水、嘉陵江均可通。

②灵渠有四贤祠，为纪念修此渠之秦史禄、东汉马援、唐李渤与孟咸。

③1650 年，明末抗清英雄瞿式耜、张同敞师生拥戴桂王朱由榔建立永历政权，后二人被俘，不背叛大明，遂被清军杀于叠彩山。

52 韦公① 精神真传奇（1973 年 12 月 25 日）

【胡华记】

参观红七军指挥部之魁星楼、列宁岩（北帝岩）。韦拔群 1925 年在此办第一期农讲所处。当时学员二百余人均住洞内。其洞大可容万人。洞中韦拔群题有：“人间乐事，莫如革命。”如此精神实堪效法，赋诗赞之。

列宁岩中徘徊久，
洞府办学世亦稀。
艰苦革命为乐事，
韦公精神真传奇。

【注释】

①韦公，即韦拔群烈士（1894—1932），广西东兰人，壮族，1929 年加入中国共产党，参加领导百色起义，开辟右江苏区，任右江苏维埃政府执委、红七军纵队长等职，1932 年被叛徒暗杀。

53 闻贺龙同志恢复名誉（1974年10月26日）

【胡华记】

闻中央25号文件《为贺龙同志恢复名誉的通知》，涕泪赋之。

将军百战死，
奇冤八年平。
党心人心在，
涕泪祭忠魂。

54 哀悼周总理（1976年1月14日）

国折擎天柱，拯世失巨星。
大业谁为继？万民哀何深。
林贼政变梦，苏修亡我心。
群丑正乱舞，亲痛仇者庆。
送殡人百万，京华满哭声！
青史写革命，遗教①记犹新。
岂惜驽骀力，尽瘁报恩情。

【注释】

①作者所著《中国新民主主义革命史》1950年3月问世不久，即得到周恩来总理的指正，并嘱“多访问革命老人，多研究历史档案，写出更好的革命史书来”。

55 欢庆除四害歌（1976年10月25日）

神州出孽妖，江青王张姚。
蛀虫钻党内，八亿遭殃了。
豺狼披人皮，眼镜蛇四条。
堡垒自内攻，帝修做不到。
砸烂党政军，蒋帮拍手笑。
挑动群众斗，灭口巧借刀。
信口胡点名，杀人真如草。
点火打内战，国力大消耗！
建设多艰辛，竭力破坏掉。

挥霍过王侯，人民勒裤腰。
控制舆论具，挑拨加造谣。
舞文复弄墨，黑白被颠倒。
专指鹿为马，伎俩赛赵高。
脚走极右线，口唱极左调。
北海钓鱼台，群丑真逍遥。
精生白骨堆，黑心戴红帽。
崇洋又媚外，机密全卖掉。
陷害周总理，民愤火山爆！
祸国殃民贼，欲砍红旗倒。
篡党夺权忙，专把阴谋搞。
流氓王洪文，小偷窃国了。
旅沪三个月，挥霍二万超。
叛徒张春桥，鹅毛扇子摇。
阴险又狠毒，黄粱梦一觉。
林江结联盟，两奸复相咬。
林贼乘机逃，江贼继续搞。
文丐大吹捧，吕雉“接班”好。
铜臭透灵魂，糜烂入肓膏。
文痞姚文元，洋场一恶少。
俨然戈培尔，谣言天天造。
我党久锻炼，岂容贼人扰。
主席早指示：“四人帮”取消！
英明华主席，继承遗志好！
一举除四害，万众齐欢笑！
剩勇追穷寇，直把黄龙捣！
痛打落水狗，毒瘤都割掉。
我辈齐奋起，打狼又捉妖！
听从党中央，学习马列毛。
牢牢记教导：“三要三不要”①。

【注释】

①1975年5月3日，针对江青等人大反“经验主义”的行为，毛泽东召集在京中央政治局委员谈话，反复强调坚持“三要三不要”，即要搞马克思主义，不要搞修正主义；要团结，不要分裂；要光明正大，不要搞阴谋诡计。

56 由东城赴颐和园途中感怀（1976年11月）

【胡华记】

揪出“四人帮”后，乘公共汽车路过人民大学有感而发。

伤心惨且过人大，
“站”① 在校亡痛咨嗟。
军阀专政林三虎，
生灵涂炭亿万家。
男宠女宠狼当道，
是耶非耶鹿为马。
十年一觉黄粱梦，
天安门血已开花②。

【写作背景】

在“文化大革命”的浩劫中，1971年，中国人民大学被迫停办。粉碎“四人帮”后，作者乘坐公交车途经“人民大学站”时，听到售票员报站名，百感交集，当晚赋此诗。作者与许多中国人民大学教师四处奔走，呼吁复校。1978年，党中央决定该校恢复。复校后胡华是首先成立的三个系中的中共党史系系主任。

【注释】

①指公共汽车之人民大学站。

②指1976年春，革命群众悼念周恩来总理、抗议“四人帮”倒行逆施的四五运动所表达的愿望已经开始实现。

57 鸡公山读党史人物传（1980年8月4日）

云绕群峰雾笼花，
风吹台阁雨丝斜。
小楼读罢英雄传，
似听鸡公唱四化。

【写作背景】

作者时任全国中共党史人物研究会常务副会长、大型丛书《中共党史人物传》主编，于河南鸡公山主持召开的人物传审稿会。

58 辞别鸡公山（1980 年 8 月 11 日）

【胡华记】

信阳地委书记王文周、县委书记马保元、李友堂等来看望并一起座谈。即兴作此。

大别层峰似浪涌，
当年洒血几英雄？
田园寥落须重建，
莫蹈唯心极左风。

【写作背景】

作者抚今追昔，回忆“大跃进”时期率人民大学学生社会实践到信阳，目睹“左”风之下的运动灾难，而今感慨颇多。

59 巫峡舟中联句（1981 年 4 月 23 日）

——赠徐彬如老、谢筱迺同志

盛会渝中作史公，
飞舟破浪过巫峰。

——胡华

十年浩劫徒干扰，
神女依然礼碧空。

——罗章龙

【写作背景】

时作者在重庆主持召开全国中共党史人物研究会第二次学术会议。会后和罗章龙、徐彬如、谢筱迺等与会者同舟东下，舟中与罗章龙吟之。

60 京西宾馆口占（1981 年 7 月 9 日）

【胡华记】

酷暑至京西宾馆，出席教育部学位会议。因有空调，口占作此。

室内有空调，京西亦青岛。
何必登庐山，辛苦作候鸟。
但愿家家有，举世皆欢笑。
科学昌明日，共产花开早。

61 镇江审看党史人物传有感（1982年4月24日）

门迎长江水，窗对北固山。
细研英烈传，心潮久澎湃。
业绩留青史，豪气存人间。
流芳岂百世？应是万万年！

【写作背景】

时作者在镇江主持《中共党史人物传》第七、八卷审稿会。

62 扬州行口占（1982年4月26日）

腰缠十张稿[①]，
乘车下扬州。
烟花正三月，
长江浩渺流。

【注释】

①作者在镇江主持《中共党史人物传》第七、八卷审稿会期间，应邀赴扬州作报告，仍不忘带部分稿件，准备插空审看。

63 重游青岛正阳关路（1983年7月14日）

谈谯旧友多作古，
昔年胡君今又来。
琼楼空伫临碧海，
对此思绪一泫然。

【写作背景】

时作者在青岛主持《中共党史人物传》第十三、十四卷审稿会，走在正阳关路，回忆起1957年与周小舟、刘仙洲、侯德榜、陆维特等同志于此疗养交谈的情景。

64 潮催四化似擂鼓（1983年7月16日）

田横①豪气千秋在，
蹈海鲁连②亦杰雄。
潮催四化似擂鼓，
白浪滔天怀刘公③。

【写作背景】

时作者在青岛主持《中共党史人物传》第十三、十四卷审稿会。

【注释】

①田横，秦末壮士，起兵重建齐国，后为汉军所破，率五百随众逃亡海岛。因誓不降汉而自杀。

②鲁连，又名鲁仲连，战国时齐国人，不满秦王称帝，曾言秦如称帝则蹈海而死。

③刘公，即刘少奇同志。1980年5月17日北京隆重举行刘少奇追悼大会（胡华以“各界知名人士”身份参加）；随后，遵照刘少奇生前遗嘱，他的骨灰撒于青岛附近海域。

65 黄金台畔思中兴（1983年8月18日）

燕山叠翠湖水清，
月色溶溶飞流萤。
昭王意气荆卿胆，
黄金台畔思中兴。

【写作背景】

作者于1981年5月被聘为《中国大百科全书》中国历史编辑委员会委员、“科学社会主义”卷主编。1983年8月，作者在北京密云潮河水库拦河坝九棵松中国社会科学院招待所，主持审定《中国大百科全书》（第七卷）260余条党史词条。

66 自京飞悉尼有感（1986年3月13日）

昨宵初春今晨秋，
晓梦甫醒南半球。
一夕万里惊神奇，
何时神奇遍神州！

【写作背景】

作者应澳大利亚多所大学和学术界邀请，于 1986 年 3 月至 4 月赴澳讲学并作学术交流。

第四编

自述

从奉化中学求学到走向革命*

一、革命启蒙时期

1934年秋至1937年夏，我在奉化县立初中度过了整整三年。当时社会舆论，对奉化中学抱有规模小、办不好的偏见，一些富家子弟纷纷投考宁波的中学。我则提倡“自爱”之说，认为事在人为，只要自身努力，发愤图强，爱己爱校，何尝不能求得学业上进，亦何尝不可提高学校信誉。许多贫苦同学赞成我的主张，高小毕业后，便相约联袂考入奉化中学。

这学期，适逢新调入汪芝盛当校长。他思想虽较陈旧，但有一股办好学校、服务桑梓的热情，请来了王漫川、傅生兰、陈××（嘉善人，北京大学毕业，教数学，抗战后不久在其家乡被日寇杀害）等几位有学问的老师，共同整饬校纪，修饰校园，精心治教，使教学质量大有起色。1937年6月，我班同学去宁波参加全省毕业会考，成绩颇为优良，与宁波有名望的效实中学等校不相径庭。

我进校后，用心求学，前二年每学期都获得学校颁发的“品学兼优”奖状。但当时的思想尚处于蒙昧阶段，唯从我家境贫苦的小资产阶级的阶级本能出发，对国民党豪富朱守梅（鹤年）、俞阿成（俞济时和俞济民之父）等抱有恶感；对腐败的国民党当局统治下的黑暗社会深为不满；对觊觎中国国土而疯狂入侵的帝国主义更为憎恶和痛

---

* 此文系作者1963年9月撰写的回忆录，曾刊载《奉化党史资料》，1964（5）；《国难家仇——奉化抗日史料》，中共奉化市委党史研究室编。

恨，但还称不上有革命的觉悟。

1935年，北平学生掀起“一二·九”运动后，全国抗日救亡活动的浪潮传播到奉城。目睹日寇步步进逼、祖国危亡的命运，才使我们这些刚进入初中三年级的十六七岁青年关注起国家大事。我班三十来个同学，约有三分之一经常阅读《申报》、《大公报》和《申报周刊》，我和五六个知心同学还研读邹韬奋主编的《大众生活》、生活书店出版的《青年自学丛书》和鲁迅著作以及苏联的文艺作品。这时，除有抗日思想外，也萌发了反对国民党蒋介石、追求革命的心理，反映在行动上，突出表现在以下两件事：

一是抵制国民党推行童子军的“法西斯精神”。1936年下半年，体育教师、童子军总队长毛子蔚向我们作报告，大意是说：浙江省教育厅长许绍棣（浙江著名的法西斯特务头子）从意大利考察回来，向蒋委员长报告意大利童子军一律穿军服、呢短裤、呢帽过冬，认为“法西斯精神”很好，要推行。接着，校方要学生们限期缴纳七块大洋订购呢料的童子军服。一些贫苦学生连交学费也有困难，到哪里去凑齐这笔钱，即表示反对这项决定。于是，双方发生了迫令交款与坚持抵制的斗争。到了限期，我们仍穿普通衣着来校，毛子蔚、汪芝盛先后冲进教室训斥了我们。次日，我以墙报主编的身份，就此事件出专刊，头一篇就是阐明我的观点的文章，大意是：中国不是意大利，我们不是贵族学校，无须讲究形式；穿短裤过冬有害于健康。后面还附诗一首，其中一句“可笑校长猛如虎”，竟刺痛了汪芝盛。他叫来我父亲，当面指责我说：“你写我校长猛如虎也就够了，为何还用‘可笑’二字?”我据理力争，汪芝盛原想开除我，但鉴于校长室外挤满了支持我的同学，众怒难犯，无可奈何，就给我记一次“大过”，交家长严加管教了事。而学校当局推行童子军“法西斯精神”这件事，终于被我们抵制了。

再是反对蒋介石辞退汪芝盛。汪芝盛是个普通的国民党员，并非蒋介石亲信。他可能瞧不起和不满蒋的为人，常对我们讲有关蒋介石的故事，实际上是揭露蒋的丑事，便有意无意地给我们留下了“蒋介石粗暴成性，是个流氓无赖”的印象。1937年上半年，我班临毕业前，汪芝盛为了改善学生住宿条件，积几年来募捐所得，新盖了一座宿舍楼，却被当时溪口武岭中学副校长（蒋介石兼校长）在蒋介石面前告了一状，说汪芝盛以盖校舍为名，招摇撞骗，中饱私囊。蒋听信谗言，即下达了“奉中校长汪芝盛着即撤职”的手令，引起了学生们的不平。因为汪募捐的钱并不很多，包工时或占些便宜，但不至于有大的贪污；况且盖这宿舍楼为学生办了好事，殊为难得，据此而把他撤职毫无理由。我们就组织同学去县政府请愿，名为挽留汪芝盛，实为给蒋介石一个难堪。但此举被级任老师王漫川劝止，他认为请愿难获结果，事态惹大连学校也有遭封闭之虞。于是，我们变换方式，在蒋介石手令是“撤职”、汪校长自己宣布是“辞职”的全校师生大会上，推选邬汝蛟代表全体学生发表挽留汪校长的声明，以此来表示我们对蒋介石乱下手令、无理辞退汪校长的抗议。

二、投入抗日救亡活动

1937年夏，我初中毕业，适值浙江省立高等师范创办（附设在慈溪锦堂师范内）。我以家境清贫申请报考公费生，结果以主课均为75分以上的合格条件被录取入学。旋因七七事变，战争扩大，淞沪抗战后，日寇攻陷杭州，学校受战事影响迁到长乐，高师停办，发给我高师肄业证书，我即返回家乡。

这时，一批失学、失业青年纷纷返回家乡。其中不少奉化中学的校友，在全国抗日救亡的浪潮推动下，汇聚一堂，共商抗日救亡宣传事宜。大家议及奉中原有演话剧的“醒民剧社”，布景、道具、锣鼓齐全，可资利用。我就和张正通（现在上海电影制片厂工作）、胡重华（现在珠江电影制片厂工作）等发起，以奉中校友为骨干，组织“醒民剧社”抗日宣传队。

9月间，我们向县政府办了登记手续，“醒民剧社”正式成立。它名义上为县“抗敌后援会”所属的抗日救亡团体，实际上是我们独立自主活动，社址设在城北体育场的民众教育馆内，剧社经费由社员资助，也向社会各阶层募捐一点，县“抗敌后援会”只按月给予少量补助。

参加这个剧社的社员共450人，经常参与活动的有20来人。剧社内设化装演出、歌咏、文字宣传三个组，分别由张正通、胡重华和我负责。我们剧社成立不久，就受到浙江地下党的重视和支持，先是中共浙东临特委委员竺良谟（竺良牧、竺扬）来同我联系，指导剧社的工作；以后他又派竺一平、詹步行来同我经常联系。他们交代我的任务是：在剧社内宣传党和毛泽东的全面抗战主张，传阅革命书刊，扩大党的影响；团结青年大多数，发挥进步青年的领导和骨干作用；批评社内的不良倾向，推动剧社工作。

当时，在中国共产党提出的（建立）抗日民族统一战线的口号鼓动下，参加剧社的多数校友和青年凭一股抗日救国的热情，肩负剧社的布景、道具、标语纸张，爬山越岭，积极宣传。但是参加剧社的青年抱着各异的动机，难免鱼龙混杂，泥沙俱下。有的思想动荡不定，少数的如周宗科（后堕落成为反动分子）、袁仁能等，他们有抗日的热情，但力图使剧社服从于国民党的影响，个别的则为思想腐化的纨绔子弟，是来赶热闹乘机追求女同学的。于是，我根据地下党的指示，同张岱、傅赛英、胡重华等进步青年，阅读巴金、鲁迅、茅盾和苏联的文学作品，团结一部分属于中间的青年，竭力端正剧社的思想作风，按中国共产党的全民抗战、发动群众的路线去工作。以后又秘密传阅了《巴黎救国时报》、《解放周刊》、《大众哲学》和《毛泽东抗战言论集》、《什么是马克思主义》、《什么是列宁主义》、《西行漫记》等书刊，在提高思想觉悟、培养骨干力量、扩大党的影响方面起到了一些作用，从而也孤立了周宗科、袁仁能等人。不久，周、袁脱离剧社，投靠宁波警察局的俞济民去了。对个别混入剧社、追逐女同学的纨绔子弟，我们也给予严肃的批评，对他们散布的腐朽没落的影响作了有力的抵制，推动了剧社工作的开展。

为了扩大抗日救亡的影响，自 1937 年 9 月至 1938 年 5 月这八个月内，我们除经常在城里、大桥镇宣传外，还巡回于江口、溪口、萧王庙、蒋葭浦、棠岙、棠村、柏坑、大堰、方门、西坞、海沿头以及宁海的西垫等地，演出《放下你的鞭子》、《募寒衣》、《朝鲜亡国恨》等救亡话剧，演唱《义勇军进行曲》、《打回老家去》、《热血》等救亡歌曲，张贴救亡标语，编写救亡墙报。这期间，还铅印出版九期当时奉化唯一的救亡刊物《醒民刊》。

1938 年 6 月以后，大家为准备投考或就业，人员星散，活动遂无形停顿。

三、组织同学赴陕北和办《战时大众》报

1938年4月间，中共浙东临特委派竺一平来告诉我，党组织准备选送一批青年去陕北学习，要我组织好人员，亲自到宁波县前街一家书店找竺良谟或他，以便开给组织介绍信。

我们几个同学早就向往延安，也作了一些筹划。接受任务后，我积极联系好与我同届毕业的邬汝蛟、方宗惠、王某和奉中在校女生张林冬、傅赛英；邬汝蛟又在宁海联系了两个女同学。我们八人商量决定，由我赴甬接头开好介绍信，5月5日启程。但我到宁波联络点一家书店时，竺良谟、竺一平两同志均外出，接待我的一位女同志说，他们要过几天才能回来，叫我耐心等待。而我因预定行期逼近不能久等，只得返回奉化，没拿到介绍信。5月4日，宁海的邬汝蛟等三人如期来到我家。那时，战火连天，沿铁路线的城市屡受日机轰炸的威胁，去遥远的陕北投奔革命，为家长所难理解和不安，也怕被国民党获悉而拦阻，所以我们都瞒着家庭出走，行动十分秘密。为不惹人注意，我们分散在奉城、溪口两地上车，在溪口车站会合，往新昌方向前进。可是，此前我在奉中传达室同张林冬等联系时被某同学看到，他窥知我们要去陕北，便当作奇闻传出去。先听到消息的家长急忙拦阻，有的赶到溪口车站拦截。结果只有张林冬、邬汝蛟等四人启行并到达陕北。我因资助我路费的同学王某被家庭阻拦而未筹到路费，没能成行。

此后，我就和奉化地下党詹步行取得联系。在他的指导下，创办一种适用于农村宣传我党抗日主张和抗战近况的通俗小报《战时大众》。我和严圣荪、方宗惠、陈天健等同学，凑拢几元钱，用奉化方言编写这个小报，每三日刊出，开始自行刻写油印，招些失学失业儿童到四乡去卖，每份三枚铜板。这种小报，粗通文字的人就能看懂，很受大家欢迎，所以一发下去就被抢买一空。办了几期，有了盈余，就改为铅印，由大桥镇九芳斋印刷厂承印，销售数扩大到500份，为当时国民党官办的《奉化新闻》报从未达到的数字。我从主编、校对到发行以至会计，什么都管，忙得不亦乐乎。

当时，我把每期《战时大众》报，寄一份给在延安的毛泽东主席，没想到竟受到了赞扬和鼓励。7月间，我们收到毛泽东的亲笔信，信封中式直写“浙江奉化　战时大众报社大启”，下署“毛缄”，盖的邮戳是“陕西肤施”（即延安）；两张信笺也是直式毛笔书写，字体较大。凭我记忆所及，大体内容是：

《战时大众》报执事先生：

收到贵报。你们用通俗的文字，向人民大众进行抗日救亡的宣传，这一工作很好。希望报纸由宣传工作，进而起到组织群众的作用。

此致

敬礼！

毛泽东（蓝色签名印章）

×月×日

毛泽东的信，给予我们极大的鼓舞，詹步行、方宗惠、周时遐等都争相传阅，以先睹为快，大家决心要把报纸办得更好。

7月底前后，日机屡炸栎社机场，并有进攻宁波之势。奉城一带风风雨雨，谣传豪绅俞阿成、胡为乎一俟日寇攻陷奉化即将出来组织维持会。我和严圣荪商议：传说既起，必事出有因，一定要揭露、攻讦。于是，便由严圣荪执笔撰写文章，以小说体形式，描述了某县豪绅，操纵县政，横行乡里，鱼肉人民，县城沦陷后投靠日寇，充当汉奸维持会长，无恶不作，终被激于义愤的抗日农民打死等情节，影射俞阿成，在《战时大众》报连载三期，因而引起国民党县政府的注意。

当时，处在国共第二次合作时期，国民党浙江省主席黄绍竑在全国抗日救亡形势的推动下，在我党的帮助影响下，为标榜抗日，在全省实行“新政”。我们的铅印小报向国民党县政府备了案，登载的都是宣传抗日救亡的言论，他们也抓不到我们的把柄。这篇小说刊出后，国民党县长即派员来追问小说影射何人，我们回答是凭想象而写，不影射任何人。他们说：“现在各方谣传很多，你们报纸宣传不应火上加油，今后重要文章要先送县长审查。”这种无理干涉，实际上是不让我们办报。我们本也商定要遵循毛泽东的指示，去从事实际的群众工作；同时，我也另有打算，因当时浙江各县按黄绍竑实行抗日“新政”的方案，要招考一批有志抗日的青年，分配到重要的乡镇去当事务员，每月可得薪金 28 元，这样既可做群众工作，又可为我今后投奔延安攒聚一点盘费，一举两得。于是我就把办了约 3 个月的报纸停刊，前去投考事务员。

四、去萧王庙从事实际的群众工作

1938 年 8 月初，我被录取分配到萧王庙镇担任事务员。当时的乡镇，管辖周围几十个村子。镇公所设镇长、事务员各一人，听差二三人。事务员任务繁重，除收发公文和处理日常具体事务外，主要工作是扩军和支应军差。扩军，实际上是变相抽丁，镇里把应出的名额分派到各村，村里即向村民摊钱，把出不起钱的贫苦青年农民连买带捆去当兵，敷衍了事，弊端很多；支应军差，当时是为在肖王庙、溪口一带挖战壕、筑工事的国民党一九四师派粮派草派夫。一九四师军纪很坏，各村派去的民夫因屡遭打骂，经常来镇公所告状。当地土豪孙姓镇长，只热衷于调解仲裁有利可图的民间讼事，对抗日大事和人民疾苦漠不关心。我把上述情况向党组织派至萧镇巡视工作的詹步行汇报，他认为扩军、支应军差虽也是抗日工作，但要合理，并要我利用在当地工作和身份之便，发动团结知识青年，把农民组织起来，打好工作基础，同不合理现象开展斗争。

萧镇有我奉中的校友，我通过他们联络当地十多个青年来镇公所活动，并利用镇公所名义，组织他们去各村召开群众大会，宣传“坚持抗日”、“抗战必胜”的道理，说明扩军、支应军差是为抗日服务，但要合理，捆绑壮丁、打骂民夫是错误的，应该反对。同时，我就军队打骂民夫事，向一九四师副官提出多次口头抗议。

9 月下旬，忽接县政府调我去县政工队当队员的命令。我一到县城，才知我在萧镇的举止引起反动派的嫉恨，孙镇长亲到县府民政科控告，给我加上两条“罪名”：纠集男女青年吵闹镇政府，翻了天；煽动百姓反对军队。我明白了被调动的真相，即向民政科长提出抗议，并至会计处领来 40 余元工资，愤然自动辞职。

五、和张岱同赴陕北

我辞职回家不久，随国民党部队宣传队去九江前线宣传抗日的奉中校友张岱，因宣传队解散而回奉。我俩志同道合，相见甚欢，即在城北中山公园商定：不管困难多大，誓要结伴同赴陕北。

奉化地下党组织原拟动员我们就地搞革命，后见我们意志坚决，就同意我们去陕北学习，由詹步行以“剑虹”（党组织代名）署名，写介绍信给八路军武汉办事处罗炳辉主任。

1938 年 10 月 5 日，我俩从江口启程，坐货运车至金华，改乘火车经江西到湖南株洲，再搭运煤火车沿粤汉线抵长沙。这时，日机连日轰炸长沙，粤汉铁路的武（昌）长（沙）线已不通车，水运亦被军运控制；平汉路上的郑州、信阳业已沦陷，武汉危在旦夕。我们逗留在长沙，白天随市民渡湘江到橘子洲头防空袭，晚间才回市区，前进路上困难重重。幸好某日渡湘江时遇到一位挂有八路军臂章的小同志，获悉八路军、新四军在长沙驻有办事处，即前往联系。办事处的负责人龙潜同志热情开给我们一张十八集团军学兵的军事护照，同行的还有一位姓熊的女同志，才得搭轮船渡洞庭过赤壁而抵武汉。

我们找到武汉八路军办事处，那里已聚集了 37 个去陕北的男女青年，连我们 3 人刚好 40 人，随即组成“新四军战地服务团”，由一位老红军罗征远参谋带领，乘火车到湖北广水，即千里步行，经鄂北的应山、随县、枣阳到河南的南阳，复经临汝而达洛阳。洛阳有火车通往西安，可是国民党借口新四军驻地不在西安，把我们扣了一天。经西安八路军办事处同洛阳国民党军卫戍司令部通长途电话交涉后才准我们去西安。

这时，国民党反动派在西安的反共摩擦已很嚣张。我们只得在七贤庄八路军办事处休息了几天，遂编为一二九师教导团，换上八路军的新军装，整队步行 700 里，经历千辛万苦，于 11 月 7 日终于到达了陕甘宁边区，进入旬邑的陕北公学学习。这时边区军民正在举行盛大的纪念十月革命节的大会，到处红旗招展，一片欢腾热烈的革命景象，和国民党地区的一片乌烟瘴气相对照，真有天壤之别。我们呼吸着自由而革命的空气，感到无比的兴奋与快慰。

我和张岱进入关中陕北公学普通队，后又考入高级研究班学习。1939 年 2 月，我由曾毅民、潘任劳介绍参加了中国共产党。那时我刚进入 18 岁。7 月，我们从延安出发奔赴前方，经陕北的绥德、米脂、葭县渡过黄河，辗转几个月，到达晋察冀敌后抗日根据地——山西五台、盂县和河北平山、阜平地区。

以上简述了旧社会的一个青年，怎样在党的影响和领导下，追求光明、追求真理，从求学走向革命的历程。今天，时代不同了，希望我们的青年和在校同学，珍惜革命的果实，努力学习，掌握科学文化知识，提高政治理论水平，成为建设社会主义的有用人才，以适应党和时代对我们的要求。

自　传*

（1980 年 5 月 4 日）

1921 年 12 月，我出生在浙东一个小公务员家庭。1937 年，以家境清寒，考入浙江省立高等师范。旋因抗战烽火的弥漫，我在故乡从事抗日救亡宣传工作。我主办过一个通俗小报叫《战时大众》。在这期间，我得到了浙东地方党的领导，大量地阅读了党所出版的书刊。

1938 年，经浙东地下党组织介绍，我到陕北公学学习。听毛泽东、周恩来、博古等一些党的负责人的报告，较系统地学习了马列主义的基本理论。1939 年 2 月，我加入了伟大的中国共产党，那时我刚够 18 岁。

1939 年 9 月，我随罗瑞卿、成仿吾率领的队伍，经过 3 000 里长途行军，到达晋察冀敌后抗日根据地。不久，参加了华北联合大学政治研究室中国问题研究小组。从 1940 年 4 月起，我开始在华北联大的社会科学部和工人部担任“中国近代革命运动史”教员。成仿吾校长给了我一本他自己编写的曾在延安中央党校、陕北公学讲授的《中国苏维埃运动史提纲》手稿；何干之借给了我二三十本中国近代史和中国革命问题的书籍，其中有几本是他来前方时毛泽东送给他的。书的封面上有毛泽东的毛笔签名。这些通过敌人封锁线带到前方来的珍贵的书籍和提纲，成为我进行教学和研究工作的重要依据。

---

* 此自传系作者应北京图书馆《文献》丛刊编辑部邀约撰写，载于北京图书馆编《文献》，第二辑，北京，书目文献出版社，1980；《世纪学人自述》，第六卷，北京，北京十月文艺出版社。

我在敌后抗日根据地的五六年中，先后在华北联大的社会科学院、法政学院和教育学院任教，兼任队长、班主任和党的总支和支部工作。每年反“扫荡”战争时，我就带着学生队伍同地方游击部队一起打游击。1943 年 1 月，我作为华北联大的代表，参加了晋察冀边区参议会。在这五六年中，我们联大师生的足迹，踏遍了北岳恒山区域的平山、阜平、灵寿、唐县、曲阳、行唐、盂县、五台、涞源等县的山山水水。我们的校址随着战争形势而变动，经常是在波涛宽阔的滹沱河、大沙河、胭脂河、唐河之滨，青年们的抗日歌声，同奔流的波涛声一起在空中回荡。我们在敌后艰苦残酷的战斗环境中坚持教学和工作。在这五六年的艰苦奋斗中，不少师生光荣地献出了鲜血和生命！

日本投降后，我到解放了的张家口市，党调我从事工人运动。1945 年 12 月，张家口市召开第一次全市工人代表大会，成立市总工会，我被选为市总工会执行委员。先后任宣传部副部长、部长。我们指导了张家口市工人 130 多次反奸清算斗争，组织工人开展生产竞赛，并在工人中发展党的组织。我在《北方文化》杂志和《晋察冀日报》上经常撰写一些关于党领导新解放的城市工人运动经验的文章。

1946 年 10 月我军撤出张家口市，我又重返华北联大工作，担任联大教育学院党总支副书记、史地系副主任。那时，联大校址在冀中束鹿县。1947 年，我参加了束鹿县的土地改革运动。

1948 年 5 月，由于华北解放区已连成一片，成仿吾为校长的华北联大同范文澜为校长的北方大学合并，在正定成立华北大学。党中央派吴老（玉章）任校长，范、成任副校长，钱俊瑞为教务长。党中央在关于华北大学的决定中，规定要开设“中共党史”课。我担任了中共党史教学组组长，并负责编写教材。在吴老、成仿吾、钱俊瑞等同志的直接领导下，我一面编写教材，一面给全校上党史课。1949 年秋，这份教材经当时中央宣传部许多位领导同志的亲切帮助，讨论修改，于 1950 年 3 月由新华书店印行，定名为《中国新民主主义革命史（初稿）》。此书有日文、朝鲜文及国内维吾尔、哈萨克等文字的译本。

1950 年中国人民大学正式开学以来，迄今 30 年，我都在人大工作。先后担任中国革命史教研室副主任、中共党史教研室主任、中共党史系主任。1950 年被评为副教授，1956 年被评为教授，兼任中国科学院中国近代史研究所学术委员会委员。

自 1948 年，70 岁高龄的吴老到华北大学，至 1966 年吴老 88 岁高龄辞世，整整 18 年，我一直是吴老的一个学术助手。吴老是德高望重的老一辈无产阶级革命家和历史学家，他的崇高的革命品质、渊博的历史知识，他对马列经典和中国历史典籍的谙熟，他的惊人的记忆力，使我们这些长期在他身边工作的同志钦慕不已，成为激励我们勤奋的动力，高山仰止、心向往之的学习榜样。

从 1950 年春开始，我参加了第一届中国人民政治协商会议全国委员会学习干事会（后改称学习委员会）的工作，使我有机会在周恩来、李维汉、徐冰等同志的直接领导下从事组织理论学习的工作，并聆听了周恩来、刘少奇、李维汉等同志的许多重要报告。

1950 年和 1951 年，我应人民日报社社长邓拓的邀约，先后在《人民日报》上发表了《学习斯大林关于中国革命的学说》和《学习列宁关于中国革命的学说》两文。1951 年由中国青年出版社汇印为《学习列宁、斯大林关于中国革命的学说》一书。

1951 年，在中国史学会郭沫若会长的亲切关怀下、在范文澜副会长的支持下，中国史学会编写一本简明的《中国历史概要》，推定翦伯赞、邵循正和我三人执笔。1952 年印出初稿后，经过十几位老一辈史学家的集体讨论修改，于 1956 年由人民出版社出版，同时，由外文出版社译成英、法、德文出版。

从 1952 年开始，我结合在中国人民大学中国革命史研究班、教师进修班的讲课，着手编写《中国革命史讲义》。何干之、李新给了许多帮助。教研室也有好几位同志参与工作，陆续内部印出。于 1959 年由中国人民大学出版社正式出版。

以后，我在政治运动越来越频繁的大环境下，先后参加公社化运动、社教"四清"运动、半工半读运动，经常在农村奔跑，席不暇暖，没有时间和条件进行科学研究。接踵而来的是林彪、"四人帮"长达十年的浩劫。其间，我在 1970 年、1971 年到江西干校从事两年农业体力劳动；在 1972 年至 1974 年兼任中国革命博物馆顾问，后又到北京师范大学工作。

党中央粉碎“四人帮”，迎来了党史研究的春天。我在1977年出版了《南昌起义史话》（人民出版社出版）和《青少年时期的周恩来同志》（中国青年出版社出版）。1978年、1979年重新修订了《中国革命史讲义》、《中国历史概要》、《中国新民主主义革命史》。这三本书于1980年分别由中国人民大学出版社、知识出版社和中国青年出版社再版。

1979年，我又主编了一本《五四时期的历史人物》（中国青年出版社出版）。1979年12月，我被选为全国中共党史人物研究会副会长，负责主编《中共党史人物传》的工作。第一卷于1980年由陕西人民出版社出版。以后我将继续致力于这一工作，发动广大党史工作者，编写党的烈士和重要党史人物传记，为发扬我党的光荣传统，为不使先烈流血牺牲的业绩湮没无闻而尽我的一点绵薄之力。

我还计划结合人民大学的教学工作，主编一部多卷本的《中国现代革命运动史》，并研究周恩来等老一辈无产阶级革命家的理论贡献。

我现在的职务是：中国人民大学教授，中共党史系主任、党总支书记，校学术委员会委员。兼任职务是：中国社会科学院中国近代史研究所学术委员会委员，中共党史人物研究会副会长，北京历史学会副会长，中国史学会常务理事；北京市第七届人民代表大会代表。

附：胡华主要著作目录

一、胡华编著：《中国新民主主义革命史》。1950年3月新华书店印行，有日文、朝鲜文及国内维吾尔、哈萨克等少数民族文字译本。1980年由中国青年出版社重印增订本，外文出版社将同时用英、日、法、德等文字出版。

二、胡华编著：《学习列宁、斯大林关于中国革命的学说》。1951年中国青年出版社出版。

三、翦伯赞、邵循正、胡华编著：《中国历史概要》。1956年人民出版社出版，外文出版社同时出版英、法、德文本。1980年知识出版社重印修订本，外文出版社同时重印修订外文本。

四、胡华主编：《中国革命史讲义》。1959年中国人民大学出版社出版。1980 年中国人民大学出版社重印修订本。

五、胡华编著：《南昌起义史话》。1977 年人民出版社出版。

六、胡华编著：《青少年时期的周恩来同志》。1977 年中国青年出版社出版。1980 年外文出版社出版日文、英文本。

七、胡华主编：《五四时期的历史人物》。1979 年中国青年出版社出版。

八、胡华编著：《周恩来的思想及理论贡献》。1982 年广东人民出版社出版。

九、胡华主编：《中国社会主义革命和建设史讲义》。1985 年中国人民大学出版社出版。

十、胡华主编：《中共党史人物传》（第 1～50 卷）。1980—1990 年陕西人民出版社出版。

热爱党史　坚持阵地*

我是一个中共党史的教学和研究工作者。《浙江日报》编辑部的同志要我同青少年读者谈谈治学经验和体会，我的贡献微小，谈不上有什么经验。如果问我：对自己的工作有什么体会？那么，我可以回答一条：就是我热爱自己的工作，我热爱党史，安心于一辈子做一个党史教员，我愿意在这个岗位上为壮丽的共产主义事业贡献自己微薄的力量。

1938 年春，当我 17 岁的时候，中共浙江省奉化县委地下党的领导同志供给我阅读党的许多书刊。我读了斯诺的《西行漫记》，开始对党的历史发生了浓厚的兴趣。1938 年秋，党组织介绍我到陕北公学学习。我较系统地学习了马克思列宁主义的哲学、政治经济学、科学社会主义和中国革命运动史。我对中国革命运动史最感兴趣。在延安，我们还听了毛泽东、周恩来、博古等领导同志的报告。

1939 年秋，我跟随成仿吾校长，经过 3 000 里艰苦的行军，到达抗日的前线——晋察冀抗日根据地。我们在那里创办华北联合大学。我从 1940 年 4 月起，担任了“中国革命运动史”的教员，直到现在。算来，我当党史教员已有 41 年了。抗日战争中，我在前方六年，一边打游击，一边从事党史教学。那时，我依靠的教材，一本是洛甫同志主编的《中国现代革命运动史》，一本是成仿吾同志送给我的、他自己在延安讲课的手稿《中国苏维埃运动史提纲》。我的指导老师、

---

* 原载《学人谈治学》，杭州，浙江人民出版社，1982。

党的著名的中国问题学者何干之教授，给了我几十本他从延安带到前方的有关中国革命史的书，其中有两本是毛主席送给他的，封面上还有“毛泽东”的毛笔签名。我在反“扫荡”战争中，同敌人转山头的间隙，如饥似渴地研读了在前方找到的《御批通鉴辑览》、《通鉴纪事本末》、《世界史纲》等中外史书。1943 年，我还在华北联大高中班讲授过范文澜同志主编的《中国通史简编》。当时，我们生活极为艰苦，吃小米、菜汤，晚上点麻子油灯，灯光如豆，我们这些青年教员，总是每晚攻读到深夜。清晨起来，则念俄文或英文。我的许多同事在战斗中壮烈牺牲了，我是幸存者之一。

日本投降后，我到解放了的张家口市从事了一年的工人运动。工作中间，我采访写作了《张家口市和京绥铁路工人运动史——英勇奋斗的二十五年》，写作了不少关于当时工人运动的报道，并给工人讲党史。

以后，我又回到华北联大任教。1948 年解放石家庄后，我们迁到正定县城创办华北大学，我又当了 70 岁高龄的吴玉章校长的助手，直到 1966 年吴老 88 岁逝世，我在吴老身边当助手整整 18 年。吴老是著名的历史学家，又是党的老一辈革命家，他的亲切的指点和对党史的回忆，使我深受教益。他对马列经典和中国典籍的谙熟，他对往事的清晰的记忆力，使我惊叹不已。他对中国历史和党史的热爱，更是深深地感染了我。在他和成仿吾等同志指点下，我先后在华北大学、中国人民大学一边教课，一边编写了《中国新民主主义革命史》、《中国革命史讲义》等书。还在范文澜同志主持下，和翦伯赞、邵循正同志合编了一本简明的《中国历史概要》。

十年内乱时期，我无法写作。动乱的头两年，我在“关牛棚”期间，读完了《鲁迅全集》十卷。以后又重读了《列宁选集》和马恩的几本书。1972 年起，我被借调到中国历史博物馆做党史顾问，继续研究党史资料。

粉碎“四人帮”以后，我先后在北京师范大学和中国人民大学任教中共党史课，并编写了《青少年时期的周恩来同志》、《南昌起义史话》，增补修订了上述在“文化大革命”前出版过的三本书。又主编了一本《五四时期的历史人物》。现在，正在主编《中共党史人物传》

（多卷本）和《中国社会主义革命和建设史讲义》。

从我 16 岁参加革命，我走过的道路，主要是自学的道路。在战争环境中，从事实际斗争、教学工作、政治运动中，坚持自学，边工作边自学。

从自学说，我认为热爱自己的专业，是最根本的一条经验。你心爱自己的专业，眷恋着它，你才会孜孜不倦地去攻读有关的书籍，才会锲而不舍地利用一切时间去钻研，才会朝思暮想地去思考，日有所进、日积月累，你的专业知识就增长了，逐渐成为某一门学科的专业人才。我们这一代人，是在战火纷飞中成长起来的，又经过十年内乱的沉重打击和严酷考验，只有坚定不移地热爱自己所从事的专业，越是处逆境，越是遭打击，越是坚持自己的信念，不被动摇，不气馁，不心灰意懒，而且更加激励自己发奋上进，这样才能取得一些成果。今后的青年人，学习环境和条件会比我们好，但也要估计到遭遇种种困难挫折，一定要刻苦自励，越是遇到困难，越要发奋努力，这样才能有成。如果干一行怨一行，“这山望着那山高”，学一门科学，一遇到困难，专业思想就动摇，就想改行，那样就会把光阴空抛。年华如逝水，一去不复回。社会有分工，我们一定要抓紧一切时间，钻研自己所热爱的专业。这就是自学为主。当然，也要尽可能向老师学习，向一切有关的人请教。

从历史学的治学方法来说，首先，脑子里要有一个历史的大事年表，把你所看过的历史资料，记忆在脑子里的这个大年表中。这样，你的历史知识才能丰富起来，有条不紊。年月日，人地名，历史过程，都必须反复记忆，才能掌握历史现象，理出它的本质的规律性的东西。如果浮光掠影地泛泛看书，或仅仅抄写资料在笔记上，没有经过思考，记忆在自己的脑子里，那么，纵然看了许多书，也是一团乱麻，不能为自己所掌握。

其次，还要勤于做摘记，写传记的看法。治学的人，大量时间都是花在抄摘资料、做卡片、写札记上的。这是一个扎实的工夫。因为研究历史、写历史，不能单是靠记忆。有了记忆中的丰富的历史知识，在写作的时候，还是要拟出写作提纲和参考书目，整理卡片，抄摘资料，脑子酝酿好了，才能顺利写成。

治学必须抓紧时间和刻苦努力，别无他径可循。范文澜同志的治学格言是“板凳要坐十年冷，文章不写一句空”。有甘心坐冷板凳的精神，才能扎实地做学问。

以上是我大略的经历和粗浅体会。我热爱我们党的英勇奋斗的历史，热爱我们党的先烈们和老一辈革命家艰苦卓绝的英雄业绩和感人至深的崇高品德。我认为，作为一个党史教员，愿为宣传党史尽一分力，这是光荣而崇高的职责。我希望有更多的青年同志来当党史教员，并且安心和甘心一辈子做一个光荣的党史教员。

1987 年 11 月在上海住院时自述*

我这回生病是这样的：大概 9 月中旬，我感觉到肝区疼，当时还在西郊（中国人民大学）上班。为了节省时间，我想就到六院（北京市第六医院，系人民大学在城内的医疗合同医院）检查一下吧，当时检查有胆结石，就往胆结石方面考虑。六院叫我做一个 B 超，B 超结果说，就是胆结石，肝光滑的，没事儿。所以我就吃了一些治胆结石的药，同时就在星期一（9 月 14 日）晚上去找了刘大夫（刘弼臣，中医专家）看了一下。我还带了刘大夫的药到西郊（人大校园）去吃，吃了一个星期不见好，第二个星期又回（城里）来，星期一（9 月 21 日）我又到六院去治，六院给我抽了一次血，检查结果是肝功能正常，澳抗阴性，都没有什么问题。我还做了一个火箭电泳甲胎蛋白，结果甲胎蛋白也正常，所以没往肝这方面去考虑，还是晚上找刘大夫开些中药我带到西郊去吃。到第三个星期就是 9 月 28 日了，那天我吃东西以后感到肝区痛，后来腰的部位也有些疼，所以晚上就到（张自忠路三号人大宿舍大院）对面的总参门诊所治了一下，打了一针。我说老疼不行，明天还是到六院争取住院检查一下，看看是怎么回事。

现在想起来，当时应该到 301 医院去。可那时我想，不是固定的医疗关系，到时候到人大报销比较麻烦。我说还是六院近一点吧，就还找六院。这样就到六院干部门诊外科，就住院了。住院以后，六院

---

* 胡华于 1987 年 11 月 22 日到达上海，住进上海第二军医大学招待所等待接受手术治疗。11 月 26 日前后对着录音机讲述了自己此前的病情、治疗经过、参加校庆、众人关心等情况。本文由胡静根据录音整理。文中括号内容由编者所加。

的徐大夫按胆石症给我治，他们解释说："你的肝没有问题，胆石是因为你吃了油腻食物它就往胆管口这边刺激，所以就疼了，平常活动时胆囊液体多就不疼了，一般是这个规律，治一治吧。"

这样，以后就到国庆节了，我（住在医院）没有回家，也没有回学校，（医院）也没有医生来看。治了几天，我感觉到，吃油腻也不增加疼，吃素的也疼，这就跟胆结石的规律不一样了。到10月4日，徐大夫来看，我就跟他说了。他（徐医生）也做不出什么解释来。他说："还是按这几种药治吧，阿曲阳胆酸是逐渐消石头的，其他药是消炎利胆也是有好处的，还有麦迪霉素。"我说麦迪霉素我已吃了两个星期了，他说那就给你换"庆大"吧。结果给我打了一个礼拜的庆大霉素，也不见效。后来，他说，还是换成麦迪霉素吧，我说住院前吃了两周，入院后又吃了一段时间，是不是还要吃这个药？他说这个药要慢慢生效，你就吃吧。结果就是老吃这几种药。后来我说，是不是结合一下中药？来了一个中医姓郑的女大夫给我开中药，她也把刘大夫开的中药看了一下，基本还是胆石症的路子，无非是金钱草、鸡内金、海金砂、川莲子，就这些药，路子差不了很多。

还在9月30日那天，校领导黄达同志、陈光同志和龚世祥同志他们来看我，带了一本人民大学的纪念册，里面有我的照片。他们说，校庆提早到10月23日，因为24日以后李鹏同志要开十三大预备会了，所以只有23日李鹏同志和一些领导同志可以来。我们正日子按陕北公学开学典礼是11月1日，11月1日那天搞一个校友返校座谈。他们说："如果您身体可以，就在校庆那几天请您回去，参加一下校庆大会。另外吴玉章奖金① 在那时由李鹏同志发奖，您是历史学一等奖，您也是吴老的老助手，邀请您去领奖。11月1日校友返校如果您能去，那么陕北公学、华北联大的老同学您熟悉的多些，您去招呼一下。11月1日如果您身体不好，也可以不去。"我说："好吧，10月23日前后我出来，这儿说也就是胆结石，这个病也不是一下能治好的，我暂时不想动手术，住一段检查一段看看。"

这样，一转眼就到了10月20日，我就向徐大夫请假，我先是要求出院，我说："我这个病老是肝区痛，老是拿热水袋焐着，这不完全像胆石症，老这么住着恐怕意义也不太大，反正这是个长期的病，我就出院算了。”徐大夫倒也不错，他说：“要不这样，您先请假出去，等您开完大会回来以后，我再给您做一次B超，看看情况怎么样。”这样，后来我就请假出去了。

我是10月21日下午出去的，22日、23日我都住在西郊（人民大学红二楼223房间，办公室兼寝室）。宋涛同志见到我说：“你好啦?”我说：“我是请假出来的，没有检查清楚，常有一些肝区痛。”老宋说：“你还是锻炼得不够，工作不要干得时间太长了”。到23日上午，华大（华北大学）11班——我是老班主任啦——从广东、沈阳、四川等地来了几十个同学，由学校的张国财同志和海淀区党校党委书记老张同志他们联络，包括当时的副班主任朱云同志从沈阳特地赶来。我当时的助理员苏星现在是《红旗》（杂志）的第一把手，还有一个女助理员叫李军，我们四个是领导干部。要来的同学中很多都是很有名望、很有出息的，像《羊城晚报》的副总编辑，北京人民艺术剧院的童弟、童超，还有舞蹈家，好几位都是教授，这些同志要见面，所以23日上午就在人民大学资料楼（后称人文楼）的七楼会议室开了一个华大老11班的联欢会，我讲了话，朱云讲了话，苏星、李军讲了话，许多老学友也都讲了话。讲完以后，他们一定要我到市委党校参加聚餐。我说：“我下午还有大会，不能陪你们喝酒吃饭了，我也不会喝酒，我就先简单吃一点好了。”所以我就在海淀市委党校吃了一点扒鸡肉，他们还炒了一个虾仁，我吃了一碗饭。（随后）他们就派车把我送回来了，别的老同学就在那里欢聚。

下午两点钟，学校几位新的校长跟我们几个元老——宋涛、我、徐伟立、孙力余、霍遇吾坐一辆小面包车，到了北京展览馆的剧场休息室。见到了许多老领导，都是历届的人民大学校长，我就参加那个会了。我跟（李）培之同志、宋涛同志一起也在主席台上。我跟吕叔湘同志（著名语言学家，吴玉章奖金获得者）挨着，在第三排边边上，这样领奖比较方便些。后来吴玉章奖金发奖的时候我跟吕叔湘同志在大会上领了奖。一个奖状、3 000块钱的奖金。当然，这一等奖和3 000块钱的奖金我是给我们这部书（指《中共党史人物传》）大家分的。都拍的有电视。晚上我还住在学校（223房间），到第二天我从学校要了个车就回到了第六医院，这是星期六（10

月 24 日）了。

那天（10 月 24 日）没看见徐大夫，星期一（10 月 26 日）他就说：“给你再做一次 B 超。”这样又做了一次 B 超。做 B 超的时候，我把病情告诉做 B 超的大夫，他就比较注意“超”肝了。他说，你这个肝还是有问题，他从肝的右边“超”的时间比较长。他说好像反映回来不均匀，他就给写上了。这个报告拿回到病房，徐大夫看了报告，我说肝有问题，不均匀。他又给我抽了一次血化验，说肝功能还是正常的，甲胎蛋白还是正常的。他说：“你尽快再复查一次 B 超。”又复查了一次 B 超，这个（B 超）大夫说：“肝区有问题，反映不均匀，这个情况我得跟你的大夫说一说。”这可能是 11 月 6 日、7 日，他跟徐大夫讲了。后来呢就是 9 日那天，他（徐）就跟我说：“你到同仁医院做一次 CT，尽快去，不要耽误时间。”（当时 CT 只有几家大医院能做。）这样，胡刚（二儿子）来了，我说：“你星期六就去排队。”胡刚就去同仁医院了。

院方说还要告诉学校拿张支票，做 CT 要三四百块钱，到时候好给人家支票（因为同仁医院不是人民大学的合同医院）。我就给学校打电话，请系办公室常文景同志给我办，到校医院要一个做 CT 的支票。结果常文景同志星期一告诉我，校医院不给，说：“要校医院院长批准才能做 CT，六院医生批准的不给做，不是轻易能做 CT 的。”我说：“六院因为没有 CT 设备才介绍我到同仁医院去做 CT 的，我是公费医疗，校医院开了支票也一样是拿到市卫生局去报销的（胡华 1938 年参加革命，属北京市卫生局医管干部），我在六院住院怎么能再到校医院找院长开做 CT 支票？而且还不给开呢？校医院救死扶伤，总得有个起码的革命人道主义吧？我说这个事情怎么就这么难呢？”常文景同志也没有办法。我说：“这样吧，不行我就自己出了，这点钱我还是出得起的。”另外我说，我再跟学校商量一下。当天晚上，我给何沁同志（党史系主任）打了电话，也给杨德福（负责后勤工作的副校长）同志打了电话，杨德福不在，他的爱人小王接的电话，她说：“我告诉杨德福请他跟校医院说一下给办了，做 CT 这是应该的。”但是第二天跟常文景同志联系，他说校医院还是不给支票。我做 CT 的日子同仁医院约到星期三，就是 11 月 11 日吧，由同仁医院的党委副书记刘素梅同志给他们打了个招呼。就说：我去了尽快给我做，做得细一点。侯兆水同志（助手）来了。我跟小侯说："学校不给拿支票，那我自己拿钱吧。"小侯说："您住在第六医院，公费医疗关系也在第六医院，我跟六院的医务科商量商量。"他就跑下去跟六院医务科商量。那个同志姓郭，我觉得他还是有点革命的阶级友爱和阶级感情的。他说："你们学校不给拿，就我们六院给开支票吧，将来六院帮你们报账。本来我们的上级医院是协和，协和我们可以用三联单，因为现在协和做 CT 的人多，太慢，医生叫快，所以我们联系到同仁医院，而同仁医院和天坛医院就要本单位拿支票了。上回有个老红军同志到天坛医院做也是本单位拿的支票，我们开的介绍信，怎么人家单位都没什么说的，你们单位怎么回事啊?"我跟小侯说："这就不去说了，他给开支票就解决了。"

星期三王师傅（司机）就拉我到了同仁医院，在同仁医院做了 CT，同仁医院的 CT 是一个张大夫做的。他做得很细，做了 21 层，打了两次碘溶液。同仁医院的这台机器我后来了解到是日本出的，比较粗一点，但是它也做出来了。结论就是：右肝有肝癌，有肝硬化，有胆结石。这个报告拿到后，家人当时就报告给了校领导。校领导当时别的同志不在，只有李文海同志在，所以就把我得癌症这一情况报告给校党委书记李文海同志。同时告诉了六院干部病房的雷护士长和徐大夫。徐大夫看起来有些急，他说，是不是赶紧到协和继续做个检查。经与协和联系，核检查科说，明天给你们加一个伽玛同位素治疗检查。这就是 12 日了。王师傅拉我到协和医院做了伽玛同位素检查，检验科的卜玉芬同志也亲自来关照，这个检查要等一两天，要到星期三再做一次肝血流图检查，这样就可以把核治疗的检查搞得完整些，同时也请有关教授来看一看。当时核检查科有两位教授说："看看有没有床位，让他在这儿住院。"后来卜玉芬同志打电话问了，说是有一张床位在第五病房的三层，卜玉芬同志就上去看，下来以后她说，这张床位要教授二级以上才能住。我是 1956 年定的教授三级，现在（1987 年）名义上是一级，可是他们还是只承认教授三级不是二级（以上），所以这张床位还是住不上，而且这张床位要中组部、卫生部开介绍信才能给住。其他都是大病房，床位也很紧张，睡觉也很困难，只好再等一等。这样就等到了 11 月 18 日，我到协和医院去做肝血流图，同时我给杨伯箴同志打了一个电话，请他找一找崔月犁同志（原卫生部部长），是不是请崔月犁同志写封信给协和的专家朱院长，让他们给检查一下，争取住上院。伯箴同志很热情，后来叫小侯把信给拿来了，我就到了协和。刘振寰同志给董宏同志也打了电话，董宏同志在中顾委，是我们党史系毕业的，在薄（一波）老那里工作，跟朱院长也熟，董宏同志也给朱院长打了电话。这样我们 11 月 18 日去，朱院长就等在那里了。刘振寰同志和小侯也来了。朱预院长看了同仁医院的 CT，他说这个 CT 做得不够清楚，机器粗一点，最好把血流图做出来才好确诊。他又亲自到核检查科来看了我的伽玛同位素扫描，看到在胆囊上有一个影子，究竟是胆囊投的影子还是肝上的癌还分辨不很清楚。朱预院长说等看了血流图吧。做血流图的人很多，我是在 10 点到 11 点之间最后一个做的，做了 50 分钟。朱预院长在楼上洗相片的地方把湿的相片看了看，他认为："还是肝癌，位置在右肝深部，离着胆囊也不太远，就这么一个地方。住院的问题就是可惜你是三级，要是二级就好办了，虽然有崔月犁同志写的信，但是他已不当卫生部长了，不太好办。另外从技术来说，我们协和医院手术技术是最高的，就是这个部位我们感觉到难度大一些。现在就全国来说，对于这个部位能够动手术、比较有把握的是上海第二军医大学吴孟超校长，他们的技术比我高，最好你们到那里去做。"刘振寰同志说："最好请您写封信给吴校长。"他说："好好，上次我们开会还在一起呢。"他当时就给吴校长写了封信，对我说："越快越好。你这个癌症已经不小了，发展起来很快，越快到上海越好。"

鉴于这个情况，刘振寰同志非常负责，小侯同志也非常负责，回来就向学校汇报了。下午学校陈光同志、何沁同志到医院来看我时说：和学校商量了，同时报告给袁宝华校长了。宝华同志让朱秘书打电话给上海江泽民同志办公室了，都给了关照联系。并已派人到上海去联系，联系好了，那边接收，你就赶紧去。那天下午，董宏、黎虹、陈威、滕文生他们中顾委几位同志来看我。董宏同志说，有什么困难他可以打电话给上海。第二天程振声、宁培芬同志（原研究生）也来了，程振声说有困难他可以给上海打电话。贺捷生同志和李振军同志还有蹇（先任）妈妈他们三个是非常关心。捷生同志亲自到六院给我送了个信，就是蹇妈妈那天联系了肿瘤医院，给肿瘤医院写了信。晚上蹇妈妈还在捷生同志家里等着问我的情况，振军同志陪着她。后来我说到上海去治。她说这样吧，你去上海，我跟杨总长（杨得志）办公室讲一讲。另外，武警部队李振军同志跟程道金同志和给总理、邓大姐做保健医生的张佐良同志讲一下，他们都很关心，可以跟上海市卫生局的保健处长王岭早同志通个长途，请王岭早同志帮助，另外部队方面我们报告杨总长，请杨总长发话。他们就报告了杨总长，杨总长找总后，总后的洪学智不在，就跟李聚奎同志讲了，李聚奎同志就打了一个长途给二军医大的夏主任。第二天洪学智同志回来了以后，杨总长那边又找到洪学智同志，洪学智同志那边也给二军医大的夏主任他们通了电话，请他们多帮助我，尽量做手术来挽救生命、挽救这个病。这就说明党的重视，我也非常感谢部队上领导同志的重视。

这样，星期六早晨由学校派张国胜处长和侯兆水同志到上海，当天下午他们就找到了吴孟超教授，他看了片子以后认为可以做手术，可以叫我到上海来治疗。这样，当天晚上，小侯就打了一个电话给何沁同志，何沁同志当时不在，钱月香同志接的。小侯说了两点：第一，吴孟超同志答应给做，赶紧来；第二，地点在上海第二军医大长海医院。当时我就让小杨（二儿媳）去买飞机票，买到了 11 月 22 日早晨的一班飞机票。问题是，飞机到了上海后，二军医大在江湾杨树浦，挺远，谁来接呢？这边电话号码不知道。我又找了捷生同志和振军同志，说上海方面怎么能够通个话呢？那么振军同志就告诉我请锦江饭店的罗经理来接。我当时也给程振声同志通了电话。程振声同志说：还是请市委接待处的处长来接一下。这样我跟振军同志说：主要就请市委接待处接吧。所以我们就在星期日（11 月 22 日）早晨上飞机。上飞机前家里孩子们都到了，大家送到飞机场。学校由陈光同志做代表，还有我们系的老同志，系领导何沁、周朝栋、王顺生，老教授有何东、彭明、彦奇、刘炼同志、总支书记刘振寰同志。本来还有好多同志要来，因为一辆小面包车坐不下。我们在飞机场家里人合起来照了张相，陈光同志和我们系里的老战友，大家也照了个相。

这样我们就坐飞机到了上海。那天有些雾，到上海差不多10点钟了。乔国真处长（上海市委接待处）来接，他进到机场里面来接，看到我说："您是胡华同志吗？"我说："对，你是乔国真处长？你亲自来，非常感谢。"后来司机将我们送到二军医大的第一招待所。因为是星期日，我们就休息了一天。

第二天上午，小侯去找二军医大校领导，校领导正在开会，开完会11点多了，我们吃完饭。吴孟超校长、夏主任还有校长办公室的主任、李秘书几位同志来了，我们正好在院子里碰见，他们说尽快给我治疗，洪学智部长、李聚奎部长都有电话来，领导都很关心。市卫生局王岭早他们也有电话来，我们一定尽力治。我说非常感谢了。吴孟超同志说：这些资料我初步看了看，恐怕还得做一些检查，资料还不够细，下午我给你再做个检查。

下午（11月23日），吴校长就亲自给我摸了摸肝，问了问病历，他亲自给我做了B超，从B超看，肿瘤有5厘米大，就像桃子那么大，不过离大血管还有一段距离，另外离胆总管和胆囊也还有段距离，所以他们认为还可以手术。接着第二天（24日）又正式做了一次B超、抽血、心电图；第三天又做了CT；第四天就决定有床位时就住院，第四天就是11月25日了。胡安（长子）到了。第五天早晨，我给吴孟超校长打了电话，我说：争取早一点做吧，病房好坏一点、床位好坏一点没有关系，主要是早动手术。他说今天可能有出院的，就让你住进来。

11月25日，我给学校袁宝华校长、黄达校长分别写了信。我给黄达校长信里头也具体说了，对我的生死置之度外，万一手术不能过关，那么遗体交解剖，骨灰不保留，埋到我故乡山上松树下或埋到香山高山上松树下都可以，中国人都是入土为安嘛。如果能够生存下来，当然我还要继续为党工作，做我继续能做的许多没有完成的工作，这就是我的愿望。我给学校都表示了这个态度。关于签字，我说有这边张国胜处长代表学校就可以了，这边有我就完全负责了，不要学校再多费人力和费用了。家里呢，我临来以前跟子女都交代好了，都没什么问题。

手术定在11月28日②。

【注释】

①吴玉章奖金，是面向全国的人文社会科学奖，主要用于奖励国内有重大影响的优秀人文社会科学论著，旨在促进我国人文社会科学的发展和繁荣。1987 年 10 月首次颁奖。

②实际手术时间是 12 月 5 日。胡华的腹腔被打开后，由于迅速增大的肿瘤已紧贴动脉，切除已经不可能了。12 月 10 日，发生大出血，病情突然恶化。12 月 14 日，各路专家会诊抢救无效，19 时 19 分，胡华的心脏停止了跳动。

附

胡华生平年表

关于“胡华生平年表”的说明

本年表以胡华的革命经历和教学科研活动为重点，兼顾社会活动等，旨在通过这位从生于忧患、投身革命的少年到成为著名中共党史学家的人生轨迹，反映胡华的品德风范、治学精神和学术成就。

本年表的编写是在胡华生前挚友戴逸教授、高放教授、贺捷生将军以及中国社会科学院原副院长朱佳木的支持和指导下进行的，曾征求过党史界和有关方面人士（如中共中央党史研究室宣教局局长陈夕、中国人民大学中共党史系中国革命史教研室副主任耿化敏）的意见并得到他们的帮助，经中共中央党史研究室原副主任陈威最后审定。

编写本年表的资料，来源于胡华生前著作、文稿、书信、日记、工作笔记、采访记录，各界纪念胡华的文章和查阅有关档案资料、相关史料以及编写者通过电话或登门专访的记录，是经过反复增删和斟酌完成的。由于篇幅有限，本年表几经压缩，力求简略。

由于革命战争年代或政治运动等历史的原因，胡华日记、工作笔记、历史资料散失严重（有的年份可能没有日记），年表中许多时间上的空白无法填补，留下详略不够得当的遗憾或个别记述不够准确的瑕疵。

谨向支持和帮助编写“胡华生平年表”的单位和个人致以深深的谢意！

“胡华生平年表”撰写人

一丁　宁迅

胡华生平年表（1921—1987）

1921年（诞生）

12月16日　出生于浙江省奉化县大桥镇北街村，取名胡家骅，乳名阿灿（抗战胜利后更名为胡华）。

父亲胡明伦，店员出身，曾为当地盐署庶务，正直守身，擅长诗书画。母亲钟惠梅，出生在奉化山岙底村农民家庭，勤劳俭朴，克己助人。姐姐胡雅卿6岁。

1927年（6岁）

7月　入本县北街村北山庙岫云小学读一年级。

1928年（7岁）

秋　随父胡明伦（时在上海瓯盐公所做文牍）到上海生活，全家租住跑马厅（现人民广场）附近睦合路亭子间。就读于宁波旅沪同乡会小学和培本小学。

1931年（10岁）

因时局动荡、社会混乱、生活艰难，随母亲、姐姐返回奉化，续读北山庙岫云小学后转县立锦溪小学。

1934年（13岁）

秋　于锦溪小学高小毕业，考入奉化中学读初中。

1935年（14岁）

在全国抗日爱国运动特别是“一二·九”运动的影响下，关注民族危亡，经常阅读《申报》、《大公报》、邹韬奋主编的《大众生活》、生活书店出版的《青年自学丛书》、鲁迅著作等进步书刊，萌发了抗日救亡、追求革命，反对国民党蒋介石反动统治的思想。

△因用心求学，前两年每学期都获得学校颁发的“品学兼优”奖状。

1936年（15岁）

下半年　在学校出墙报并率领学生反对校方灌输“法西斯精神”，抵制童子军统一着装，险被开除。而学校学习意大利、强制推行呢料童子军服这件事，终被抵制。

1937年（16岁）

春　组织同学抗议奉化当局将有不满蒋介石言论的校长撤职。

夏　初中毕业。

秋　因家境贫寒，考入免费供学的浙江省立高等师范（附设于浙江慈溪锦堂师范）就读。

冬　因日军进犯，杭州沦陷，浙江省立高等师范学校被迫停办。领取肄业证书返回家乡，与母校奉化中学校友共同发起组织“醒民剧社”抗日宣传队。在中共浙东地下党组织的指导和支持下，深入乡镇宣传抗日。

1938年（17岁）

3—4月　在宣传抗日的同时，兼任乡下霄雪小学初小课程代课教员。

△受中共浙东临特委指示，负责联系与组织奔赴延安的进步青年。陆续联系到邬汝蛟、张林冬（女）、洪启华、方宗惠、傅赛英（女）、王大舜等，并商定5月5日启程。

5月　送邬汝蛟、张林冬（女）、洪启华等四青年启程，与其他三人因家人阻拦或路费问题未能同期奔赴延安。

△在中共浙东地下党组织的领导下，与严圣荪、方宗惠、陈天健等同学凑钱主办《战时大众》报宣传抗日，将该报逐期寄给延安的毛泽东。报纸每三日一期，受到民众欢迎，销量甚好。

7月 《战时大众》报收到毛泽东亲笔复函，大体内容是：“《战时大众》报执事先生：收到贵报。你们用通俗的文字，向人民大众进行抗日救亡的宣传，这一工作很好。希望报纸由宣传工作，进而起到组织群众的作用。此致敬礼！毛泽东 ×月×日”

8月 考取奉化县萧王庙镇公所事务员，以镇公所名义在群众中宣传抗战，同时积攒赴陕北的路费。

10月5日 带着中共浙东地下党组织的介绍信（以“剑虹”署名致武汉八路军办事处，再由那里介绍赴延安陕北公学学习），与校友张岱由奉化搭乘汽车出发。当晚至金华县，遭受盘查。

10月6日 自金华乘火车横穿江西抵湖南株洲，又以卖苦力免费搭乘运煤火车到长沙。

10月7日 因水路、陆路受阻，滞留长沙。坐舢板渡湘江到橘子洲头躲避日军飞机轰炸，遇长沙八路军新四军驻湘办事处同志，找到办事处负责人龙潜（1930年参加革命，新中国成立后曾任中国历史博物馆馆长、党委书记等职），遂经介绍以新四军学兵队队员的名义，乘小火轮过洞庭湖赴武汉。

10月12日 到达武汉，与来自各地的四十来个青年在汉口八路军办事处楼下大厅水泥地上打地铺数日等待出发。

10月中旬 在武汉被编入40人的“新四军战地服务团”，由新四军上校参谋罗征远率领，乘火车到达湖北广水，即千里步行，经鄂北的应山、随县、枣阳到河南的南阳，复经临汝而达洛阳。洛阳有火车通往西安。国民党借口新四军驻地不在西安，被扣了一天。经西安八路军办事处同洛阳国民党军卫戍司令部通长途电话交涉后，乘火车到达西安。在西安八路军办事处，换装编为一二九师教导团，翻山越岭奔赴陕甘宁边区。

11月7日 经700里行军到达陕甘宁边区。随即进入位于旬邑县看花宫的陕北公学学习，入关中普通队一区队48队（在看花宫附近坪坊村），学制三个月。

12 月　作为留校学员，参加陕北公学为开赴晋东南前线或到敌占区、蒋管区及到国外做秘密工作的毕业同学举行的欢送活动。

1939 年（18 岁）

2 月　普通队学习期未满，考取一年学制的高级研究班，入高六队。刻苦学习“马克思列宁主义概论”、“政治经济学”、“哲学”、“中国问题”、“游击战争”、“群众运动”等课程。

△由高六队指导员曾毅民、潘任劳介绍加入中国共产党，预备期三个月。

春　响应党中央开荒生产的号召，一边学习，一边与陕北公学师生一起到几十里外的何家山开垦荒山，种粮种菜。

2—6 月　在陕公高级研究班，认真听课，并以惊人的速度读完马克思、恩格斯的五部经典著作、列宁选集、斯大林选集和当时所有能找到的毛泽东著作以及政治经济学、哲学选辑、耶鲁斯拉夫斯基的旧本联共党史等书；数次参加学校的大型军事演习。

6 月　由中共预备党员转为中共正式党员，任党小组长、课代表。提前从陕北公学高级队毕业。

6 月下旬　随陕北公学师生由旬邑看花宫村出发赴延安。驻地在延安桥儿沟天主堂后面山坡的窑洞。

7 月 9 日　与新成立的华北联合大学（由四校整编合并：陕北公学改编为社会科学部，鲁迅艺术学院改编为文艺部，延安工人学校改编为工人部，安吴堡战时青年训练班改编为青年部①）师生在延安桥儿沟天主堂西侧的大场院聆听毛泽东作的报告（此次报告主要内容，于当年 10 月发表为《〈共产党人〉发刊词》）。

7 月 10 日　与华北联大师生在延安桥儿沟天主堂内，聆听周恩来作国际形势和抗日战争形势的报告。

7 月 11 日　在延安北门陕北公学礼堂，参加党中央为陕北公学干部和学生代表举行的欢送晚会。毛泽东和中央政治局委员及中央各

---

① 1940 年 10 月，社会科学部改为社会科学院，文艺部改为文艺学院，设教育学院。1941 年 3 月又改设法政学院、文艺学院、教育学院、群众工作部和中学部。1942 年缩编，仅保留教育学院。1945 年底入张家口，旋即恢复原来的三个学院。（编者摘自百度百科）

部门负责同志出席大会，李富春代表中央致欢送词，成仿吾代表师生致答词。

7月12日　随编为第三梯队、番号为“独立旅”的华北联合大学1 700余师生和第一、二梯队抗大5 000余师生，在成仿吾、罗瑞卿等率领下，背负行囊奔赴太行山晋察冀、晋冀鲁豫敌后抗日根据地(华北联大准备就地开展国防教育，培养革命干部，为前线输送生力军)。

7月　随队伍长途跋涉，行军经清涧、绥德、米脂、葭县，到黑峪口、府谷一带渡黄河。行军时担任独立旅一团团部联络员和连部通信员及党小组组长。

8月17日　渡过黄河，在兴县曹家坡一带休整。

9月23日　下午4时，随队伍轻装急行军150里，先赶到距同蒲路40里的集结地，然后由太原以北、忻县以南的麻会镇、豆罗镇地段，趁夜冒险越过同蒲路日伪控制区。

9月29日　到达灵寿县陈庄一带。适逢八路军反“扫荡”，进行陈庄战斗。与抗大二分校和华北联大部分同学立即投入战斗。

本月因行军中及通过敌人封锁线时吃苦耐劳，积极勇敢，表现突出，受到独立旅一团团长江隆基在全团大会上的表扬。

10月中旬　到达胭脂河畔阜平县城南庄，随华北联大在此落脚建校。学校开始在平山、灵寿、阜平、唐县一带招生，一边抗日打游击，一边训练干部。

11月7日　参加华北联大在城南庄打麦场举行的开学典礼。作为“马列主义理论队伍的新生力量”(江隆基语)，被分配到华北联大政治研究室中国问题研究小组，一边准备政治理论课，一边参与进行边区和国内外政治问题的研究；刻苦研读成仿吾、何干之提供的、从延安通过敌人封锁线带到边区的书籍和资料。中国革命史教学与研究的生涯即从此时开始。

11—12月　参加晋察冀边区冬季反“扫荡”战争，任冬季反“扫荡”华北联大平山、井陉两县参战实习队副队长、党支部宣传委员，与地方游击部队一起，在冰天雪地的太行山区与敌人周旋，行军之余研读《资本论》。

1940 年（19 岁）

1 月　在反“扫荡”中，随华北联大迁到平山县元坊村。

2 月　入华北联大校部政治研究室，研究“中国问题”。

4 月　开始在华北联大社会科学部和工人部担任“中国近代革命运动史”教员，为华北联大第二期学员（学制半年）讲课，从此登上大学讲台。

夏　与华北联大师生从平山北部山区元坊一带移驻滹沱河边李家沟口、长桑一带。

秋　在日军进行的秋季“扫荡”中，经常孤身穿梭于连家沟和河西之间，传达上级指示和校部军事情报部门提供的敌情，鼓舞师生战友增强反“扫荡”必胜的信心。一次在村中遭遇日军搜捕，扮作堡垒户乡亲“发高烧的儿子”躺在炕上，躲过敌人刺刀。

冬　率部分师生转移到晋北第二军分区的盂县、五台山一带参战实习。插到敌人外围参加了破击战并开展扩军工作。

1941 年（20 岁）

1 月　皖南事变发生后，按照华北联大教务长江隆基的指示，撰写《论中国大资产阶级的反动性》一文，经江隆基修改，以“华维清”笔名，发表于晋察冀军区《抗敌月刊》三月号，此为第一篇公开发表的论文。

3 月　反“扫荡”结束，随华北联大转移到唐县神南庄一带。调任华北联大法政学院教员，讲“中国近代史”、“中国革命基本问题”等课程。担任政治研究室中国问题组组长。

秋　在日寇集中日伪军 13 万人，对晋察冀腹地进行大规模“扫荡”时，担任秋季反“扫荡”华北联大阜平五区参战队队长，后转移至阜平北部一带，晋冀交界的太行山北段。

11 月　八路军粉碎敌人的“扫荡”后，随华北联大在滹沱河边继续办学。由于学员多为来自平、津等大城市和冀中平原的革命青年，华北联大成立了高中班，此时担任高中班中国历史课教员。

1942 年（21 岁）

春　随华北联大迁至阜平平房、河西、井儿沟等村。

夏　随华北联大高中班转移到阜平高阜口村。

秋　在华北联大校部中国通史研究室继续任教“中国近代革命史”，担任校部支委、实习支书，参加整风学习。

△在日军对晋察冀腹地进行大规模“扫荡”时，任华北联大校部反“扫荡”实习参战队副队长，一边战斗，一边教学。（敌人采取残酷的“三光”政策，根据地粮食供应十分困难。党中央决定华北联大缩编，保留教育学院并成立师范班，其他转移到延安。）

1943 年（22 岁）

1 月 15 日　作为华北联大代表，到阜平县温塘村参加晋察冀边区第一届参议会。

春　粉碎日军“扫荡”后，华北联大教育学院开始在神仙山南麓，阜平县平房、河西一带进行正常教学。教授高中班、师范班“中国革命史”课程，并参与华北联大驻在区区委工作，领导驻地村支部。

秋　参加晋察冀边区整风学习班。

冬　与学员一起与敌周旋，协助所在区政府征粮支前，与民兵一起侦察敌情，埋雷阻击，打麻雀战。一边战斗，一边教学。

1944 年（23 岁）

1 月 25 日　与华北联大师生一起和驻地军民欢庆反“扫荡”战斗的胜利。

2 月　在教学的同时，参加大生产运动，与学生一起种菜、纺纱、制糖、搞运输。

至 4 月底　在晋察冀边区数年来，遵照华北联大理论和实际相结合的办学宗旨，还曾带学生参加过边区的民主选举、民主建政运动、扩军运动、统一累进税工作、拥军优属和抚恤救济工作。

5 月至年底　在中共晋察冀中央分局党校参加整风学习，被编在整风审干学习班一队，担任文艺干事。在坦白运动中，因是蒋介石“同乡”，被怀疑为“特务”，审讯中患严重风湿症以致昏迷。

1945 年（24 岁）

上半年　患严重的风湿症和胃溃疡，于晋察冀军区白求恩医院治疗半年余。

7月　病愈归队，返回中共晋察冀中央分局党校。由党校教务长周荣鑫等签署的整风审干的组织结论为：“无论如何没有政治问题，历史也是清楚的。”

8月下旬　日本投降后，受党组织派遣赴察哈尔省张家口市，从事新解放城市的工人运动。

9月9日　进入张家口。

9月10日以后　在中国共产党工运前辈萧明领导下发动工人运动，筹备张家口市总工会。

12月9日　在《晋察冀日报》发表《张市总工会发动批评与提案讨论运动，拟以最大的民主集中全体工人意志》一文。

12月15日　在晋察冀边区工、农、妇、青、回各团体合编的《群众》杂志第2卷第7期（工运专号）上发表《领导城市工人斗争的经验》一文。

12月21日　出席张家口市第一次全市工人代表大会，被选为市总工会执行委员，并先后担任市总工会宣传部副部长、部长。

1946年（25岁）

1月　继续深入铁路、电灯、运输、烟草、理发、人力车、面粉、印刷等行业工人中发动群众，进行调研；以清算复仇斗争为起点，经过民主评定工资和组织生产合作，转入大生产运动。

2月20日　在《晋察冀日报》发表《张家口工人组织和斗争的主要经验》一文。

5月1日　在《北方文化》半月刊第1卷第5期发表《新的工资制度和工人生活》一文。

5月16日　在《北方文化》半月刊第1卷第6期发表《张市失业职工怎样被解救》一文。

5月　在《晋察冀日报》发表《人民解放的伟大时代——工人运动在新时期的新高潮》一文。

7月1日　在《北方文化》半月刊第2卷第3期发表《英勇斗争的二十五年——中共诞生后张垣工人阶级的英勇斗争》一文。

7月6日、10日　在《工人报》连载《可歌可泣的二十五年——中共诞生后张家口工人的英勇斗争》一文。

7月16日　在《北方文化》半月刊第2卷第6期发表与吴小武（又名肖也牧）合写的《张市的劳资合作和民族工业的发展》一文。

8月27日　在全面内战爆发的形势下，深入各行业，发动工人开展劳动竞赛支援前线，并组织工人报名参军，上前线保卫解放区（我晋察冀军区所部正在抵御国民党军队从东、西两翼对边区的侵犯）。

△至此，在张家口参与领导工人运动一年。组织工人进行反对汉奸恶霸的清算斗争130多次，在工人中发展党组织，并为发展工业生产、支援解放战争前线宣传和动员群众，以及总结经验付出了忘我的努力。

9月上、中旬　受党组织安排，往返张垣和蔚县西合营，经怀安、涿鹿下花园、宣化等地运送档案物资等，进行总工会机关撤离张家口的前期工作。

9月20日　与工会同志从张家口撤出南下。

9月下旬至11月底　经怀安进入蔚县、广灵。再经灵丘进入晋察冀腹地——阜平县城南庄。在晋察冀中央局组织部征求本人工作再分配（晋察冀日报社或华北联大）的意见时，表示希望重返华北联大教学岗位。

12月　在地方游击队护送下，由唐县趁夜过平汉路国民党军封锁线，经安国县境行军到冀中平原束鹿。到大李庄华北联大校部报到，遂被任命担任史地系副主任（教育学院分三个系：教育、国文、史地）、教育学院党总支副书记、支部书记、政治八班班主任，讲授“中国近代革命运动史”。

1947年（26岁）

1月　奉党组织指示率华北联大学生开始参加河北束鹿的土改运动。

3月　担任校刊《联大生活》编委，艾思奇、何干之任校刊顾问。

△在《联大生活》第2期发表《略谈近代史教学》。

△担任华北联大中国近代史研究室主任和研究生导师（华北联大决定各学院成立培养研究生的各种专业的研究室，加强教材建设、师资培养，为过渡到新型高校正规教育做准备）。

6月10日　由河间冀中新华书店出版新作《日本投降以来美帝国主义侵华史略》（校长成仿吾作序）。

6月29日　制订半年写作计划。

7月15日　积极参与学校发起的立功运动，制订出半年立功计划。

8月　由冀中新华书店出版与彭明、邓毅、王赓合写的《日本投降以来中国政局史话》。

1948年（27岁）

5月　担任新成立的华北大学（由华北联大与晋冀鲁豫北方大学合并成立）一部政治11班班主任。

△开始兼任华北大学吴玉章校长的学术助手（直至1966年吴老逝世）。

8月　任华北大学一部（政治理论部）中共党史教学组组长、主讲教师，并负责编写教材。时华北知识青年成群结队投奔革命阵营，华北大学学生激增。胡华以在广场讲授数百数千人的大课为多。据戴逸（中国人民大学教授，时为胡华指导的研究生）回忆："胡华的课程内容丰富、条理清晰、语言生动、分析史实精辟而深刻，讲课带着充沛的革命感情。至激动处，往往声泪俱下，满座动容，成千青年的心灵被课程内容深深地打动。"苏星（原中央党校副校长、《求是》杂志主编，当时在一部政治11班做胡华的助手）回忆："胡华讲新民主主义革命史，内容丰富，很受同学欢迎……听了胡华老师的讲课，使我们看到了新中国的未来。"

10月22日　因批评一些解放区土改和整党中产生的"左"倾偏向，被迫作书面检查。

1949年（28岁）

3月　根据中央决定，华北大学向北平迁校。3月初，校部已开始在平、津等地公开招生，新的培训教学在即，奉命率助手戴逸、彦奇等同乘一部“四野”大卡车从河北正定华北大学校部出发到达解放了的北平城。

4月初　担任华北大学第一部第八区队队长、党总支委员、支部书记，招收新学员千余人。

4月15日　于第八区队驻地（北平铁狮子胡同和敬公主府内）主持召开第八区队第一次全区队会议。

4月30日　主持区队会议，听82队张志明、83队徐禾、84队刘度、85队杜枚、86队高潮、87队于民、88队崇生等汇报学员情况及特情并布置工作。

5月6日　在华北大学出版《中国近代革命史讲话（初稿）》，共三编。此书是根据中共中央扩大的六届七中全会通过的《关于若干历史问题的决议》的精神，以十多年来积累的研究和授课史料，总结建党以来的历史经验而编写的，成为华北大学全校进行新民主主义革命史学习的教材，也是《中国新民主主义革命史（初稿）》一书的雏形。

5月11日、28日　听本区队七个队汇报学生思想情况。

7月　主抓毕业分配工作。当时70％～80％的毕业生南下，口号为：“南下最光荣，解放全中国”。

7月16日至23日　在《北平解放报》连载发表《苏联是怎样的一个国家》一文。

7月23日　早晨，为八区队毕业南下学员作动员报告时，临时接到通知，去听周恩来的政治报告。受华北大学八区队84队17岁的女学员李湄（李少石烈士和廖梦醒同志的独生女、何香凝老人外孙女）的委托，捎去她给周恩来的一封信。胡华把信交周恩来，并回答了周恩来对李湄学习情况的询问。下午，赴清华大学千人大课堂讲“新民主主义革命史”。

7月27日　组织召开第八区队学员毕业恳亲会。

7月31日　组织第八区队全体参加华北大学一部第五至九区队毕业典礼。吴玉章校长主持，朱德总司令亲临祝贺致辞。

8月　与廖盖隆合著的《中苏问题讲话》由天津联合图书出版社出版。

8—12月　在华北大学一部第八区队学员毕业分配后，8—12月该部没有招收新生。此时，在吴玉章校长关心下，在给华北大学三部和其他高校讲授“中国革命史”之余，在《中国近代革命史讲话（初稿）》基础上，赶写《中国新民主主义革命史》，以适应新中国对这一学科进行教学与革命宣传的急需。这一时期，每写出一编革命史稿，即送吴老审阅。

9月　毛泽东、周恩来要求全国政协委员系统地学习社会发展史和中国革命问题。全国政协常委会经讨论，决定成立学习干事会（后改称学习委员会），除推定徐冰、王昆仑、章乃器、施复亮等参加外，又决定聘请年轻学者进行理论学习的组织和辅导。与于光远、王惠德三人受聘。

△回故乡浙江奉化探望阔别11年的双亲。

11月9日　参加全国政协学习座谈会第8次讨论会。

11月23日　收到吴玉章亲笔题赠的新著《新文字与新文化运动》。

12月　在听取校领导和中宣部多位领导的审阅、修改意见后，于华北大学驻地（北京白米斜街张之洞故宅）初步完成《中国新民主主义革命史》书稿的编写。

1950年（29岁）

1月2日　拟出1月工作计划：1. 写出《苏联怎样帮助中国革命》；2. 改出《中国工人斗争史页》；3. 看“抗战史讲义”、“近百年历史故事”、“苏运材料”；4. 编《中国革命史教学参考书》，写《为什么学习中国革命史》、《革命领袖传记》；5. 校《中国新民主主义革命史》。

1月27日　到北京大学工学院讲“中国革命史”。

2月7日　应人民日报社社长邓拓的邀约，写出《学习斯大林关于中国革命的学说》一文在《人民日报》发表。

2月14日　在《人民日报》发表《中苏盟约——斯大林毛泽东思想的伟大胜利》一文。

2月20日　在《人民日报》发表《从〈中苏友好同盟条约〉到

〈中苏友好同盟互助条约〉》一文。

2月21日　在《人民日报》发表《关于移交中国长春铁路》一文。

2月22日　在《人民日报》发表《关于旅顺口及大连的新协定》一文。

2月23日　在《人民日报》发表《关于苏联贷款给中国》一文。

2月24日　在《人民日报》发表《关于承认和保证蒙古人民共和国的独立地位》一文。

本月　开始为本校本科生讲授“中国革命史”。

3月　在北京新华书店出版《中国新民主主义革命史（初稿）》。这是新中国第一本用马列主义、毛泽东思想编写的关于中国新民主主义革命史的书籍。此书一面世，很快成为大、中学校的教学用书，成为新中国各界了解中国新民主主义革命和中国共产党的普及读本（此后，《中国新民主主义革命史（初稿）》由人民出版社及东北、上海、汉口、天津等地新华书店、华东军区、广州南方大学等单位相继印行。20世纪50年代共修订出版13版次。外文出版社和民族出版社出有日文、朝鲜文版本以及国内维吾尔、哈萨克等少数民族文字译本。1980年由中国青年出版社重印增订本；2009年9月中国青年出版社再版）。

本月　所著《关于〈中苏友好同盟互助条约〉的几个问题》由中苏友好协会平原省分会编印出版，《学习斯大林关于中国革命的学说》由时代出版社出版。

3月2日　在北京市人民广播电台的工人青年联合讲座中播讲《新的中苏条约中的几个问题》。

3月3日　在清华大学干部会上报告“怎样教学革命历史”。

3月12日　在北京市中苏友好协会举办的“每周苏联介绍”讲座中讲“中苏条约和协定中的几个问题”。

3月20日至24日　在《人民日报》连载《论中苏盟约》，1951年中国人民大学将其编印成册。

3月25日　在《中国青年》第35期发表《怎样学习中国新民主主义革命史》一文。

春　开始参加第一届中国人民政治协商会议全国委员会学习干事会（后改称学习委员会）的工作，在周恩来、李维汉、徐冰等直接领导下从事组织理论学习的工作，并聆听了周恩来、刘少奇、李维汉等同志的许多重要报告。

4月1日　在北京人民广播电台播讲《谁领导了五四运动和第一次大革命》。此为中央人民政府教育部高等教育司为了解答京津各大学在学习"新民主主义论"政治课当中存在的疑难问题，特在北京市人民广播电台举办的定期广播学习讲座。

△在北京三联书店出版的《学习》杂志第2卷第2期发表《中国革命的性质》一文。

4月15日　在北京人民广播电台"新民主主义论广播学习讲座"节目中，播讲"谁领导了抗战，谁发动了内战"。

4月23日　赴天津作《新民主主义论》学习报告。

4月24日　在《北京青年》第45期发表《谁领导了五四运动》一文。

5月　重新修订《苏联是怎样的一个国家》，由新潮书店出版。

本月　在《新华月报》第2卷第1期发表《中国革命的性质问题》一文。

△寄送《中国新民主主义革命史（初稿）》给周恩来总理。周恩来阅后请他的秘书于刚转告："北伐战争不要把独立团写得太突出了。关于史料可以多多访问一下各种历史事件的当事人。"

6月27日　在《北京青年》第49期发表《"卢沟桥事变"断片》一文。

△所著《中国新民主主义革命史（初稿）》在华北五省两市宣传部长会议上受到中宣部部长陆定一的表扬。不久，教育部通令规定《中国新民主主义革命史（初稿）》为全国高中历史课本。

8月　出席教育部高等学校政治课教学讨论会。

△《从〈中苏友好同盟条约〉到〈中苏友好同盟互助条约〉》、《关于移交中国长春铁路》、《关于旅顺口及大连的新协定》、《关于苏联贷款给中国》、《关于确认和保证蒙古人民共和国的独立地位》等文载于新华时事丛刊社编的《论中苏盟约》。

9月14日、28日　参加全国政协学习委员会座谈会、讨论会。

9月30日　在日文《学习之友》第15号“沈阳民主新闻”上发表《中国革命的性质和任务》一文。

10月3日　参加中国人民大学成立大会和开学典礼。此后曾任中国革命史教研室副主任、中共党史教研室主任。

10月26日　参加全国政协学习委员会座谈会第9次讨论会。

11月3日　在《人民日报》发表《美帝在走着日寇侵华的老路》。

11月9日　出席全国政协学习委员会座谈会第8次报告会。

11月16日　为辅仁大学全校师生员工报告美帝侵华政策。

11月20日　《人民日报》发表书讯：新潮书店即将出版一批大众的通俗读物，定名《新潮文库》，内容以灌输各方面的基本知识为主，已出版的计有《苏联是怎样的一个国家》（胡华著）……已付印的计有《学习新民主主义革命史的几个问题》（胡华著）……

11月23日　参加全国政协学习委员会座谈会第10次讨论会，讨论劳动观点和群众观点。

本年　被评为副教授。

1951年（30岁）

1月4日　参加全国政协学习委员会座谈会第11次讨论会，讨论阶级观点。

1月18日　出席全国政协学习委员会座谈会第9次报告会。

1月21日至24日　应人民日报社社长邓拓的邀约，写出《学习列宁关于中国革命的学说》一文在《人民日报》连载。

2月1日　参加全国政协学习委员会座谈会第12次讨论会，讨论新民主主义革命问题。

2月14日　在《人民日报》发表《中苏盟约——斯大林毛泽东思想的伟大胜利》一文。

2月15日　参加全国政协学习委员会座谈会第13次讨论会，讨论资本主义的本质及其内在矛盾、新爱国主义和国际主义。

3月　由中国青年出版社将曾在《人民日报》发表的《学习斯大

林关于中国革命的学说》、《学习列宁关于中国革命的学说》两篇文章结集出版，书名为《学习列宁、斯大林关于中国革命的学说》。

3月14日　参加全国政协学习委员会座谈会第14次讨论会，讨论社会的思想意识。

3月19日　与彭明合著的《关于中国新民主主义革命史的学习方法》一文发表于《人民大学校刊》第1期，《新闻学习》第15期头条予以转载。

3月28日　参加全国政协学习委员会座谈会第15次讨论会，进行总结。

3月31日　在《人民大学周报》第16期发表《“三一八”爱国运动的经过和意义》一文。

4月15日　《人民日报》所载文章《北京几家书店门市销售情况》（陶慧因报道）中说：大多数读者读书的目的是为了解决思想问题、改进工作方法，因此最好销的读物是毛主席著作，社会科学、时事及有关学习的书籍。这些读者，主要是青年学生和在职干部。销行最广的是毛主席的《实践论》、加里宁的《论共产主义教育》、斯大林的《民族问题与列宁主义》，以及《土地改革重要文献汇集》（人民出版社编）、《中国共产党党章教材》、《历史唯物论与社会发展史》（艾思奇著）、《今日印度》（杜德著）、《中国新民主主义革命史》（胡华著）等。

4月26日　在全国政协学习委员会的安排下，为各民主党派总部工作干部学习会作“关于社会发展史第一单元的解答和第二单元的启发”报告。

4月　主编的《中国新民主主义革命史参考资料》（戴逸、彦奇为编辑）由商务印书馆出版。

9月30日　主持中国人民大学中国革命史教研室第8次授课提纲讨论会（简称授课提纲讨论会），讨论刘经宇“《中国社会各阶级的分析》和《湖南农民运动考察报告》”的备课。（中国革命史教研室建立后，设有“授课提纲讨论会”，以这种例会形式，检查和指导教员的授课准备。）

10月4日　主持第9次授课提纲讨论会，讨论戴逸“四一二到七一五：第一次国内革命战争经验教训和意义”的备课。

10月×日　主持第10次授课提纲讨论会，讨论“八一至六大”授课提纲。

10月16日　主持第11次授课提纲讨论会，讨论冯拾的“发展了六大正确方面，星星之火革命形势”。

10月20日　出席在中国人民大学小礼堂召开的关于近作《学习〈实践论〉与研究中国革命的历史——用学习〈实践论〉来纪念党的30周年》的讨论会。听取艾思奇、何干之、王南、尹达、刘经宇、李新等提出的意见。

11月10日　主持第12次授课提纲讨论会，讨论任一民的“九一八到长征”、戴逸的“华北事变到统一战线形成”的备课。

11月15日　主持第13次授课提纲讨论会，讨论贾岩的“相持阶段，反共高潮”的备课。

11月22日　主持第14次授课提纲讨论会，讨论冯拾的“敌后人民的英勇斗争，整风运动”的备课。

11月26日、27日　出席所著《中国新民主主义革命史（初稿）》修改预备会。

11月28日　主持第15次授课提纲讨论会，讨论贾岩、任一民的“第三次国内革命战争”的备课。

12月5日　主持第16次授课提纲讨论会，讨论：1. 测验题问题；2. 整理提纲问题；3. 检查问题；4. 科研工作问题。

12月31日　主持中国革命史教研室例会，讨论教学与科研工作。

本年遭受建国后第一次政治批判。主要原因是为民营的新潮书店（原为天津联合出版公司，1950年2月成立，是一些追随共产党多年的国统区文化出版界进步人士开办的）组织、撰写了宣传党的方针政策和革命历史的书稿。书稿内容没有被指责存在错误，但批判的罪名是“与资产阶级书商勾结”。

△在整风镇反中，为人民大学中国革命史教研室中心指导组负责人之一。

1952年（31岁）

2月4日　参加中国人民大学中国革命史教研室革命史课程准备

会议。

△日记中称："我调动，何亲自领导，交代接替的会议；迎接15号开课的准备会议。"并为此作出详尽的建议性工作方案。

2月14日　在中国人民大学中苏友好协会支会为庆祝《中苏同盟互助条约》签订两周年举行的讲演会上，作题为"中苏盟约的伟大意义"的报告。

2月15日　中国人民大学发布（干）字第一号命令：胡华暂行代理中国历史与中国革命史教研室主任。

2月16日、17日、19日　分别召开本教研室"研究生大课研究会议"、"研究小组工作计划汇报会"、"本科、研究生、函授教学任务讨论会"。

3月12日　收到中国人民银行北京分行"代收武器捐款收据"。此前，主编的《中国新民主主义革命史参考资料》在国内畅销，所获稿费颇丰。由胡华提议，经参与编辑者戴逸、彦奇一致赞成，三人将稿费悉数捐献，支援抗美援朝购买战斗机。

6月　被学校派往中央教育部教材小组，参加编写并讨论全国高校《中国通史大纲》，具体负责编写《中国现代史大纲》及说明；《中国近代史大纲》及说明。此项工作一直到10月15日完成返校。

10月1日　上午，到天安门观礼台参加十一庆典。晚，再至天安门广场观看焰火晚会。

10月16日　从教育部完成教材大纲编写任务回校，除继续为本室研究生上课外，还接受了马列主义研究班中国革命史分班研究生以及夜校专修科的革命史课程。根据不同课程，准备不同教案。

10月23日　晚，给夜校（即人民大学北京函授教育站，因为均安排在晚上上课，故称为夜校）学员（系中央和北京市青年党政干部）讲第一次课——"导言"。

△从此，每周要分别给夜校和研究生上一次大课，同时每周还要给研究生上一次答疑辅导和讨论课，每期末对夜校生和研究生均作总辅导和考试安排。本室研究生和马研班中国革命史分班的课一直讲授到1953年暑期，并承担着多位研究生们的论文指导。夜校专修课程一直讲授到1955年年初。

10月24日　给马列主义研究班中国革命史分班上课，讲了第一次国共合作。

10月25日　召开教研室解答问题会议，解答教员们提出的二十余个问题。

11月1日　人民大学中国革命史教研室关于教研组工作的方式和经验受到教育部的关注。应教育部要求，为华北区高等学校政治课教师报告教研组的工作。

11月2日　看彭明《学习〈实践论〉》讲稿。

11月9日　到中国科学院出席历史学座谈会。与苏联著名历史学家、列宁格勒大学教授叶菲莫夫交谈。

11月10日　在《历史教学》月刊发表《复白进文同志》一文。

11月12日　参加中国人民大学教务部举行的“关于斯大林《苏联社会主义经济问题》”的教员研讨会，就政治经济学规律的客观性，联系中国问题作了发言。发言人还有李新、何干之、龚古今等。

11月21日　为教育部举办的华北区各大学《新民主主义论》讨论会解答问题，包括“五四运动的领导”、“第一次国内革命战争讲授重点”、“第一次国内革命战争失败原因”、“蒋介石代表的阶级”等。

11月30日　到海运仓（人民大学校区之一）礼堂出席中国人民大学举行的第三次科学讨论会并作报告“怎样讲授中国新民主主义革命史”。来宾有丁晓先、郑天挺、李琪、张鱼、龚士其等。

12月9日　为武汉军大解答革命史教学问题。

12月17日　接待军委三部学校丁钻等十余教员来访，谈怎样研究和讲授革命史问题。

12月27日　在教研室学习会上作中心发言，谈政治经济学法则的客观性质问题。

本年　结合在中国人民大学中国革命史研究班以及教师进修班的讲课，着手编写《中国革命史讲义》。

1953年（32岁）

1月3日　在《新建设》杂志第1期发表《怎样讲授中国新民主主义革命史》一文。

3月3日　为夜校讲课毛泽东的《论反对日本帝国主义的策略》。

3月13日　复函各地读者。

本月　在何干之、李新与教研室几位教师的帮助下，赶写《中国革命史讲义》。

4月11日　应出版总署图书评论编委会之约，以胡静署名撰写的《介绍〈斯大林和中国革命〉》一文在《光明日报》发表。

4月19日　看出麦农讲稿。

6月1日　答复各地读者来信及其他致函16封。

6月17日　校看《中国新民主主义革命史》(人民出版社准备重印)。

6月30日　所拟《中国新民主主义革命史纲目（草案)》由中宣部组织召开讨论会。

9月　继续赶写《中国革命史讲义》。

12月22日　向《中国革命史讲义》讨论会报告讲义撰写进展情况：9月以来，共完成11万字。今日讨论出第一章，准备付印。

1954年（33岁）

1月11日　与尚钺至《人民中国》杂志社，出席关于中国历史对外宣传座谈会并发言，谈对现代史的宣传意见。与会者还有侯外庐、胡绳、邵循正、白寿彝等。

1月12日　参加编审组会议，讨论《中国革命史讲义》第二章。晚，改出《中国革命史讲义》第二章。将第三章送李新审阅。

1月13日　全天重修一遍《中国革命史讲义》第二章。

1月14日　做全部《中国革命史讲义》编写计划。

4月25日　送《中国革命史讲义》第一编①给吴玉章、林伯渠、徐特立、习仲勋、陆定一、陈伯达、胡乔木、田家英、胡锡奎、黎澍、钱俊瑞、范文澜、聂真、尹达、刘大年、邵循正、蔡尚思等，征求意见。

△在《历史教学》4月号发表《答徐规同志》一文。

5月30日　讨论《中国革命史讲义》第四、五章。

---

① 《中国革命史讲义》共六编七章。

5—7月　应邀参加中国文联举办的中国近代史讲座，与范文澜、荣孟源、王崇武、邵循正、刘桂五等为首都文艺界人士分别报告从鸦片战争到五四运动时期的历史，胡华讲“五四运动”。参加听讲的有老舍、曹禺、赵树理、谢冰心、贺敬之、华君武等文艺界900多人。

6月1日　在《教学与研究》第6期发表《介绍〈斯大林全集〉第九卷论中国革命部分》一文。

7月17日　《人民日报》载文《国立北京图书馆收藏作家、学者的著作手稿》提到：“著名作家、学者的手稿是祖国珍贵的文化财富，并具有很大的学术价值……关于史学方面的著作手稿，有吴晗的《朱元璋传》、胡华的《中国新民主主义革命史（初稿）》等。”

△吴玉章校长约见，谈《中国革命史讲义》的撰写。

7月19日　收到载有胡华撰文《中国共产党的诞生》的《人民中国》第13期俄、英文本及英文《每日电讯》。

7月22日　为长春市委参观团崔声鹤等60余位革命史教员，解答28个有关革命史的问题。

△接到吴玉章校长签署命令：任胡华为中国革命史教研室副主任。

7月26日　到高等教育部逸仙堂参加综合大学中文、历史教学研究座谈会，听取黄松龄副部长和科学院张稼夫副院长讲话。

7月28日　出席由胡锡奎副校长主持召开的校务会议，讨论今后本校规划。

8月2日　到高等教育部参加历史座谈会之大组会，讨论教材问题，发言主张：1. 大纲统一，教材评选，讲稿不必统一；2. 大纲、教材编选，应因地制宜，适当集中。

8月3日　在高等教育部继续开会，听范文澜作报告，并讨论科研问题。下午至王府井萃华楼出席《历史研究》与《光明日报》“史学”栏目联合座谈会。

8月4日　继续讨论历史科学研究问题，发言主张：科研首要任务是编写教材，专题研究应与教学结合。

8月7日　应人民出版社、三联书店邀请参加出版计划讨论会并发言主张：1. 编写出版《亚洲史丛书》；2. 出版《世界现代史》；3. 多出现代史资料，并翻译日、俄文此方面的国外史著；4. 出版近百年军事、政治、经济、思想史，尤其是经济史；5. 出版史学工具书。与会还有黎澍、刘大年、侯外庐、吕振羽、尚钺等。

8月10日　接待大连工业俄文专科学校革命史教员田明（前华北联大10班学生）、马列主义教员矫远峰来访，为他们解答10个问题。

8月11日　经高等教育部介绍，北京钢铁工业学校的庚镇戈、机器制造学校的崔致尧、北京市工业学校的冯渡来访，谈有关制定中等专业学校政治课教学大纲的问题。

8月13日　修订《中国新民主主义革命史（初稿）》，提出加插图的意见，致函人民出版社。

9月2日　参加李新主持的人民大学中国革命史教研室会议，作题为“关于本学年教学和研究工作计划要点中问题的补充说明”的讲话，强调：本学年教学工作的中心任务，是保证并提高教学质量，加强理论和实际的联系，克服教条主义的倾向；提倡进行科学研究，使每一同志对革命史上的某些问题，有较深入的钻研，以便触类旁通。教研室工作要发挥集体力量，同心同德搞好。

9月21—23日　出席中国人民大学第三届党代会。

9月30日　出席中国人民大学校代会第一次会议并发言。

10月12日　出席“天安门人民英雄纪念碑”兴建委员会会议，并为浮雕设计提出意见：应以令人崇敬的烈士英雄形象为主题，不要搞成历史连环画。

11月5日　为人民大学研究生二百余人讲“怎样写毕业论文”。

11月15日　出席中国人民大学研究部召开的“关于《红楼梦》研究问题的座谈会”，与李希凡、汪金丁、尚钺、何思敬、曾宪楷、吴容、何洛、王南等在会上相继发言。胡锡奎、聂真副校长主持。

本年　获中国人民大学科学研究奖。

1955年（34岁）

1月3日　复电北京市委教育部教员王乃林，谈对《中学现代史提纲》的意见。

1月6日　出席《人民中国》杂志社五周年座谈会并发言。会后，与戈宝权、千家驹、艾青、陈翰笙等与会者参观该社五周年展览。

1月8日　到交通部招待所看望阔别16年之久的原中共浙东地下党负责人之一竺扬。

1月15日　在《工人日报》发表《纪念〈新民主主义论〉发表十五周年》一文。

1月18日　参加中国人民大学举行的"《红楼梦》社会背景及历史意义问题"座谈会，聂真、胡锡奎副校长主持。胡华（以自己和何干之二人名义）发言阐述五个问题：1. 乾隆时期的战争性质；2. 康、雍、乾土地占有情况；3. 资本主义萌芽程度；4. 黄宗羲、顾炎武、王船山等人的思想主流及在当时的流行状况；5.《红楼梦》、《儒林外史》、《镜花缘》的作者立场。

1月21日　到中国科学院礼堂出席由"胡适思想批判讨论会"工作委员会召集的讨论会。

2月8日　出席全国政协文化俱乐部聚会，由李济深、陈叔通、邢西萍做主人，朱洁夫招待；到会有董必武、吴玉章、翦伯赞、邵循正、荣孟源、刘大年、胡绳、黎澍、尚钺、何干之等20人。

4月16日　出席中国科学院为所著《批判胡适派为封建买办统治服务的"民主自由论"》一文举办的讨论会，并作开场报告和讨论后的答复词。黎澍主持，侯外庐作总结，胡愈之等百余人参加。

5月4日　在《大公报》发表《批判胡适派为封建买办统治服务的"民主自由论"》一文。

6月15日　"五四运动"报告稿，与范文澜、荣孟源、王崇武、邵循正、刘桂五等为首都文艺界人士之报告稿共同编入中国文学艺术界联合会学习处编印出版的《中国近代史讲座》。

7月20日　出席中国人民保卫世界和平委员会主席郭沫若欢迎应邀来中国访问的日本、智利、澳大利亚、越南等国代表的宴会。

7月21日　到新北京饭店会见日本中国研究所理事岩村三千夫先生，回答其提出的问题，包括：1. 五四政治罢工的情况；2. 1927—1949年中国工人运动情况；3. 刘少奇在1927—1937年领导工人运动和白区斗争情况；4. 抗日战争中的农民运动材料；

5. 中国人民民主专政是否为无产阶级专政，是否在民族资产阶级消灭后变为无产阶级专政？

10月8日　在《人民大学周报》发表《五年来的中国革命史教研室》一文。

10月25日　被聘为中国科学院历史研究所第三所学术委员会委员（院长郭沫若签署授予）。

10月26日　与苏联专家杜宾斯基谈话，杜说："很早就知道你的名字，看见你很高兴，可惜苏联人不懂中文，很难看到你们的作品。""中国革命经验有世界意义，希望今后合作。"

11月1日　参加在中国人民大学会议室由胡锡奎副校长主持召开的理论课工作会议，听取聂真副校长报告"理论课改造思想问题"后，即席发言提议：1. 提高讲授战斗性；2. 系统进行对各派资产阶级思想的批判；3. 改造思想从政治思想、思想意识、思想方法三方面入手。

11月7日　至北京"苏联展览馆"（今北京展览馆），参加为庆祝十月革命38周年，苏联大使尤金举行的盛大招待会。国家副主席朱德、国务院总理周恩来等出席。

11月14日　作为中国科学院历史研究所第三所学术委员，出席学术委员会成立会，委员还有王崇武、刘大年、刘桂五、罗尔纲、范文澜、荣孟源、胡绳、田家英、何干之、金灿然、邵循正、黎澍，共13人，会上听取范文澜报告并讨论明年计划、学术会议、评奖推选等问题。

11月29日　参加中国人民大学学术委员会举行的第36次会议。听取聂真副校长作"今后如何改进和加强学生的政治思想教育工作"报告后发言：改造思想的任务是学校十分重要的任务。在加强政治思想教育中，政治理论课程负有特别重大的责任，注意联系同学思想实际才能使政治理论课程做到理论和实际相一致。教师在进行对同学的思想改造的同时，也必须不断地改造自己。

12月31日　继续参加北京市委召开的高级知识分子问题会议。

1956年（35岁）

1月3日　到北京市委参加"知识分子问题会议"。在小组会上即席发言，谈及青年专家培养、吸收知识分子入党等问题。

△在《人民大学周报》头版发表元旦献辞《把我们的工作推进到新的阶段》。

1 月 4 日　到北京市委参加“知识分子问题会议”。晚，指导的三名研究生来谈选题，确定为：冯蕙《中国的军阀政治》；张叔明《中国新民主主义的文化和教育》；张培森《中国资本主义的发展和消灭》。

1 月 5 日　参加中国人民大学学术委员会会议，讨论工业经济研究对象，通过研究总计划。

1 月 6 日　参加北京市委召开的“知识分子座谈会”。

2 月 1 日　出席中国人民大学胡锡奎副校长召开的理论教研室主任会议，讨论组织科学研究的问题。

2 月 4 日　在《教学与研究》第 2 期发表《谈谈研究生怎样写毕业论文》一文。

2 月 8 日　应国务院邀请，参加在中南海怀仁堂举行的京剧晚会。

本月　与翦伯赞、邵循正合著的《中国历史概要》由人民出版社出版，外文出版社同时出版英、法、德文本。在时任中国史学会会长郭沫若、副会长范文澜的关怀、支持下，该书动笔于 1951 年，1952 年印出初稿后，经过十几位老一辈史学家的集体讨论修改完成，是新中国成立后第一本简明中国通史。

6 月 19 日　在北戴河听周恩来之弟周同宇（周恩寿）谈周恩来家世和早年革命活动并做记录保存。

8 月 31 日　在中国人民大学历史系（主任何干之、副主任尚钺）成立大会上讲话指出：1. 学习历史科学必须建立专业思想，认清时代给予我们的任务；2. 历史科学是党性的科学，必须注意掌握马克思主义的武器；3. 历史科学是具体的科学，必须注意掌握大量材料，养成一个独立思考、自由讨论、虚心好学的学风。

9 月 12 日　与高等教育部李正文司长、沙林、何干之、何东讨论教学大纲。

12 月 14 日　出席高等教育部马列研究班总结会议并发言。

12月25日　出席高等教育工作组革命史总结会议。

本年　被评为正教授。

1957年（36岁）

1月29日　参加中国革命史教研室和历史系革命史专业班的师生春节联欢会。会上，总结了教研室去年一年的工作情况以及今年将要完成的几件主要工作，包括20多万字的《中国革命史讲义》将出版，60多幅中国现代革命历史教学挂图已绘成等情况。所出节目是《给大家讲革命先烈的斗争故事》。

5月2日　到苏联大使馆会见罗满宁，并送罗满宁与谢尔吉耶夫《中国历史概要》各一册。

5月10日　因神经衰弱等病，被送往中苏友谊医院住院（6月20日出院）。

5月23日　致函日本学者坂本清马和阿部真琴。

6月14—15日　聆听谢觉哉（时同在中苏友谊医院住院）口述历史。

6月27日　参加中国人民大学党支部书记、总支委员大会。听胡锡奎副校长传达反右派斗争最近方针。

7月9日　遵医嘱赴青岛疗养，疗养中，校改《中国革命史讲义》。

9月　由中国人民大学中国革命史教研室编制的《中国现代革命史参考图、表（草稿）》定稿。这套受高教部政治教育司委托、胡华主持完成的挂图分成四卷出版，其中第一、二卷于1958年1月由高等教育出版社出版。

12月26日　参加扩大的中国人民大学校务会议，听反右情况报告。

1958年（37岁）

7月1日　参加中国人民大学中共党史系（由中共革命史教研室扩建为系，主任何干之）成立大会并讲话。

9月23日　代表中共党史教研室的全体教职人员在中共党史系

新生欢迎会上讲话。

9月26日　听中国人民大学党委传达下乡问题，即教员半教半工、学生半工半读的安排。

9月27日　与中共党史系14人赴河北徐水参观。

9月28日　参观徐水大学并进行办学调研。

10月19—30日　赴河南郑州、信阳、商城、遂平等地参观人民公社等。

11月1日　拟出科研题目：1. 人民公社由集体所有制过渡到全民所有制的若干问题；2. 人民公社消灭残存的私有制后的分配制度和分配问题（半供给、供给、按劳分配）；3. 人民公社的积累和消费的比例研究；4. 办食堂的问题和经验；5. 农村公社化运动后的人民内部矛盾。

11月10日　参加中共中央宣传部在北京举办的大规模报告会。听取周恩来总理在会上作题为“目前台湾海峡地区的斗争形势和中国人民的反帝任务”的报告。

11月22日　参加中国人民大学党委扩大会，听胡锡奎副校长传达毛泽东在郑州关于人民公社运动的讲话。

11月27日　参观人民大学教育与生产劳动相结合展览会。

12月13日　在中国科学院历史三所与苏联科学院中国学研究所格鲁宁和郭绍棠等座谈。

1959年（38岁）

1月17日　听胡锡奎副校长传达中央1959年教育方针。

1月下旬　与何干之参观中共党史系举办的半工半读丰收展览会。

3月初　因患肝炎入北京医院住院就诊，至5月29日出院。

7月初　在吴玉章等校领导的关心下，到太湖大箕山进行疗养（后转至浙江医院莫干山分院，9月14日出院）。

7月20日　向疗养院病友、上海城建局局长后奕斋（曾于皖南事变后任新四军江北留守处主任，负责收容皖南事变脱险人员）采访口述历史。

10 月　应对外文委邀请，在北京饭店接待苏联列宁格勒大学东方学系别列兹内教授。

本年　主编的中国革命史类教材《中国革命史讲义》(556 000 余字）由中国人民大学出版社出版。该书被指定为全国高校文科教材，成为全国高校学生的必修教材、全国在职干部培训的必读课本和后来同类教材母本。(此后 1962 年 1 月修订再版，至“文革”前夕，累计印刷 158 万册。1980 年中国人民大学出版社重印修订本。)

1960 年（39 岁）

2 月　因肝病复发入住北京医院治疗（至 6 月）。

3 月　收到苏联列宁格勒大学东方学系别列兹内教授的两篇介绍中国革命经验的论文，请提意见。

6 月 13 日　因肝炎一年半未愈并患神经衰弱、食道憩室、十二指肠溃疡等症，由医院转至庐山疗养。

9 月 5 日　抱病阅完苏联列宁格勒大学东方学系别列兹内教授的两篇论文，写了复信。致函人民大学党委办公室，请将复信审阅后寄出。

10 月　疗养期间细读新出版的《毛泽东选集》第四卷。

1961 年（40 岁）

4 月 1 日　病情有所改善，从疗养院出院。

9 月 15 日　遵照中央发出的《关于讨论和试行〈教育部直属高等学校暂行工作条例〉(草案）的指示》，与何干之共同培养首批“导师制正规研究生”(副博士)，经教育部批准，具体负责指导中国人民大学党史系选拔的五名本科毕业生（宁培芬、陈威、程振声、吴智棠、吴荣宣)。

△自此开始，为这五名正规研究生布置学习任务（每个单元开列“必读”和“参考”阅读书目)、审阅他们的心得体会；每周进行半天辅导，解答疑难问题等。

1962 年（41 岁）

2 月　《介绍〈学习和时局〉》一文收入中国青年出版社出版的

《毛泽东著作介绍》。

8—9月　按照党史系计划，召集进修教员第1次会议，谈“五四运动时期引言”。

9月24日　辅导党史系进修教员关于五四运动的学习。

10月8日　召集党史系进修教员第2次会议，组织讨论五四新文化运动和主要人物李大钊、陈独秀、毛泽东、胡适、鲁迅、钱玄同等。

10月10日　在《教学与研究》第5期发表《关于党史课的教学与研究中的几个问题》一文。此文原是1962年上半年对进修班和本科毕业生所作的报告，发表后，1963年2月被选为北京市历史学会第二届年会论文。“文化大革命”中被诬蔑为“在党史课中推行修正主义路线的黑纲领”。

11月12日　召集党史系进修教员第3次会议，谈学习中的几个问题：马克思主义的传播、问题与主义、社会主义论战等，并讲“中国共产党成立的引言”。

12月6日　参加党史系进修教员关于无政府主义的讨论并发言。

12月13日　参加党史系进修教员关于中共一大的讨论并发言。

12月28日　参加党史系进修教员关于中共二大的讨论并发言。

1963年（42岁）

1月10日　参加党史系进修教员关于中共三大的讨论并发言。

1月11日　在统战部会议上听彭真同志报告国际、国内形势和思想改造问题。

2月7日　召集党史系进修教员会议，讲“第一次国内革命战争时期引言”。

2月17日　赴北京劳动人民文化宫主讲历史知识讲座。

3月6日　召集党史系进修教员会议，作第一次国内革命战争时期辅导。

4月上旬　参加党史系进修教员关于戴季陶主义的讨论并发言。

4月11日　参加党史系进修教员关于反对国家主义的斗争的讨论并发言。

4月17日　应邀在军事科学院讲授《关于历史的研究和编写的几个问题》[后发表于《军事学术研究通讯》，1963（9）；军事科学院战史研究部编：《业务学习通讯》，1963年5月20日]。

5月4日　在《教学与研究》第3期发表《关于“统一战线中独立自主原则”的几个问题》一文。

5月10日　召集研究生第24次会议，陈威报告“统战中的独立自主问题”；吴智棠报告“统战中的策略问题”。

6月3日　召集研究生第25次会议，程振声报告“抗战初期工作重心问题”；吴荣宣报告“抗战军事路线问题”。

6月4日　召集研究生第26次会议，宁培芬报告“皖南事变”。

6月28日　召集党史系进修教员第14次会议，回答11个问题并进行辅导。

7月6日　召集研究生第28次会议，吴智棠报告毛泽东的《新民主主义论》。

7月10日　召集研究生第29次会议，程振声报告“抗日根据地政权建设和减租减息”；陈威报告“整风运动”。

7月13日　召集研究生第30次会议，宁培芬报告“联合政府问题”；吴荣宣报告“国共谈判问题”。

9月5日　召集进修教员第15次会议，回答10个问题并进行第二次国内革命战争时期的辅导。

9月20日　参加中国科学院近代史研究所召开的李秀成评价座谈会。

9月30日　在《教学与研究》第5期发表《关于国民经济恢复时期的社会主要矛盾问题》一文。

10月24日　召集党史系进修教员第19次会议，就“党的抗日民族统一战线的建立”等回答问题。

10月26日　出席中国科学院哲学社会科学部扩大会议（至11月16日），听取郭沫若院长和周扬副部长的报告。

10月30日　出席在政协礼堂召开的学部会议，听取薄一波关于工业、交通、经济情况的报告。

11月10日　出席中国科学院近代史研究所学术委员会的讨论会

议，并发言。

11月25日　召集研究生第31次会议，陈威报告“旧政协和双十会议”。

12月7日　召集研究生第32次会议，吴智棠报告“二中全会、人民民主专政”。

12月9日　召集研究生第36次会议，吴荣宣报告“解放战争期间美帝侵华”。

12月11日　召集研究生第37次会议，宁培芬报告“中间路线的破产”。

12月13日　召集研究生第38次会议，程振声报告“土地改革问题”。

12月14日　参加党史系教研室会议，讨论教学和科研工作。

12月18日　参加人民大学郭影秋副校长召集的研究解决资料工作的会议。

1964年（43岁）

1月2日　召集进修教员第21次会议，作抗战时期辅导并回答13个问题。

1月17日　应南开大学邀请赴该校作报告《中共党史、现代史教学中如何反修防修》。

1月21日　在《文汇报》发表《加强近代史和现代史的研究》一文。

3月3日、4日　出席中国科学院哲学社会科学部“现代史研究会议”，作“目前党史、现代史研究的状况”的发言，汇报了人民大学和社会主义学院有关党史教学与研究方面的情况。

3月12日　召集进修教员第22次会议，作抗战时期辅导并讲“第三次国内革命战争时期引言”。

△在《光明日报》“史学”栏目发表《面向现实编写“五史”》一文。

3月12日、21日、28日　在《人民大学周报》连载发表《陕北公学校风回忆》一文。

春　收到郭沫若手书赠诗“纵有寒流天外来，不教冰雪结奇胎。东风吹遍人间后，紫万红千次第开。”

3月20日至6月22日　率五位导师制中共党史研究生陈威、程振声、吴荣宣、吴智棠、宁培芬和学术助手段榜元，组成中国人民大学历史系党史调查小组，赴南方进行调查访问实习。此次调查根据校长、教务处、历史系领导的指示，主要有三项任务：一是调查搜集党史资料；二是交流党史教学和研究经验；三是调查访问革命史迹。

调查小组南下粤、湘、鄂、赣、沪、浙五省一市，访问参观了中共一大旧址、八一纪念馆、毛泽东旧居、井冈山黄洋界、瑞金沙洲坝等革命历史遗迹和革命传统展览；对罗明、区梦觉、罗章龙、袁福清、甘来等数十位革命前辈或历史人物进行访问座谈；与几省市党史工作委员会、革命历史博物馆、档案局、档案馆、农讲所、党校、高校的宣传、教育、科研等人员进行交流座谈。通过这些活动，了解了当地党史研究资料收藏情况和研究成果，当地党史遗迹保护、资料研究编写的情况，党史教学与科研的情况等，历时3个月左右，收集了3 000多万字的珍贵党史资料（共1 121种，计1 244册）。6月23日返回学校。

5月　《试述陈独秀右倾机会主义思想的发展》一文在《教学与研究》第3期发表。

6月10日　在带研究生南下实习中，应浙江省哲学社会科学研究所和浙江省历史学会邀请，在杭州人民大会堂作题为“统一战线中的独立自主问题”的报告（此次南下，本着出发前郭影秋副校长关于“交流党史教学研究经验”的精神，在武汉、南昌等地多次为当地有关单位讲课、作报告）。

6月24日　主编的《中国革命史讲义》（1962年）某节（有关20世纪30年代某地执行“左”倾冒险主义）的一段文字，虽未指名，但被当事负责人的后人严慰冰向中国人民大学出版社打电话和向校领导郭影秋、孙泱致函提出意见。

7月9日　参加进修教师第23次会议，听徐靖报告“反对王明新投降主义的斗争”，参加讨论并作总结发言。

7月12日　向人民大学教务处（并转请中宣部审阅）提交《关

于粤、湘、鄂、赣、沪、浙六省市党史教学与研究情况的访问报告》。

7月16日 参加进修教员第24次会议，听向青报告毛泽东《新民主主义论》后，作总结性发言。

7月17日 参加中国人民大学第七届委员会第48次常委会，听取关于全国政治理论课工作会议上对中国人民大学提出的意见的汇报。此前（6月1日），正值带研究生南下时，人民大学第七届委员会第36次常委会传达了“陆定一在中宣部关于政治理论课会议上的讲话”，讲话中被点名为“在人民大学实行教条主义”。

7月20日 写出率研究生“出外实习汇报提纲”。

7月24日至8月 听取中宣部、高教部、教育部召开全国高等学校、中等学校政治理论课工作会议精神，与杨献珍、孙定国一起被中宣部部长点名为“教条主义分子”。

△在中国人民大学十七级以上党员教师干部反教条主义整风运动中，以“披着马克思主义外衣的资产阶级学者”、“滑到了修正主义边缘”的“罪名”遭受猛烈批判。批判者将其率研究生实习时为学校党史教学科研收集资料3 000多万字，珍品百多万字的成果批判为“不择手段猎取党内机密资料”；在教学上“实行了资产阶级教学路线”；史著“犯有严重的政治错误”，如为彭德怀“翻案”等。被责令停止教学、停职检查。南方调查中搜集的资料被要求封存、销毁。

8月4日 人民大学学习中宣部许立群、陆定一的报告。在校领导指出学校存在的根本问题是教条主义时，被点名批判。

8月12日到9月5日 多次参加历史系在校党委领导下召开的批判会，接受批判，先后作了6次检查。批判分两个阶段：第一阶段从8月12日至22日，历史系党员干部学习整风，以“思想已变质，代表资产阶级思想向无产阶级思想作斗争”、“诋毁毛主席，有一整套和中央对立的理论方法”等等罪名揭批。第二阶段从8月25日至9月5日，集中受到教学思想和教学内容的批判。

△在某次批判会后，对何干之主任在会上的仗义执言表示衷心感谢（何说，对党内三次“左”倾路线的错误，党的七大所做《关于若干历史问题的决议》已经作了结论。我们党史研究工作者根据历史资料写这段历史，绝不是追究执行者个人的责任，而是为了总结历史经

验，不能说是对某些人的攻击，否则我们党史教员就无法工作了），并说，我已经没有辩解权了，这不是我个人的是非，而是怎样实事求是地讲党史的问题。

10月11日　准备下放劳动、参加“四清”的行装（当时全国农村正在开展以“四清”为主要内容的社会主义教育运动）。

10月14日　随中国人民大学历史系“四清”工作队到达山西定襄，被编入7大队1中队2小队。

11月14日　在定襄集中学习后，被分配在距离县城80里的田家岗村。

11月17日　与人民大学师生30人同乘一部卡车，至贫困山区田家岗。

11—12月　学习文件，了解情况，参加村、队各种会议。虽患有肝病、胃病等多种慢性病，仍坚持参加剪枝、放羊、翻菜、推磨等劳动；吃粗粮、住窑洞，和工作队成员一起与农民实行“三同”（同吃、同住、同劳动）。

1965年（44岁）

1月28日　抵京过春节。

2月2日　参加人民大学党委召开的“四清”干部座谈会，听郭影秋、孙泱、崔耀先等校领导讲话。

2月3日　看望吴玉章校长。回答吴老对田家岗情况的详细询问。

2月6日　返回山西。

2月8日　在东冶镇完小开千余工作队员、生产队长大会，听传达《农村社会主义教育运动中目前提出的一些问题》（简称“二十三条”）精神。

2月16日　为田家岗11、12队群众讲“二十三条”精神。

2月17日　参与生产队查账。

2月24日　致信中国人民大学副校长郭影秋，汇报工作并就农村现状提出“对农民的教育”等四点需要解决的问题。

△因当地生活极为艰苦，又患有多种慢性病，3个月减重7

公斤。

3月13日　夜间，所住窑洞周围山体因开冻崩塌，在震耳欲聋的响声中，大量黄土破门、破窗而入，与房东家十几口人险些被活埋。

3月14日　以《崖崩窑塌脱险歌》为题作诗一首："走南闯北烽烟多，几历惊涛与险波。四十五年身许国，崖摧窑塌奈我何!"

4月27日　给田家岗村党员和积极分子讲党课"组织生活、批评与自我批评、学习毛泽东思想"。

5月2日　给全村青年报告"五四运动"。

5月26日　8个月的"四清"工作即将结束，田家岗四清工作组与党支部给出的政治鉴定是："该同志在社教运动中能够严格要求自己。工作积极认真负责。有时带病工作。完成工作任务较好，学习和贯彻党的方针政策较好。能够坚持三同。在同劳动中能尽力参加力所能及的劳动。关心群众的疾苦。能遵守队风队纪。但在工作和思想锻炼中发挥主观能动性不够，对青年人的严格要求不够，考虑个人的身体多了一些。"

6月5日　结束"四清"工作，与师生共同乘火车返京。

1966年（45岁）

1月1日　下午应邀到吴玉章老校长家，畅谈1小时。

1月3日　写半年来学习《毛泽东选集》的思想小结，概括为6条：1. 不怕苦；2. 不怕死；3. 不怕检查；4. 不计个人；5. 自力更生；6. 发愤图强。

1月19日　到人民大学校部参加17级以上党员干部会议，听孙泱副校长传达高教部半工半读会议精神。

1—5月　根据毛泽东有关讲话精神，随人民大学历史系师生在京郊苏家坨公社试行半工半读。

4月17日　中宣部派人到人民大学要求批判胡华、彭明。

4月18日　与何干之、彭明、刘炼、吴大琨等被定为人民大学首批批判对象。校领导要求系里准备批判对象的材料。

6月2日　参加人民大学17级以上干部会，听传达"文化大革命"。

6月3日　人民大学卷入“文化大革命”的风暴。校方对运动的“战略部署”是：历史系第一批主攻胡华。历史系党总支负责人在系总支扩大会上说：“胡华问题是全国性的问题，我们不揭不行了。”

6月4日　被点名揭发批判，大字报贴满了龙泉寺（历史系半工半读基地）的庙墙。

△在历史系支部会上表示：“拥护党的文化革命方针，拥护群众运动。也有思想准备。对于针对自己的大字报有很多不实之词和错误言论，至于错的性质、程度，可以考虑。”并表示响应历史系党总支负责人对运动的号召，经受考验。

6—8月　“文化大革命”在人民大学校园掀起，全校秩序混乱，与何干之均被打倒。胡华被扣上“资产阶级反动学术权威”、“反党反社会主义反毛主席”等帽子关押于“五处”（人民大学校园内平房），并在无数次批斗会上遭受百般折磨。

多次被抄家，被抄没的物品、资料无法统计，其中最为重要的是做吴玉章学术助手18年里随时记录的吴老口述历史资料。若干笔记本，装满一网篮，全部被掠走，至今下落不明。

△连日来被贴出许多造谣污蔑的大字报，如，有一张的标题是：“林茂生和胡华、彭明结成了一个为叛徒翻案的小三家村”。

7月27日　被“勒令”到人民大学文化广场，与全校“牛鬼蛇神”（校、系和各部处领导以及各系教授）被揪到台上集中批斗。大会结束后，与何干之等又到小会接着挨斗。

8月　因频繁的批斗会、重体力劳动导致旧病加重、新病增加，身体很差，患有腰扭伤、肝炎、肠胃溃疡、神经官能症、风湿疼痛等。获准到医院治病。回家后对子女说：参加不了红卫兵，遭受歧视，不要难过，不要随波逐流。他们（红卫兵）抄家、斗“黑帮”、“破四旧”等做法都是错误的。人在逆境中要沉得住气，要以最大的耐心和坚忍的意志，渡过难关。受到错误处理，可以锻炼革命意志，要学会在逆境中发奋、自立、自强……

△写出一份长达3万余字的《文化大革命初步自我检查》，称自己是“素无实权，微不足道，而且早在1964年已被搞臭了的人物”，自己的错误是“毛泽东思想不挂帅”，说了“一些错话”。

9—12月　虽身陷“牛棚”，时不时被拉出去批斗、接待外单位调查人员、写交代材料等，但坚持“信仰”和“忠诚”，通读了《毛泽东选集》、《马克思恩格斯选集》、《列宁选集》、《鲁迅全集》。对于外单位人员向他调查的“黑帮分子”情况，均实事求是地回答。

△“牛棚”又先后关进来中国古代史学者郑昌淦、世界史学者李春辉。不同领域的专家，正好可以取长补短，相辅相成。在遭受造反派批斗、打骂的间隙，他们相互讲起课来，轮流当老师和学生。

△入冬后，与林茂生等同在“牛棚”的教师，抬大筐为学生宿舍送煤、打扫公共厕所……

12月12日　惊悉吴玉章校长逝世，作为跟随吴老18年的学术助手，悲痛至极。

1967年（46岁）

1月20日　向人民大学历史系造反派组织递交“汇报”，说明：“最近，学习了主席关于反对经济主义的十一条语录，深刻认识到主席的‘政治工作是一切经济工作的生命线’这一伟大指示的英明正确”。并表示“一定要紧紧跟上毛泽东思想，不断地改造旧习惯思想、旧框框思想。天寒地冻，照常参加劳动改造，并把所管厕所、洗脸间的窗户再次糊上……”

3月3日　戚本禹（时任中央“文革”小组成员）到人民大学讲话，称：“历史系黑反动权威胡华是要打倒的……斗争锋芒要指向反动权威，如胡华……”

△此后被造反派变本加厉地揪斗、殴打、鞭抽，浑身伤痕累累。

4月　以后随着戚本禹所写文章《爱国主义还是卖国主义》的发表、刘少奇被揪斗，被人民大学历史系造反派贴出题为“迎头痛击何干之、胡华等人反革命复辟逆流”的大字报，又接连不断地被贴出与刘少奇有关联的大字报。由于群众组织分为两派，挨斗也成为双份。

△校外著名学术权威（如蒋南翔、翦伯赞、吴晗、薛暮桥、冯友兰、于光远等）被揪到人民大学批斗时，与何干之每次必被拉去陪斗。

1968年（47岁）

3—4月　因饱受精神和肉体的严重摧残，旧病复发，胃肠大出血，两度病危被送至医院抢救。

春夏之际　因胃溃疡大量出血，虽是“黑帮分子”，救治医生出于人道主义的考虑，嘱示人民大学造反派组织：病人不宜继续被关押、批斗。这样，在被关押一年多之后，由造反派组织准许回家养病。

△在家中，听广播、看各种报纸，关注形势的发展。当得知林彪、江青、康生一伙卑鄙地篡改历史，甚至伪造历史时；当看到造反派发布的新战果——将某某高级领导干部揪出来“斗倒斗臭”时，痛心疾首，总要把历史真相或这些领导干部的经历、历史功过向家人说得清清楚楚。

1969年（48岁）

夏　在中国人民大学工宣队、军宣队按照对知识分子“再教育，给出路”的政策，给以“敌我矛盾按人民内部矛盾处理”的结论后，得到了初步解放的自由。

9月16日　为庆祝新中国成立20周年大庆，以华维为笔名撰文《缅怀杨展烈士》，宣传杨展（杨开慧侄女，中共党员，原陕北公学、华北联大学员，1941年反“扫荡”时牺牲）烈士的事迹，并以大字报形式贴于校区。

11月13日　到京郊苏家坨公社前沙涧村人民大学半工半读基地劳动。

11月15日　从中国科学院近代史研究所原副所长李新口中得知，毛泽东希望范文澜把《中国通史》续写到新中国成立；范老拟请李新、何干之、胡华参加此项工作，异常兴奋，当晚将此讯转告何干之。

11月16日　上午，惊悉何干之因心肌梗死猝死于前沙涧被强制劳动的路边，悲痛至极，于料理丧事的当晚，愤然吟出悼诗：“师友过从三十年，何胡休戚每相连。前沙涧水悲流海，八宝山云泪暗天。空有雄心编党史，岂无壮志辨忠奸。红楼欢语成往事，更著新篇待后贤。”

11月　恢复党的组织生活。

1970年（49岁）

1月25日　乘火车赴江西余江人民大学五七干校劳动。

1月底起　与戴逸、吴树青等被分配在二连养猪班，开始了担泔水、喂猪、起圈等繁重的体力劳动。

10月　得知“北京市革命委员会通知：中国人民大学停办。”

11月下旬　“批陈整风”运动在全国开展后，在江西人民大学五七干校的一次揭批会上作主题发言，凭记忆讲述了陈伯达其人，历数并批判了陈伯达的历史罪行。

1971年（50岁）

本年　在江西余江人民大学五七干校参加了除基建以外诸多体力劳动，虽然有肝病、胃病等，但坚持干拉车、担泔水、打猪草、做饲料、喂猪、担尿桶等农活，起早贪黑、以苦为乐；以“旭日照层林”、“声声布谷雨如烟”等诗句描述乡村美景。

1972年（51岁）

2月12日　由江西余江抵奉化探母。此为参加革命34年后，第一次在家乡过春节。

2月14日　在奉化写信给诸儿女，叮嘱要学习铁人精神，高尚正直、虽苦犹乐，还赠诗鼓励。并说“党的干部政策和知识分子政策深信总有落实在身上之日”。

2月15日　登临奉化锦屏山，追昔抚今，浮想联翩，吟出“革命岂是黄粱梦，口舌焉能铄真金”的诗句。

2月22日　由奉化出发返回江西五七干校。途经绍兴，瞻仰鲁迅故居，赋诗赞扬鲁迅“横眉岂惧群丑谤，白眼总向恶魔斜”的凛然正气。

2月28日　返回江西余江干校，得知历史系讲师冷超久患肺气肿，在阴雨连绵中缺氧致死。遂去鹰潭与其遗体告别。口占诗句“哭罢干之又吊君”。

3月　在江西五七干校，被人贴了大字报，开列的罪名除仍是“反动学术权威”、“修正主义分子”、“勾结资产阶级”之类外，又加了一条新的罪名：“胡华春节请假回家探望老母亲，是怀念蒋介石，策应蒋介石反攻大陆。”

4月　周恩来总理指示，中国革命博物馆准备开放党史陈列，先筹办一个研究室，并提议调胡华回京，任党史顾问，参加有关党史和革命史的陈列工作。

春　应中国革命博物馆聘请，从江西余江干校先期返回北京，赴中国革命博物馆上班，以党史顾问的身份在该馆展开工作。

9月11日　在中国历史博物馆审看中国通史陈列的近代史部分，就展出内容、说明文字、图片等提出19条意见。参加中国历史博物馆通史陈列大样的人物平衡问题的讨论。

1973年（52岁）

1月20日　讨论中国革命博物馆1972年总结和1973年计划。

2月5日　与李新谈党史人物编写问题。

2月　在中国革命博物馆讨论党史陈列。

2月8日　接待国家计委地质局外调人员，实事求是地应答对方提出的关于何长工（1927年参加秋收起义，曾任粤赣军区司令员兼政委、抗日军政大学副校长，建国后曾任地质部部副部长等）讲党史的“问题”。

2月28日　在革命博物馆徐彬如副馆长处讨论陈列，会上决定组成五人小组，组员有沈庆林、黄高谦、倪月英、佟英明，胡华任指导。

3月　审看革命博物馆党史陈列。

4月　邀请并陪同刘型（参加过秋收起义、黄洋界保卫战，新中国成立后历任中共湖南省委常委兼秘书长、湖南省人民检察院检察长、北京地质学院党委书记兼院长、国家农垦部副部长等）审看中国革命博物馆“第二次国内革命战争”陈列。

4月25日至7月28日　同中国革命博物馆徐彬如副馆长以及黄

高谦、方孔木组成四人小组，南下参观、学习、考察。3个多月中，在广东、湖南、江西、福建、浙江、上海等地约50多个市、县和公社、大队参观访问。参观了广东农民运动讲习所、安源纪念馆、黄洋界保卫战旧址、嘉兴南湖红船等革命旧址和纪念馆共120多处。同各地有关领导、纪念馆、高等院校的同志开了座谈会，共30次左右，听取了他们介绍当地革命历史和有关工作的情况；同他们一起交换了关于党史陈列和宣传工作方面的意见；共同讨论了一些纪念馆的陈列方案、党史的教学与科研。在各地，还先后访问了24位革命老人，同他们进行了座谈。

5月1日　在南下第一站的广州，王首道、陈郁、孔石泉等广东省领导来看望交谈，省委书记王首道嘱咐胡华，“要多找老革命座谈”，并要派广东同志随北京一行一起研究学习。

6月　由于中国人民大学撤销，人事关系随部分系、室转入北京师范大学。

8月　执笔撰写《五省一市参观学习汇报》（17 600余字）。《汇报》较早地提出并澄清了“文化大革命”中被林彪、“四人帮”搞乱的一系列党史方面的问题；经集体讨论后，代表小组先向中国革命博物馆主要领导干部和业务人员，后向全馆工作人员作参观学习的报告。杨振亚馆长说：“有了这个报告，党史陈列指导思想就比较明确了。”

11月14日　与中国革命博物馆贺捷生、刘舒、季国平、王增和、王新平、纪秋晖等乘火车赴西安，开始陕、川、黔、桂等西北、西南地区的考察调研。参观了枣园、洛川会议旧址、遵义革命遗址、红七军指挥部、曾家岩周公馆等诸多革命遗址；与地方博物馆、纪念馆交流党史陈列，并给予指导和建议。1974年1月1日回京。

11月22日　参观陕甘宁晋绥联防军司令部遗址，走入贺龙旧居时，见寒窑内一老人衣衫单薄，遂将毛衣脱下送给老人御寒。

1974年（53岁）

1月3日　到中国革命博物馆向徐彬如、杨振亚馆长作汇报。

2月2日　与董谦、王渔、佟英明、谢炳志、陈乔六人经中国革命博物馆党委决定成为批林批孔核心组成员。

2月　在中国革命博物馆参加党史部“批林批孔展览”以及党史陈列的讨论。

6月5日　到北京师范大学参加党史座谈会。

6月6日　到中国革命博物馆看“批林批孔展览”上墙情况。

秋　结束中国革命博物馆党史顾问工作，到北京师范大学上班。

10月24日　到北京师范大学开会，讨论党史进修班方案。

12月9日　参加北师大校领导小组的法家著作注释审定小组会议。审定刘知幾《史通》之“惑经”篇注释。

12月30日　到北师大参加《论衡》前言和《问孔》之审定会议并发言。

1975年（54岁）

2月22日　与白寿彝到北师大接受《光明日报》记者采访，谈对毛泽东理论指示及马、恩、列“论无产阶级专政”的反映。

7月9日　拟出《关于进修班学习计划（草案）》。

7月　为北师大党史进修班讲课。

1976年（55岁）

1月9日　日记写道：“惊悉周恩来总理昨天9时57分因癌症病逝，无比悲痛。总理生前曾嘱咐我：‘多访问革命老人，多研究历史档案，写出更好的革命史书来。’今后我一定要加倍努力，鞠躬尽瘁，不负总理的嘱托。”

1月11日　至周恩来的胞弟周同宇（周恩寿）处吊唁，缅怀中表示：要研究、撰写周恩来生平。

1月13日　到北师大讨论“学习周总理”，讲述了周恩来生平。

1月14日　与北师大师生赴北京劳动人民文化宫周恩来灵堂吊唁。

△作诗《哀悼周总理》，以“青史写革命，遗教记犹新。岂惜驽骀力，尽瘁报恩情”诗句表达继承遗志的决心。

4月某日　拜访周恩来的胞弟周同宇。周同宇拿出自己珍藏的关于周恩来的宝贵资料，两人共同分析、研究这些史料。

4月 “天安门事件”被“四人帮”镇压以后，顶着压力、担着风险，悄悄地进行《周恩来传记》的撰写工作。

9月 毛泽东逝世后，向家人回忆1939年在延安第一次聆听毛泽东亲切教导的情形和自己学习毛泽东思想不断成长的历程。

10月8日 从李新口中得知“四人帮”被粉碎，兴奋地说：“真解气，这口气我憋了十年了!”

10月25日 作80行诗《欢庆除四害歌》，愤怒揭露“四人帮”罪行，以“一举除四害，万众齐欢笑”等诗句抒发喜悦之情。

10月29日 作“周恩来年谱”编写计划。

10月30日 到中国科学院近代史研究所开会，李新主持，会议确定写八一起义、秋收起义简史，以及周恩来、朱德、贺龙、叶挺、陈毅等革命人物的传记。胡华负责周恩来传。定12月编出年谱，次年5月写出传记。

10月31日 看望刘型，谈八一起义和秋收起义。

11月1日 与黄易宇、何东访包惠僧老人。

11月2日 关于纪念周恩来的写作计划获北师大校党委批准。

12月15—16日 与周同宇夫人王士琴就周恩来在南开和留学日本的情况，一起访问张鸿诰老人。

12月21日 写完《周总理的青少年时代》一文，抄寄并附函致邓颖超、叶剑英、耿飙等和《人民日报》。

1977年(56岁)

1月1日 在北京师范大学报告“周总理生平”。

1月5—14日 先后到北京积水潭医院、北京经济学院、北京市委党校、北京钢铁学院、北京外国语学院报告“周总理生平”。

1月12日 应成仿吾之邀，登门拜望并看其《长征回忆录》稿。

3月14日 与彭明访问张申府。

3月21日 与彭明访问刘清扬。

3月23日 与彭明访问周同宇。

4月19日 《红旗》杂志邀请撰文纪念八一起义。

6月9日　写出《南昌起义史话》，交人民出版社。

6月　在《北京师范大学学报》第3期发表《学习朱德委员长的革命精神——记朱德同志从八一起义到会师井冈山的光辉历程》一文。

9月25日　与高放一起拜访黎锦熙先生（著名语言学家，湖南湘潭人，曾为毛泽东的老师），了解毛泽东早年的革命活动。

9月30日　赴人民大会堂出席中华人民共和国成立28周年盛大国庆招待会（次日，新华社发通稿公布了全体与会人员名单，列入科学技术界人士）。宴会结束后谒见邓颖超。

10月4日　在北师大党史系为山东高校"党史编写组"9位同志答疑。

11月12日　回答南京化工学院马列主义教研室和北京化工学院政治理论教研室部分教师就党史教学提出的12个问题。

11月15日　国务院办公室程振声秘书来访，传达邓颖超副委员长提出将《周恩来同志青年时期的故事》（胡华著）改名为《青少年时期的周恩来同志》等修改意见。

11月25日　出席第七届北京市人民代表大会。在分组讨论工作报告时发言，谈及恢复人民大学；恢复图书馆正常借阅；发挥老科研和教学专家作用；北海公园开放；放宽出版审查，促进百花齐放；注重青年读物和学校参考教材的出版；解决科研教学骨干人员流散、两地分居；军队长期占用学校校舍；中共党史应设主管部门等问题。

12月5日　在北京市第七届人代会期间，听叶选宁转达叶剑英元帅向胡华谈的"八一起义情况"。

12月20日　出席胡林昀召集的人民大学八个系的筹备会议。

本年　在人民出版社出版《南昌起义史话》。

△在中国青年出版社出版《青少年时期的周恩来同志》，该书先后发行100多万册（1980年外文出版社出版日文、英文本）。

1978年（57岁）

1月11日　与北师大戴逸、马奇、刘宁、顾明远出席胡乔木主持的中国社会科学院规划会议。出席会议的还有于光远、周扬、陈翰笙等。

本月 《周恩来总理旅欧时期的革命活动》一文在《北京师范大学学报（社会科学版）》第1期发表。

△与林代昭合写《胸怀世界革命全局的国际主义战士——学习周恩来同志旅欧期间关于国际形势的精辟论述》一文在《世界历史》（中国社会科学院世界历史研究所办）第1期发表。

3月1日 应邀到北京工人体育场礼堂作“青少年时期的周恩来同志”的报告。

3月4日 由中共中央党校副校长、中组部部长胡耀邦派车接到家中，谈：修改中央党校之《关于第九次、第十次、第十一次路线斗争的若干问题》的稿子以及人民大学复校和邀其到中央党校任教诸项。下午，到北京师范学院（现为首都师范大学）作“青少年时期的周恩来同志”报告。

3月5日 在《解放日报》、《文汇报》发表《青少年时期的周恩来同志》（选载）（附编者后记）。

3月8日 在北京师范大学纪念周恩来诞辰80周年大会上作“青少年时期的周恩来同志”报告。

3月9日 在北京师范大学党史系讨论“三次路线斗争”。决定3月16日四个组写出成文的修改意见。

3月15日 在《北京日报》发表《为了中华之崛起——缅怀敬爱的周总理青少年时期的生活、学习和革命实践》一文。

3月16日 在北京师范大学党史系召集讨论《关于第九次、第十次、第十一次路线斗争的若干问题》，李秀林、刘炼、清庆瑞等先后发言。

△在《解放军报》整版发表《青少年时期的周恩来同志》。

3月20日 在小汤山整理出对《关于第九次、第十次、第十一次路线斗争的若干问题》讨论稿的修改意见（2万余字）。

3月21日 将“意见稿”分别挂号寄胡耀邦和中央党校中共党史教研室“三次路线斗争”研究小组。

本月 所著《青少年时期的周恩来同志》由中央人民广播电台连

播，周正（北京人民艺术剧院演员）播讲。

4月19日　接到北师大党史系牟建华来电，告知教育部已下发文件，决定中国人民大学复校后，任命胡华为中共党史系主任、张腾霄为哲学系主任、宋涛为经济系主任。

4月20日　根据教育部指示，中国人民大学复校之际，以北京师范大学名义为中国人民大学招收1977级中共党史专业本科生39名。胡华自此重新走上中国人民大学讲台。

4月24日　出席中国人民大学恢复后的开学典礼，入座主席台。下午，向八一电影制片厂来访人员谈对《南昌起义》剧本的修改意见。

5月1日　在《社会科学战线》（创刊号）发表《为中华腾飞世界时——纪念周恩来总理八十诞辰》一文。

5月3日　召开人民大学复校后党史系第一次干部会议。

5月4—5日　为北京市卫生局团委、北京手表厂分别作报告“五四与周总理”。

5月5日　到国际俱乐部，与陕北公学校友40人共同为成仿吾老校长庆贺八十岁大寿。

5月11日　到人民大学，研究党史教学计划、招生问题等。

5月12日　据新华社电讯：教育部编写出54种全国通用中小学试用新教材，曾聘请45名专家担任编写各科教材的顾问，胡华名列其中。

5月27日　向成仿吾校长、郭影秋副校长呈交《党史系开学一月来的情况汇报》。

5月29日　召开党史系本科教学小组会议。

6月1日　听胡林昀在全校大会上传达成仿吾校长的指示，成立政治理论教育、经济管理、社会科学三个学科领导小组，胡华在政治理论教育领导小组。

6月9日　参加人民大学政治理论教育领导小组第一次会议，听马列发展史研究所刘佩弦等汇报。

6月12日　与戴逸、李华作为人民大学代表，赴天津参加“全国历史学三年、八年规划会议”。

6月15—18日　在全国历史学三年、八年规划会议上作为中国现代史组召集人，主持分组讨论。

6月19日　代表中国现代史组向大会报告现代史组会议纪要。

6月21日　应邀到南开大学历史系作题为“加强现代史研究”的报告。参观周恩来在南开中学读书处及天津历史博物馆。

6月26日　致函成仿吾校长、郭影秋副校长，汇报出席全国历史学规划会议的情况。

6月30日　向人民大学传达全国历史学规划会议精神。

7月4日　召开党史系党史教研室支部会议，研究任务分工和人员问题。

7月9日　参加人民大学校部会议。

7月17日　在人民大学恢复后党史系第一次全系大会上讲话，宣布系教学行政机构、领导成员、教学科研任务分工；强调每个人要勇挑重担，全系搞好团结，每个人做学习的模范。

8月19日　经人民大学校党委书记会议决定，胡华为党史系总支书记，高庆永为副书记。

8月21日　召开党史系教研室副主任以上干部会议，汇报各教研室教学和科研规划。

9月2日　由黄易宇陪同访问黄火青（1926年1月参加革命，新中国成立后曾任天津市市长，最高人民检察院副检察长、检察长，辽宁省委第一书记）。

9月4日　召开党史系领导班子会议，研究讨论：1. 评学衔问题；2. 招生人员问题；3. 分校教师和扩大教师人员问题；4. 吴老百年祭人员；5. 外国党的研究增加规划等。

9月中旬　为协助“周恩来同志青年时代在津革命活动纪念馆”征集文物，亲自登门，将该馆工作人员李爱华引荐给周恩来之弟周同宇，征得文物一件，并引领年轻人李爱华走进周恩来研究领域。

9月24日　召开第三次党史系总支扩大会议，研究讨论：1. 建议历史系设现代史专业，党史系不设；2. 党史系每年招研究生20名，1982年后每年30名；3. 教师人数：到1985年党史95人、思想史25人、党建30人，共150人；4. 1979年成立党史研究所，成员共20人；5. 外国党情况研究室1979年始，10人；6. 建议学校成立毛泽东思想研究所；7. 招生问题；8. 落实政策问题。

9月28日　被续聘为中国社会科学院近代史研究所（原中国科学院历史研究所第三所）第二届学术委员会委员，委员还有刘大年、丁名楠、刘桂五、孙思白、李新、余绳武、严中平、罗尔纲、胡绳、荣孟源、瞿同组、黎澍、蔡美彪、戴逸（第一届成立于1955年11月）。

10月14日　出席人民大学党委扩大会，听成仿吾、郭影秋关于揭、批、查落实政策报告。

10月17日　出席人民大学第四次党委扩大会，听胡林昀副校长传达市委对高校揭、批、查和办学的有关精神。

10月21日　到人民大学红一楼宿舍看望到校新生。

10月24日　上午，给50名党史系新生讲“学习党史的若干问题”。在对学生进行专业思想教育时指出：“中共党史是一门尖端科学。”中共中央组织部研究室张竹梧来访。下午4点，在中国人民大学迎新大会上作题为“发扬中国人民大学的光荣革命传统”的报告（后载《中国人民大学（校报）》，1978-11-25）。

11月7日　参加中国社会科学院科研局会议，研究有关五四运动的问题。

11月22日　给党史系全系大会讲“党史教学的几个问题”。

11月27—28日　在杭州大学召开的党史讲义讨论会上报告“关于党史教学的若干问题”、“关于党史教学中的若干疑难问题”，用大量历史资料批判和匡正了被“四人帮”歪曲的历史。

本月　帮助刘炼修改为何干之彻底平反的报告。

12月26日　在《文汇报》发表《忆毛主席、周总理对陕北公学的关怀》一文。

12月30日　在《北京日报》发表《吴老（玉章）百年祭》一文。

12月31日　出席中国人民大学纪念吴玉章100周年诞辰隆重集会并发言。

本年　开始做成仿吾校长的学术助手。

△在《社会科学战线》第2期发表《为中华崛起、为共产花

开——缅怀周恩来总理青少年时代的革命实践（1917—1924 年）》一文。

△在《社会科学战线》第 3 期发表《记朱德同志重视理论学习和理论工作的二三事》一文。

1979 年（58 岁）

1 月　主编的《五四时期的历史人物》一书由中国青年出版社出版。

△在《教学与研究》第 1 期发表《以实践检验真理的态度来研究党史》一文。

1 月 4 日　出席人民大学校党委扩大会，听成仿吾、郭影秋等讲工作重心转移问题。

1 月 6 日　召开党史系总支委员会，研究右派改正、评奖提级、总支办公室制度等问题。

1 月 7 日　在《文汇报》发表《少年周恩来的成长》一文。

1 月 12 日　与党史系何东、王淇、萧效钦到远东饭店访问罗章龙教授。

1 月 14 日　与王宗柏出席南斯拉夫大使在国际俱乐部举行的招待会。

1 月 15 日　在校长办公室与戴卓接待美国加利福尼亚大学历史学教授黄宗智博士（中国联络委员会主席，侧重研究 20 世纪华北农村的政治经济以及 19—20 世纪地方历史，《现代中国》季刊创办人）等，谈中国近现代史及农村调查问题。

1 月 24 日　率人民大学党史系师生到远东饭店访问罗章龙教授。

1 月 31 日　就周恩来在黄埔军校与东征等情况，访问包惠僧老人。

2 月 14 日　召开党史系全系大会，宣读有关文件，提出拟向中央正在召开的理论务虚会反映党史课教研现状、困难、看法、要求、资料问题。

2 月 25 日　到北京八宝山革命公墓礼堂参加著名的马克思主义史学家、原北京大学副校长翦伯赞追悼会。

3月7日　在《北京日报》发表《坚持科学与民主精神——学习周恩来同志著作〈宗教精神与共产主义〉》一文。

3月　在成都中国历史规划会上作题为“关于党史编写工作的建议”的书面发言。

4月上旬　在北京多家单位作题为“从五四运动到四五运动的周恩来同志——纪念周总理逝世3周年、四五运动3周年、五四运动60周年”的报告。

4月　在《读书》杂志第4期发表《谈党史编写工作》一文。

△与王建初合写《周恩来同志从“五四”到旅欧期间的思想发展》一文在《哲学研究》第2期发表。

5月2—9日　参加中国社会科学院纪念五四运动60周年学术讨论会。

5月14日　主持召开党史系总支委员会，听系各教研室汇报教授、副教授学衔评议情况并讨论。

5月15日　为人民大学档案系召开的科学讨论会撰写出书面报告“加强档案工作同党史研究工作的配合和联系”。

5月18日　参加教育部与山东省委、省教育局在济南召开的高等学校中共党史教学和讲义讨论会，作“谈谈思想解放和评价历史人物问题”的报告。

5月26日　在高校党史教学和讲义讨论会上作“对党史课教学中若干问题的解答”的发言。

6月12日　与成仿吾校长谈蔡和森。

6月29日　在安徽大学礼堂出席安徽省党史学习研究会成立大会，作“从八七会议到遵义会议的若干历史情况”的报告。

6月30日　与萧效钦合写的《中国共产党建党史料》一文刊载于中国大百科全书出版社编印的《百科知识》第2辑。

7月1日　在安徽省中共党史学习研究会上为千人解答安徽省党史工作者提出的20个问题。

7月3日　在芜湖机电学院礼堂作“从八七会议到遵义会议的若干历史情况”党史报告。

△7月9日应邀到南京大学作同样报告并会见校长匡亚明等。

7 月 14 日　主持党史系系务会议，讨论：1. 研究生录取；2. 学期小结；3. 学生小结；4. 高庆永、何沁参加五届人大学习；5. 出两人参加暑期学校规划讨论；6. 清理人事档案；7. 一些具体人事；8. 准备国庆科学讨论会；9. 出中国革命史、中共党史通俗读物；10. 考试纪律；等等。

7 月 17 日　参加人民大学评教授会议。胡林昀副校长告知，教育部政教司苏蓟副司长通知：胡华去上海和哈尔滨参加高校政治理论课会议。

7 月 19 日　出席党史系全系学期总结会并讲话。

7 月 20 日　上午听胡林昀、稽程谈人大评选教授问题。下午，给全系同学讲“从八七会议到遵义会议的若干历史情况”。

7 月 21 日　在党史系全系会议上，报告山东、安徽、南京会议情况。

7 月 24 日　应中央档案馆馆长曾三之邀，与吴宝康到中央档案馆，拿到《红色中华》、《新中华报》、《红旗周报》、《斗争》、《红旗》、《红旗日报》等六种影印刊物。

7 月 31 日　到北京市委第四招待所讲“从八七会议到遵义会议的若干历史情况”。

8 月 3 日　赴上海参加教育部主持的全国政治理论课暑期讲习会并作报告。

8 月 5 日　会见上海市委夏征农、陈沂，文教办舒文、刘芳等。

8 月 6 日　为全国政治理论课暑期讲习会作报告“从八七会议到遵义会议的若干历史情况”。

8 月 7 日　访问四一二反革命政变亲历者、上海社会科学院院长黄逸峰。

8 月 14 日　出席由教育部和黑龙江省举办的北方 14 省市自治区高校政治课讲习会。在黑龙江省展览馆大厅作报告“从八七会议到遵义会议的若干历史情况”。

8 月 18 日　在哈工大礼堂为全国理论课暑期讲习会作“关于党史上若干问题的辅导解答”。

△到老战友王波鸣（哈尔滨工业大学原党委副书记）墓前凭吊。

8月26日　陆定一、严慰冰在国务院第二招待所会见并宴请胡华，就1964年下半年，对胡华所著《中国革命史讲义》某节表述的一个史实，写信进行过过火指责，以至在全国扩大批判其史学观点为“教条主义”、“修正主义”，停止胡华教学和所著教材的使用的往事，表示道歉。林仲、严梅青、林茂生、陆戈等作陪。

8月27日　与吴大琨到北京大学，在临湖轩接待美国副总统蒙戴尔及其夫人、女儿和美国著名汉学家费正清等。同见者有周培源、章文晋、刘思慕、何兹全、雷洁琼等。

8月28日　到中国革命博物馆看陈列预展。

8月30日　参加成仿吾校长召集的、人民大学四个理论系负责人会议，主题是讲好共同课。

9月1日　在承德出席河北省历史学会成立会开幕式，作“党史上的几个问题”报告。

9月7日　召开党史系总支委员会，发言主要内容为：1. 教学：贯彻学校重视共同课的精神。2. 教材：党史专题教材，革命史讲义协作教材，党建教材，各民主党派教材，共产国际与中国共产党问题教材等。3. 科研：同教学相结合，提高质量。4. 资料：完成了400万字的资料整理，要继续搞专题，加强档案利用。进口资料要分析，不要外传。六种党刊和交流资料可去看卡片和阅读。完善借阅手续。5. 教研室增强政治思想工作问题。6. 校舍问题。

9月14日　参加历史学家吴晗追悼会。

9月17日　拜访张申府老人。

9月22日　参加包惠僧老人追悼会。

9月24日　访问刘仁静老人。

9月25日　全国政协副秘书长史永来访。

△收到日中友好协会全国本部副会长赤津益造寄《理论与实践》(内有青山三郎《青年周恩来在日本》一文）并复函。野原四郎寄来《中国革命与大日本帝国》。

本月　主编的《中国革命史讲义》分为上下册，由中国人民大学出版社重新出版，教育部规定为全国高等院校统一教材。

10月8日　在《文汇报》发表《研究党史，肃清极左路线流毒》

一文。

10月9日　在人民大学1979年开学典礼上作“发扬中国人民大学的光荣革命传统”的报告。

10月10日　在党史系迎新会上讲话，强调学习党史所肩负的任务，即为了总结历史经验，使今后的30年少犯或不犯错误，主要肃清“左”倾机会主义和极左路线的流毒；提倡科学态度，反对宗教迷信；提倡发扬党的优良作风，继承革命传统。

10月24日　与有关人员会商中共党史人物研究会、人物传稿工作及中共党史人物研究会广州会议的筹备。

10月30日　与何沁、张静如等到中国革命博物馆与李维汉座谈。

10月31日　与何东、林茂生等到中央档案馆看档案陈列。

11月1日　继续到中国革命博物馆与李维汉座谈。

11月6日　与黄易宇、王建初、宋国柱到最高检察院访问陈养山副检察长，谈周恩来领导“红队”的斗争。

11月16日　在《中国人民大学（校报）》发表《何干之同志十年祭》一文。并以党史系名义撰文《用笔和舌战斗——纪念马克思主义历史学家何干之》。

11月22日　出席教育部政教司会议，李正文主持，传达中宣部、教育部意见，召集北京高等院校讨论：1. 研究“九评”到底对不对；2. 研究近30年党史（社会主义时期党史）、国史。第一召集人：中国人民大学胡华；第二召集人：北京师范大学张静如；第三召集人：北京大学肖超然。

11月27日　出席教育部北京部分高校社会主义时期党史讨论会。

11月　主编的《五四时期的历史人物》一书由中国青年出版社出版，印行10万册。

12月4日　在广州主持全国中共党史人物研究会（后更名为中国中共党史人物研究会）第一次学术讨论会，并致开幕词。中共广东省委第一书记习仲勋出席并接见与会人员。中共广东省委第二书记、中共广州市委第一书记杨尚昆、中国人民解放军军事学院副院长何长工出席并讲话。到会有来自全国25省市高校、科研部门、纪念馆、出版社等单位的代表，共200多人。

12月5日　向全国中共党史人物研究会第一次学术讨论会作“从‘四一二’到遵义会议周恩来若干革命事迹”的报告。

12月14日　在暨南大学作“关于党史教学中的一些问题”报告。

12月18日　全国中共党史人物研究会第一次学术讨论会选举何长工为会长，李新、胡华为副会长，聘请胡华担任《中共党史人物传》主编。下午，胡华致闭幕词。

12月19日　写出《中共党史人物传》（第一卷）前言，介绍编写党史人物传的意义、要求及第一卷的内容。

12月25日　出席教育部北京部分高校的社会主义时期党史讨论会。

1980年（59岁）

1月1日　与张腾霄、霍遇吾、徐伟立到何洛家，共同回忆江隆基在华北联大时期的革命事迹。

1月2日　与邓广铭、张光斗、孙冶方、贝时璋、吴组缃等一起在《光明日报》发表新年感想谈话。

1月3日　收到林仲、严慰冰、陆定一来信，并复之。

1月5日　到北京市委党校出席北京史学会筹备会，该会定月底成立。参加党史系表彰会，给同学发先进集体、优秀生、三好生奖。

△在《光明日报》发表悼念何干之文章《一位忠诚的理论战士、人民教师》。

1月15日　上午，到中国社会科学院科研组织局参加中国历史学会筹备会。下午，到北京师范大学出席教育部北京部分高校社会主义时期党史讨论会。

1月16日　到人民大会堂听邓小平副主席作“目前的形势和任务”报告。

1月17日　在人民大学校部开会，讨论党史系教学计划。

△复江西吉安山区青年中学教师王阿寿1月9日来信，肯定并鼓励他对老根据地史料的收集和研究（该教师深受激励，后来成为研究

地方党史的专业人员）。

1月30日　在北京市历史学会成立大会上，与尚钺等被选为副会长（白寿彝任会长）。

本月　在《新时期》杂志第1期发表《关于遵义会议的若干情况》一文。

△在《江淮论坛》第1、2期发表《关于建国以来党史中的一些问题》一文。

3月14日　《北京日报》发表《茅以升、胡华等谈招收研究生问题》。

3月20日　在《光明日报》发表《记取血的教训，不让冤案重演》一文。

3月25日　在北京师范大学参加社会主义时期党史讨论会，讨论中共八大。

3月28日　出席胡乔木主持的中央党史研究室会议。

4月1—5日　出席北京市七届四次人民代表大会。

4月5日　写出《回忆周总理对教育工作者和史学工作者的关怀》一文。

4月7—13日　出席中国史学会代表大会，作“党史研究规划的几点建议”的发言，被推选为中国史学会常务理事。

4月13日　参加《中国大百科全书》中国历史部分编委会议，张友渔主持，现代史部分由人民大学党史系和李新领导的中国社会科学院近代史研究所承担，作为国家任务。具体分工：革命史部分由人大党史系起草，政治史部分由民国史组起草，最后由李新、胡华共同研究审定。

4月14日　到中南海勤政殿中央书记处（毛泽东书房）参加中共中央党史资料征集委员会成立会，受命为委员之一。

4月25日　参加中共党史人物研究会会议，研究第二、三卷传稿审定工作。

4月28日　到中南海勤政殿，出席中共中央党史资料征集委员会第二次会议。

5月17日　以“各界知名人士”身份到北京人民大会堂参加刘

少奇同志追悼大会。

5月20日　到中南海出席中共中央党史资料征集委员会第三次会议。

本月　撰写《张闻天传》的提议获得中央同意，遂安排党史系张培森、清庆瑞等参加中央成立的《张闻天文集》、《张闻天传记》小组工作，与他们一起到张闻天夫人刘英家商讨，并与刘英一起率小组访问张闻天生前战友王首道等老前辈。

6月3日　到中南海出席中共中央党史资料征集委员会第四次会议。

6月16日　出席原华北联大音乐系师生座谈会并发言。

6月17日　会见日中友好协会全国本部副会长赤津益造，谈周恩来总理旅日、旅欧历史。

6月19日　接待北美洲中国革命史考察团7名教授，回答多伦多大学陈先让、哈佛大学马安国、斯坦福大学邹谠、安修斯·小麦克唐纳等提出的19个问题。

7月1日　出席党史系总支大会并讲话，祝贺20位新党员入党，谈怎样做一个合格的共产党员。

7月18日　出席全国中共党史研究会（后更名为中国中共党史研究会）成立大会暨学术讨论会。作为大会执行主席致开幕词，作题为“周恩来同志在第二次国内革命战争时期的理论贡献”的报告。出席会议的有李维汉、王首道、冯文彬、曾三、舒同、吴亮平、徐彬如、于光远、李新、廖盖隆、马齐彬等。

7月26日　全国中共党史研究会成立大会选举冯文彬为会长，曾三、李新、廖盖隆、胡华、马齐彬、王实、董谦为副会长。

7月29日至8月15日　赴河南信阳主持《中共党史人物传》第一次审稿会，集中编审人员完成定稿工作（此后每年安排两至三次，形成惯例）；其间审看“杨靖宇”传、“贺龙”传、“苏兆征”传、“刘志丹”传、“澎湃”传、“徐特立”传、“邓恩铭”传、“夏明翰”传、“陈赞贤”传等传稿编入第二、三卷。

7月　主编的大型丛书《中共党史人物传》第一卷由陕西人民出版社出版。（应读者的要求，第一卷重印了三次，累计印数达139 000

册，创该丛书的最高纪录。）

9月2日　为来自全国的高校党史进修班作开课引言报告。

9月13日　至中国社会科学院出席中国史学会常务理事会。

9月15日　出席人民大学新生开学典礼，作“发扬中国人民大学光荣革命传统”的报告。

10月6日　出席光明日报社举办的党和国家体制改革讨论会并发言，题为“坚决实行改革，清理‘左’倾理论”。

10月7日　在中国人民大学党史进修班讲“大阴谋家、大刽子手康生的一些历史情况”。

10月10日　参加中国人民大学党代会，选举出席北京市党代会代表。下午，初选霍遇吾、刘祖春、胡华、黄达、黄达强、成美六人为候选人。

10月12日　访问萧三、王光美。

10月14日　经与李春辉共议，撰写了《开发并移民西部的建议》，致邓小平、胡耀邦。

△《中国人民大学（校报）》报道：为庆祝人大建校30周年，由成仿吾校长口述，胡华、彭明、刘炼整理的校史回忆录《战火中的大学》脱稿。

10月16日　到崇文门外便宜坊出席李新招待法籍华人胡继熙的便宴。

10月19日　到中央党史研究室与廖盖隆、马齐彬开会，商讨明年举办共产党成立60周年学术纪念会事宜。

10月22日　《光明日报》在16日、17日、19日连续发表胡华等首都部分理论工作者座谈我国政治制度和经济体制改革的发言摘要，又于本日摘发座谈内容。

10月24日　在湘潭大学作题为“康生对党的危害”的报告。

10月27日　在湘潭大学作题为“毛泽东思想”的报告。

10月28日　出席在湘江宾馆举行的湖南省中共党史人物研究会成立会并讲话。

10月29日　上午在湘江宾馆会议室作题为“康生对党的危害”的报告。下午参加全国中共党史人物研究会部分理事与编委会议。

11月初　在江苏省党史研究会成立大会上作题为“康生对党的危害”的报告。

11月1日　《北京日报》发表记者刘葆观专访《书山有路勤为径　学海无涯苦作舟——访中国人民大学胡华教授》。

11月12日　《湖南日报》发表谷茨专访文章《燕子归来寻旧垒——记胡华教授在湖南》，记述胡华从1938年至今四次到湖南的经历和感慨。

11月20日　上午接待日本大使馆一等秘书斋藤正树来访。下午，出席北京市委宣传部召开的北京党史讨论会。

11月28日　到中宣部理论局参加《周恩来文选》组稿会议。

12月10日　《中国人民大学（校报）》发布北京市第八届人民代表大会人民大学选区正式代表候选人之一胡华的介绍。

△参加所指导研究生王顺生、刘宗尧、徐焰的“抗日战争”专题讨论。

12月12日　出席中共中央党史资料征集委员会第五次会议并发言，汇报《中共党史人物传》的编写工作。

12月23日　到中国社会科学院近代史研究所，参加学术委员会会议，集体通过刘桂五、钱宏等为研究员。

本年　与杨先材合写的《吴玉章》一文选入《中国历史学年鉴·1979》。

△在《社会科学战线》第2期发表与王建初合写《试述周恩来同志从旅欧到大革命时期的理论贡献》一文。

△在《近代史研究》第4期发表与林代昭、清庆瑞合写《周恩来在第二次国内革命战争时期的理论贡献》一文。

△与翦伯赞、邵循正合著的《中国历史概要》由知识出版社重印修订本，外文出版社同时重印修订外文本（2009年北京大学出版社再版）。

1981年（60岁）

1月2日　在《文汇报》发表与林代昭合写的《恢复生产，建设新中国的光辉指针》一文。

1月6日　修改出陈光所写《成仿吾传》。

1月7日　与林茂生接待美国学者李芾甘教授。

1月5日　下午，为研究生王顺生、徐焰、刘宗尧和黄易宇辅导“解放战争时期”。晚，校出方扬、曹云屏的校史回忆。

1月14日　出席中央编译局和《读书》杂志社召开的联共党史座谈会。到会还有中央编译局宋书声、《读书》史枚、北京市委党校马仲扬、《人民日报》何匡、中共中央党校理夫、中国人民大学高放。

1月17日　在党史系全系大会上讲话，总结本学期工作并传达中央政治局关于人事变动的4号文件；在讲话中总结了本学期党史系教员在教学和科研上的成绩。

1月19日　在《光明日报》发表与林代昭合写的《与人民血肉相连的马克思主义者——学习〈周恩来选集〉关于党的群众路线的论述》一文。

本月　在《哲学研究》第1期发表与清庆瑞、林代昭合写的《周恩来同志在抗日战争时期的理论贡献——学习〈周恩来选集〉（上卷)》。

2月27日　与成仿吾到军事科学院访问宋时轮院长（上将），听宋谈叛徒张国焘。

3月2日　到陶然亭北京市总工会干校谈北京地下党组织发展史和工运史。

3月4日　出席成仿吾召开的人民大学党委扩大会，听成老、孙力余讲话。

3月5日　与清庆瑞、李安葆到军事科学院看有关张国焘问题的电报。

△在《光明日报》发表与林代昭合写的《肃清“左”的影响要正本清源——读〈周恩来选集〉(上卷)》

3月21日　到全国总工会参加温济泽、陈用文主持召开的关于烈士英名录讨论会。

3月23日　到中南海出席中宣部召集的讨论大中小学政治课设置问题会议并发言，强调加强大学生政治思想工作，要系统地学习马列主义的政治理论课，这是最根本的途径。强调中共党史课的重要性，要让学生懂得党的理论、纲领、政策和策略；懂得斗争中成功的经验、失败的教训；懂得革命的规律和革命的艺术；懂得党的优良传统和英勇斗争的史迹。爱国主义教育应从幼儿园开始。

3月24日　到蹇先任家看望，听蹇谈贺英与贺龙生平。

3月25日　到中宣部参加政治理论课设置会议。

本月　在《北京史研究资料》第3期发表《北京地区工运发展概述》一文；在《学习与研究》第3～4期发表《中国共产党光辉战斗的六十年》一文；在《八小时以外》第3期发表《“无枚皋之敏捷有司马之淹迟”——忆吴老》一文。

4月1日　到北京医院看望宋振庭、刘型。

4月2日　在成仿吾家，请罗青长（14岁参加革命，时任中央调查部部长）讲川陕和反对张国焘分裂主义的斗争。

4月8日　到中南海勤政殿，出席中共中央党史资料征集委员会第六次会议并发言，汇报中共党史人物研究会工作和《中共党史人物传》的编写情况。会议决定：1. 抢救回忆录；2. 写人物传；3. 征集文物资料；4. 编丛书、档案。

4月14日　在重庆参加全国中共党史人物研究会第二次学术会议开幕式并致开幕词。下午，作“国内外党史研究动态和开展党史人物传的研究”报告。

4月20日　在全国中共党史人物研究会第二次学术会议闭幕式致闭幕词，指出：这次大会是全国党史的又一次盛会，是对撰写党史人物传记一次新的发动和推动；各省、市、自治区分工落实了编写500多位党史人物传的任务，争取每年出版5～10卷《中共党史人物传》，50卷书争取5～10年内完成（10年后，1991年6月28日，在北京人民大会堂举行了《中共党史人物传》50卷出版座谈会和首发式）。

4月28日　《重庆日报》发表简仕明、践之对胡华的专访《排除党史研究中“左”的影响》。

4月28日、29日　分别为华中师范学院（现为华中师范大学）、华中工学院（现为华中科技大学）等校作“中国共产党英勇奋斗的六十年”学术报告。

本月　所著《中国新民主主义革命史》由中国青年出版社再版（该版至1983年6月第二次印刷共印107 000册）。此为该书第14次再版。作者对该书作了修订，并增补了第六编，即“第三次国内革命战争时期”。另外，书中还加进了20幅历史地图和图表。

5月6日　江西省委党校戴向青来电话告知在庐山举行全国中共党史研究会纪念党的60周年学术会的安排情况。胡华以与廖盖隆等初步研究的意见回复。

5月7日　向党史系传达人民大学校党委强调的对党史教学应着重的问题。

5月11日　与廖盖隆、李正文、马齐彬、陶侃、萧效钦等商量庐山会议筹备工作。

5月12日　组织中共党史系对《中国社会主义革命和建设史讲义》的第一次讨论。

5月13日　参加研究生王顺生关于“1957年反右斗争”论文的讨论。

5月26—30日　讨论《中国社会主义革命与建设史讲义》并修改。

6月1日　上午，与冯文彬、谢筱廼研究全国中共党史研究会学术会问题；下午，与廖盖隆、马齐彬、萧效钦、张敬德、陶侃共同确定该会改在北京召开。

6月2日　到北京师范大学为党史进修班讲课。

6月9日　听成仿吾谈张国焘问题。

6月12日　国务院学位委员会颁发聘书：“兹聘请胡华同志为国务院学位委员会（法学）学科评议组成员”。

6月13日　新华社公布了国务院学位委员会10个学科评议组成员名单。

6月16日　到北京邮电学院参加中共党史电教影片的审查。教育部电教局程光局长主持。

6月17日　与研究生王顺生、徐焰讨论“文化大革命”研究。

6月19日、20日、21日　分别为北京经济学院、北京外交学院、中国医学科学院医科大学作报告“中国共产党光辉战斗的60年”。

6月25日 《人民日报》第四版，新华社电讯：为庆祝中国共产党成立60周年，一批党史著作、党史人物传记出版，其中有：1. 胡华主编的《中共党史人物传》第一卷，第二卷即将出版；2. 中国青年出版社出版了经过修订的胡华的《中国新民主主义革命史》，修订本在原书的基础上增补了第六编——“第三次国内革命战争时期”。

6月27日 上午，在北京展览馆剧场为首都图书馆组织的北京市读者作“中国共产党光辉战斗的60年”报告。下午，在宣武医院为北京市卫生系统作同名报告。

6月30日 在北京市委党校为北京市委宣传部、北京社科所、北京历史学会、北京党史学会共同组织的报告会上作“中国共产党光辉战斗的60年”报告。

7月1日 到人民大会堂参加庆祝中国共产党成立60周年大会。

7月8日 南开大学刘瑞挺陪同美籍华人、宾夕法尼亚大学教授周承绪来访，谈王若飞史实情况。

7月9日 上午，与陈光到成仿吾家，听成老谈鄂豫皖斗争史。下午至京西宾馆，出席教育部学位会议。

△在《光明日报》发表《党史上新的里程碑》一文。

7月12日 出席在京西宾馆礼堂召开的教育部学位会议。听黄辛白、蒋南翔作报告。下午，主持政治组讨论。

7月13日 审看博士学位授予权、硕士学位授予权专家材料，政治组申请博士授予权专家6人，硕士授予权专家97人。

7月15日 在教育部学位会议上进行博士授予权专家投票，通过：中共党史胡华、智建中；共运史高放；思想史彭明；社会学费孝通。

7月16日 审议硕士授予权专家97人材料。

7月17日 参加冯文彬主持的中共中央党史资料征集委员会会议，讨论征集会和党史学术讨论会工作。

8月9日 在中央党校七楼出席“中国共产党成立60周年学术讨论会和全国党史资料征集工作会议”筹备领导小组会。下午，与马齐彬、陶侃、陈威谈大会论文审查问题。

8月10日　出席并主持“纪念中国共产党成立60周年学术讨论会和全国党史资料征集工作会议”。

8月15日　在纪念中国共产党成立60周年学术讨论会上作“国外和港台研究中共党史的基本动向及几种错误倾向”报告。

8月29日　致电《中共党史人物传》责任编辑郭洛夫，称：“小平同志关于‘党内斗争是什么性质就说是什么性质，犯了什么错误就说是什么错误，讲它的内容，原则上不再用路线斗争的提法’的讲话，充满了历史唯物主义，体现了党的实事求是的思想路线，我们要坚决贯彻。请你按照决议口径，把（人物传）书稿中有关路线斗争的提法改过来再发排。”同时也对传稿中已经涉及和今后必然还要涉及的在党内斗争中诸如陈独秀、瞿秋白、李立三、王明和罗章龙、张国焘等的错误，以及这些错误在地方和军队的执行者如何表述，提出了具体意见。

8月31日　与党史系领导成员高庆永、牟建华到人民大学宿舍楼看望1981级党史系新生。

9月1日　参加人民大学开学典礼并作校史报告。

9月11日、14日　邀请徐以新（长征时曾任红四方面军总部高级参谋）来人民大学谈红四方面军历史，张琳、陈光、李安葆、清庆瑞、徐焰、刘宗尧、王顺生在座。

9月16—19日　集中力量修改“中国社会主义革命和建设史教学大纲”，19日讨论大纲。

9月28日　出席中国国际交流协会理事会，会长李一氓主持，姬鹏飞到会，副会长朱学范、雷洁琼讲话。

9月29日　《人民日报》刊登新华社电讯，中国国际交流协会成立，李一氓任协会会长，朱学范、张致祥、雷洁琼、赵行志为副会长。胡华为所列百余名理事之一。

10月4日　在《学习与研究》杂志第4期发表《中国共产党光辉战斗的六十年》一文。

10月9日　到中国社会科学院近代史研究所接待来参加纪念辛亥革命70周年的外宾40余人。与加拿大林达光、陈志让，香港大学赵令扬等交谈。

10月11日　在北京饭店会见加拿大林达光教授夫妇。林达光邀胡华11月访加讲学。

11月5日　赴西安主持《中共党史人物传》审稿会（到18日审看出传稿“杨匏安”、“续范亭”、“张太雷”、“恽代英”、“冯白驹”、“杨闇公”、“古大存”、“曹渊”、“魏野畴”）。

11月11日　组织召开全体审稿组会，强调严格按照三级审稿制（初审、复审、终审），要求做到从思想内容、材料考据到文字修饰层层把关，并举出几篇典型传例进行集体讨论，以便统一认识，提高审稿质量。说“《中共党史人物传》一、二卷出版后，社会上反响很大，中央领导十分重视和关怀，小平同志也翻阅了第一卷”。

11月14日　在陕西省委党校给陕西党史学会、社会科学院、党校等单位作“对《张国焘回忆》的批判”报告。

11月19日　出席山东省党史学会成立大会。向大会报告“关于康生的罪恶和危害”。

11月20日　应山东师范大学邀请，作“关于党史研究中的新问题”报告。

11月23日　与高庆永谈：系内提教授问题；1977届毕业生分配；课程设置问题；资料室人事问题；等等。

12月9日　与中共党史人物研究会同志谈工作及明年4月审稿会事项。

1982年（61岁）

1月3日　上午，致郭影秋副校长慰问函。为研究生徐焰发致军事科学院曹宇光、李振军函。下午，中央统战部副部长于刚致函介绍王守荣、卞孝萱来访（王、卞拟写《中国各民主党派的道路》），介绍他们与党史系彦奇、徐焰见面。鉴于党史系《中国各民主党派史》的立项写作迟滞，催促该项目负责人抓紧进行。

1月5日　与宋涛、孙健到卫戍区医院看望尚钺。

1月7日　到中央档案馆续看“两河口政治局会议档案”。

1月8日　主持讨论《中国大百科全书》“社会主义在中国”条目，下午，出席《中国社会科学》、《历史研究》编辑部茶话会并发言。

1月9日　主持党史系总支改选大会并总结了自复校以来3年8个月系党总支的工作。选出新一届系总支委员。

1月10日　为尚钺逝世准备悼词与纪念文章。

1月13日　上午到八宝山参加尚钺遗体告别会。下午至凌晨1时，写《坚毅的革命者和史学家尚钺》。

△在《文汇报》发表《要有创造性的理论工作——〈刘少奇选集〉学习札记》一文。

1月14日　到中央档案馆看长征时期两河口会议“朱张来电”、“延安会议张国焘检讨”等材料。

1月15日　复王光美函，寄《中共党史人物传》一、二卷和1月13日《文汇报》。

1月17日　为《史学情报》写关于《中共党史人物传》编定6卷的报道，寄林言椒。

1月24日　除夕。出席党中央举行的团拜会。胡耀邦主持。

1月27日　到黄火青处谈1933年“福建事变”。

1月31日　与李春辉到黎澍处，谈过去17年宣传个人迷信问题。

△在《光明日报》发表《坚毅的革命者和史学家尚钺》一文。

2月5日　参加中国社会科学院近代史研究所“郑天挺同志学术纪念会”并中国史学会常务理事会。临时动议，与戴逸联名建议以中国史学会名义，召开尚钺同志学术纪念会。

2月13日　在党史系全系大会上报告全系工作。讲话中强调：关于讲课，要注意我们是用马克思主义的科学教育学生，用共产主义精神教育学生。课程内容要有明确的目的性，这就是革命传统教育，共产主义世界观教育，马克思主义基本原理、毛泽东思想基本论点的教育，爱国主义教育。

2月14日　看望老红军、刘型夫人程宜萍，谈整理刘型遗著和写传记事宜。

2月15日　与陈光、清庆瑞到成仿吾处，听成老谈完成《记叛徒张国焘》一书问题。

2月16日　与新入学研究生方生、张茅、武力谈话。

2月22日　至燕京饭店，陪同李一氓宴请日本友人井上清夫妇。在座有中共中央对外联络部副部长乔石、赵安博等。

2月23日　阅完《中国社会主义革命和建设史讲义》第一章。

2月26日　到人民大会堂江苏厅陪同姬鹏飞副总理会见井上清，并向其赠送《中国革命史讲义》等书。

3月10日　召开党史系系务会议，主要研究实习、财经纪律检查、干部规划编制和研究生答辩等问题。

3月12—20日　出席北京市七届人大第六次会议。

本月　在《电化教育》第3期发表《重视中共党史录像片的作用》一文。

4月7日　召开党史系系务会，研究进修班课程、编制、职称、资料、课题安排和讲义等问题。

4月22日至5月5日　在江苏镇江主持《中共党史人物传》第七、八卷审稿会，审看出“袁玉冰”、“赵世炎”、“彭璜”、“朱镜我”、“朱积垒”、“茅丽瑛”、“邓子恢”、“吴晗”、“罗纳川”、“李春涛”、“刘尔崧”、“刘华”、“黄道”等传稿。

4月26日　在扬州农学院礼堂作“学习党史，建设社会主义精神文明”报告。

4月28日　到镇江师专向千余师生作“学习党史人物传，发扬爱国主义和共产主义精神”报告。

4月29日　接受镇江市报徐溯、镇江地区党史资料征集组刘菊生采访。

5月4日　在镇江地委礼堂作报告“学习党史，发扬爱国主义、共产主义精神”。

5月5日　上午与彭明到上海，老战友顾稀、王立经、陈世雷等接。下午，与彭明看望在上海住院的郭影秋副校长，郭谈到“湖西肃托”问题和人大学校建设布局。

5月6日　给上海铁道学院全校师生作报告。

5月7日　到上海师范学院政教系作报告，解答提出之十个问题。归途，与郑灿辉瞻仰龙华烈士陵园，凭吊龙华二十四烈士墓。

5月8日　为上海铁道学院干部作报告“社会主义精神文明”。

5 月 14 日　到北京市委党校出席北京历史学会理事会和常务理事会。

5 月 19 日　到中国历史博物馆出席北京市历史学会年会，与白寿彝等人主席台。

5 月 20 日　美国威斯康星大学莫里斯·迈斯纳（梅施乐）教授来函，介绍孙白兰研究国民党左翼社会政治思想史情况。

5 月 21 日　在中国历史博物馆，为北京市历史学会年会作“学习现代史、党史，发扬爱国主义和共产主义精神”报告。

5 月 22 日　上午参加党史系革命史教研室评职称会议。下午访问艾思奇夫人王丹一，谈艾思奇文集和传记的编写问题。

5 月 25 日　到教育部招待所看望陕北公学老战友、东北师范大学何楠若。

△看出向青的研究生赵蔚的论文。

5 月 27 日　到人民大学一分校（广渠门）给党史班 50 人上课。

6 月 1 日　带研究生徐焰、王顺生、刘宗尧三人访问罗章龙、刘仁静。

△阅完李安葆起草之《记叛徒张国焘》第二章。

6 月 2 日　听刘宗尧讲实习课。晚，校完《记叛徒张国焘》第五章。

6 月 3 日　到中国社会科学院近代史研究所开学术委员会会议，讨论明年春天纪念马克思逝世 100 周年事宜。

6 月 4 日　与党史系彦奇、林茂生接待美国威斯康星大学博士孙白兰，谈 20 世纪 20 年代的国民党左、右派问题。

6 月 7 日　为《革命英烈》杂志写《发扬革命英烈的精神，建设社会主义》一文。

6 月 9 日　到中央团校给青运史班上课。

6 月 11 日　到全国政协礼堂，出席《中国大百科全书》“科学社会主义”卷讨论。

6 月 17 日　到北京工人俱乐部作党史报告。

6 月 19 日　到北京中直招待所讨论廖仲恺、何香凝纪念馆陈列方案。廖承志之子廖晖、女儿廖坚及广州市有关人士陈登贵等接待。

6月22日　参加所指导研究生王顺生论文答辩会并推荐其论文，孙思白任答辩主席，王淇、何东、彦奇、李安葆为答辩委员。

6月23日　到中央美术学院出席全国高等艺术院校（26所）中共党史教学座谈会，并作“学习党的历史，发扬高度民主精神、爱国主义和共产主义精神”报告。

6月24日　参加所带研究生徐焰论文答辩会并推荐其论文。李新、张侠、彭明、何沁、王家勛为答辩委员。下午，校看李安葆起草的《川陕苏区历史》。

6月26日　参加所带研究生刘宗尧硕士论文答辩会并推荐其论文。答辩委员为高放、向青、王淇、杨云若、冯拾。

6月29日　到北京大学国政系参加向青所指导研究生赵蔚的硕士论文答辩，任答辩主席。

6月30日　把阅完的广西博物馆沈奕臣等二人评副研究员的论文及评语交广西同志。

7月1日　接待国防科学技术委员会彭施鲁副参谋长来访，谈关于东北抗联、“王康指示”以及赵尚志等问题。

7月3日　到天桥剧场为北京市一轻局1 600余名干部作党史报告。

7月8日　到建国饭店会见美国新泽西州州长特别顾问杨力宇教授（西东大学中国研究所主任）。

7月14日　到中央档案馆看1935年9月12日俄界会议记录。

7月17日　给1979级学生讲井冈山社会调查的意义。

7月19日　到长春主持《中共党史人物传》第九、十卷审稿会。

7月21日　与刘晴波、方大铭、杨世兰、陈志凌、彭明研究拟在长沙召开的中共党史人物研究会第三次学术讨论会会议筹备事项。

△此日至8月1日，在长春审看了“彭雪枫”、“高敬亭”、“张浩”、“罗亦农”、“夏曦”、“林基路”、“王凌波”、“陈潭秋”、“黄敬”、“顾正红”、“周逸群”、“赵尚志”、“任弼时”等传稿。

7月27日　看完“黄敬”传后与作者兰铁白详细交流对该传的意见，以亲身经历指出一处时间差错。

7月29日　应邀到吉林大学为吉林省社联作“学习党史，发扬爱国主义和共产主义精神”报告。吉林大学副校长胡绍祖主持。晚，主持召开中共党史人物研究会常务理事会，议定：1. 收到102篇传记，180万字，审出40万字，可收入第九、十卷。2. 初步定1月开审稿会，在青岛或北京。3. 长沙会议出齐10卷，再开审稿会。4. 中共党史人物研究会办公室迁至北京。

8月2日　上午8时为吉林市党政干部、理论教员作学术报告。

△早晨惊悉审稿会成员廖鑫初因心脏病猝死。作完报告后，与廖所在湖北财经学院领导通长途电话，晚9时在追悼会上致悼词，料理此后事至深夜。

8月9日　给山东省党史讲习会讲“关于党史教学中贯彻爱国主义、共产主义、高度民主、高度文明的政治思想教育问题”。

8月11日　出席山东省党史人物研究会成立大会，作“撰写党史人物传的意义和方法”报告。

8月17日　赴乌鲁木齐参加新疆维吾尔自治区大中专政治理论课教学研究会成立大会暨全国中共党史研究会年会。下午，与新疆维吾尔自治区党委副书记、政府副主席贾那布尔等交谈。

8月18日　在八一农学院为新疆维吾尔自治区大中专政治理论课教学研究会成立大会暨全国中共党史研究会年会作“学习党史，发扬爱国主义和共产主义精神”报告。

8月19日　为新疆维吾尔自治区大中专政治理论课教学研究会成立大会暨全国中共党史研究会年会作“建国后意识形态批判的一些情况和问题”报告。

8月20日　为新疆维吾尔自治区大中专政治理论课教学研究会成立大会暨全国中共党史研究会年会作“党史研究和教学的一些问题”报告。

8月30日　召开党史系本学期系委会，讨论评副教授问题。下午，萧效钦来商议抗日根据地史讨论会。晚，给王首道、萧克写信，邀请他们参加成都9月21日抗日根据地史会议。给何长工写信汇报《中共党史人物传》审稿会工作。

本月　与人合著《周恩来的思想及理论贡献》一书由广东人民出版社出版。

9月1日　出席党史系1982级迎新会，作“学习党史的重要性”讲话。

9月2日　学习中共十二大文件。修改讲稿《发扬人大光荣革命传统》。

9月3日　出席浙江大学研究生曹屯裕硕士论文答辩会，任答辩委员会主席。

9月4日　给人民大学全校研究生千余人作校史报告。

9月6日　召开党史系新入学研究生会并讲话。

9月7日　写信祝贺成仿吾生日。修改完刘炼起草的“何干之”传。

9月10日　与李新会见伦敦大学亚非研究中心主任斯图尔特·R·施拉姆教授，谈毛泽东思想。

9月11日　在党史系全体大会上报告评副教授情况：申报21人，评上11人。

9月13日　重看成仿吾写的《记叛徒张国焘》。

9月14日　与何洛、张腾霄、宋涛、孙力余、霍遇吾、师唯三等共贺成仿吾校长85岁寿诞。

9月15日　收到李维汉来信，嘱看《对瞿秋白“左”倾盲动主义的回忆和研究》。

9月23日　继续会见伦敦大学亚非研究中心主任斯图尔特·R·施拉姆教授，谈毛泽东思想。

9月27日　在成都，出席全国中共党史研究会学术讨论会。上午准备报告稿。下午，主持大会学术报告，由彭施鲁报告“东北抗联史”。

9月28日　上午，向大会报告“当前党史研究的动态和问题”。晚，与姚鸿瑞到成都军区总医院看望王首道。

9月29日　在成都电讯工程学院，给成都及四川党史学会作报告“建国后意识形态批判问题”。

本月　在《历史教学》第9期发表《学习党史，发扬高度民主精神、发扬爱国主义和共产主义精神》一文。

10月6日　到中国社会科学院近代史研究所参加李新指导的研

究生侯均初的硕士毕业论文答辩会。

10月8日　收到转来之文化部于8月24日发文，批复组成文化部文博干部业务职称评定委员会。胡华为15名委员之一。职责为负责副研究员以上高级职称的评定，并指导全国文博干部业务职称的评定工作。

10月11日　给党史进修班迎新会讲“当前党史研究的动态和一些问题”。

10月12日　给党史进修班上课，讲“在党史教学中贯彻爱国主义、共产主义和高度民主精神”。

10月19日　陈志凌来访，带来1979年6月18日和1979年11月2日胡耀邦嘱中宣部办公厅对中共党史人物研究会成立事项的复信。

10月21日　为王淇提升教授写评语。

10月22日　为高放提升教授写评语。

10月25日　阅完刘佩弦两篇论文，为其晋升教授写评语。

10月26日　会见日本学术振兴会京都大学人文科学研究所竹内实教授，谈研究中共党史和毛泽东思想。晚，出席教育部在宴春楼宴请日本学术振兴会横尾壮英和竹内实的晚宴。

10月27日　就《中国社会主义革命和建设史讲义》的修改致信编写组成员陈明显，请其修改第三章，郭政平修改第四章。

11月5日　参加人民大学校办公室学位主席、副主席会议。

11月9—16日　审看出传稿“吴玉章”、“宋绮云”、“邓培”、“苏炳文”、“吴丽石”、“周保中”。

11月12日　到成仿吾家，与陈先瑞、李金德座谈鄂豫皖省委情况以及红二十五军的恢复。

11月13日　参加中国人民大学校学术会，通过36名教授。

11月15、16日　审看出“张秋人”、“李汉俊”等传稿。

11月17日　到北京大学图书馆一楼会议室参加“翦伯赞学术讨论会”。张龙祥、周一良主持。到会有周扬、廖沫沙、雷洁琼、林耀华、白寿彝等。

11月18日　主持中国人民大学政法组学位分组会，通过党史、法律、科社三系1978级学生学士学位、硕士学位。

11月19日　审看并寄出“黄立贵”、“陈浅伦”、“杨超”等传稿给陕西人民出版社。

11月22日　阅李维汉的《大革命回忆》。

△接日本京都大学竹内实教授信并复。

11月24日　看完李维汉的《大革命时期的湖南》并致函。为湖南谭双泉写评教授职称评语。

11月30日　备课“大革命时期”。阅完南开大学马列教研室郑健民等编《中国共产党历史讲义》并写出意见。

12月3日　为党史进修班讲授《第一次大革命的几个问题》。

12月4日　主持韦庆远为党史教研室作的访美报告会。

12月7日　与林茂生、黄文贞、黄文安参加《中国大百科全书》“科学社会主义”卷会议。

12月8日　萧三病重时写给胡耀邦的信中提到：“……趁我还有余力，还有记忆，请求您再帮助我一次：请胡华同志挂帅，组成几个人的班子，加速完成上述资料的整理工作。一旦此事告终，我死也瞑目。”

12月9日　主持“社会主义在中国”条目组的审定会。

12月13日　到中国社会科学院近代史研究所开中国史学会常务理事会。以开创新局面为主题，讨论明年4月5日在京西宾馆召开学术会议、代表大会及组织史学联合会等问题。

12月14—16日　集中力量修改成仿吾所著《记叛徒张国焘》。

12月18日　出席中国人民大学学位会议，通过硕士、学士学位。

12月28日　审看出“邹韬奋”传并寄陕西人民出版社。下午，给1979级党史系本科生和研究生讲“关于大革命的几个问题”。

12月29日　到305医院看望萧三，与他谈整理日记事宜。

12月30日　校看与林代昭合著的《周恩来与马克思主义》一文。谢筱廼转来胡耀邦关于请胡华帮助萧三整理日记的批示。

1983年（62岁）

1月1日　到中央统战部看望金城、李维汉、于刚、童小鹏。

1月10—11日　续改《中国社会主义革命和建设史讲义》第四章。

1月13日　到中南海西楼小会议室开会，冯文彬主持，会议决定趁萧三活着，抢救日记中的问题难点。

1月26日　到人民大会堂听北京市委传达胡耀邦“关于改革的28条”。萧立昂（萧三之子）送来28本萧三日记，由杨先材、王顺生分阅。下午，霍遇吾、陈光来谈成仿吾对《记叛徒张国焘》第四章的意见。

1月28日　与人民大学黄达、戴逸、程秋原参加中国国际交流协会会议。

1月29日　与师唯三、刘和忠到305医院看望抢救中的萧三。待萧三清醒后，告知：“日记已组织班子整理，请放心。”

1月31日　撰写萧明传记。晚，为冯文彬写书面工作汇报至凌晨1时。

2月9日　受聘为北京高等学校教授、副教授职称评审委员会副主任。

2月12日　整理中共党史人物研究会的汇报，拟呈中央党史研究室胡绳、廖盖隆，中宣部邓力群，中共中央书记处胡乔木，中共中央党史资料征集委员会冯文彬，中国社会科学院梅关桦。

2月13日　到人民大会堂参加由宋任穷主持的中央春节团拜会。

2月19日　上午，致函中国社会科学院梅益、梅关桦，寄出中共党史人物研究会综合汇报。下午到全国政协礼堂参加萧三追悼会。

2月21日　看1943年10—12月萧三日记。校《中国社会主义革命与建设史讲义》第一章。傍晚，萧立昂、刘和忠来谈萧三日记的整理工作。

2月25日　改出《〈冯玉祥与抗日同盟军〉序言》。

△接成仿吾夫人张琳电话，主要内容：1. 郭述申（1927年入党，中共中央顾问委员会委员）到北京医院看成仿吾讲：张浩自莫斯科回来，负有制止张国焘分裂的任务。2. 委托胡华专访郭述申，并送《〈记叛徒张国焘〉序言》，征求意见。3. 成老连发三次烧，体力、记忆力和说话声均大不如前。胡华建议转305医院并将电话内容转告

霍遇吾、陈光。

2月27日　续改完《中国社会主义革命与建设史讲义》第二章。与张腾霄谈对人民大学改革的建议。

3月1日　在北京主持《中共党史人物传》第十一、十二卷审稿会。

3月2—14日　审看完“李达”、“陈延年”、“赵一曼”、“方方”、“马骏”、“古柏”、“谢唯俊”、“王荷波”、“韦拔群”、“贺昌”、“林祥谦”、“郭隆真”、“王尚德”、“李兆麟”、“何葆珍”、“李林”、“陈铁军”、“高君宇”、“李中”、“曹荻秋”、“车向忱”、“林锵云”、“金佛庄”等传稿。

3月5日　上午，召开党史系全系大会，讲本学期教学与科研任务。下午，就学校改革讨论发言，提出：1. 在总结经验基础上改革，要试点，不要乱；2. 人大要走向正规化；3. 有利于出人才、出成果、真正形成最高学府；4. 有利于落实知识分子政策，克服“左”的思想影响；5. 后勤要社会化，用劳动服务公司承包；6. 学校应有教学与科研两个中心，可以试行承包，人员可以放开；7. 教学工作量不合理，应加以调整；8. 讲课费、稿酬、审稿费可恢复1956年曾实行的办法；9. 好的口号不能弄歪，如勤工俭学、联系实际等，党史专业上井冈山、延安等地实习是对的；10. 要实行党组制和校长负责制，党的工作起保证作用；11. 毕业生要多留助教；12. 精减人员要充实基层，充实教师队伍，改变倒金字塔形……

3月6日　校看《周恩来与马克思主义》稿。

3月7日　到中共中央党校出席“全国纪念马克思逝世百周年学术会”，参加国际共运分组会并作报告，马齐彬主持。

3月9日　主持召开全国中共党史人物研究会常务理事会。

3月10日　为王顺生出版《福建事变》一文，联系福建军区廖开助。晚，看中国社会科学院近代史研究所孙思远送来的王学庄提升副研究员评审材料及“光复会论文”，并写出评语。

3月11日　致函湖南党史人物研究会副会长刘晴波，告知推迟全国中共党史人物研究会年会至10月。

3月15日　主持《中共党史人物传》北京审稿会的结束会并报

告第十一、十二卷编峻情况，向18位审稿人员致谢。

3月17日　参加北京市八届人大一次会议，在分组讨论会发言后即请假离会。下午赴上海。

3月18日　在上海建工礼堂出席上海党史学会成立会并作报告“关于‘文化大革命’的几个问题”。晚，看望陈修良老人。

3月19日　给上海师范学院进修班讲“两河口会议”。下午探望在沪住院的郭影秋。

3月22日　回京参加北京市海淀区代表团党员会；10时参加海淀区代表团预选会。晚，草拟《怎样学习中共党史》至凌晨1时［后发表于《文科月刊》，1983年（4）］。

3月23日　出席北京市八届人大一次会议，向大会提交四个提案，包括：1. 第六造纸厂搬迁；2. 改造人民大学下水道；3. 张自忠路三号大院（段祺瑞执政府旧址）保护问题；4. 大学法科毕业生归队。

3月29日　在何长工处汇报中共党史人物研究会工作。

3月30日　与霍遇吾、陈光、清庆瑞到成仿吾处，听成老谈郭述申对《记叛徒张国焘》的意见。

4月5日　出席人民大学党史系领导会议，主要研究以下问题：1. 进修班招生；2. 1979级学生赴山西实习；3. 研究生录取；4. 科研；5. 资料室工作。

4月10日　参加中国史学会代表大会党组会。梅益代表中国社会科学院党组报告：经请示胡乔木批准，中国史学会此次代表大会成立党组，以常务理事中党员组成，为刘大年、梁寒冰、黎澍、翁独健、林甘泉、胡华、戴逸七人；刘大年为书记、梁寒冰为副书记。

4月11日　参加中国史学会代表大会第二次党组扩大会。

4月12日　出席中国史学会代表大会，听刘大年、木哈塔巴尔等作学术报告。

4月13日　上午，参加中国史学会代表大会第三次党组扩大会，讨论候选人名单、主席人选、工作报告问题。下午，在华北小组讨论会上发言强调：历史教学和研究要以人物为中心，发扬民族精华，鞭笞邪恶；深度学习历史唯物主义，用历史唯物论指导分析历史材料；

学术问题应平心静气地讨论，不要捕风捉影、尖酸刻薄打棍子；要下功夫培养历史师资和研究工作者；要保持中国史学会的民主传统。晚，访吴泽（历史学家，华东师范大学历史系主任），谈华岗在狱中等事。

4 月 16 日　在中国史学会代表大会选举产生的新一届理事会中，再次当选中国史学会常务理事。

4 月 18 日　与党史系高庆永、赵文鸣、张同新、牟建华相继谈工作。出席人民大学党史系系委会，讨论：1. 研究生录取情况内部通报；2. 申请学位授予权问题；3. 下学期进修班的课程安排；4. 1983 级本科招生问题；5. 加强中国古代史、近代史及理论原著课；6. 毛泽东诞辰 90 周年纪念；7. 资料室人员问题。

4 月 19 日　回复教育部索要《中国革命史讲义》印行数字的来函：于“文革”前印行 158 万册。1979 年重印上册 353 000 册；下册 249 450 册；1983 年正在印重版第二版 20 万册。

4 月 21 日　到中南海参加中宣部会议，讨论中学及大学政治课问题。

4 月 22 日　出席中国现代政治思想史讨论会。

4 月 26 日　校看《关于大革命的几个问题》。为《丁浩川文集》写《怀念丁浩川同志》文。

4 月 27 日　致函何长工，呈送中共党史人物研究会《内部通讯》。

本月　在《工人日报》发表《提倡学习中国革命史和中共党史》一文；在《革命英烈》第 4 期发表《发扬革命英烈遗风，建设社会主义精神文明》一文；在《文科月刊》第 4 期发表《怎样学习中共党史》以及《王明和王明路线对党的严重危害的若干历史情况》两文。

5 月 9 日　出席人民大学党史系学术委员会，讨论通过补带硕士研究生导师成员，并拟定研究生入学复试题。

5 月 11 日　出席《教学与研究》杂志 30 周年座谈会。

5 月 14 日　进行研究生入学复试，提问考生樊天顺：1. 八大路线的要点及其正确性；2. 方志敏的主要革命活动和革命精神。提问考生张兆本：1. 党反对张国焘分裂主义的经验教训；2. 李大钊的主要革命活动和革命精神。

5月16日　出席人民大学学位委员会政治、法学分会博、硕士授予权讨论会。

5月17日　参加吴晗纪念筹备会。

5月21日　参加北京市职工读书活动指导委员会会议。

5月28日　上午参加人民大学党委扩大会，副校长谢韬传达教育部武汉会议精神。下午参加校学位委员会。

6月4日　在党史系全系大会上，就机构改革问题表态，表示坚决退下来，选拔年轻的胜任者当系主任。

6月15日　出席党史系1979级全体同学毕业座谈会。

6月16日　出席《中国大百科全书》"科学社会主义"卷编委会，审定264个词条。

6月20日　到北京大学参加教育部第二批学位评议组政治学组第一次会议。

6月21日　主持教育部第二批学位评议组政治学组会议讨论。

7月8日　出席党史系学术委员会，研究出版《老革命家文选》。

7月11日　出席党史系全体大会并就系的行政机构改革问题再次讲话，表示离休后专心搞点科学研究，讲点专题课，带带研究生；争取明年将《中共党史人物传》编到30卷，完成《中国大百科全书》"科学社会主义"卷中的264个中共党史词条的审定等工作。

7月15日至8月1日　在青岛主持《中共党史人物传》第十三、十四卷审稿会。共审看"董必武"、"徐海东"、"任作民"、"聂耳"、"黄爱"、"庞人铨"、"宣侠父"、"刘型"、"李慰农"、"郭滴人"等近30部传稿。

7月16日　主持召开《中共党史人物传》审稿会全体会并发言，主要内容包括：1. 传达中共中央常委对中共党史人物研究会的关心支持；2. 关于第三次学术讨论会拟于11月20日在长沙召开的事项；3. 收到稿子60余篇、110万字。本次审稿会的任务是编定十三、十四卷，约50万字；4. 审稿制度与作息；5. 三审程序；6. 提高工作效率；7. 组织分工；8. 尽量少麻烦地方同志；9. 关于撰写人的合作问题。

8月1日　作《中共党史人物传》青岛审稿会小结：1. 党的关怀，山东和青岛提供好的条件；2. 审稿人员精干，有好的审稿能力；3. 许多同志做了很辛苦的加工修改工作，改定了一些素材型大稿和反复退改多次的稿子，基本解决了两年多来的积压；4. 大家时间抓得紧，两周11个人，此次共审了59篇，100余万字；定稿33篇，60余万字，其余的也都提了意见；5. 行政后勤工作保障得好。

8月5日　《青岛日报》发表记者马庚存、郑明宜专访文章《为党史杰出人物树碑立传——访党史专家、中共党史人物研究会副会长胡华》。

8月12日　在《北京日报》"学习与生活"栏目发表杂谈《党史，不可不读》。

8月18日　主持审定《中国大百科全书》中260余条党史词条，与审定专家谈初审、复审、定稿之分工、要求、原则及作息等。

8月19—26日　共修改审定出"安源罢工"、"湖南农民运动"、"新民主主义社会"、"布尔什维主义的胜利"、"中国社会科学家联盟"、"海陆丰农民运动"、"二七罢工"、"西安事变"等130多条党史词条。8月26日下午作总结，表示工作胜利完成，同志们认真努力。

8月30日　汪云生接替赵志军作胡华助手。

8月31日　向华北联大老战友、地理学家孙敬之遗体告别。

9月1日　中国人民大学作出决定：胡华为党史系名誉主任（终身职务）。

9月5日　致陈铁健、罗征敬函，邀写"俞秀松"传、"瞿秋白"传。晚，撰写给中宣部的报告，申请拟11月20日在长沙召开全国中共党史人物研究会第三次学术会议，并寄给何长工阅后签字。

9月6日　写出《悼念马克思主义地理学家孙敬之》一文。

9月8日　校改出悼念孙敬之的文章，分送张腾霄、师唯三、李慕贞阅。寄出汪云生撰《考证新民学会成立日期》一文给《党史通讯》。

9月9日　校改《求索》杂志寄来的《周恩来与马克思主义》稿。接待云南彝良县教育局杨声华来访，谈"罗炳辉"传。晚，看望党史系进修班和83级新生。

9月10日　出席党史系进修班与研究生迎新会并致辞。

9月12日　陆更夫烈士之弟陆达夫、侄儿陆能来访。

9月14日　上午，参加讨论郭影秋纪念吴玉章文章的写作。（郭影秋曾致陈光函表示：“请学校几位负责同志提出初步意见，请胡华同志考虑定稿。”）下午，与方大铭、吕芳文、季之华等研究在湖南召开全国中共党史人物研究会大会的工作。

9月15日　主持召开全国中共党史人物研究会第三次学术会筹备会，讨论：1. 向湖南省委和中宣部报告问题；2. 经费问题；3. 组织问题；4. 会议日程、讲话、报告；5. 名额分配；6. 会议资料；7. 审稿安排；8. 补选顾问、理事；等等。

9月16日　主持全国中共党史人物研究会第三次学术会筹备会。会后，看望何老长工，请何老发信湖南省委。

9月17日　出席党史系全系大会，作拥护和支持党史系新任领导班子的讲话（何沁、周朝栋、王顺生任正副主任）。

9月19日　出席国务院学位评议组会议，主持政治学、社会学分组会。到会成员有吴文藻、林耀华、高原，列席学者有高放、刘洪康、鲁易、何梓华等。

9月20日　在学位评议组会议上讨论博士授权单位及导师。

9月21日　在学位评议组会议上讨论硕士授权点。就博士授权点投票，到会还有柯柏年、吴文藻、林耀华、高原、赵宝煦。

9月22日　学位评议组会议下午投票通过硕士授权点19个，另补投通过赵宝煦为博士生导师。晚，出席中国国际交流协会接待荷兰共产党社会与政治研究所联络主席米利克斯基等的宴会。

9月23日　出席中国国际交流协会李一氓接待孟加拉人民社会党主席米尔札的晚宴。

9月24日　参加国务院学位评议组会闭幕式。

△作为浙江奉化第一中学校友，受聘担任该校巴人（王任叔）奖学金委员会名誉主任。

9月26日　在中国国际交流协会会见荷共代表团米利克斯基和斯德洛姆并谈话。

9月27日　在中国国际交流协会会见孟加拉国人民社会党米尔

札主席，并谈中国近代史、康梁变法和孙中山。

9月28日　改出成仿吾《长征回忆录》，交陈光。

10月5日　与何东一起与何沁、周朝栋、王顺生等党史系新领导班子成员谈话。

10月6日　为《党史知识手册》一书写序。

△《中国人民大学（校报）》公布《关于设立吴玉章奖金的决定》及《吴玉章奖金基金委员会名单》，胡华任基金委员会副主任。

10月10日　在人民大会堂新疆厅与邓力群、张致祥接待荷兰共产党代表团米利克斯基等。

10月12日　为自学考试委员会审阅试题。

10月13日　致函莫文骅、乔明甫、李立邀请参加长沙中共党史人物研究会第三次学术会议。晚，为成仿吾改出《记叛徒张国焘》。

10月14日　开始修改《中国社会主义革命和建设史讲义》。

10月15日　出席党史系全系大会，谈论干部年轻化问题和思想路线问题。

10月16—18日　阅《中国社会主义革命和建设史讲义》。

10月19日　应邀到团中央，出席王兆国主持的全国青年读书座谈会并发言，希望青年们从书本中了解中国历史，认识我们的国情。

10月20日　致函何长工，汇报中共党史人物研究会工作并邀请中央领导题字。

10月21日　改完《中国社会主义革命和建设史讲义》第一章。

10月22日　与霍遇吾、陈光到成仿吾处，与成老、张琳讨论《记叛徒张国焘》中有关西路军问题。

10月24日　上午，致函何定华、邓垦、高克亭、余修，邀参加中共党史人物研究会长沙会议。下午，参加党史系领导会议，商讨教研室改选问题。晚，接待张静如来访。

10月25日　到中共中央党史研究室廖盖隆处开全国中共党史研究会常务理事会，讨论中共中央党史研究室和全国中共党史研究会为纪念毛泽东诞辰90周年共同召开的“全国毛泽东思想讨论会”的准备工作。晚，看党史系教师杨云若的文章《独立自主与抗日统一战线》。

10月26日　校出《中国社会主义革命和建设史讲义》第一章。下午，参加庆贺李培之（王若飞夫人，原中国人民大学副校长、党委副书记）80岁寿宴。晚，与彭明审看中国革命史挂图。

10月28日　出席中共中央党史研究室召开的中共党史、中国现代史教学挂图审稿会。

11月5日　出席中共中央党史研究室和全国中共党史研究会为纪念毛泽东诞辰90周年在南宁召开的“全国毛泽东思想讨论会”开幕式。

11月6日　在广西壮族自治区礼堂主持“全国毛泽东思想讨论会”大会，廖盖隆作报告。下午，参加第八组分组讨论。

11月12日　出席“全国毛泽东思想讨论会”闭幕式并作总结报告。王首道、乔晓光、胡绳、韦纯束、廖盖隆等出席。

讨论会期间，全国中共党史研究会会员代表大会选举产生第二届理事会，胡绳当选为会长，廖盖隆、胡华为常务副会长。

11月14日　到长沙，出席全国中共党史人物研究会第三次学术讨论会暨《中共党史人物传》第十五、十六卷审稿会。

11月15—17日　完成大会报告的写作、接待有关方面来访、参加大会临时党组会议、确定大会议程等。

11月20日　在全国中共党史人物研究会第三次学术讨论会开幕式上致开幕词，刘晴波主持。王首道、何长工讲话，毛致用致贺词。下午为大会报告“为更好地完成《中共党史人物传》的编写任务而努力”，强调编写党史人物传应注意科学性、准确性、鲜明性、生动性。

11月24日　主持全国中共党史人物研究会第三次学术讨论会闭幕式并作总结讲话。

11月28日　上午，主持《中共党史人物传》审稿会全体会议。接受湖南电台采访，谈整党。下午，修改王宗伯为郭影秋代写的纪念吴玉章诞辰105周年的文章。晚，改出“王德三”传。

11月29日至12月10日　共审阅完“邓演达”、“陈乔年”、“陈郁”、“李立三”、“王观澜”、“刘胡兰”、“吴芝圃”、“杨明轩”、“寻淮洲”等30多部传稿。

12月2日　阅杨开慧1928年10月诗《偶成》，1929年4—6月信两封、杂文两稿、自述一篇。

12月4日　在审稿会全体会议上强调一鼓作气，不能松懈。谈：1. 审稿成员每卷署名问题；2. 对作者、传主家属等复信问题；3. 改稿宜细不宜粗；4. 审稿签、审稿情况、退稿函件、收发情况等都要立档；5. 审稿保证工作质量，旅游要严于律己。

12月8日　出席在长沙举行的“毛泽东哲学思想讨论会”，王首道、何长工、张启龙、胡绳等到会。

△收到王首道所赠手书：“赤心写党史，妙手传群英”。

12月11日　与彭明等到长沙蔡锷路找到新四军办事处旧址（此为胡华1938年从浙江奔赴延安途中接关系见龙潜处）。

12月11日　在回京列车上，到王光美车厢访谈。

12月15日　上午，听何沁汇报党史系教研室正副主任产生情况。下午，给新任各教研室正副主任讲话：1. 开创新局面，看将来；2. 全系一盘棋，小道理服从大道理；3. 要有服务精神，做好后勤工作，帮助老同志；4. 团结一致……

12月17日　出席党史系毛泽东思想讨论会，传达11月5日至12日召开的全国毛泽东思想讨论会、中共党史人物研究会学术讨论会情况，12月上旬召开的全国毛泽东思想哲学思想讨论会会议精神。重点介绍王首道“调查研究，实事求是是毛泽东思想的活的灵魂”的讲话精神。

12月19日　审看朱景文、徐雪成硕士学位论文。

12月20日　开研究生党史课会议。

12月22日　接待王尽美之子、吉林军区副司令员王乃征来访。

12月23日　出席人民大学党代会预备会。

12月27日　在人民大学党代会上被选为主席团成员。

12月28日　复爱德华·弗里门教授函。发郭影秋贺年信，寄《中共党史人物传》第九、十卷。发给李维汉、廖盖隆、李丽、莫文骅、刘英、乔明甫、成仿吾、冯文彬等贺年感谢信函。

1984年（63岁）

1月　在《求索》第1期发表《论〈中共党史人物传〉的编写》

一文。

1月4日　出席北京市读书活动指导会发奖大会。

1月24日　出席中宣部理论局与教育部政教司联合召开的关于编写“中国革命和建设基本问题”大纲的会议，经教育部党组通过，中宣部同意，报胡乔木批准，由胡华负责。

2月3日　出席北京市总工会在劳动人民文化宫举行的职工读书活动春节联谊会。

3月4日　参加北京团市委在劳动人民文化宫举行的“美的咨询”活动，在中国人民大学咨询站设桌解答青年们提出的学习中国近代史、国际共运史和党史的问题。

3月6日　参加北京市作协在民族文化宫举行的萧军从事文学创作50年庆祝活动。

3月18日　在段祺瑞执政府旧址参加北京市东城区“三一八”惨案标志牌设立仪式，向到场的500余名青少年介绍该惨案始末。

3月20—29日　多次会见美国友好人士谢伟思、《纽约时报》前副总编索尔兹伯里，就长征话题进行座谈、答问。

本月　在《高教战线》第3期发表《板凳要坐十年冷　文章不写一句空——学习方法点滴》一文。

4月3日　出席北京市八届人大二次会议。

4月14日　在《光明日报》发表《用革命斗争故事进行传统教育》一文。

4月21日　在苏州主持《中共党史人物传》审稿会议，传达邓小平在听取胡乔木、邓力群关于对外宣传座谈会的汇报后，对马列主义经典著作翻译、党史研究与宣传、出版灰皮书等问题的重要指示。告诫各位编委：“我们做的是一项十分严肃的工作，一定要好好学习党的两个历史决议，学习中央领导同志的讲话和指示，要防止出差错，要保证在政治上不出问题。”

4月20日至5月6日　在《中共党史人物传》苏州审稿会上，审看了26篇传稿。会后审看其余，共审看61篇传稿。

5月11日　在“中国人民大学从教30年以上教职工表彰会”上受到表彰。从1940年走上华北联大讲台算起，已从教44年。

5月15—27日　在苏州出席《中国大百科全书》“科学社会主义”卷条目审定会。共审定百余词条。

5月29日　应张文秋邀请，至张府会见张文秋、刘思齐、邵华等。

6月1日　在家接待刘松林、邵华姐妹，商谈“刘谦初”、“毛岸英”传稿有关问题。

6月6日　看望王首道，听取王老对《中共党史人物传》编辑、出版工作的意见。

6月8日　上午，修改为程子华、郭述申、陈先瑞代拟（清庆瑞起草）的怀念文章《成仿吾同志与鄂豫皖苏区》。下午，到中南海参加中共中央党史征集委员会会议。

6月10日　赴北戴河参加人民大学整党学习。

6月22日　在整党小结会上发言，主张对改革既要积极，反对保守；又要稳妥，反对冒进。

6月24日　撰写《新中国、新北京知识竞赛》题目，共计28个思考题。

6月25日　寄出《新中国、新北京知识竞赛》题目给《北京日报》理论部。审出“张际春”传。

6月26日至7月4日　审出“理琪”、“孙津川”、“陈海松”、“郑义斋”、“曹大骏”、“李敬铨”、“张叔平”、“杨重远”、“李青云”、“欧阳洛（毛春芳）”、“朱锡昂”、“昌绍先”、“张英”传稿。接邵华信并复，谈“刘谦初”传事。

7月5日　复何长工、莫文骅等信。

7月31日　与李新、廖盖隆、王淇等抵天津出席中国抗日根据地历史国际学术讨论会。

8月1日　出席中国抗日根据地历史国际学术讨论会主席团会并在讨论会发言。晚，接待日本学者实户宽、野泽丰、池田诚等访问。

8月中旬　出席国务院学位会议，讨论特批一批教授和博士生导师的问题。

△收到外交部张援远来函：请为美国作家索尔兹伯里有关“红军长征”的提问答疑。

8月21日　应邀为张家口市党政机关宣传理论干部作“从历史上的改革看中国当前的体制改革”的报告。

8月23日　应邀为张家口市党政机关宣传理论干部作“王明和王明路线对党的严重危害的若干历史情况”的报告。

8月24日　应邀与中共张家口市委常委交流座谈。

8月25日　由张家口返京。致函杨尚昆，汇报张家口的历史、现状、改革开放后的成绩、困难和放宽开放政策的要求。

9月7日　关于张家口开发的信得到杨尚昆的批示并转谷牧（时任国务委员）。

9月21日　谷牧对杨尚昆转批胡华关于张家口开发的信做了批示。

△朱佳木（时为陈云秘书）来电话告知陈云的答复（此前胡华就陈云长征时的有关情况请朱代为了解）。

9月24日　致函中共张家口市委书记刘善祥，转达中央有关领导同志意见并提出与北京军区沟通的建议。

入秋　接待作家苏叔阳来访，谈对反映中国近现代史尤其是党史重大事件的文艺作品的意见。举出了两点不足：一是历史事件及其背景等，有欠真实；二是历史人物不生动，作品的思想深度也不行。鼓励这位党史系毕业、当时已是名作家的弟子发挥特长，写出更多好作品。

10月4日　赴兰州出席陕甘宁革命根据地历史第二次学术讨论会并讲话。

10月8日　与逄先知等参观兰州八路军办事处等旧址。

10月14日　在太原主持《中共党史人物传》审稿会预备会，安排任务：审稿人员18人，共104篇。初审：15人，每人7篇；复审：彭明、陈志凌；胡华终审定稿。达到“齐、清、定”。

10月22日　《甘肃日报》载记者解凌华专访：《党史工作者的责任——访胡华教授》。

10月27日　在太原审稿总结会上总结：1. 成绩显著，大家努力，打头的好稿为“林伯渠”、“俞秀松”、“谢觉哉”，大稿“陈赓”；2. 山西省委的支援和陈文秀等同志很努力；3. 审稿同志团结一致；

4. 正式的传记要以准为主、内容丰富、不要枝蔓，不要搞成文学传记，也不要搞成年表、大事记。评赞要慎重，不要太多引语；5. 退回不用要慎重，多商量一下。不能仅以职务论英雄。

10月底　会见美国作家索尔兹伯里，回答关于红军长征的提问。当晚，陪同军委副主席杨尚昆在北京饭店宴请索尔兹伯里，在座的还有黄华、李锐等。席间，继续回答索氏有关红军长征的问题。

11月10日　与王首道乘火车同赴镇江，出席并主持全国抗日根据地史研究会学术会。

11月20日　在《河北学刊》发表《从历史上的改革看中国当前的体制改革》一文。

11月23日　应邀在河南开封大众影院为开封市委党政干部、教师作“学习党的十二届三中全会精神的体会”报告。

11月24日　赴河南扶沟瞻仰吉鸿昌故居并出席在周口地区召开的“吉鸿昌烈士殉难50周年纪念大会”。

11月25日　上午，参加在郑州烈士陵园举行的“吉鸿昌烈士纪念碑揭幕仪式”。下午，在河南省委礼堂作“天地英雄气　千秋尚凛然——吉鸿昌烈士事迹”报告，河南省委书记刘杰主持。

12月13日　到中南海参加中共中央党史资料征集委员会会议。

12月14日　阅党史系牛军的硕士论文《抗战胜利前后中共与美国关系》，写出评语。

12月18日　海军政治学院刘春盛等从大连来访，聘请胡华担任该院名誉教授。

12月23日　冯文彬在《第三次全国党史资料征集工作会议上的总结讲话》中说：“人民大学党史系胡华同志，他在一无编制、二无经费、三无红头文件的情况下，编辑出版《中共党史人物传》15册。在这一点上，我们应该学习胡华同志的这种精神。”

12月25日　致函日本友人完户宽。

12月27日　与戴逸赴中国社会科学院近代史研究所，出席中国史学会召开的《中国历史学年鉴》五周年茶话会并发言。

12月28日　在《人民日报》发表《不朽的民族英雄吉鸿昌》一文。

△为王乔写出评教授职称的评语。

12月29日　开整党小组会，谈否定“文化大革命”。

12月30日　参加党史系联欢会。

△参加人民大学学生浙江经济与社会问题研究会成立会，被选为名誉会长。浙江省委副书记吴敏达作报告。

12月31日　与霍遇吾、何振东、徐伟立到中共中央党校看望成仿吾夫人张琳。张琳希望整理成仿吾传记。然后看望陕北公学老战友、中央党校顾问宋振庭。

1985年（64岁）

1月2日　在《档案与历史》杂志第1期发表《祝愿〈档案与历史〉季刊繁荣发展》一文。

△在《张家口市报》（创刊号）发表《建设好光荣的塞上名城》一文。

1月5日　在京出席国务院学位委员会评议组召集人会议，听何东昌（教育部部长、国务院学位委员会副主任委员）报告学位改革问题。下午，在包括经、哲、政、法在内的文科一组参加讨论。听宦乡介绍身世并谈及朝鲜战事；二战后意共、法共武装斗争的不可能性；马来西亚华人问题。晚，给陕北公学战友、山东政协副主席余修的治丧会发唁函，并告知陕北公学老战友廖盖隆。

1月8日　中国军事博物馆秦兴汉、闫景堂来接，同至人民大会堂黄华处，与张援远（索尔兹伯里《长征——前所未闻的故事》翻译）谈索尔兹伯里《长征》书稿征求意见事宜。

1月9日　出席中国国际交流协会第三次理事会。

1月11日　给索尔兹伯里复信。

1月12日　上午，参加党史系党史教研室《革命史人物辞典》讨论会。下午，看《中国社会主义革命和建设史讲义》清样。

1月16日　修改《中国社会主义革命和建设史讲义》中“三大改造”部分。

1月18日　接待由邹谠和项子明介绍的美国加利福尼亚州大学教授陈鼓应。

1月20日　清晨至晚12时，突击校完《中国社会主义革命和建设史讲义》清样并重写后记。

1月22日　中国军事博物馆闫景堂来电告知：遵义会议学术研讨会很热烈，大会宣读了胡华的贺信。

△致函浙江省教育厅，同意杭州大学开设党史专业。

△接待彭伟光、张锡林来访，谈“彭干臣”传。审看“马叙伦”传。

1月24日　写出向青提教授评语。改出研究生骆美玲的《试评武汉会战》。

1月25日　为北京大学荣天琳评教授写评语。

1月27日　续看中国人民革命军事博物馆送来的索尔兹伯里之红军长征史稿第11～19章。

1月29日　自晨至次日凌晨1时，看完索尔兹伯里的文稿第11～18章。

1月30日　把索氏文稿送军事博物馆秦兴汉、闫景堂处，初步讨论。晚，看“何干之”传稿。

1月31日　到人民大会堂黄华副委员长处开会，讨论索尔兹伯里长征稿。

本月　在《新华文摘》第1期发表论文《从历史上的改革看中国当前的体制改革》。

2月1日　发致日本大阪外国语大学西村成雄先生信，感谢其寄来《中国近东北地域史研究》。

2月2日　参加党史系期末联欢会，讲中共党史研究学术动态。

2月3日　大连海军政治学院曲国臣等来访，邀请暑期到大连讲学。

△吉林东北师范大学宋春、朱建华来访，请写职称评语。

2月4日　给索尔兹伯里写信。

2月6日　阅房成祥业务档案及《西安事变史话》等并写出评教授评语。为北京大学肖超然之《中国革命史稿》等写出评语，同意其提升教授。

2月7日　阅完宋春、朱建华所写论著《中国近现代政党史》

等，同意他们提为教授。

2月8日　上午，看李鸿文材料，写出评教授评语。写出华中矿冶学院卢应权的提升职称评定。晚，写出呙玉临评副教授的评语。

2月9日　写出唐纯良评教授评语。

2月11日　写出上海大学唐培吉、吉林大学王金的提升职称评语。

2月12日　参加《历史研究》杂志举行的座谈会并发言。阅完东北师范大学石雅贞提副教授材料，写出评语。

2月13日　发出给杭州大学王学启信，寄去《中共党史专题讲话》评语、序及原书。

2月13日　《人民日报》关于"第十七届开罗图书博览会"的报道：与翦伯赞、邵循正合著的《中国历史概要》为读者最感兴趣的书籍之一。

2月14日　出席中国社会科学院马列毛泽东研究所茶话会，王惠德与胡华讲话。下午，与李秀林、方华出席《光明日报》茶话会。

2月15日　修改《关于抗日战争史研究的方向和课题》，《军事历史》刘庭华取去此稿。为南开大学刘健清写提副教授评语。晚，参加人文函授学院座谈会。

2月16日　国务院学位委员会颁发聘书："兹聘请胡华同志为国务院学位委员会第二届学科评议组（政治学、社会学分组）成员"。

2月19日　审改《中共党史人物传》第二十五卷。

2月20日　春节。审看"吉鸿昌"传。

2月21日　审看"孙冶方"传。致电吴亮平等拜年。

2月24日　给吉林大学邵鹏文写提教授职称评语。

2月25日　到人民大学招待所开《中国大百科全书》审稿结束会。

2月26日　至人民大会堂，参加中国老年历史研究会并在会上发言。晚，为王学启写职称评语。为江西万安县史志办王阿寿复函。

2月27日　为上海戏剧学院马列室舒志超编的《中国百年历史人物图辑》写序。

3月1日　看大连工学院社会科学系主任王照坤提教授资料并写

评语。看江西大学雷丽蓉提副教授材料并写出评语。

△审看完“邓初民”传、“林蔚”传、“赵宗复”传稿。

3月3—5日　审看完传稿“朱克靖”、“罗梓铭”、“王世英”、“史可轩”、“王复生”。

3月6日　上午，看研究生马虹鄂作业。下午，彭红送来中共中央文献研究室刊出的《文献与研究》、《周恩来统一战线文选》、《周恩来教育文选》。萧效钦送来《琼崖纵队史》。晚，与研究生牛军谈初步研究计划。审看完“王步文”传、“曹汝谦”传、“刘革非”传。

3月7日　审看完传稿“黄彰”、“张其德”、“梁华”、“罗少彦”、“何健南”。

3月8日　与张腾霄、宋涛、霍遇吾、何振东前往八宝山参加宋振庭追悼会。

△将已审毕的20篇党史人物传稿寄陕西人民出版社。

3月9—11日　出席北京市八届人大四次会议。接受《北京日报》采访。

3月12日　近日审完并寄出“林修杰”、“邹努”、“茅学勤”、“陈子博”、“唐克”、“李耘生”传稿。

3月15日　在福州主持《中共党史人物传》第11次审稿会议并作动员讲话，提出审稿程序、具体要求并进行分组。本次审稿会将从120多篇传稿中审定编入第二十七、二十八卷的传记。

3月16日　福建省委党校副校长曾国雄、党史教研室主任王凡来访，谈讲课事宜。福建省党史征集办公室副主任林志祥、汪大铭来访。

△至3月25日，共审完“宋庆龄”、“何孟雄”、“黄骅”、“叶挺”、“左权”、“王树声”、“周立波”、“闻一多”、“陈嘉庚”、“郑位三”、“江竹筠”、“冯达飞”、“李木庵”、“赵自选”、“节振国”、“欧阳钦”、“胡梓”、“刘少白”、“欧阳立安”、“李源”、“沙文求”、“黄诚”、“嵇文甫”、“闫红彦”、“翁择生”、“阮英平”、“王昭”等多部传稿。

3月24日　刘美珍（曾在人民大学历史系学习、任教）来访，谈其在办华南女子大学。

3月26日　在福州市委礼堂为省委党校、省委党史办、省党史学会、省高校、各地市县党史办800余人作《党史研究动态》的报告。

3月27日　接受《福建晚报》记者采访。

4月2日　致张友渔函，谈“韩幽桐”传事。人民文学出版社江达飞来访，谈纪念王任叔事。

△《福州日报》刊登记者郑学栋专访《红星照八闽红土育英才——访著名党史学家胡华教授》。

4月5日　致书何长工，汇报《中共党史人物传》审稿工作。

4月8日　与研究生马虹鄂谈其论文。

4月9日　复美国威斯康星大学政治系弗雷德曼教授函，沟通对2月18日《人民日报》第5版《全国抗日根据地学术讨论会简介》的意见。

4月10日　朱长柄秘书送来成仿吾《长征回忆录》稿，让校看。

4月11日　与研究生牛军谈研究计划。晚，与朱长柄到友谊宾馆访问革命老人胡兰畦，谈1930年、1931年她在德国与成仿吾的革命活动。

4月12日　党史系1982级学生徐福庆、王明鉴、邱凌来访，为他们写介绍信，找李立谈沿南征路线考察事。

4月16日　收到国务院学位办公室发来任学位委员会第二届学科评议组法学科（政治学、社会学分组）召集人聘书。

4月17日　在人民大学给党史进修班讲课。

4月18日　上午，给西北师范大学等八所高校编写的《毛泽东思想概述》写序。下午，给西南师范大学彭承福编写的《中共党史教学论纲》写序。晚，审看并完成《中国大百科全书》“社会主义在中国”全部稿。

4月20日　与吴大琨、郑昌淦到北京民族文化宫餐厅出席《群言》杂志创刊会。

本月　主编的《中国社会主义革命和建设史讲义》由中国人民大学出版社出版。

△在《群言》发表《一代英豪的真实写照》一文；在《奉化科技报》第16期发表《各尽所能　支援家乡》一文。

5月2日　上午，因《信息汇报》报道，有30多个国家翻译《中共党史人物传》，致信教育部部长何东昌。下午，与师唯三到张友渔处，讨论“韩幽桐”传写作问题。

5月6日　上午，复联邦德国汉学教授魏格林女士函。下午，接到美国弗雷德曼来函。给长春吉林建工学院郑福林《中国革命和建设基本知识》一书写序。

5月11日　与彭明等赴广州，为广东省委党校、广州市委党校联合举办的中共党史学习班讲学。吴智棠（原人大党史系研究生）、叶庆科（1964届人大党史系）等接。

5月12日　在广州见秦似夫妇、胡提春、董静佩、许伟光、梁世贤等。

5月13日　给学习班讲“党史研究动态”。见伍国侠、曹云屏、方杨、傅东明等。

5月14日　由广东省委宣传部刘林松陪同访问蔡洛（“彭湃”传作者）。

5月15日　给广东省委党校、广州市委党校联合举办的中共党史学习班讲“党史人物的研究与写作”。下午，参加广东党史人物研究会常务理事会和编委会座谈。

5月25日　吊唁周同宇逝世，看望、慰问其家人王士琴、周秉钧、周秉建。

5月26—27日　阅完研究生马虹鄂的硕士学位论文后给予指导。

5月28日　带党史系1982级学生徐福庆、邱凌、王明鉴等到王首道处，谈南下支队的斗争。晚完成《回忆胡锡奎二三事》一文。

5月29日　为中国军事博物馆刘庭华写《〈九一八事变研究〉序》。为博士生入学考试命题，共运史三题，党史四题。

5月30日　上午，接待澳大利亚悉尼大学泰伟斯教授来访。晚，改出马虹鄂硕士论文。

5月31日　与澳大利亚泰伟斯教授谈话。

6月2日　阅完北京大学向青教授指导的研究生杨朝晖的学位论文《关于共产国际与武汉政府》。

6月3日　寄《中共党史人物传》给美国威斯康星大学政治系主

任弗雷德曼。

6月5日　在天津为南开大学政治思想史班讲“党史人物研究与写作问题”。

6月7日　接待向青及其研究生。

6月8日　到北京大学国政系做硕士生论文答辩主席。

6月11日　拟定研究生马虹鄂毕业论文答辩事项。

6月12日　为《武汉抗战史料（选编）》撰写序文并寄出。

△撰写个人整党努力方向：1. 对本系的本职工作，中国革命史课的建设和教师水平提高上，指导博士生硕士生上，要更多下功夫。2. 继续努力完成耀邦同志批示的《中共党史人物传》50卷的主编工作。3. 在自己的晚年，继续全心全意去完成党交给自己的一切任务，即使在组织上离休，为党的事业仍要奋斗。4. 以身作则，严格要求自己，发挥老党员的模范带头作用。

6月18日、19日、23日、25日　撰写《关于扩展中国革命史、中共党史的研究领域和教学内容问题》讲稿。

6月24日　主持博士研究生考生谢春涛等人的口试。

6月25日　研究生牛军来访，送抗战讲稿。

6月26日　作中国革命史教研问题录音至深夜。

6月27日　与彭明到军事博物馆观看“抗日战场预展”。

6月28日　出席马虹鄂硕士论文答辩会。

7月2日　阅博士生入学考试考卷。

7月3日　寄出给刘效良《中国革命史教研问题讲稿录音》。接待《红旗》哲史部张启华、李明三来访。为徐庆福、邱凌、王明鉴等同学拟沿王震南下支队路线寻迹，致信陕、晋、豫、湘、粤各省同志。

7月4日　到北京大学勺园四楼出席高教一司文科重点学校博士点科研基金会。政治评审组成员有胡华、赵宝煦、张汉青、高放、许征帆。晚，写出评审组意见。

7月5日　继续看博士生入学考卷。

7月6日　参加党史系总支部大会，通过整党登记。下午，到北京工业大学招待所，为“中国革命史班”讲“讲授中国革命史意见”。

7月7日　阅博士生入学考试试卷。为中国革命史班作报告。

7月8日　重阅四位博士生考卷。

7月9日　阅完湖北大学徐善广关于中国无政府主义论文三篇。为山西大学法律系闫肃写出两篇论文评语。

7月10日　为药英评职称论文《南汉宸、王世英与红二十四军和阜平苏维埃》写评语。审阅九江师范高等专科学校陈忠关于方志敏的论文五篇。

7月11日　写出九江师范高等专科学校陈忠五篇论文评语。定稿并签发由何东审过的《中国大百科全书》词条39份稿件。

7月12日　送寄黎虹、胡德平、严慰冰《中共党史人物传》第十五至十八卷；寄王光美、郭述申第十三至十八卷；送汪云生第十至十八卷。

7月13日　出席党史系选举系学术委员会大会。与彭明等看望何长工。何老说："党史人物传（记述的）是过去流血斗争的事迹，要把这项工作搞完。"

7月18日　在大连海军政治学院，撰写《在抗日民族统一战线旗帜下，抗日战争的伟大胜利》报告稿。

7月19日　凌晨4时起床，继续撰写讲稿。与海军政治学院学术处处长刘志强商定，讲"抗日战争和社会主义时期意识形态"为大会报告；"大革命及王明'左'倾"为小会报告；"革命史问题"专对党史教师讲。

7月24日　为海军政治学院学员讲"抗日战争"两个小时。

7月25日　在中共中央党校《科研简讯》刊登《当前党史研究动态》一文。

7月26日　看海军政治学院教员提出的20多个中共党史疑难问题。

7月27日　与海军政治学院党史教研室教员座谈、答疑。

7月28日　阅完司马长风《现代史纲》。

7月29日　校改《建国后几个争论问题及"文化大革命"起因的探讨》。

7月30日　审出"彭绍辉"传。校勘《党史人物研究写作问题》

打印稿。审看“张鼎丞”传。

7月31日　续看“张鼎丞”传。

△接待辽宁师大宫永康、王洪恩来访。

本月　《人才天地》杂志第7期发表刘建德专访文章《写党史的学者——访中共党史系名誉系主任胡华教授》。

8月1日　寄戴逸、胡绳、刘大年、廖盖隆、卫凌燕等抗日战争稿。

△接受《大连日报》记者、《鞍山日报》记者采访并题词。

8月3日　出席海军政治学院暑期讲习班开幕式并作“关于抗日战争的正面战场”的报告。

8月4日　为海军政治学院暑期讲习班讲“革命史、党史扩展研究和教学内容问题”。

8月9日　为海军政治学院暑期讲习班讲《建国后意识形态领域斗争的几个问题》。晚，接待海军政治学院政委张志毅来访。审出“郭亮”、“周以粟”、“张鼎丞”、“彭绍辉”四传稿。

8月11日　修改《在抗日民族统一战线旗帜下抗日战争的伟大胜利》讲稿，由1万字压缩为4 000字。审出严慰冰所写“严朴”传。

8月12日　在家中与来访的新任中国人民大学校长袁宝华畅谈3个小时。

8月13日　到全国政协礼堂出席中国史学会举办的纪念抗日战争和世界反法西斯战争胜利40周年学术报告会，作“在抗日民族统一战线旗帜下抗日战争的伟大胜利”报告。戴逸主持。

8月14日　出席中国革命博物馆“抗战胜利展”开幕式。与王光美、郑洞国、萧克等先后叙谈；与该馆李效莲等谈国民党正面战场。

8月16日　修改广东《开拓者》杂志记者刘松林访谈稿。

8月18日　到中共中央党史研究室参加全国中共党史研究会领导小组会。讨论纪念抗战胜利40周年学术会议日程。经批准，纪念抗日战争胜利40周年学术讨论会临时党组和领导小组成员——组长：胡绳；副组长：廖盖隆、胡华；成员：王首道、胡绳、李新、廖盖隆、胡华、逄先知等。

8月19日　出席在中央党校礼堂举行的纪念抗日战争胜利40周年学术讨论会。

8月20日　听纪念抗日战争胜利40周年学术讨论会大会发言。8月21日主持纪念抗日战争胜利40周年学术讨论会，李新、阮家新、王真、唐培吉、王幼樵等发言。

8月22日　参加纪念抗日战争胜利40周年学术讨论会分组讨论会。

△香港《文汇报》载《中国新闻社北京二十日电》：中共党史专家、中国人民大学党史系教授胡华接受本社记者采访时说：蒋介石抗日是由三个方面的原因促成的：人民不当亡国奴的强烈呼声；共产党联合抗日的主张；英、美、苏三国的要求。胡华说，我们应该实事求是地回顾历史……国共合作的史实证明，合则两益，分则两害。

8月23日　上午，参加纪念抗日战争胜利40周年学术讨论会两湖组、安徽组、陕甘宁组、江浙组小组会。下午，修改大会总结。晚，参加理事会会议，发言强调：1. 加强党史研究；2. 开放档案。晚九时，开党史人物研究会茶话会，发言强调加强组稿、宣传、发行。

8月24日　在纪念抗日战争胜利40周年学术讨论会闭幕式上，致闭幕词《关于抗战史研究的几个问题》。

8月26日　与董谦、杨匡满等在贺捷生处看其编剧的影片《残月》。

8月28日　复郭洛夫信，谈《中共党史人物传》第二十七、二十八卷编排。

8月29日　接待军事科学院李圭、徐焰来访，并接受“罗荣桓”传稿。

8月30日　出席人民大学学位评议会。阅完刘炼《瞿秋白评述》，并写出评语。

8月31日　修改谈张闻天两篇文章的札记《团结民主的模范》，并寄《光明日报》。

9月3日　与中共中央党史研究室刘益涛谈“皖南事变”。

9月4日　为关继廉、张宝裕作学术评定并交人民大学教务处。

9月5日　出席人民大学研究生迎新会并讲话。寄出丁雍年职称评语。

9月6日　出席党史系本科1985级新生迎新会并讲话。撰写并寄出华东交通大学宋俊生学术评语。晚至凌晨1时，为北京市委宣传部撰写出《有理想守纪律是我们的光荣传统》一文。

9月7日　为山西大学陈文秀、郑州大学张留学分别写出学术评语。

△接待日本东京都中央大学姬田光义介绍的学生植村公一。

△出席北京市委在劳动人民文化宫二殿举行的庆祝教师节活动（1985年9月10日为新中国第一个教师节）。

9月8日　出席人民大学开学典礼。

9月9日　出席人民大学40年教龄老教师座谈会并发言，接受国务院副总理方毅祝贺教师节的礼物（工艺品唐三彩马），聆听方毅、薄一波、彭珮云、袁宝华讲话。

9月10日　审阅《中共党史人物传》。

9月12日、14日　审阅“何浚”、“曾镜冰”、“陈昭礼”传稿。

9月15日　北京出版社张从丽送来成仿吾《记叛徒张国焘》37本，与其谈党史选题。

9月16日　收到澳大利亚悉尼大学政治系主任马特与该校注册主任甄勤士发来的聘书，聘胡华1986年春在该校做客座教授一个月。

9月17日　审出“陈觉”、“赵云霄”传稿。

9月19日　应新华社邀请，与高放、吴树青、郑杭生等座谈党代表会议。

△继第一届、第二届之后，被续聘为中国社会科学院近代史研究所第三届学术委员会委员，委员还有刘大年、黎澍、李新、罗尔纲、瞿同祖、荣孟源、孙思白、余绳武、蔡美彪、丁名楠、戴逸、李宗一、金冲及等，共19名。

9月24日　上午，与党史系李良志会见日本大阪外国语学院中文系西村成雄教授。下午，参加人民大学学术会议，评优秀著作、论文。接澳大利亚泰伟斯信，商谈到悉尼后具体行程。

9月25日　发出致澳大利亚泰伟斯、加拿大里加纳大学赵志军函。

△为邓琴涛写出学术评语。

9月26日　审出“徐成章”、“李汉藩”传稿。

9月28日　与宋涛到北京友谊医院看望郭影秋。

△致电袁宝华校长谈宋涛房子问题；言及悉尼大学邀请访学之事时，袁校长表示很好。

△写出中国社会科学院社会学所刘征敬学术评语。

9月29日　上午，到《红旗》杂志社访苏星①，了解其1982年访澳大利亚情况。下午，看望吴大琨。写出何沁评教授评语。

9月30日　写出何东、彦奇评教授评语。

10月1日　写出刘炼评教授评语。

10月2日　写出林茂生、龚古今评教授评语。下午，应张文秋邀请至其家做客。

10月4日　蹇先任来访，谈贺龙事迹。晚，为曹润芳写评副教授职称评语。

10月6日　在《光明日报》发表《坚持民主、团结的楷模——学习〈张闻天选集〉笔记》一文。

10月7日　修改《关于讲授中国革命史的意见》。

10月8日　为博士生牛军、王东、谢春涛、刘利华开第一次会议，确定研究方向。

10月9日　修改《关于讲授中国革命史的意见》。

△到中国工运学院（现为中国劳动关系学院）讲《建国后意识形态领域斗争的几个问题》。

10月10日　改毕《关于讲授中国革命史的意见》并寄《党史通讯》。

10月11日　校看《党史研究》拟发表的《关于党史人物传的研究和写作》一文。

---

① 苏星，著名经济学家，曾任中共中央党校副校长兼《求是》杂志社总编辑。

10 月 15—30 日　在云南昆明主持《中共党史人物传》第 12 次审稿会。

10 月 16 日　参观西南联大旧址、四烈士墓、闻一多牺牲处等。

10 月 17 日　接待云南省委宣传部张乃、讲师团陈国才、吴静波等来访。

10 月 18 日　分别接待云南省社联刘敏江、单文来，工学院院长蔡乔木、秦玉臻，省委副书记朱志辉、社会科学院副院长杜玉亭来访。

10 月 19 日　为云南党史学会报告会作报告“建国后意识形态斗争的几个问题”。晚，审出《严朴生平》，并致函严慰冰。为呙玉临写出“曾中生”、“陈少敏”传记评语。

10 月 25 日　为云南党史学会报告会作报告“抗日战争的几个问题”。晚，开党史人物研究会常务理事会：1. 研究明年 5 月 5 日至 20 日在宁波开审稿会；2. 研究明年 10 月 25—30 日在武汉开第四次党史人物传会；3. 审稿会结合办学习班等。

△在《中国青年报》发表《树立理想要靠革命理论指引》一文。

10 月 28 日　召开《中共党史人物传》审稿总结会并作总结发言。此次审稿会收传稿 132 篇，定稿 48 篇。共终审“彭德怀”、“谭震林”、“罗荣桓”、“赖若愚”、“陈伯钧”、“马锡五”、“胡锡奎”等 27 篇人物传稿。

10 月 31 日　郭影秋逝世，与李春辉到郭家吊唁。

△到北京国谊宾馆报到，出席中共中央党史研究室关于党史正本讨论。与廖盖隆、王淇商定明年全国中共党史研究会讨论会在杭州召开。

11 月 1—3 日　出席中共中央党史研究室党史正本讨论会，讨论解放战争时期和大事年表等。

11 月 4 日　上午，继续讨论大事年表。下午，听胡乔木讲话。

11 月 6 日　接待张腾霄介绍的河南孟县党史办来访。

△接待《人民大学校刊》郑成武采访，谈人大精神。

△指导博士生牛军研究课题。

△复泰伟斯函，谈赴澳大利亚讲座题目。

11月7日　接待墨尔本大学费克光来访。

11月8日　指导博士生王东研究课题。

11月12日　写信致何长工，汇报《中共党史人物传》第三十、三十一、三十二卷传稿内容。

11月13日　与硕士生樊天顺谈党的八大前后。与黄安淼、杨云若谈共产国际的会议。

11月14日　为绍兴师范专科学校朱顺佐写出学术评语。为吉林大学邵鹏文写出申请博士生导师的意见。

11月15日　为中国医科大学马列室王宏彬著的《文化大革命》写出评语。

11月16日　出席党史系评职称会并讲话。

11月17日　吴大琨来访，谈奥地利、联邦德国问题。

11月19日　复高原函，谈其推荐李会滨、杨宏禹为博士生导师事。

△回复陈修良所问"重庆号"问题。

11月20日　为中共中央办公厅政治生活座谈会准备材料。

11月21日　出席党史系研究生会。晚，写健全党内政治生活意见至凌晨两点。

11月23日　到中共中央办公厅出席应胡耀邦指示召开的健全党内政治生活讨论会并发言。王兆国主持。与会发言的还有廖盖隆、蔡长水、高放、王洪模等。

11月29日　上午，出席人民教育出版社35周年纪念会。下午，到301医院向何长工汇报中共党史人物研究会工作；看望病中的哲学系教授李秀林。

本月　《党史的启示》一文入选中共北京市委宣传部编的《理想教育萃编》一书。

12月1日　看"邓华"传稿。

△与人民大学教授李春辉、马奇等看望郭影秋夫人凌静。

12月3日　收到王光美赠《刘少奇文选》下卷。

△收到莫文骅致函，谓："近来又看了一些《中共党史人物传》，觉得内容很好，对自己的教育和启发很大。书中所发表的我党人物，

有许多我没有认识的党的创造者，有的是与我并肩战斗的同志。所有这些人物的光辉历史、为人民而献身的模范精神，对于老同志来说，读了有很大的好处。当然，对于青年一代，更加需要了。因为他们未经过创造革命事业的艰辛，读这些传记，是有极大好处的。”

12月4日　应美国威斯康星大学爱德华·弗雷德曼之嘱，寄函及简历。

12月5日　上午，清华大学刘桂生带美国芝加哥大学博士林如莲来访，谈留法勤工俭学并合影。下午，出席人民大学博士生导师会。

12月6日　审出“邓华”传。下午，出席人民大学团委和党史系举办的“纪念‘一二·九’运动50周年座谈会”。

12月7日　给党史系开会，报告中共中央党史研究室《中国共产党历史》送审本情况。

12月8日　审出“张云逸”、“郭晓棠”、“孙仲德”传稿。寄国家教委外事局李滔、于高增《中国社会主义革命和建设史讲义》各一本。

12月9日　审出“杨峻德”、“沈剑华”、“黄火星”、“程伯谦”传稿，并寄陕西人民出版社。

△看人民大学学位授予材料。

△《中国人民大学（校报）》刊登《胡华谈“人大精神”》。

12月10日　参加本校博士、硕士学科点和指导教师评议投票。

12月11日　审出“许甦魂”、“林道义”、“廖恩波”、“许晓轩”传稿。

△接待许征帆、曹建民谈学位、学衔问题。

12月12日　审出“杨嗣震”、“李源”、“彭干臣”、“段玉林”传稿。致函刘仁夫人甘英，约写“刘仁”传。

12月13日　审出“杨幼麟”、“彭之玉”、“詹乐贫”传稿。

12月14日　寄出党史人物传稿11篇，至此，昆明审稿会稿终审完毕。下午，看望李维汉夫人，谈“李维汉”传的撰写。

12月16日　拟最近工作：1. 发出贺年卡；2. 看“中国革命史问题”；3. 编研究生方案；4. 看中国社会科学院近代史研究所评学

衔材料。

12月17日　收到澳大利亚悉尼大学泰伟斯博士来信并复信寄赠贺年卡。寄马特于、甄勤士、沈钜光、王庚武贺年卡及《中共党史人物传》等。

12月18日　发贺年卡至冯文彬、张琳、吴亮平、莫文骅、王士琴、程宜萍、刘英、凌云、张文秋等。寄黎澍《中国社会主义革命和建设史讲义》。

12月19日　为江西省委党校戴向青写学术评语。

12月20日　到中宣部听朱厚泽传达胡耀邦对理论工作的讲话。会后，余家庆对胡华言："中共中央办公厅张洪俊昨晚来电，胡华和高放在'健全党内政治生活'讨论会上的发言，已印简报。耀邦同志看了，认为很满意，说可以给六中全会做准备。"

△收到莫文骅寄来《百色风暴》及信，来信建议，要扩大《中共党史人物传》的宣传。

12月21日　参加党史系教研室会议。

12月23日　整理"四人帮"覆灭材料。

12月25日　收到史永（沙文汉之弟、全国政协文史委员会负责人）来函，谈沙文汉（曾任浙江省省长）被打成右派情形。

12月28日　《北京晚报》发表记者王迪专访《勤奋的学者——访党史研究专家胡华教授》。

1986年（65岁）

1月1日　为曹治雄（中少社编辑）题写书名《在今天的日历上》（该书由河南人民出版社出版）。

1月2日　接待中国工运学院梅岱、李生林带哈尔滨师范大学张志和来访。接待王建初、林代昭来访。

△复刘贯一、谭双泉、张从丽函。写出冯亚春学术评语。

1月3日　接待井冈山纪念馆杨群宝来访。

△致《人民日报》宁培芬函，谈开辟专栏连载党史人物传之事。

1月4日　与高放至中组部招待所出席国家教委学位第三批评审会。

△看望莫文骅将军。

1月5日　上午，主持国家教委学位第三批评审会法学组会议。下午，到政协三楼听教委黄辛白、吴本厦、朱开轩讲评审博士、硕士点问题。

1月6日　上午，讨论评审会文件。下午，看申报博士点材料。

1月7日　上午，讨论博士点、博士生导师。下午，主持本组组长会，与会赵宝煦、高铭宣、高放，讨论本组成员申请者。晚，到万寿路看望刘贯一、叶蠖生。

1月8日　上午，进行法学科博士点投票。下午，看资料。晚，人民大学袁宝华校长招待评审会与会人员。

1月9日　看硕士点材料。下午，讨论。晚，讨论并投票，至12时结束。

1月10日　接郑杭生来电，英国布里斯托大学钱伯斯博士拟由英国之中国研究会邀请胡华赴英讲学。

1月11日　同高放谈中苏社会主义异同。

1月12日　上午，井冈山市委黎德濂副书记等6人来访。下午，江达飞来访，谈写“冯雪峰”传。

1月18日　在党史系期末教工大会上讲加强科研及改善青年教师待遇问题。

1月20日　撰写《“文化大革命”起因》，至晚12时。

△清华大学刘桂生来访，带来译出之美国林如莲读《中共党史人物传》的赞诗和书评。

△得知助手侯兆水的祖母逝世，补其旅资回山东奔丧。

1月21日　撰写《“文化大革命”起因》。

△南京师大赵锡祺来访，谈硕士点事宜。

1月22日　将《“文化大革命”起因》复印3份，寄澳大利亚悉尼大学泰伟斯博士、沈钜光博士各一份。把美国林如莲读《中共党史人物传》的赞诗和书评分别寄《人民日报》宁培芬以及郭洛夫、陈志凌。

1月24日　上午，看清庆瑞整理的《邓子恢和合作化问题》。下午，山西省委党研室杨小池副主任、李丁来访，送来《党史文汇》

3本。

1月25—27日　写《林彪的起落》。

1月29日　写《从林彪覆亡到“四人帮”被粉碎》。

1月30日　写中国政法大学陈志平职称评审意见。

1月31日　写湖南吕芳文职称评审意见。

2月1日　为曹润英、潘贤英之《中共机关组织史》写序。

2月3日　与宁培芬、郭洛夫、陈志凌、彭明讨论在《人民日报》连载党史人物问题，初步拟定36位重要而鲜为人知者。

2月4日　发给澳大利亚悉尼大学泰伟斯博士《中国社会主义革命和建设史讲义》精装本10册。

2月5日　与宋涛看望成仿吾夫人张琳。

2月8日　除夕，人民大学袁宝华校长来家看望。

2月14日　中国青年出版社宋嘉沛、郑一奇来访，谈编中国近现代史读物事。

2月15日　写怀念刘型文章《重视党史　以身作则》。

2月17日　接澳大利亚悉尼大学泰伟斯博士函，提出20余个问题。

本月　撰写出《中国革命的三个法宝——纪念〈《共产党人》发刊词〉发表四十五周年》；撰写出《关于人民民主专政建设高度民主问题》。

△在《党史研究》第1期发表《关于党史人物传记的研究和写作问题》一文。

3月12日至4月14日　赴澳大利亚进行学术访问并讲学。

在澳期间，应邀到悉尼大学、新南威尔士大学、拉特布大学、墨尔本大学、达墨尔本大学、阿德雷得大学、富林德大学等多所大学作《“文化大革命”的起因》等报告；与泰维斯、李锷、雷诺兹、陈敏昌、布拉格、颜清湟等学者和中国留学生交流中国革命史、中共党史，并解答疑问；受澳大利亚广播电台之邀进行广播讲话；参观澳大利亚国会大厦、中国城、战争纪念馆等。

4月15日　写赴澳汇报《访问澳大利亚的报告》、《访澳一个月的简况汇报》。

4月16日　接待日本研究中国现代史著名学者成蹊大学（东京都）教授宇野重昭来访。宇野重昭提出访日邀请。

4月20日　收到李鹏给全国中共党史人物研究会来信："《中共党史人物传》的审定、编辑和出版是一件很有意义的工作，它对研究中国革命史、党史、军史，教育后代继承和发扬革命传统起着重要作用。希望你们再接再厉，完成《中共党史人物传》的编辑出版工作，为社会主义精神文明作出贡献。"

4月23日　接待美国哈佛大学费正清研究中心主任麦克法夸尔访谈。

本月　在何干之诞辰80周年学术纪念会上发表《他始终站在理论研究的最前沿》的讲话。

5月18日　与清庆瑞合写《一面历史的镜子——〈记叛徒张国焘〉一书评介》在《光明日报》发表。

5月19日　在杭州主持《中共党史人物传》第13次审稿会，感谢浙江省委、省党史学会、杭州大学等单位的热情支持；介绍外界对《中共党史人物传》的高度评价；说明当前和今后的计划：本次审稿会收到全国各省市自治区送来的人物传稿314篇，计200多万字，估计可编3卷书，70多万字。此前已编32卷，付印30卷，计750多万字。这次编到35卷的话，可到800多万字。距离50卷的目标，还有15卷。11月争取再编3卷，到38卷，那么到1987年、1988年（50卷）可基本完成……

5月24日　出席国务院学位委员会第三次评议会。

5月　红旗出版社出版《中国城市改革丛书》之《中国首都北京》，其中介绍中国人民大学一栏刊登胡华在辅导博士生牛军、王东及研究生樊天顺的照片。

6月9日　会见美国耶鲁大学政治学教授戴维·阿普特和荷兰莱顿大学汉学研究院讲师安东尼·詹姆斯·塞奇，分别就中国共产主义思想的形成和20年代前期中国共产主义运动问题，同他们交换意见。

△收到日本成蹊大学教授宇野重昭的邀请信。行程：10月15—25日，共10天，其中18日、19日两天出席日本国际政治学会30周年纪念大会，作一次讲演；其余时间访问成蹊大学、东京大学、

京都大学、广岛大学四所大学，与有关学者进行学术交流。

△就访日事宜向袁宝华校长、黄达副校长写报告。

6 月 12 日　写出《访问澳大利亚的报告》。

6 月 13 日　继续会见美国耶鲁大学政治学教授戴维·阿普特和荷兰莱顿大学汉学研究院讲师安东尼·詹姆斯·塞奇等。

6 月 21 日　参加人民大学职称评审会议，通过教授、副教授、讲师、助教等，共 800 人左右。

6 月 23 日　上午，与党史系应届毕业研究生合影。下午，参加硕士生樊天顺论文《八大前后》答辩。接待唐曼珍、何仲山来访，请为《卢沟桥风云录》作序。

6 月 24 日　上午，重新校看陈修良写的《陈同生年谱》稿并附信寄回。复马洪武、李淑信，谈关于硕士点事。下午，修改成仿吾《长征回忆录》第一章。晚，为硕士研究生张兆本、樊天顺写毕业评语。

6 月 25 日　校阅完成仿吾《长征回忆录》并交人民出版社陈汉孝。

6 月 26 日　上午，为华东交通大学陈哲群写的《黄道传》写出评审意见，寄回。下午，为华东师范大学马列室贺世友推荐《杨贤江传》为优秀成果。

寄湖北省中共党史人物研究会会长何定华函，并附与何长工共同署名的致省委函。寄湖南省中共党史人物研究会副会长刘晴波函，附与何长工共同署名表彰湖南省写党史人物传百篇致省委函。

6 月 27 日　出席并主持北京市高教局职称委员会及评审组成员会议。晚，接待徐焰来访，谈“和平民主新阶段”等。

6 月 29 日　上午，接待汪士汉来访，谈写《伟大的长征》。下午，到陆军总院看望张文秋。晚看望李春辉，为其夫人冯秀明病故致唁。

6 月 30 日　发荷兰莱顿大学安东尼·詹姆斯·塞奇博士函。发美国耶鲁大学政治系阿普特教授函。

本月　撰写出《建国后意识形态斗争的几个问题》讲稿及《关于“文化大革命”的几个问题》。

△在《文史哲》第6期发表《中国革命史研究荟萃（代序）》一文。

7月1日　与博士生王东、谢春涛谈话。确定王东论文选题为《中国建国初期与东欧的比较》。

△为自己10月访日写出申请书和简历，以办签证等，送至人民大学外事办公室，得知国家教委已批准此行。

7月2日　到香山双清别墅出席北京市革命传统教育座谈会并发言。晚，发给宇野重昭并日本国际政治学会、成蹊大学亚洲及太平洋研究中心函，请对方办签证信。

7月3日　与博士生刘利华谈论文《毛泽东的思想历程》。晚，复郭洛夫函，鼓励编《中共党史人物传》到第三十二卷。

7月4日　收到英国学者安东尼·库根函，称："我读过《中共党史人物传》很多卷，觉得这套书很有意思。因为我研究中国东北历史，所以东北人物的传记特别有用。《中共党史人物传》的注释常常提到参考的原始资料，80年代以前这种详细的注释罕见。外国人误解中国历史的原因，常常在原始资料最难得。"

7月5日　到国家文物局出席抗日战争纪念馆会议，朱穆之主持，研究于7月7日在宛平城举行抗日战争纪念馆奠基典礼事。

7月6日　参加邹谠教授的答谢午宴，与邹谠谈麦克法夸尔邀请明年5月到哈佛大学事。邹谠希望胡华届时能去芝加哥。

7月7日　在人民大学给暑期在校学生讲"文化大革命"的起因和林彪事件。

7月8日　上午，复堪培拉国立大学王赓武教授函。下午，复联邦德国魏林格博士函，并寄《关于建国以来党的若干历史问题的决议》注释本。

△向青来访，告知："胡耀邦接见邹谠时，邹谠说，现在美国人民对中国了解不够，中国形象还不够高大。这需要通过美国知识分子去影响美国的人心，而美国知识分子的认识，需要通过中国知识分子对他们的影响。这就需要提高中国知识分子的地位和影响。例如《长征——前所未闻的故事》的作者索尔兹伯里，如果没有历史学家胡华教授的帮助，是完不成他的著作的。"

7月9日　收到宇野重昭寄来日本国际政治学会之正式邀请函。

7月10日　到何长工会长处，汇报《中共党史人物传》工作。何老说，自己年事已高，建议中共党史人物研究会要改选。胡华表示，待把50卷编完再说。

7月11日　发致王首道、程子华函，邀请参加11月《中共党史人物传》审稿会。

7月22日　在大连向海军政治学院全院作“纪念长征50周年”报告。

7月25日　致张援远（索尔兹伯里《长征——前所未闻的故事》翻译）函，校正索尔兹伯里《长征——前所未闻的故事》一书差错之处。写出致索尔兹伯里函。

7月26日　复美国读者安东尼函。

△收到宇野重昭函，希望胡华访日讲“中国革命史中的社会主义”或“中国革命史的再探讨”。

△收到呙玉临来函，云：收到何长工给关广富的信；何定华已着手准备会议前期工作，并拟会中办一讲习班。

7月29日至8月13日　在海军政治学院。1. 审看了该院党史室撰写的《人民民主专政问题》的书稿以及关于祖国统一、毛泽东思想等论文，谈修改意见；2. 为海军政治学院编写的《历史的结论与现实的道路》一书写序言；3. 接待院各级领导、教员（包括其他院校）、研究生来访；4. 自7月22日以来，利用讲学的间隙，审看完从北京带到大连的“邓中夏”、“王稼祥”、“廖承志”、“钱壮飞”、“鲍罗廷”、“杨虎城”、“陈为人”、“张昆弟”、“吕振羽”、“季振同”等近40篇传稿。

8月15日　上午，看李维汉《回忆与研究》。下午，看万里《决策的民主化科学化》。

8月19日　为杨世兰写评教授评语。晚，写致宇野重昭及泰伟斯函。

8月21日　广州外语学院熊泽初来访，谈“何思敬”传。下午至晚，拟定“中国革命史中的社会主义”提纲。收到龚育之寄来“龚饮冰”传并复信，将“龚饮冰”传看完转寄郭洛夫。

8月22日　复麦克法夸尔函。

8月24日　为施宏寒写评审语。为马洪武之《中国革命辞典》作序。为何鹄志之《向警予传》作序。

8月25日　开始撰写《中国革命史中的社会主义》。

8月26日　上午，写《中国革命史中的社会主义》之“农业合作化”。发致宇野重昭函，问入境签证之事。晚，接待何仲山等来访，邀为《卢沟桥风云录》写序。

8月27日　在北京师院外事招待所出席高教局之教授、副教授职称委员会。

8月29日　写《中国革命史中的社会主义》。

8月31日　孙敬之的女儿孙小琳和经贸部的记者来访，谈孙敬之生平。

9月1日　写完《中国革命史中的社会主义》。

9月2日　接待许永跃（陈云秘书）来访，送来陈云为《中共党史人物传》题写的书名（自第三十一卷启用）。至凌晨1时，抄出《中国革命史中的社会主义》讲稿全文。

9月3日　写致宇野重昭函。

9月4日　上午，陕西人民出版社郭洛夫来访告知：某某写信给中宣部，说“《中共党史人物传》把党外人物也列入传中……”。郭向中宣部出版局陈述：1. 中共党史人物研究会的章程有此明文，并经中央批准的，党史人物，不只是党员英烈传；2. 胡耀邦同志1981年7月1日在庆祝中共成立60周年大会上的讲话中，列了30多名为中国革命与中国共产党一起奋斗的党外人士；3. 刘澜涛同志也曾专门提出这一建议。朱厚泽部长批示同意人物研究会意见。下午，与陈志凌、侯兆水看望何老长工并汇报：1. 陈云同志题写了书名；2. 本书获全国优秀畅销书奖；3. 已请王首道、郭述申、乔明甫、李立、陈修良等老前辈参加武汉审稿会。

9月6日　发致澳大利亚悉尼大学泰伟斯博士、沈钜光博士函。

9月7日　上午，校看《中国革命史中的社会主义》讲稿。下午，应张文秋之邀造访聚会。

9月9日　收到宇野重昭函，言数日后寄来签证申请并附日程表。

△撰写回忆江隆基文章。

9月11日　参加党史系70名新生的迎新会并讲话。

9月12日　国务院副总理乔石在全国中共党史人物研究会、陕西人民出版社《编辑出版〈中共党史人物传〉的汇报》上批示："编辑出版《中共党史人物传》有很重要的意义，希望继续努力，圆满做好这项工作。"

9月15日　收到宇野重昭寄来的日本外务省批准"入国理由书"和"保证书"。

9月16日　出席中国老年历史研究会"纪念长征胜利和抗日战争胜利"会议并发言。下午，发致宇野重昭函。收到竹内实函：欢迎赴日访问。

9月17日　复竹内实、狭间直树函。

9月18日　致京都大学池田诚函。

9月19日　致东京大学野泽丰函。致马场毅函。致函伍修权、乔明甫，邀请参加11月在武汉召开的《中共党史人物传》审稿会议。

△接待抗日战争纪念馆陈鼎文来访，谈陈列问题。

△为江苏社会科学院程中原、云南财贸学院周寿文写出评审材料。

9月20日　参加华北联大高中班校友在北京工业学院主楼的聚会并讲话。

9月25日　因尿潴留而心率过速入安贞医院住院。

本月　《树立理想要靠革命理论指引》一文载入武汉地质学院出版社出版的《理想的召唤》。

10月13日　转入解放军301医院住院。

△原定10月15日访日因病未能成行（已向日本国际政治学会30周年纪念大会寄去题为《中国革命史中的社会主义》讲稿作为书面发言）。

本月　为李安葆著《长征史》写出《〈长征史〉简评》。

11月3日　在解放军301医院南楼病榻著文《读张闻天编著的〈中国现代革命运动史〉》。

11月4日至12月28日　接受前列腺手术及术后治疗。

△密切关注正在武汉华中大学举行中共党史人物研究会第四次学术讨论会暨《中共党史人物传》第14次审稿会情况（虽然未能到会，但领导筹备了这次会议，提出了会议的目的和要求。审稿会后，抱病审看经过复审的稿件，继续完成终审任务）。

△在病床上指导博士生论文等。

12月29日　复日本马场毅函。

12月30日　审看反映吴玉章的电视剧本《百年震荡》。

△接待赵予平来访，谈“赵品三”传。

12月31日　何沁、黄文安、彦奇、彭明、刘炼、刘振寰、杨云若、吴玉林、周朝栋、王顺生、侯兆水等先后到家中看望，谈及有人建议改系名。胡华称，不要扬短避长。

△竺佩芳来访，谓其父竺扬（大革命时中共浙东临特委委员，胡华参加革命启蒙人之一）党籍已自1926年算起（胡华曾为此事奔波）。

△宁培芬、凌虹等来看望。

1987年（66岁）

1月1日　上午，袁宝华校长来家中探望，约吴大琨、高放一同会面。胡华谈：“成仿吾”传的编写及张琳的意见；老教授就医住院问题等。与吴大琨、高放一致谈道：一所大学要有一批有声望的教师才行。袁校长讲，民主德国卡尔·马克思大学要人民大学派人去讲科学社会主义。大家一致讲，高放教授可去。下午，接受自贡电视台采访，谈吴玉章事迹。

1月3日　为陈志凌写出晋升教授评语。

1月6日　麦克法夸尔发来访美邀请函（出席哈佛大学费正清研究中心年会）。

△邹谠、西村成雄、汤山土美子来函问候。

1月7日　致函美国哈佛大学费正清研究中心主任麦克法夸尔和杨炳章博士。致函澳大利亚悉尼大学泰伟斯博士，约其4月来京。

1月8日　致日本汤山土美子函。

1月10日　发致美国邹谠等函。

1月12日　发致美国耶鲁大学阿普特教授函。

1月17日　复函日本西村成雄、井上久士，英国安东尼·塞奇等。

1月20日　看“罗炳辉”传。

1月22日　发给澳大利亚悉尼大学泰伟斯博士函。

1月23日　审完“罗炳辉”传。

1月24日　汤山土美子和天儿慧来访。

1月26日　到校参加学位目录修改问题会议。

1月29日　春节，与宋涛至袁宝华校长家中看望交谈并一起合影。

1月31日　校看《新时期拨乱反正和中国特色社会主义的探索》一文。

2月2日　复澳大利亚悉尼大学泰伟斯博士函。

2月8日　收到美国哈佛大学费正清研究中心主任麦克法夸尔的正式邀请函。

2月10日　收到麦克法夸尔来信，建议4月25日或5月1日赴美讲学。

2月16日　与高放到万寿路招待所出席国务院学位修改目录会议。

2月17日　主持国务院学位修改目录会议政治学、社会学组会议。

2月18日　参加国务院学位修改目录会议，通过社会学、国际政治和政治学修订。

△中国三S研究会秘书刘力群电话告知，黄华致信胡华：1. 请接待美国《革命中华》电视片摄制组；2. 3月请接待美国作家索尔兹伯里来访，谈新长征。

2月19日　国家教委张仁贤处长介绍增设“思想政治教育”学科。会议通过本次修订方案的对照汇总和说明。与会专家分头撰写专业介绍，由胡华定稿。

2月21日　复黄华函。

△韦庆远来访，介绍哈佛大学及费正清研究中心情况。

2月23日　致函美国索尔兹伯里，欢迎其来华访问。

△为澳大利亚悉尼大学泰伟斯博士4月访问，给王光美、刘英写信。

2月24日　按中国国际交流协会的安排，为接待美国《革命中华》电视片摄制组准备提纲。

2月25日　会见美国《革命中华》摄制组，谈从辛亥革命到新中国成立。回答该组提问：辛亥革命的成败；蒋介石发动四一二政变原因；国共能够第二次合作的原因；近十年中国国民经济为何能发展；国共合作的利弊；等等。

3月1日　接杨炳章函并复，附致麦克法夸尔函。

3月2日　为中国革命史研讨班（学员百余名）致开学词，主张贯彻研讨精神；发扬革命传统研究党史。给人民大学外事办公室填写澳大利亚悉尼大学泰伟斯博士来访接待日程。

3月4日　为接待索尔兹伯里续拟介绍“新长征”提纲。

3月6日　到人民大会堂出席北京市人大八届八次会议。

3月7日　在北京市人大八届八次会议小组会上发言，谈发展本国产品、保护革命文物、出版及不准报复人大会的代表等问题。

3月10日　写出何鹊志、熊泽初职称评语。

3月13日　在中国人民大学为日本东海大学访问团师生120人作报告，介绍中国人民大学历史，讲到吴老玉章、成老仿吾、何思敬、何干之在日本的学习和活动。

3月17日　与项子明、廖盖隆、丁一岚、方孔木、苏星、张培森等落实接待泰伟斯日程计划。

△将译出的论文提要寄美国麦克法夸尔，并致杨炳章一信。

△审看《人民日报》专栏拟发的党史人物稿（高君宇、陈毅安、许继慎、黄公略）并寄出。

3月19日　致美国威斯康星大学弗雷德曼教授函。

3月26日　致哈佛大学费正清研究中心孔飞力、纽约伯克利大学魏斐德、密歇根大学费维恺函。

3月28日　为人民大学学生会组织的报告会报告“新时期中国

社会主义建设理论上的新发展”。

3 月 30 日　工作照片入选北京市人大之《中国首都北京》画册（255 页）。

3 月 31 日　接杨炳章由麦克法夸尔办公室打来征求访美日程安排意见之电话。

△复索尔兹伯里函。

3 月底　与高放相约共同参观宋庆龄故居，细看展览的文物资料。

4 月 3 日　到北京大学勺园看望来华进行学术交流的澳大利亚历史学博士泰伟斯，并谈泰氏拟讲之《西方研究中国革命史近况》。

4 月 4 日　主持泰伟斯在人民大学党史系的《西方研究中国革命史近况》学术报告会。

4 月 6 日　陪同泰伟斯在北京大学勺园采访项子明，谈毛泽东与彭真及高岗事件。

4 月 7 日　带博士生谢春涛、王东陪同泰伟斯采访廖盖隆，谈高饶事件。

4 月 8 日　带博士生谢春涛、王东在北大勺园陪同泰伟斯采访丁一岚，谈邓拓与北京市委。

4 月 9 日　陪同泰伟斯访问中国革命博物馆并座谈，苏东海、方孔木、林国良等接待。

4 月 10 日　带博士生谢春涛、王东在北大勺园陪同泰伟斯采访张培森，座谈张闻天研究。

4 月 11 日　主持人民大学党史系与泰伟斯的座谈会，陈明显、郭政平、黄文安等谈高饶事件。

4 月 14 日　接待泰伟斯到人大党史系座谈。由陈明显主谈。

4 月 15 日　在北京大学勺园与泰伟斯谈李富春。

4 月 21 日　与陈明显、康宏锦继续同泰伟斯座谈。

4 月 22 日　写完《中国中共党史研究近况》。

△看中国社会科学院近代史研究所职称评定材料。

5 月 5—24 日　应哈佛大学费正清研究中心麦克法夸尔主任邀请赴美国讲学。

在美期间，应邀在斯坦福大学东亚研究中心座谈会上讲《中国政治体制改革的设想》，在费正清研究中心中国革命史讨论会年会上作大会发言“前进路上的曲折和新时期社会主义的新胜利”，在密歇根大学的中国研究中心讲“中国 1962—1965 年”；与范力沛、索尔兹伯里、史华兹、孔飞力、汉斯、杨炳章、弗雷德曼等学者进行座谈交流；并参观了胡佛图书馆、白宫、旧金山市、国会山、哈佛大学燕京图书馆等。5 月 24 日，结束赴美讲学返京。

6 月 4 日　接待威斯康星大学弗雷德曼教授学生高麦德来访。

6 月 6 日　给党史教研室讲访美情况。

6 月 8 日　与研究生樊天顺谈农业合作化问题。

6 月 9 日　为向青的《苏联和中国革命》写出评审意见。

△为杭州大学金普森写出学术评语。

△为大连暑期讲习班校改出讲稿《中国革命史中的社会主义和历史的教益》。

6 月 11 日　审阅向青的硕士研究生王文章论文《中苏关系与中国革命》并写出评语。

6 月 12 日　阅完陈叔平的《广州公社》并约谈。

6 月 13 日　出席北京大学国政系硕士研究生王文章答辩并担任主席。

6 月 14 日　新华社北京分社徐小萍、黄智敏就卢沟桥事变采访拍照，为《瞭望》刊用。

6 月 15 日　寄出安徽社会科学院历史所戴惠珍《王稼祥》等的评语及提升副研究员的意见。

6 月 16 日　为陕西人民出版社郭洛夫职称评定写出评语。

△寄出致麦克法夸尔、泰伟斯、谢伟思、李侃如等函。

6 月 17 日　应聘担任《中国革命史辞典》顾问（浙江大学社会科学系编）。

△发致泰伟斯、史卡拉宾诺等函。

6 月 18 日　发致索尔兹伯里、费能文、杨炳章、邹谠、范力沛、谢侨远、戈定瑜等函。

△与张家口地区工会工运史办公室白俊卿等谈亲历之 1946 年张

家口工人运动。

6月19日　发出致威斯康星大学弗雷德曼教授函。

6月21日　写致国家教委和人民大学校方访美汇报函。

△在《群言》杂志发表《勿忘寒窑》一文。

6月22—23日　撰写访美报告。写出《美国研究中国近现代史的一些见闻》。

6月24日　写王建初、冯拾职称评语。看牛军博士学位论文。

6月27日　写出《访问美国几个大学的中国研究中心》。

7月3日　出席人民大学学术委员会会议，讨论：1. 发扬教学民主；2. 发扬学术民主；3. 扩大图书资料的开放；4. 关于政治思想教育；5. 校风、学风等。

7月5日　在《光明日报》发表《爱国抗日三将军序》一文。

7月15日　在哈尔滨主持于黑龙江大学举行的《中共党史人物传》第15次审稿会并讲话。

7月16日至8月13日　审看完"瞿秋白"、"范文澜"、"刘伯承"、"毛福轩"、"唐铎"、"吴先民"、"关向应"、"刘鼎"、"曾山"等传稿。

7月22日　为黑龙江省委党校、省党史学会讲"党推动领导卢沟桥抗战"、"美国对中国的研究"。

7月24日　主持全国中共党史人物研究会部分常务理事会。在发言中谈道：1. 今年12月举行广州会议，明年5月举行石家庄会议；2. 后10卷要组织大稿，要开各地审稿会。

7月27日　应邀到黑龙江史学会作报告。

8月27—31日及9月1—2日　在北京饭店与美国作家索尔兹伯里谈中国建设社会主义的新长征。

9月6日　与韦庆远、王思治、吴奇衍等接待哈佛大学费正清研究中心原主任孔飞力教授。

9月8日　主编的《中国革命史讲义》由人民大学出版社1987年3月重版第8次印刷，此次印40 000册。

9月9日　致费正清、马若德、弗雷德曼函，并分别寄出《中国社会主义革命和建设史讲义》及《〈中共党史人物传〉目录》。

9月10日　复泰伟斯博士函。接待中国管理软件学院苏燕燕、周佳华来访，来者言北京市今年3万高中生未考上大学；8万初中生未考上高中。拟组织青年自学，其中要以《中国革命史讲义》为教材。审出周天度的“蔡元培”传。晚，阅完本校学位授予材料。

9月11日　出席人民大学学位评议会，通过毕业生的学士、硕士、博士学位。

9月12日　参加吴玉章奖金评奖历史组会议。

9月13日　看望蹇先任，送去《长征新记》。

9月16日　在人民大学资料楼（现人文楼）主持国家教委研究生司和政教司“关于政治思想教育招硕士生定点会议”。商定11所学校可以招生。

9月29日　入住北京第六医院检查，接诊医生以胆石症施治。

9月30日　中国人民大学副校长黄达、陈光等携人大校庆纪念册到医院看望，希望胡华出席10月23日举行的校庆。

本月　撰有《中国共产党对社会主义理论的认识与实践》、《谈谈研究生怎样写毕业论文》、《从奉化中学求学到走向革命》。

10月1日至3日　在医院审看《中共党史人物传》稿。

10月21日　请假离开北京第六医院，回中国人民大学准备参加校庆。

10月23日　应华北大学政治11班（华北大学成立后第一个政治班，胡华为该班班主任）从各地赶来参加校庆的几十位校友的邀请，参加在人民大学资料楼召开的联欢会并发言。下午，到北京展览馆剧场出席校庆大会。会上，为主编《中共党史人物传》（一至三十二卷）获得“吴玉章奖金历史学一等奖”上台领奖。

10月24日　续校看《中共党史人物传》稿。

10月26日　至11月18日在北京第六医院、协和医院接受检查治疗，被确诊肝癌后，贺捷生、李振军、程振声等前来看望并帮助联系赴上海长海医院的手术事宜。

△此次住院期间，审改了70多万字的《中共党史人物传》的传稿（1979年至1987年8月，共终审《中共党史人物传》传稿587篇，字数达1 050余万，平均每年审定传稿130余万字）；校看了30

多万字的《周恩来年谱》征求意见稿；批改了 3 个博士研究生的论文、论文提纲；阅读了有关党的十三大的文件、资料。

11 月 13 日　对到医院来探望的在读博士生谢春涛、牛军、王东等说：“我从 17 岁参加革命，九死一生，对死我倒没有什么。我从小吃苦，一生辛劳，没得休息。对我来说，生是努力、奋斗，死是休息、安息。”使他深感遗憾的是，他还有许许多多没有做完的事情。他说：“我本想在自己的晚年做三件事：一是编定 50 卷《中共党史人物传》；二是把博士生带出来；三是写一本可读性比较强的《中国现代史》，这是范老（文澜）生前交给我做的。现在看来，老天爷不让我搞了，我要提前去见马克思了……”

11 月 19—20 日　学生董宏（薄一波的秘书）、黎虹（中顾委副秘书长）、滕文生（中顾委局长）、陈威（中顾委副局长）、程振声（李先念的秘书）、宁培芬（《人民日报》编审）等到家中看望。程振声电话联系上海市市长办公室给予具体帮助。高放等闻讯前来探望。

11 月 21 日　立书面家庭遗嘱：后事从简，遗体交医院解剖，不必开追悼会、告别会……

11 月 22 日　清晨，由家人陪同启程赴上海长海医院手术治疗，党史系教师代表等前往机场送行。

11 月 25 日　在上海长海医院招待所与吴孟超教授通电话，希望早做手术，不计较病房床位好坏。

△致函袁宝华、黄达校长：右肝癌变已有 5 厘米多大，像桃子一般，发展起来很快，“此次患此难治之症，怪我平时习惯于工作至深夜，中午有时休息不好，早上又不注意体育锻炼，是一个教训。参加革命，忽约半世纪，去日苦多，贡献愧少”。

“深谢党的培养、教育和关怀。此次患病以来，我仍抱着乐观的态度，充满信心与病魔作斗争。生就是奋斗，死就是休息，不过尽力争取多有些日子继续从事我未完成的许多工作而已。”

△在第二军医大招待所自述病程和遗嘱进行录音。

11 月 26 日　致函正在广州参加《中共党史人物传》第 16 次审稿会的全体同志，期盼着继续和大家共同奋斗。

12 月 5 日　接受吴孟超教授的手术。医生打开腹腔后看到，由于迅速增大的肿瘤已紧贴动脉，切除已经不可能了……

12月8日　术后在接待郭洛夫、南岗、王敏（均为《中共党史人物传》编委，携陕西出版局副局长何其昌慰问函）、华东师范大学翟作君看望时，谈人物传工作："广州审稿会一定要开好，最要紧的是团结，大家团结起来把传稿审好……还望继续努力，完成50卷的出版、发行工作。"

12月10日　发生大出血，病情突然恶化，腹腔再次被打开，寻找出血点。医生对病人著书过劳和"文革"挨斗而数次胃大出血的病史并不了解，待找到出血点在胃里时，为时已晚。

△虽生命垂危，但头脑清醒。拼尽最后一丝力气，为孙辈写下依稀可辨的"勤奋学习、建设祖国"的遗嘱。

△病危消息传到学校，人民大学副校长黄达和系总支书记刘振寰与林茂生立即赶到上海。

12月14日　病情继续恶化。上海中山医院、瑞金医院、新华医院与上海长海医院吴孟超等专家会诊抢救。虽然经过上海市各方面特别是专家们的努力，但终因失血过多，抢救无效。19时19分心脏停止了跳动。

12月15日　中共党史人物研究会广州审稿会全体与会人员还未接到噩耗，他们惦念主编的病情，致函称："您为了开拓前人未做的光荣事业，从组织领导、运筹策划、培养队伍、严格把关，为《人物传》丛书的问世，呕心沥血，付出了极大的精力。我们为有这样一位好老师、好带头人感到高兴、自豪和幸福。更令人内心激动不已的，您在病魔缠身、忍受痛苦的时刻，仍然关心《党史人物传》编审工作并写信指导和鼓励我们为继续完成后10卷的任务而努力……"

12月16日　遗体于上海龙华殡仪馆火化。当日恰为胡华之诞辰，时年66岁。

12月25日　中国人民大学于北京八宝山革命公墓举行胡华同志追悼会。

萧克、雷洁琼、闫明复、邓力群、冯文彬、胡绳、李锐、高沂、黎澍、刘大年、金冲及、逄先知、沙健孙、彭云、帅孟奇、刘英、蹇先佛、王定国、刘竞雄、程宜萍、殷子烈、周巍峙、张西帆、杨伯箴、李正文、梅岱、狄子才、蔡美彪、周一良、姚远方、张静如、孙思白、陈铁健、刘健生等参加了追悼会；中国人民大学历届领导人聂真、崔耀先、刘寿彭、赵德芳、孙力余、霍遇吾、张腾霄、谢韬、李文海、罗国杰、杨德福、力康泰、郑杭生和知名教授宋涛、吴大琨、何洛、戴逸、甘惜分、高放及学校师生600余人参加了追悼会。

杨尚昆、宋平、胡耀邦、闫明复、雷洁琼、费孝通等送了花圈。送花圈的还有：中共中央文献研究室、中共中央党史研究室、国务院学位委员会、中国社会科学院、中华全国总工会、中央档案馆、全国中共党史研究会、全国中共党史人物研究会、北京市人大常委会、中国革命博物馆、中国人民革命军事博物馆、中共张家口市委和首都部分高等院校等单位。送花圈和花篮的还有：何长工、何东昌、林铁、洪学智、莫文骅、曾三、黄火青、张淮三、李振军、李新、刘导生、王光美、张文秋、贺捷生、邵华、佘涤清、廖盖隆、苏星及中国人民大学历届领导李培之、李震中、李焕昌、周兴健、俞家庆、吴树青等。

追悼会由副校长黄达主持，校长袁宝华致悼词。悼词说：

> 今天，我们怀着沉痛的心情悼念中国共产党优秀党员、忠诚的共产主义战士、马克思主义历史学家和教育家、著名的中共党史专家、中国人民大学校务委员、中共党史系名誉主任胡华同志。胡华同志因患肝癌，医治无效，不幸于1987年12月14日19时19分在上海逝世，终年66岁。
>
> 胡华同志1921年12月出生于浙江省奉化县。1937年考入浙江省立高等师范学校。全民族抗战爆发后，他积极投身于中国共产党领导的抗日救亡运动，到奉化城镇、乡村演出救亡话剧，教唱抗日歌曲，主办《战时大众》报。1938年由中共奉化县委介绍到长沙、武汉八路军办事处，不久奔赴陕北抗日根据地，入陕北公学旬邑分校学习。1939年2月加入中国共产党。同年9月，随罗瑞卿、成仿吾率领的队伍，长途跋涉，抵达晋察冀敌后抗日根据地。1940年4月起，先后在华北联合大学社会科学部和工人部、社会科学院、法政学院、教育学院讲授“中国近代革命史”，兼任队长和党的支部、总支部工作。在这期间，他经常

带领学员同地方游击队一起参加反“扫荡”斗争，足迹遍及整个北岳恒山地区；同时，在艰苦残酷的战争环境中坚持教学与科研工作，深受学员的好评。1943年1月，他作为华北联大的代表，参加了晋察冀边区参议会。

抗日战争胜利后，胡华同志接受党组织的派遣，到张家口从事工人运动，当选为张家口市总工会执行委员，任宣传部副部长、部长。他出色地指导和组织了张家口工人的反奸清算斗争和生产竞赛运动。在《晋察冀日报》、《北方文化》杂志上发表多篇关于党领导新解放城市工人运动经验的文章。

1946年10月，胡华同志重返华北联大工作，任华北联大教育学院党总支副书记、史地系副主任。1947年参加河北束鹿县的土地改革运动。1948年8月任华北大学中共党史教学组组长，在吴玉章、成仿吾、钱俊瑞等同志直接领导下，从事中共党史的教学和教材编写工作，同时开始担任吴玉章同志的学术助手。新中国成立初期，他还参加了中国人民政治协商会议全国委员会学习干事会（后改称委员会）的工作，在周恩来、李维汉、徐冰等同志领导下组织、指导有关人士的理论学习。

中国人民大学成立后，胡华同志先后担任中国革命史教研室副主任、中共党史教研室主任。1956年被评为教授，兼任中国近代史研究所学术委员会委员，中国史学会中国现代史组副组长。

“文化大革命”中，胡华同志遭受林彪、“四人帮”的迫害，被剥夺了工作权利，到江西余江干校进行两年的农业体力劳动。在逆境中，他以历史学家的深刻洞察力，坚信党的正确路线一定会重新回到领导地位上。他对林彪、“四人帮”篡改歪曲党史的卑鄙行径深恶痛绝。1972年恢复工作以后，在担任中国革命博物馆党史顾问和北京师范大学党史系教授期间，他在许多重大历史问题的研究中竭力抵制“四人帮”的谎言，坚持秉笔直书的史德。1976年周总理逝世后，他顶着“四人帮”的压力，收集有关周总理生平的资料，满怀深情地撰写周恩来传记。后来终于在1977年出版了《青少年时期的周恩来同志》一书，被译成十几种文字广为传播。

粉碎“四人帮”后，胡华同志焕发了青春，率先在党史学界冲破禁区，拨乱反正，为恢复党的历史的本来面目，为捍卫党史研究的科学性、纯洁性，不知疲倦地四处讲演。他坚决拥护党的十一届三中全会确立的实事求是的马克思主义思想政治路线，认真参加党中央组织的《关于建国以来党的若干历史问题的决议》稿的讨论。

1978年中国人民大学复校后，胡华同志先后担任中共党史系主任、名誉主任，博士生导师，同时担任国务院学位委员会学科评议组成员、政治学社会学分组召集人，中共中央党史资料征集委员会委员，全国中共党史研究会常务副会长，全国中共党史人物研究会副会长兼大型丛书《中共党史人物传》主编，中国史学会常务理事，《中国大百科全书》“历史学”编委、“科学社会主义”编委兼“社会主义在中国”主编，北京市高校职称评定委员会副主任等10多个重要职务。他为发展我国的教育事业和社会科学事业，繁荣历史研究，特别是中共党史的研究，不遗余力，勤奋工作，直至生命的最后一息。

胡华同志是蜚声中外的著名学者，曾应邀前往澳大利亚、美国讲学，对开展国际学术交流做出了贡献。

胡华同志无论是在戎马倥偬的战争年代，还是在社会主义建设的和平环境中，他始终坚信社会主义、共产主义，坚信马列主义、毛泽东思想，坚信中国共产党的领导，忠于人民，忠于革命，忠于党和祖国的教育事业。

胡华同志从事中国革命史、中共党史的教学研究工作近半个世纪，他热爱教育事业，热爱党史、革命史的教学研究工作，一息尚存，矢志不移。他治学严谨、思路敏捷，在担负繁重的政治工作、教学工作的同时，勤奋著述，为我们留下了丰富的遗产。他先后编写、主编的《中国新民主主义革命史》、《中国革命史讲义》，成为我国大学生和党政干部学习的重要教材；他与翦伯赞、邵循正合写的《中国历史概要》，出版有日、英、法、德、西班牙、斯瓦希里文等多种译本，为国际文化交流作出了贡献。近年来，他不顾多病之躯，孜孜不倦，埋头苦干，致力于《中共党史人物传》的审稿、定稿工作。这套丛书计划编辑 50 卷，现已出版 32 卷，在国内外产生很大反响，1986 年获全国优秀畅销书奖，胡华获最佳主编奖，1987 年又获吴玉章奖金历史学一等奖，在国外已被译成多种文字转载或出版。

胡华同志光明磊落，作风正派，平易近人，严于律己，处处表现出了共产党人不谋私利、一心为公的优秀品质和生命不息、奋斗不止的进取精神。他对工作极端负责任，对同志满腔热忱，生活俭朴无奢求，深得师生们的尊敬和爱戴。

胡华同志在病重期间始终以乐观、豁达的态度与病魔作斗争。临终前一再表示去世后遗体献给医学科学，丧事从简。所有这些都表现了一位共产主义者的唯物主义精神。

胡华同志的一生，是革命的一生、战斗的一生。他的逝世是中国人民大学的重大损失，也是我国教育界、党史学界的重大损失。他的优秀品质和作风将成为激励我们深化教育改革，发展祖国教育、科学事业的力量。

胡华同志安息吧！

追悼会上，遗像两边是由胡华转战晋察冀抗日根据地时的战友、北京卫戍区副司令员、著名书法家张西帆撰写的挽联："痛失硕哲遽尔迎鹤乘风去　华声正茂不期化羽珠泪零"。

附：身后

1987 年

12 月 26 日　《人民日报》第 3 版刊登消息《中共党史专家胡华同志逝世》，文中说：胡华同志光明磊落、作风正派、平易近人、严于律己，处处表现出共产党人的优秀品质。即使在“文化大革命”中，亦坚持秉笔直书的史德。

12 月 27 日　《北京日报》第 4 版刊登消息《胡华同志逝世》，文中说：胡华同志从事中国革命史、中共党史教学与研究工作近半个世纪，是中外著名的学者。他的逝世是我国教育界、党史学界的重大损失。

12 月 31 日　《光明日报》第 4 版刊登消息《著名中共党史专家胡华教授逝世》，文中说：他先后编写、主编的《中国新民主主义革命史》、《中国革命史讲义》，成为我国高校和党政干部学习的重要教材。他深得师生们的尊敬和爱戴。

1988 年

1 月 5 日　高放教授在《中国人民大学（校报）》发表文章《回忆与怀念》悼念胡华。

4 月　澳大利亚悉尼大学泰伟斯、拉筹伯大学布鲁斯·雅各布斯，在 *ASAA REVIEW*（Volume 11，Number 3，April 1988）上发文“In Memoriam：Professor Hu Hua”，纪念胡华教授。

5 月　《胡华文集》（单卷本）由中国人民大学出版社出版，主要选入胡华1977年后的部分文章，计30篇，24万字。中共中央党史研究室副主任李新作序。

8月5日　《人民日报》理论版刊登胡华遗作《读张闻天编著的〈中国现代革命运动史〉》。

12月　中国人民大学党史系举行胡华追思会，到会20余人，中共中央党史研究室副主任李新、中国人民大学教授宋涛等发言。

1989年

1月25日　《中共党史研究》1989第1期发表李新撰写的《〈胡华文集〉序》。

12月24日　胡华骨灰由子女护送至家乡浙江奉化安葬。中共奉化市委、宁波市党史办等单位领导和胡华亲属、生前好友参加安葬仪式。

1991年

5月　胡华主编《中共党史人物传》第50卷由陕西人民出版社出版，实现了其生前出齐50卷之遗愿。

7月17日　彭明在《光明日报》上发表《〈中共党史人物传〉50卷编后感言——并纪念主编胡华教授》。

8月4日　《人民日报》第5版发表胡静撰文《高风亮节励后人——缅怀我的父亲胡华》。

12月　中国人民大学党史系举行胡华诞辰70周年座谈会。

1997年

6月3日　为纪念胡华逝世十周年，中共中央文献研究室主任逄先知题词："胡华同志毕生从事中共党史的研究和教学，成绩卓著。他在党史学科建设和党史人才培养方面，作出了突出贡献，是一位受人尊敬的教育家和著名学者。我们永远纪念他。"

6月9日　中共奉化市委决定在中国人民大学中共党史系设立"奉化胡华教育基金"，捐赠人民币10万元。

△袁宝华题词："设立胡华教育基金是对胡华同志逝世十周年最好的纪念。感谢奉化市的义举，感谢浙江省委的关怀！"

6月10日　“奉化胡华教育基金”捐赠仪式在中国人民大学举行。此项基金是在中共浙江省委书记李泽民同志的关心下，由中共奉化市委决定，在中国人民大学中共党史系设立。该基金旨在奖励全国在中共党史、中国革命史教学领域取得突出成绩的教师与学生，对在胡华学术思想研究方面取得优异成绩者将给予特别奖励。出席捐赠仪式的有原黑龙江省委书记、当代中国研究所所长李力安，武警原总部政委李振军，当代中国研究所常务副所长有林，中共中央党史研究室副主任陈威，中共党史系部分教师和胡华教授的子女等。中共奉化市委书记钱子辉在捐赠仪式上讲话。中国人民大学中共党史系向奉化市图书馆赠送了胡华教授生前主编的大型图书《中共党史人物传》50卷。

△国务委员彭珮云题词：“培养优秀人才　加强党史教育　祝贺奉化胡华教育基金设立”。

9月　萧克将军为《胡华纪念文集》题词：“尊重历史事实　力求革命知识”。

△中国人民大学党委书记马绍孟为《胡华纪念文集》题词：“史论结合　实事求是”。

9月23日　王光美为《胡华纪念文集》题词：“教书育人，呕心沥血；秉笔直书，一身正气！”

11月1日　中国人民武装警察部队原总部政委李振军为《胡华纪念文集》题词：“树人千秋业　功开万代基　科教兴业本　胡华是良师”。

11月20日　薄一波为《胡华纪念文集》题词：“纪念胡华同志逝世十周年”。

11月25日　《人民日报》发表贺捷生撰文《不去的胡华》。

12月　杨尚昆题词：“为纪念胡华同志逝世十周年题　坚持真理严谨治学”。

△中共中央政策研究室主任滕文生题词：“文章华韵流千古　道德清风惠后昆　纪念胡华老师逝世十周年”

△中共浙江省委书记李泽民题词：“为人师表　风范长存　纪念胡华教授逝世十周年”。

△中共中央党史研究室副主任陈威为纪念胡华导师逝世十周年赋

诗："恩师笑慰驻九泉，弟子过千舞中原。喜看神州换新貌，一代新人出校园。"

△浙江省奉化市举办纪念胡华逝世十周年座谈会。

12月15日　中国人民大学举行《胡华纪念文集》出版座谈会以纪念胡华逝世十周年。中国人民大学副校长林岗讲话。出席座谈会的有李振军、贺捷生、梁柱、戴逸、高放、彭明、刘炼、苏叔阳、刘经宇、戴鹿鸣、阎景堂、张培森、王顺生、齐鹏飞等50余位胡华生前好友、学术界知名学者和胡华子女等。

《胡华纪念文集》收入了40余篇回忆纪念文章并发表胡华遗诗56首。

1998年

2月　《中共党史人物传》第61卷载入中国人民大学教授戴知贤撰写的"胡华"传。

4月　《诗刊》杂志1998年第4期发表胡华诗作4首。

2000年

1月　北京十月文艺出版社出版的《世纪学人自述（第六卷）》载《胡华自述》。

2001年

12月16日　中国人民大学、中国社会科学院当代中国研究所、中共党史学会、中共党史人物研究会举行纪念胡华同志诞辰80周年座谈会。出席座谈会的有李力安、陈威、朱佳木、贺捷生、沈云锁、张启华、张静如、戴逸、高放、彭明、朱铁志、程中原、陈志凌等和胡华子女及孙辈。

2002年

6月30日　中央电视台10频道"人物"栏目播出电视传记片《胡华》。

12月　《浙江万里学院学报》第4期发表作家刘涓迅的评述

《心许党史的情愫——读胡华的诗》。

2008年

《中共珠海市委党校　珠海市行政学院学报》第1期发表中共广东省委党校教授吴智棠创作的长诗《缅怀恩师胡华教授》。

△《百年潮》杂志第4～5期和《中共党史研究》杂志第4期刊登《胡华书信资料及回忆文章征集启事》。

2009年

1月　胡华与翦伯赞、邵循正合著的《中国历史概要》由北京大学出版社再版。

6月　《百年潮》杂志第6期发表历史学家戴逸为《中国新民主主义革命史》再版撰写的序《胡华与〈中国新民主主义革命史〉》。

9月　胡华著《中国新民主主义革命史》经中共中央党史研究室陈威、谷安林、李蓉、李颖、王新生等研究员和胡华亲属共同修订，由中国青年出版社重新出版。戴逸作序。

9月10日　《文艺报》发表作家陈建功文章：《诗心每逐风云起，已作长虹驾碧霄——〈胡华诗抄〉序》。

9月29日　中共党史学会、中国人民大学出版社、中国人民大学马克思主义学院召开《胡华文集》第一次专家研讨和审订会议，到会的中共中央党史研究室、中共中央文献研究室、中共中央党校、中国社会科学院当代中国研究所、北京大学、中国人民解放军国防大学和装甲兵学院等单位的专家，就编辑出版《胡华文集》的体例、文稿内容、编订原则和审订分工进行讨论。

11月　《求是》杂志第21期发表中共中央党史研究室原副主任陈威对再版的《中国新民族主义革命史》的书评《研究新民主主义革命历史的奠基之作》。

11月12日　《文艺报》发表诗人谷安林文章：《倾听赤子之声——读〈胡华诗抄〉》。

12月15日　《文艺报》发表贺捷生将军文章：《雄鸡在高声鸣唱——〈胡华诗抄〉序》。

2010年

1月　《欲壮铁肩为尽瘁——胡华诗抄》由刘涓迅、胡宁选注，中国民主法制出版社出版。诗抄收入胡华诗作115首，相关照片145幅，由中国人民大学校长纪宝成题写书名，5篇代序撰写人分别为：贺捷生、谷安林、陈建功、李安葆、黄亚洲。

3月　《中共党史研究》第2期发表天津南开大学教授魏宏运文章《写在〈中国新民主主义革命史〉第15版问世》。

10月22日　中共党史学会、中国人民大学出版社、中国人民大学马克思主义学院就《胡华文集》的编辑出版召开第二次专家研讨和审订会议。

2011年

9月　《百年潮》第9期发表北京大学历史系张传玺教授文章《胡华与〈中国历史概要〉》。

12月　《百年潮》第12期发表国防大学教授徐焰与中央社会主义学院副院长、教授黄易宇合写的文章《回忆胡华老师》。

△《长与英烈共魂魄——追思史学家胡华》（陈威、杨凤城主编）由中国民主法制出版社出版，该书收入100余篇对胡华学识、品格、贡献的回忆文章和报刊记者生前对他的专访。

△《胡华画传》（谷安林主编）由中共党史出版社出版。

△长篇传记《革命史家——胡华》（刘涓迅著）由当代中国出版社出版。

12月16日　中国人民大学、中国中共党史学会、中国中共党史人物研究会在北京举行胡华同志诞辰90周年纪念座谈会。

座谈会收到了中共中央政治局委员、国务委员刘延东同志致信。她指出：深切缅怀胡华同志光辉战斗的一生，继承和弘扬胡华同志的崇高精神和革命风范，具有重要意义……希望与会专家学者和广大哲学社会科学工作者向胡华同志学习，继承和发扬胡华同志对党和人民赤胆忠心、真诚热爱的党性原则；严谨求实、潜心钻研的治学精神；循循善诱、教书育人的高尚情怀；淡泊名利、无私奉献的优秀品德，以高度的政治责任感和历史使命感，全身心投入学术研究、理论创新和教育教学工作中去，为建设社会主义核心价值体系、培养德智体美全面发展的社会主义建设者和接班人、促进社会主义文化大发展大繁荣作出新的更大贡献！

中国人民大学校长陈雨露在座谈会上致辞。第十届全国政协副主席张怀西，中共中央党史研究室副主任李忠杰，中共中央文献研究室副主任李捷，中国社会科学院副院长朱佳木，中共中央党史研究室原副主任谷安林等在会上讲话。中共党史学界老教授代表北京师范大学张静如教授，北京大学原副校长梁柱教授，国防大学战略研究部教授徐焰少将，武汉大学丁俊萍教授，中国人民大学马克思主义学院院长秦宣教授，胡华同志家乡代表、中共宁波市委党史研究室副主任韩小寅等发言。与会人士的致辞和发言从不同角度深切缅怀胡华同志，追思他的革命精神、史学思想和崇高风范，对胡华一生尤其是他在中共党史和中国革命史研究和宣教领域作出的贡献给予高度评价。与会发言中说，胡华同志倾毕生精力以大量开拓性工作奠定了中共党史学科的坚实基础；为党和国家培养造就了一大批业务精、政治强、作风好的中共党史研究、教学、宣传人才；推动建立起中共党史研究的全国性学术团体，为推动中共党史学科的繁荣发展作出了突出贡献；胡华不仅具有深厚的学养、渊博的学识和满腔报国热情，而且始终保持了优秀知识分子直面现实、追求真理、不懈求索和不唯上、不唯书、只唯实的高贵品格。

中国人民大学马克思主义学院副院长、《教学与研究》主编齐鹏飞宣读了胡华生前好友、中国人民大学资深老教授戴逸及高放给座谈会的致信，信中称胡华："门下桃李芳菲，远逾数万，登坛设教，宣扬数十年英勇奋斗史，金声玉振，言辞奔放，事真语切，一座动容。身后著述数百万言，金玉琳琅，嘉惠后学，其待人抚下，蔼若春风，亲如家人。一生多历坎坷，而处变不惊，壮志不挠，虽鹏翼偶铩，而鸿肩未歇。晚年伏枥之驹，奋蹄绝尘，建树卓越，功在后世……"

中国人民大学校长助理、出版社社长贺耀敏和中国人民大学马克思主义学院副院长、中共党史系主任杨凤城介绍了《胡华文集》文稿搜集、整理、编辑的进展情况。

座谈会由中国人民大学党委副书记马俊杰主持。中共中央党史研究室原副主任陈威；中国国家图书馆馆长、中华人民共和国文化部原副部长周和平；河北省原副省长、政协副主席刘健生；中华人民共和国驻土库曼斯坦原大使程振声；中共中央党校党史教研部主任柳建辉；中国文联原党组成员、书记处书记、机关党委书记董良翚；中国中央电视台副台长、中央新影集团总裁高峰；中共中央党史研究室原室委、秘书长、研究员黄小同；北京师范大学教授张静如；北京大学历史系教授张传玺、教授张注洪；中共广东省委党校教授吴智棠；南京大学教授王德宝；中国社会科学出版社总编辑王俊义；北京化工大学教授姜华宣；中国石油大学教授余世诚；湖北大学教授田子渝；中央广播电视大学教授王旖旎；北京工业大学教授陆文颐；北京农业大学教授郝景全；中共中央党史研究室：《中共党史研究》杂志主编任贵祥，研究员张培森、庞松，科研部学术处处长唐筱菊；《百年潮》杂志主编刘荣刚；《百年潮》杂志副主编汪文庆；科研部地方工作处处长李艳杰；中共党史出版社原社长张琦、总编辑赵建忠、副社长姚鸿；中共中央文献研究室：原室委、研究员彭红，原室委、研究员廖心文，研究员费虹寰；中国社会科学院当代中国研究所：副所长张星星，副所长武力，研究室主任刘国新；中央社会主义学院副院长黄易宇；中共北京市委党史研究室主任谢荫明；中共河北北方学院党委副书记鲁杰；中共河北省蔚县县委书记王志军；内蒙古响沙湾景区董事长王文俊；湖南省社会科学院历史研究所所长、研究员吕芳文；中共湖南省省委党史研究室联络处原处长李仲凡；中国老年历史研究会副秘书长邱锋；中国摄影家协会副主席、中国艺术研究院摄影研究所所长李树峰；文艺报社总编室主任徐忠志；辽宁省社会科学院地方党史研究所尚金洲；中国人民大学党委副书记兼副校长王利明；中国人民大学校长助理、校长办公室主任刘向兵；中国人民大学老教授代表：李安葆、清庆瑞、李良志、张同新；中国人民大学公共管理学院党委书记秦惠民；中国人民大学产业处处长苏长青；中国人民大学校史研究室主任付春梅；中国人民大学出版社政治与公共管理出版分社社长郭晓明；中国人民大学马克思主义学院在职教师代表于国红、杨德山、王东、耿化敏、吴玉林、母稷祥；胡华生前好友的后人——中国人民大学创始人之一、副校长李培之与老一辈无产阶级革命家王若飞之子王兴；老一辈无产阶级革命家张鼎丞之女张延忠；周恩来总理的侄女周秉建；中国人民大学校长郭影秋之子、国家图书馆出版社社长郭又陵；胡华家乡代表、中共奉化市委党史研究室主任夏广；中央电视台和光明日报社记者易小彬、孔媛媛、张焱；胡华同志的亲属胡宁、刘涓迅、胡安、康小卫、胡静、陈尉、胡刚、杨家荣、红芳、邵云、胡阳普、权美荣、刘一丁、刘娅、邵唯实、卢艳霞等百余人出席了座谈会。

中共奉化市委给座谈会送来了深情的贺信，称胡华生前“情系桑梓，不忘家乡，他的精神影响着家乡人民，助推着奉化发展……”。

△ 胡华亲属向中国人民大学中共党史系在读大学生赠送了第15次再版的胡华著《中国新民主主义革命史》110册。

12月　《新华每日电讯》、《光明日报》、《中国教育报》、《中国社会科学报》，以及人民网、凤凰网、千龙网、中国人民大学新闻网等发表消息《胡华教授诞辰90周年纪念座谈会在京召开》。

2012年

1月4日　《文艺报》发表徐忠志文章《〈革命史家胡华〉一书在京首发》。

1月5日　《北京党史》杂志第1期发表高放教授文章《胡华的史德与史观》。

2月　《中共党史研究》杂志第2期发表高放教授文章《革命家、史学家、教育家集一身的胡华》。

3月27日　《北京日报》发表高放教授文章《怎样为中共党史人物立传——谈革命史家胡华留下的〈中共党史人物传〉等几部奠基性力作》。

4月16日　胡华后人向中国人民大学档案馆、博物馆捐赠《革命史家胡华》、《胡华画传》、《追思史学家胡华》等书籍30余册。

2013年

5月　六卷本《胡华文集》由中国人民大学出版社出版。

图书在版编目(CIP)数据

胡华文集. 第6卷/胡华著. —北京：中国人民大学出版社，2013.4
ISBN 978-7-300-17427-3

Ⅰ.①胡… Ⅱ.①胡… Ⅲ.①社会科学-文集 Ⅳ.①C53

中国版本图书馆 CIP 数据核字（2013）第 092185 号

胡华文集　第六卷
Huhua Wenji

出版发行	中国人民大学出版社		
社　　址	北京中关村大街 31 号	**邮政编码**	100080
电　　话	010－62511242（总编室）		010－62511398（质管部）
	010－82501766（邮购部）		010－62514148（门市部）
	010－62515195（发行公司）		010－62515275（盗版举报）
网　　址	http://www.crup.com.cn		
	http://www.ttrnet.com（人大教研网）		
经　　销	新华书店		
印　　刷	涿州市星河印刷有限公司		
规　　格	158 mm×236 mm　16 开本	**版　　次**	2013 年 5 月第 1 版
印　　张	29.5 插页 3	**印　　次**	2013 年 5 月第 1 次印刷
字　　数	432 000	**定　　价**	118.00 元